Saskia Hayler

Schuldenhaftung nach Scheidung oder Trennung einer Ehe bzw. nichtehelichen Lebensgemeinschaft

2., unveränderte Auflage

Herbert Utz Verlag · München

Münchner Juristische Beiträge

Herausgegeben von

Prof. Dr. Thomas Küffner
küffner maunz langer zugmaier, München

Band 3

Zugl.: Diss., 1999

Bibliografische Information der Deutschen Nationalbibliothek:
Die Deutsche Nationalbibliothek verzeichnet diese Publikation in der Deutschen Nationalbibliografie; detaillierte bibliografische Daten sind im Internet über http://dnb.d-nb.de abrufbar.

frühere Ausgabe: ISBN 978-3-89675-599-5

ISBN 978-3-8316-8146-4

Printed in EU
Herbert Utz Verlag GmbH, München
www.utzverlag.de

Inhaltsverzeichnis

1 Einleitung

Die Anzahl der gescheiterten Ehen nimmt langsam ein bedenkliches Ausmaß an: Betrug die Scheidungsrate bezüglich der 1960 geschlossenen Partnerschaften noch 14,5 %, die der Anfang der siebziger Jahre eingegangenen 20 %, so stieg die Rate für die Ende der achtziger Jahre eingegangenen Ehen auf 30 % an - mit wachsender Tendenz[1]. Gleichzeitig nimmt die Zahl der Ehescheidungen nach längerer Ehedauer deutlich zu[2].

Trennen sich die Partner einer ehelichen Lebensgemeinschaft, sind damit vielfältige rechtliche Probleme verbunden. Diese beruhen unter anderen auf der nicht selten während des Bestehens der Partnerschaft gemeinsamen oder alleinigen Aufnahme von Verbindlichkeiten irgendwelcher Art. Insbesondere bei zum Zwecke der Partnerschaft oder gar allein im Interesse des anderen Ehegatten eingegangenen Verpflichtungen begehrt nach Scheitern der Ehe so mancher Partner Ausgleich für die während der Beziehung getätigten Aufwendungen, bei noch offenen Verbindlichkeiten liegt das Interesse vor allem in der Befreiung von der Schuld. Besonders hart trifft es dabei nach dem Scheitern einer langjährigen „Alleinverdienerehe“ den einkommens- und vermögenslosen Partner - in der Regel immer noch die Ehefrau. Dieser nämlich ist die Rückkehr in einen adäquaten Beruf meist verwehrt, oft verbleibt ihr auch nach dem Auseinanderbrechen der Ehe die Erziehung der gemeinsamen Kinder[3]. So waren 1988 nur 67,1 % aller geschiedenen Frauen mit Kindern erwerbstätig. Noch darunter lag mit 42, 6 % die Erwerbtätigkeitsquote verheirateter Frauen mit minderjährigen Kindern, die Erwerbtätigkeitsquote lediger Frauen war dagegen merklich höher.

Zwar könnte man meinen, bei Vermögens- und Mittellosigkeit müßte die Aufnahme erheblicher Verbindlichkeiten ohnehin die Ausnahme bleiben. Wegen der durchaus gegebenen Gefahr von Vermögensverlagerungen und der unter anderem daraus entstandenen „kartellartigen Verfassung des Bankvertragsrechts“, nach dem die Mithaftung des Ehegatten bei einer Kreditvergabe - sei es in Form einer Bürgschaft, sei es als Gesamtschuldner - ohne Rücksicht auf die Kreditwürdigkeit des Hauptschuldners zur ständigen Praxis im Bankgeschäft gehört[4], kann dies aber leider nicht bestätigt werden. Dazu kommt noch, daß es sich dabei nicht selten um

[1] vgl. Gernhuber/Coester-Waltjen, Lehrbuch des Familienrechts, S. 281

[2] vgl. Gernhuber/Coester-Waltjen, a.a.O., S. 282

[3] so auch Reifner, Die Mithaftung der Ehefrau im Bankkredit - Bürgschaft und Gesamtschuld im Kreditsicherungsrecht, ZIP 1990, 427 ff., 427

[4] vgl. Reifner, ZIP 1990, 427 ff., 427

langjährige Verpflichtungen handelt: Nachdem sich der Anteil an langfristigen Krediten gemessen an der Gesamtheit der Ratenkredite von 43,8 % im Jahre 1970 auf 66,6 % (1988) erhöht hat, sind auch Laufzeiten der Darlehensverträge von 12 Jahren keine Seltenheit mehr.

Familienrechtliche Vorschriften helfen bei der Beurteilung der Haftungsfrage zum größten Teil nicht weiter. Im Rahmen der Anwendung allgemeiner Vorschriften ergibt sich aber im Vergleich zu Parteien, die sich praktisch als Fremde gegenüberstehen, ein Problem: Aufgrund der engen emotionalen Verbundenheit der Ehepartner wird deren Handeln in geringerem Maße von rationalem, am eigenen Interesse orientierten Denken bestimmt, eine klare Abgrenzung der Vermögenssphären häufig unterlassen. Das führt dazu, daß ausdrückliche Vereinbarungen über die intern zu tragenden Lasten eher eine Seltenheit darstellen, was die rechtliche Beurteilung erheblich erschwert.

Gleiches gilt im Hinblick auf gegenseitige Ansprüche nichtehelicher Lebensgefährten nach deren Trennung.

Gemeint ist hier die nichteheliche Lebensgemeinschaft im Sinne einer auf Dauer angelegten verschiedengeschlechtlichen Partnerschaft mit eheähnlichen Zügen. Die hier behandelte Art der Lebensgemeinschaft ähnelt ehelichen Beziehungen in Hinblick auf die tiefe emotionale Verbundenheit, gemeinschaftliche alltägliche Lebensführung und gemeinsame Lebensplanung. Diese Beziehungsform ist inzwischen weit verbreitet. Schätzungen für die Jahre 1985/86 belaufen sich auf eine Anzahl von mindestens 1.4 Millionen derartiger Partnerschaften[5]; es ist davon auszugehen, daß diese Zahl inzwischen weiter gestiegen ist. Wie die Ehe ist auch die eheliche Lebensgemeinschaft nicht vor dem Scheitern gefeit. Kommt es zu einer Trennung, machen die ehemaligen Lebenspartner ebenso wie Ehegatten oft Ansprüche im Zusammenhang mit während der Beziehung eingegangenen Verbindlichkeiten geltend. Interessant ist insoweit insbesondere die Beurteilung der Rechtslage im Vergleich zu den zwischen Ehegatten bestehenden Rechtsbeziehungen.

Betrachten wir im folgenden die oben angesprochene rechtliche Situation. Dafür ist zunächst eine Abgrenzung der hier behandelten Thematik von der - in einer auf engen persönlichen Beziehungen beruhenden Partnerschaft sehr häufigen - Zuwendung von Vermögensgegenständen zu treffen. Im Zusammenhang mit letzteren ist vor allem der Begriff der „unbenannten Zuwendung“ (auch „ehebedingte Zuwendungen“ genannt) signifikant. Zum besseren Verständnis soll zunächst kurz auf deren Behandlung eingegangen werden:

[5] vgl. Studie des Bundesministers für Jugend, Familie und Gesundheit, Nichteheliche Lebensgemeinschaften in der Bundesrepublik Deutschland, 1985, 147, 25 (zit. über Gernhuber/Coester-Waltjen, a.a.O., S. 647)

1.1 Behandlung „unbenannter Zuwendungen"

Als „unbenannte Zuwendungen" werden gemeinhin alle unter Ehegatten erbrachten Zuwendungen qualifiziert, sofern sie nicht „übliche Gelegenheitsgeschenke" darstellen oder sich die Ehegatten im eheneutralen Geschäftsbereich bewegen wollten[6].

Zur rechtlichen Qualifikation „ehebedingter Zuwendungen" ist zusammenfassend folgendes zu sagen: Diese werden aufgrund ihres familienrechtlichen Charakters und der daraus folgenden ehebedingten Entgeltlichkeit[7] nach überwiegender Meinung[8] heute nicht mehr[9] als Schenkungen angesehen. Dabei wird folgendermaßen argumentiert: Zuwendungen zwischen Ehegatten verfolgten regelmäßig ehebezogene Zwecke - sie würden meist als Beitrag zur Ausgestaltung, Erhaltung oder Sicherung der Partnerschaft erbracht[10] - und seien daher - zumindest subjektiv[11] - entgeltlich.[12] Eine Schenkung im Sinne des § 516 BGB komme damit zwischen Ehegatten nur in Betracht, wenn es an einem Bezug zur Verwirklichung der Ehe fehle, die Zuwendung nach dem Willen der Ehepartner also unentgeltlich im Sinne einer echten Freigiebigkeit, einer reinen Uneigennützigkeit des Schenkers erfolge, ohne Erwartung des Fortbestands der Ehe[13]. Der Nachweis der nach § 516 BGB erforderlichen Einigung über die Unentgeltlichkeit könne jedoch praktisch nur durch die Vorlage eines notariellen Schenkungsvertrages geführt werden.[14]

Relevanz hat die Frage der Qualifikation der Zuwendungen unter Ehegattten insbesondere bei Scheitern der Ehe. In diesem Fall ergibt sich das Problem, ob und nach welchen Vorschriften eine Rückabwicklung der Vermögensverschiebung in Betracht kommt: Ein Anspruch aus §§ 530 ff. i.V.m. 812 ff. BGB scheidet aus den oben genannten Gründen aus. Die Rückabwicklung der „ehebedingten" Zuwendung über die Regeln des Bereicherungsrechts (§§ 812 ff.

---

[6] vgl. Gernhuber/Coester-Waltjen, a.a.O., S. 208

[7] Langenfeld, Grundstückszuwendungen im Zivil- und Steuerrecht, Rz. 51

[8] vgl. Langenfeld, a.a.O., Rz. 51; Hausmann, Nichteheliche Lebensgemeinschaft und Vermögensausgleich, S. 320, 323; Palandt/Heinrichs, § 242, Rz. 158; Palandt/Putzo, § 516, Rz. 10; BGH FamRZ 1989, 147 ff., 149

[9] im Gegensatz dazu wurden früher gegenständliche Zuwendungen zwischen Ehegatten regelmäßig als Schenkungen qualifiziert, sofern nicht besondere Anhaltspunkte auf den Abschluß eines entgeltlichen Vertrages hindeuteten; vgl dazu sowie insgesamt zur Entwicklung des Meinungsstandes bzgl. „unbenannter Zuwendungen": Hausmann, a.a.O., S. 174 ff, 320, 322

[10] BGH FamRZ 1990, 600 ff., 601

[11] Heintschel-Heinegg/Gerhardt, Assessorklausuren zum Familienrecht, S. 125

[12] Langenfeld, a.a.O., Rz. 56; Hausmann, a.a.O., S. 174 ff.

[13] vgl. BGH, a.a.O., 603

[14] Langenfeld, a.a.O., Rz. 58; Hausmann, a.a.O., S. 177

BGB) scheitert daran, daß ihr Rechtsgrund - ein ehebezogenes Rechtsgeschäft eigener Art, das darauf gerichtet ist, die eheliche Lebensgemeinschaft individuell auszugestalten und zu sichern[15]- mit Scheidung der Ehe nicht wegfällt.[16] Entfallen ist jedoch die Geschäftsgrundlage der „unbenannten Zuwendungen“[17], die in der Regel in dem Bestand der Ehe zu sehen ist.[18] Ein Ausgleichsanspruch nach den Grundsätzen des Wegfalls der Geschäftsgrundlage kommt daher in Betracht, wenn dem zuwendenden Ehegatten die Beibehaltung der durch die Vermögensverschiebung an den Partner herbeigeführten Lebensverhältnisse nicht zugemutet werden kann.[19] Dies ist bei dem gesetzlichen Güterstand der Zugewinngemeinschaft nur in extremen Ausnahmefällen anzunehmen[20], weil hier das Gesetz für die Vermögensauseinandersetzung der geschiedenen Eheleute die Regeln des Zugewinnausgleichs (§§ 1372 ff. BGB) zur Verfügung stellt, die als leges speciales die Anwendung der aus § 242 BGB abgeleiteten Rechtsfolgen des Wegfalls der Geschäftsgrundlage verdrängen.[21] Ein Rückgriff auf § 242 BGB kommt beim gesetzlichen Güterstand daher nur in Betracht, wenn die güterrechtlichen Ausgleichsvorschriften nicht ausreichen, um schlechthin untragbare und unangemessene Ergebnisse zu vermeiden.[22] Dagegen kommen bei dem Güterstand der Gütertrennung die Grundsätze des Wegfalls der Geschäftsgrundlage voll zur Anwendung. Inwieweit hier eine Rückabwicklung stattzufinden hat, hängt von den besonderen Umständen des Einzelfalles ab, die nach dem Gesichtspunkt der Billigkeit bewertet werden müssen.[23]

1.2 Anwendung des Rechtsinstitutes der „unbenannten Zuwendungen“ auf die nichteheliche Lebensgemeinschaft

Der BGH hält die oben genannten Grundsätze auch bei Zuwendungen unter Verlobten für anwendbar[24]. Dann kann aber im Rahmen einer nichtehelichen Lebensgemeinschaft ohne künftiges Eheversprechen nichts anderes gelten[25]: Ebenso wie Ehegatten und Verlobte erbrin-

15 Heintschel-Heinegg/Gerhardt, a.a.O., S. 126

16 Langenfeld, a.a.O., Rz. 52

17 Langenfeld, a.a.O., Rz. 52

18 Palandt/Heinrichs, § 242, Rz. 158

19 Heintschel-Heinegg/Gerhardt, a.a.O., S. 126; BGH FamRZ 1989, 147 ff., 149

20 Langenfeld, a.a.O., Rz. 53; Palandt/Heinrichs, § 242, Rz. 158; BGH, a.a.O., 149

21 Langenfeld, a.a.O., Rz. 53; BGH, a.a.O., 149

22 Heintschel-Heinegg/Gerhardt, a.a.O., S. 126; BGH FamRZ 1989, 835 ff., 836 (= NJW 1989, 1920 ff., 1921); BGH FamRZ 1989, 147 ff., 149

23 Langenfeld, a.a.O., Rz. 54

24 BGH FamRZ 1992, 160 ff., 161

25 ähnlich auch Gernhuber/Coester-Waltjen, a.a.O., S. 663; Hausmann, a.a.O., S.331 ff.; OLG Karlsruhe FamRZ 1994, 377 ff., 378; insoweit wohl a.A.: BGH FamRZ 1992, 160 ff., 161, der der Ansicht ist, das Verlöbnis hebe sich dadurch von der nichtehelichen Lebensgemeinschaft ab, daß Verlobte bereits in einem rechtlich geregelten

gen nichteheliche Lebensgefährten häufig Leistungen, denen die Vorstellung und die Erwartung zugrunde liegt, daß die Partnerschaft Bestand haben wird. Zuwendungen, die um der Beziehung willen und als Beitrag zur Verwirklichung, Ausgestaltung, Erhaltung oder Sicherung der nichtehelichen Lebensgemeinschaft erbracht werden, müssen aber in gleichem Maße wie unter Ehegatten als entgeltlich angesehen werden. Denn der Zuwendende handelt dabei i.d.R. nicht altruistisch, sondern primär zur Förderung des Zusammenlebens und damit zu seinem eigenen Nutzen. Auch stehen bzgl. der Vermögensverschiebungen, ebenso wie unter Ehegatten und Verlobten, die persönlichen Beziehungen ganz im Vordergrund. Es spricht daher vieles dafür, die im Bezug auf die „unbenannten Zuwendungen“ entwickelten Grundsätze auch im Rahmen einer nichtehelichen Lebensgemeinschaft anzuwenden.[26]

1.3 Abgrenzung von „unbenannten Zuwendungen“ zu während der Ehe bzw. nichtehelichen Lebensgemeinschaft aufgenommenen Verbindlichkeiten

Damit ist aber bisher nicht geklärt, ob es sich bei während der Ehe bzw. der nichtehelichen Lebensgemeinschaft eingegangenen Verbindlichkeiten um „unbenannte Zuwendungen“ im oben dargestellten Sinne handelt, wenn diese nicht allein im Interesse des Schuldners aufgenommen wurden.

Das mag auf den ersten Blick etwas abwegig erscheinen. Dennoch wird die Behandlung der hier in Frage stehenden Verbindlichkeiten als „unbenannte Zuwendungen“ nicht selten vertreten.

So nehmen dies das OLG Hamm[27] (für den Fall der Ehe) sowie Hausmann[28] (für die nichteheliche Lebensgemeinschaft) ohne weitere Begründung an und billigen daher bei Scheitern der Ehe bzw. der nichtehelichen Lebensgemeinschaft einen Ausgleichsanspruch nach den Regeln über den Wegfall der Geschäftsgrundlage, zwischen den Ehegatten jedoch nur, soweit die gesetzlichen Vorschriften der §§ 1372 ff. BGB zu einem unerträglichen Ergebnis führen würden. Ebenfalls zur Anwendung der Grundsätze des Wegfalls der Geschäftsgrundlage kommt das OLG Karlsruhe[29] im Falle einer nichtehelichen Lebensgemeinschaft. Wesensmerkmal einer „unbenannten Zuwendung“ sei das Vorliegen einer Vermögensverschiebung und das Fehlen expliziter Angaben der für die Parteien maßgeblichen Motive sowie einer Regelung für

personenrechtlichen Gemeinschaftsverhältnis stünden. Ausdrücklich offen gelassen wurde die Anwendung der Grundsätze des Wegfalls der Geschäftsgrundlage im Rahmen der nichtehelichen Lebensgemeinschaft von BGH FamRZ 1980, S. 664 f., 665 (=BGHZ 77, 55 ff., 60)

[26] so auch Hausmann, a.a.O., S. 179 f.; OLG Karlsruhe FamRZ 1994, 377 ff., 377 f.

[27] OLG Hamm FamRZ 1988, 620 f., 620; FamRZ 1994, 960 f., 960

[28] Hausmann, a.a.O., S. 334

[29] OLG Karlsruhe FamRZ 1994, 377 ff., 378

den Fall einer etwaigen Rückabwicklung. Eine Schuldübernahme stelle eine Vermögensverschiebung dar, so daß bei Vorliegen der weiteren Voraussetzungen eine „unbenannte Zuwendung" zu bejahen sei[30]. Auch Frank sieht keine Rechtfertigung für eine unterschiedliche Behandlung der Fälle der Kreditaufnahme einerseits und der Finanzierung mit vorehelichem Vermögen andererseits[31].

Nickl dagegen scheint eine Behandlung ehebedingter Schulden als „unbenannte Zuwendungen" - allerdings ohne Begründung - abzulehnen[32]. Nach Haussleiter stellt die bloße Haftungsübernahme gleichfalls keine „unbenannte Zuwendung" dar[33].

Ebenso ist der BGH in seiner Entscheidung vom 5.4.89[34] der Meinung, daß es sich in dem Fall, in dem ein Ehegatte während intakter Ehe dem anderen die Aufnahme von Bankkrediten durch Übernahme einer persönlichen Haftung oder durch Einräumung von dinglichen Sicherheiten ermöglicht hat, nicht um „unbenannte Zuwendungen" handelt. Schwer verständlich ist leider die dafür angeführte Begründung: Als solche gibt der Senat an, hier gehe es nicht um die Rückgewähr einer ursprünglich auf Dauer angelegten Zuwendung, sondern um eine Änderung für die Zukunft, nämlich die Beendigung einer persönlichen oder dinglichen Haftung für Kredite, die während intakter Ehe dem anderen Ehegatten gewährt worden seien. Eine Zuwendung des Grundpfandrechtes liege ebenfalls nicht vor.

Offensichtlich versucht der BGH also mit Hilfe der angestrebten Rechtsfolge zu einer Abgrenzung zu gelangen[35].

Um auf die umstrittene Frage des Vorliegens einer „unbenannten Zuwendung" eine befriedigende Antwort finden zu können, wird man jedoch um eine Subsumtion des fraglichen Sachverhaltes unter den Begriff der „Zuwendung" nicht herumkommen[36]: Zuwendungsgeschäfte sind Rechtsgeschäfte, deren Zweck in einer Vermögensverschiebung zwischen den Partnern liegt[37]. Dabei muß es sowohl zu einer Vermögensminderung auf seiten des Zuwendenden als auch zu einer Vermögensmehrung auf der Seite des Zuwendungsempfängers kommen[38]. Nach

[30] OLG Karsruhe, a.a.O., 378

[31] Anm. Frank zu BGH-Urteil vom 17.5.83, JZ 1983, 852 ff., 857

[32] Nickl, Der familienrechtliche Verteilungsmaßstab beim Gesamtschuldnerausgleich,NJW 1991, 3124 ff., 3126 (Fn. 42)

[33] Haussleiter, Vermögensauseinandersetzung anläßlich Scheidung und Trennung, Rz. 180

[34] BGH FamRZ 1989, 835 ff., 836 (=NJW 1989, 1920 ff., 1921)

[35] so auch Peters in seiner Anmerkung zum BGH-Urteil vom 5.4.89, WuB IV A. § 670 BGB 1.89, 1203 ff., 1204 f.

[36] so auch Peters, WuB IV A. § 670 BGB 1.89, 1203 ff., 1205

[37] Palandt/Heinrichs, Überblick vor § 104, Rz. 19

[38] vgl. BGH NJW 1987, 2816 f., 2817; Palandt/Putzo, § 516, Rz. 5

überwiegender Ansicht ist ausschlaggebend, ob die Substanz des Vermögens durch den Vorgang vermindert und das Vermögen des Empfängers entsprechend vermehrt wurde[39]. Danach kann weder in der Einräumung einer dinglichen Sicherheit noch in der Bürgschafts- oder Schuldmitübernahme eine Zuwendung gesehen werden. Denn durch eine solche kommt es zu keiner Substanzminderung.

Dies sei am Beispiel der Einräumung einer dinglichen Sicherheit verdeutlicht[40]: Der Sicherungsgeber bleibt nach wie vor Eigentümer des Grundstückes, dessen Vermögenswert nicht geschmälert wird. Daß durch die Gebrauchsüberlassung die Eigennutzung in Form der Einräumung gleichrangiger Grundpfandrechte für eigene Kredite ausgeschlossen wird, stellt keinen Eingriff in die Vermögenssubstanz dar. Auch für das Vorliegen eines Zuwendungsgegenstands in Form einer ersparten Vergütung bestehen im Normalfall keine Anhaltspunkte. Die Gefahr des Verlustes des Grundstücks im Insolvenzfall ist für die Annahme einer Substanzminderung nicht ausreichend. Der Eingriff in die Vermögenssubstanz erfolgt daher erst zum Verwertungszeitpunkt.

Nach diesen Ausführungen muß man sich die Frage stellen, warum dennoch die Behandlung der angesprochenen Problematik als Zuwendung in Literatur und Rechtsprechung weit verbreitet zu sein scheint. Ein Grund könnte folgender sein: Verbindlichkeiten werden in der Regel eingegangen, um mit deren Hilfe mittel- oder unmittelbar Geldmittel für verschiedenste Zwecke zu erlangen. Die folgenden Erläuterungen werden zeigen, daß bei der Frage der rechtlichen Behandlung einer Verbindlichkeit der mit derselben verfolgte Zweck eine entscheidende Rolle spielt: eine Zuwendung etwa der Darlehensvaluta an den anderen Partner muß im Rahmen der Beurteilung eines sich aus der Verpflichtung ergebenden Ausgleichsanspruches stets Berücksichtigung finden. Die möglicherweise der Verpflichtung nachfolgende Zuwendung an den Partner ist aus diesem Grund mit dem hier behandelten Thema eng verknüpft. So ist es wohl auch zu erklären, daß in Rechtsprechung und Literatur eine saubere Abgrenzung zwischen der Vorstufe „Mittelbeschaffung“ und der daran anschließenden Zuwendung in der Regel unterlassen wird. Vielmehr werden dort häufig insgesamt die für „unbenannte Zuwendungen“ entwickelten Grundsätze herangezogen.

---

[39] so BGH NJW 1987, 2816 f., 2817; Crezelius, Unverzinsliches Darlehen und Schenkungsteuerrecht, BB 1978, 621 ff., 624; nach a.A. (BFH BB 1979, 1593 ff., 1593) muß die Zuwendung zwar auf dem Vermögensgebiet liegen und aus dem Vermögen des Zuwendenden kommen, alleiniger Gegenstand ist aber nicht die Vermögenssubstanz. Auch in der Gewährung von Vermögensgebrauch kann nach dieser Meinung ein Vorteil liegen, der dem Vermögen des Zuwendenden entstammt. Der erforderliche Vermögensbezug wird allerdings nur bei geldwerter Nutzungsmöglichkeit anerkannt. Entscheidend ist daher, ob eine verkehrsübliche Einnahmequelle nicht genutzt wurde. Da mit der Eingehung der fraglichen Verbindlichkeiten kein Verzicht auf einen typischerweise zu erwartenden Ertrag verbunden ist, wäre auch nach dieser Ansicht eine Zuwendung abzulehnen.

[40] vgl. dazu Peters, WuB IV A. § 670 BGB 1.89, 1203 ff., 1205

Um eine unhaltbare Ausweitung des hier zu behandelnden Themas zu vermeiden, müssen sich die folgenden Ausführungen jedoch auf die Frage konzentrieren, ob allein im Zusammenhang mit der Eingehung der Verpflichtung an sich den Parteien gegenseitige Ansprüche entstanden sind. Insoweit liegt aber - wie oben ausgeführt wurde - eine Zuwendung nicht vor. Daß eine eventuell nachfolgende Zuwendung für die Bewertung der sich aus der Aufnahme der Verbindlichkeit ergebenden Rechtslage von erheblicher Bedeutung ist, ändert daran nichts.
Sind im Rahmen dieser „begrenzten Betrachtungsweise" Ausgleichsansprüche zu verneinen, heißt das nicht, daß der leistende Partner nicht aufgrund der nachfolgenden Zuwendung Rückforderungsansprüche geltend machen könnte - insoweit kommen etwa Bereicherungsansprüche (§§ 812 ff. BGB) in Betracht[41].

Zusammenfassend kann also gesagt werden: Die Behandlung der Haftungsübernahme als „unbenannte Zuwendung" muß verneint werden[42], so daß auch eine Anwendung der für die „unbenannten Zuwendungen" entwickelten Grundsätze abzulehnen ist. Die Frage, nach welchen Regeln während der Ehe bzw. nichtehelichen Lebensgemeinschaft eingegangene Verbindlichkeiten stattdessen abzuwickeln sind, ist Gegenstand der vorliegenden Arbeit. Mangels diesbezüglicher spezialgesetzlicher Regelungen im Familienrecht, müssen insoweit Lösungen mit Hilfe des Schuld- und Sachenrechts gefunden werden. Dabei ist stets die Besonderheiten der ausnehmend engen persönlichen Verbundenheit der Parteien im Auge zu behalten[43].

[41] Wo aufgrund der Beschränkung des Themas der Eindruck entstehen würde, daß dem mit der Verbindlichkeit belasteten Partner keinerlei Ansprüche zustehen, obwohl dies aufgrund der nachfolgenden Zuwendung der Fall ist, wird auf einen entsprechenden Anspruch zur Klarstellung noch kurz in der Fußnote eingegangen werden.
[42] so wohl auch Gernhuber/Coester-Waltjen, a.a.O., S. 212; Henrich in seinem Kurzkommentar zum BGH-Urteil vom 5.4.89, EWiR, § 257 BGB, 1/89, 539 f., 540
[43] vgl. auch Wever, Die Vermögensauseinandersetzung der Ehegatten: schuldrechtliche Ausgleichsansprüche, FamRZ 1996, 905 ff., 905

2 Ansprüche nach Scheidung bei gesetzlichem Güterstand bzgl. gesamtschuldnerisch aufgenommener Darlehen: das Außenverhältnis

Verpflichten sich Ehegatten gemeinsam zu einer teilbaren Leistung - in der Regel in Form einer Geldschuld [44] -, begründet dies nach § 427 BGB im Zweifel ihre gesamtschuldnerische Haftung. Bei der Kreditaufnahme durch einen Ehepartner wird die Bank meist auf die Mithaftung des anderen Ehegatten drängen, um einen zusätzlichen Schuldner zu gewinnen[45] - in der Regel mit Erfolg. Die Konstellation gemeinsamer Schulden unter Ehegatten ist daher weit verbreitet[46]. Nicht zuletzt trägt dazu auch der Umstand bei, daß nach § 1357 I BGB der Abschluß eines Geschäftes zur angemessenen Deckung des Lebensbedarfs durch einen der Ehegatten die gesamtschuldnerische Haftung beider zur Folge hat. Betrachten wir daher zunächst diese gesetzliche Grundregel genauer:

2.1 § 1357 BGB

Besorgt einer der Ehegatten ein Geschäft zur angemessenen Deckung des Lebensbedarfs der Familie nach § 1357 I S. 1 BGB, wird der andere Ehepartner im Außenverhältnis regelmäßig sowohl als Mitgläubiger (§ 432 BGB) mitberechtigt als auch gesamtschuldnerisch (§ 421 BGB[47]) mitverpflichtet (vgl. § 1357 I S. 2 BGB)[48].

Dabei ist es ohne Bedeutung, ob dem im Außenverhältnis tätig werdenden Ehegatten insoweit die Haushaltsführung unterliegt[49]. Die Vorschrift des § 1357 BGB regelt allein das Außenverhältnis. Wer nach den internen Abreden der Ehepartner berechtigt ist, für den angemessenen Lebensbedarf der Familie Geschäfte abzuschließen, ist eine davon zu trennende Frage des Innenverhältnisses und läßt die Mithaftung im Außenverhältnis unberührt.[50]

Zwei rechtliche Konstruktionen, die zur Mitberechtigung bzw. -verpflichtung des am Geschäftsabschluß unbeteiligten Ehegatten führen, sind im Rahmen des § 1357 BGB denkbar[51]:

---

[44] vgl. Palandt/Heinrichs, § 266, Rz. 3
[45] vgl. auch Gernhuber, Der Gesamtschuldnerausgleich unter Ehegatten - Teil 1, JZ 1996, 696 ff., 696
[46] so auch Johannsen/Henrich/Jaeger, Vor § 1372, Rz. 11
[47] für den seltenen Fall der unteilbaren Leistung nach § 431 BGB
[48] vgl. Palandt, § 1357, Rz. 5
[49] Palandt, § 1357, Rz. 3, 21
[50] ähnlich Palandt, § 1357, Rz. 25
[51] vgl. dazu Palandt, § 1357, Rz. 3

Gibt der Ehepartner bei Abschluß des Vertrages seinen Familienstand zu erkennen - oder ist für seinen Vertragspartner zumindest erkennbar, daß er verheiratet ist (vgl. § 164 I S. 2 BGB) -, handelt der Tätige bei Geschäftsabschluß für sich selbst (Eigenverpflichtung) und daneben als Stellvertreter seines Ehegatten (§§ 164 I, 1357 I S. 2 BGB). Ist der Familienstand dagegen weder offengelegt noch dem Geschäftspartner erkennbar, wird der am Geschäft unbeteiligte Ehegatte aus der objektiven Tatsache, daß es sich um ein Geschäft zur Deckung des angemessenen Lebensbedarfs der Familie handelt, aufgrund des hier als gesetzliche Verpflichtungsermächtigung wirkenden § 1357 I S. 2 BGB berechtigt und verpflichtet. Es ist dem tätigen Ehegatten aber auch möglich, die Rechtswirkungen des abgeschlossenen Vertrages auf die eigene Person oder auf die seines Ehepartners durch eine entsprechende - auch konkludente - Erklärung zu beschränken[52] (vgl dazu § 1357 I S. 2 BGB: „ es sei denn, daß sich aus den Umständen etwas anderes ergibt."). Ebenso kann der am Geschäftsabschluß unbeteiligte Partner nach Maßgabe des § 1357 II BGB die Berechtigung seines Ehegatten, Geschäfte für ihn zu besorgen, beschränken oder ausschließen.

Die Vorschrift des § 1357 BGB kommt jedoch jeweils nur bei Rechtsgeschäften[53] zur angemessenen Deckung des Lebensbedarfs zur Anwendung. Insoweit trifft den Dritten die Beweislast.[54]

Dem Lebensbedarf der Familie sind nach der vorzugswürdigen[55] restriktiven Auslegung des § 1357 BGB nur solche Geschäfte angemessen, „über deren Eingehung eine Verständigung zwischen den Ehegatten gewöhnlich als nicht notwendig angesehen wird und über die in der Regel auch keine vorherige Abstimmung stattfindet"[56]. In diesem Zusammenhang ist streitig, ob § 1357 BGB auch bei langfristigen Krediten Anwendung findet, oder ob vor deren Eingehung eine Verständigung zwischen den Partnern als notwendig angesehen werden muß[57]. Gerade derartige langfristige Kreditaufnahmen sind aber für das vorliegende Thema interessant. Denn aufgrund der oft langjährigen Bindung ändern sich nicht selten die Lebensverhältnisse während der Laufzeit des Kredits, ohne daß dies im Zeitpunkt der Kreditaufnahme vorhersehbar gewesen wäre.

[52] Palandt, § 1357, Rz. 18

[53] nach hM entfaltet § 1357 BGB keine dingliche Wirkung. Mithin erwerben auch nicht beide Ehegatten automatisch Miteigentum (§§ 1008 ff. BGB) an den im Zusammenhang mit den genannten Geschäften erworbenen Gegenständen.

[54] Palandt, § 1357, Rz. 11

[55] diese Auslegung erscheint deshalb vorzugswürdig, weil sonst gerade mit erheblichem finanziellen Aufwand verbundene Rechtsgeschäfte zu einer überraschenden Doppelverpflichtung der Ehegatten führen könnten. Darüber hinaus wird sie auch der „Grundhaltung" des 1. EheRG gerecht, „daß das eheliche Leben nicht nach gesetzlich vorbestimmten Verhaltensmustern abläuft, vielmehr von der Übereinstimmung der Ehegatten abhängig ist". (so Palandt, § 1357, Rz. 14)

[56] Palandt, § 1357, Rz. 14

Die folgenden Ausführungen beziehen sich daher schwerpunktmäßig auf gesamtschuldnerische Verpflichtungen, die auf einem gemeinschaftlichen Handeln beider Ehegatten beruhen. Dabei ist wiederum streng zwischen Innen- und Außenverhältnis zu trennen. Während das zunächst zu behandelnde Außenverhältnis darüber entscheidet, inwieweit Dritte den Ehegatten gegenüber aus einem Rechtsverhältnis Ansprüche ableiten können, betrifft das Innenverhältnis die Frage möglicher Ausgleichsansprüche der Ehegatten untereinander.

2.2 Vertragliche Ansprüche

Bei wirksamer Begründung der gemeinschaftlichen Kreditschuld bleibt die Verpflichtung im Außenverhältnis grundsätzlich selbst dann unberührt, wenn einen der Ehegatten im Innenverhältnis die alleinige Haftung trifft.[58] Dies folgt aus dem Umstand, daß der Dritte, der mit den Ehegatten einen wirksamen Kreditvertrag abgeschlossen hat, an den zwischen den Gesamtschuldnern getroffenen Vereinbarungen nicht beteiligt ist, und ihm daher aus diesen auch keine Nachteile erwachsen dürfen. Daher ist nicht ausgeschlossen, daß ein Ehepartner vom Gläubiger über seinen nach dem Innenverhältnis bestehenden Haftungsanteil hinaus in Anspruch genommen wird.

Ein erfolgreiches Vorgehen des Darlehensgläubigers gegen die Gesamtschuldner aus dem Kreditvertrag setzt allerdings die Wirksamkeit desselben voraus. Darüber hinaus darf dem Gläubigeranspruch keine Einrede entgegenstehen.

Für das Außenverhältnis ist die Wirksamkeit des Darlehensvertrages daher von tragender Bedeutung. Aber auch für das zwischen den Gesamtschuldnern bestehende Innenverhältnis ist die Wirksamkeit des mit dem Gläubiger abgeschlossenen Verpflichtungsvertrages nicht ganz unerheblich. Kann nämlich der Gläubiger einen oder beide Gesamtschuldner wegen Unwirksamkeit des Darlehensvertrages nicht in Anspruch nehmen, werden Ausgleichsansprüche der Ehegatten untereinander von vornherein nicht in Betracht kommen - zumindest dann, wenn im Außenverhältnis auch gesetzliche Ansprüche (§§ 812 ff. BGB) ausscheiden.

Man kommt aus diesem Grund nicht umhin, sich in bezug auf das Außenverhältnis zumindest mit dem Kernpunkt der Diskussion[59] auseinanderzusetzen, nämlich der Frage der Unwirk-

[57] vgl. dazu Palandt/Diederichsen, § 1357, Rz. 13; die Klärung der Streitfrage gehört nicht unmittelbar zum Thema und würde hier zu weit führen

[58] Vgl. auch OLG Hamm FamRZ 1994, 960 f., 960; Haussleiter, a.a.O., Rz. 180

[59] ähnlich auch Kleinle, Die Ehegattengesamtschuld bei Trennung und Scheidung, FamRZ 1997, 8 ff.

samkeit der Verpflichtung nach § 138 I BGB im Falle der gesamtschuldnerischen Haftungsübernahme durch einen einkommens- und vermögenslosen Ehepartner[60].

2.2.1 Beurteilung der Wirksamkeit des Kreditvertrags nach § 138 I BGB

Die Frage der Sittenwidrigkeit eines solchen Vertrages ist in Rechtsprechung und Literatur äußerst umstritten[61], selbst die Zivilsenate des BGH schafften es bisher nicht, sich diesbezüglich auf eine einheitliche Linie zu einigen.

Bei der Diskussion um die Sittenwidrigkeit der gesamtschuldnerischen Kreditaufnahme wird in der Literatur[62] meist diejenige einer Bürgschaftsübernahme durch einen einkommens- und vermögenslosen Ehegatten gleich mit abgehandelt. Die entsprechenden Argumente beziehen sich weitgehend auf beide Rechtsinstitute. Im folgenden wird daher bereits an dieser Stelle die neue Rechtsprechung des BGH zur Sittenwidrigkeit einer Bürgschaft eines leistungsunfähigen Ehegattenbürgen miteinbezogen. Zwar unterscheiden sich die gleichstufige Haftung als Gesamtschuldner und die akzessorische Bürgenhaftung nach der rechtlichen Konstruktion grundlegend voneinander, zumindest für die hier fragliche Mitverpflichtung eines einkommens- und vermögenslosen Ehegatten führt die Ausgestaltung beider Rechtsinstitute in der Praxis (reine „Sicherheitsgesamtschuld" einerseits, selbstschuldnerische Bürgschaft andererseits) aber zu einer Austauschbarkeit beider Sicherungsmöglichkeiten praktisch nach Belieben

[60] diskutiert werden in Rechtsprechung und Literatur diesbezüglich außerdem die Vorschriften des § 310 BGB (vgl. dazu BGH NJW 1991, 2015 ff., 2016; BGH ZIP 1989, 427 ff., 430; BGH ZIP 1989, 487 ff, 488; OLG Stuttgart NJW 1988, 833 ff.; Knütel, Befreite Ehefrauen ?, ZIP 1991, 493 ff. 497; Medicus, Leistungsfähigkeit und Rechtsgeschäft, ZIP 1989, 817 ff., 817 f.; Westermann in seiner Anm. zur BGH-Entscheidung vom 16.3.89, JZ 1989, 746 f., 746; Eckert, Übermäßige Verschuldung bei Bürgschafts- und Kreditaufnahme, WM 1990, 85 ff, 86; Schwintowski, Die wirtschaftliche Leistungsfähigkeit des Schuldners als Maßstab der Wirksamkeit von Verbraucherkreditverträgen, ZBB 1989, 91 ff., 94), §§ 123, 142 I BGB (vgl. dazu vor allem Knütel, ZIP 1991, 493 ff., 497), §§ 3, 9 AGBG, § 7 VerbrKrG (dazu insbesondere Heinrichsmeier, Die Einbeziehung des Ehegatten in die Haftung für Geldkredite, S. 102 ff.) sowie § 138 II BGB. Hauptpunkt der zu behandelnden Problematik ist aber das zwischen den Gesamtschuldnern bestehende Innenverhältnis. Auf die genannten Vorschriften näher eingehende Ausführungen würden daher hier zu weit führen und müssen aus diesem Grund unterbleiben.

[61] vgl. dazu Heinrichsmeier, Die Einbeziehung einkommens- und vermögensloser Familienangehöriger in die Haftung für Bankkredite: eine unendliche Geschichte ?, FamRZ 1994, 129 ff., 129; Medicus, ZIP 1989, 817 ff., 818 ff., Eckert, WM 1990, 85 ff., 87 ff.; Westermann, JZ 1989 ff., 746 f.

[62] vgl. bei Heinrichsmeier, a.a.O., insb. S. 129 (Fn. 2), S. 133; Knütel, a.a.O., insb. S. 494; Tiedtke in seiner Anm. zum Beschluß des OLG Hamm v. 28.7.92, FamRZ 1993, 431 f. (insb. S. 432); Palandt/Heinrichs, § 138, Rz. 37 ff.; Eckert, WM 1990, 85 ff, 90; Reifner, ZIP 1990, 427 ff., 428

der Kreditinstitute[63]. In diesem Fall nämlich wirken sich die von Medicus[64] angesprochenen, theoretisch bestehenden Unterschiede zwischen Gesamtschuld - der Darlehensnehmer erhält für seine Verpflichtung in der Regel eine Gegenleistung, schuldet aber die Rückzahlung unbedingt - und Bürgschaft - der Bürge bekommt jedenfalls vom Gläubiger keine Gegenleistung und hofft häufig aus der Bürgschaft nicht in Anspruch genommen zu werden, zudem hat er gegen den Hauptschuldner einen Regreßanspruch - in der Regel nicht aus: Bei der selbstschuldnerischen Bürgschaft kann der Bürge wegen §§ 773 I Nr.1 BGB die Einrede der Vorausklage (§ 771 BGB) nicht geltend machen, so daß er ebenso wie der Gesamtschuldner eine unmittelbare Inanspruchnahme fürchten muß. Die Bank wird aber in beiden Fällen ihr Glück zunächst bei dem leistungsfähigeren Ehepartner versuchen, ihr Interesse liegt schließlich in der Rückzahlung des Darlehenskapitals. Sollte sie dennoch sofort den mittellosen Mithaftenden in Anspruch nehmen, so hat dieser nicht nur bei der Bürgschaft, sondern eventuell[65] auch im Rahmen der Gesamtschuld einen Regreßanspruch (insbesondere kommt dafür § 426 BGB in Betracht). Dieser hilft ihm in beiden Fällen nicht weiter, wenn sein Partner - wie er selbst - leistungsunfähig sein sollte. Auch erhält der Ehegattengesamtschuldner in dem problematischsten Fall der Kreditaufnahme für den Gewerbebetrieb allein des anderen Ehepartners nur rechtlich, nicht aber tatsächlich eine Gegenleistung aus dem Kreditvertrag. Sein Interesse an der Kreditaufnahme gründet sich - nicht anders als bei der Bürgschaft - einzig in der familiären Bindung zu dem anderen Gesamtschuldner. Die Schutzbedürftigkeit des leistungsunfähig und von seinem Ehegatten „abhängigen" Mithaftenden besteht also in beiden Konstellationen gleichermaßen. Die Frage der Sittenwidrigkeit nach § 138 I BGB muß somit für beide Rechtsinstitute im großen und ganzen einheitlich beurteilt werden.

Zur Beurteilung der Rechtslage - sowohl im Rahmen der gesamtschuldnerischen Haftung als auch im Falle einer Bürgschaft - muß vom Zweck des § 138 I BGB ausgegangen werden. Sinn des § 138 BGB ist es, Mißbräuche der Privatautonomie, d.h. der jedem von der Rechtsordnung gewährten Befugnis, seine Lebensverhältnisse durch Rechtsgeschäfte eigenverantwortlich zu gestalten, zu bekämpfen[66].

---

[63] so Heinrichsmeier, FamRZ 1994, 129 ff., 129 (Fn. 2); ders. in: Die Einbeziehung des Ehegatten in die Haftung für Geldkredite, S. 48 f.; auf die abweichende Ansicht Reifners (ZIP 1990, 427 ff., 432), ob es sich um eine Bürgschaft oder Gesamtschuld handle, dürfe nicht anhand der gewählten Bezeichnung, sondern müsse aufgrund Auslegung (§§ 133, 157 BGB) ermittelt werden, wobei zu beachten sei, daß die formbedürftige (§ 766 BGB) Bürgschaft das normale, gesetzlich geregelte Sicherungsmittel sei und der formfreie Schuldbeitritt daher nur aus besonderen Gründen bejaht werden könne, muß hier nicht näher eingegangen werden. Denn vorliegend handelt es sich um das Problem der Nichtigkeit wegen Sittenwidrigkeit, nicht wegen Formunwirksamkeit (ganz abgesehen davon wird in der Regel schon im Hinblick auf § 4 I VerbrKrG auch die gesamtschuldnerische Mitverpflichtung schriftlich begründet werden). Ob der Vertrag aber in die eine oder andere Richtung auszulegen ist, spielt wegen der im fraglichen Fall annähernd identischen Rechtsfolgen keine Rolle.

[64] so Medicus, a.a.O., ZIP 1989, 817 ff., 818

[65] auf diese Problematik wird an anderer Stelle noch ausführlich eingegangen

[66] Palandt/Heinrichs, § 138, Rz. 1

Nach Meinung des BVerfG[67] gebieten die Generalklauseln der §§ 138 und 242 BGB den Zivilgerichten die Inhaltskontrolle schuldrechtlicher Verträge. Bei der Konkretisierung dieser Vorschriften sei die über Art. 2 I GG grundrechtlich gewährleistete Privatautonomie sowie das Sozialstaatsprinzip (Art. 20 I, Art. 28 I GG) zu berücksichtigen. Dabei sei zu beachten, daß am Zivilrechtsverkehr gleichrangige Rechtsträger teilnähmen, die unterschiedliche Interessen und vielfach gegenläufige Ziele verfolgten. Da alle Beteiligten des Zivilrechtsverkehrs den Schutz des Art. 2 I GG genössen und sich gleichermaßen auf die grundrechtliche Gewährleistung ihrer Privatautonomie berufen könnten, dürfe nicht nur das Recht des Stärkeren gelten. Zwar sei schon aus Gründen der Rechtssicherheit nicht bei jeder Störung des Verhandlungsgleichgewichts eine Korrektur eines Vertrages zulässig. Habe einer der Vertragsteile jedoch ein derart starkes Übergewicht, daß er den Vertragsinhalt faktisch einseitig bestimmen könne, müsse die Zivilrechtsordnung Korrekturen ermöglichen.

Die sich nun aufdrängenden Fragen lauten, wann ein derart starkes, eine Korrektur erforderndes Übergewicht des Kreditinstitutes anzunehmen ist, und ob dafür bereits ausreicht, daß zwischen dem Umfang der übernommenen Haftung und der Leistungsfähigkeit des mithaftenden Ehepartners ein auffälliges Mißverhältnis besteht.

Letztere Frage haben der III. und IX. Zivilsenat des BGH stets verneint[68]. Die Privatautonomie erlaube einem voll Geschäftsfähigen selbst den Abschluß besonders riskanter Verträge[69], darüber hinaus sei dem Wesen der eherechtlichen Lebensgemeinschaft eine Vermögens- und Risikogemeinschaft durchaus nicht fremd[70]. Auch der XI. Zivilsenat stützt die Annahme der Sittenwidrigkeit nie allein auf die fehlende Leistungsfähigkeit[71].

Daß allein das mangelnde Leistungsvermögen des Verpflichteten - d.h., wenn die zu leistenden Zahlungen das pfändbare Einkommen (vgl. §§ 850 ff. ZPO) übersteigen - zur Annahme der Sittenwidrig- und damit Nichtigkeit der Vereinbarung nicht ausreichen kann[72], zeigen

[67] BVerfG FamRZ 1994, 151 ff.; BVerfG NJW 1996, 2021

[68] so der IX. Zivilsenat in: BGH BGHZ 128, 230 ff., 232; NJW 1996, 513 ff., 514; NJW 1996, 1274 ff., 1275; NJW 1997, 1003 ff., 1003; der III. Zivilsenat in: BGH ZIP 1989, 487 ff., 487 (1. Leitsatz)

[69] BGH NJW 1991, 2015 ff., 2016; bestätigt von BVerfG NJW 1996, 2021

[70] BGH NJW 1996, 1274 ff., 1275; so auch BGH BGHZ 128, 230 ff., 234

[71] BGH ZIP 1991, 224 ff., 226 (auch in diesem sog. „Griechenfall“ ist der Senat bezüglich der Annahme einer Sittenwidrigkeit allein aufgrund mangelnder Leistungsfähigkeit des Mithaftenden sehr zurückhaltend, was sich unter anderem dadurch zeigt, daß er diesen Punkt zunächst ausdrücklich dahingestellt sein läßt); BGH FamRZ 1993, 407 ff., 407 (= BGHZ 120, 272 ff., 274); BGH NJW 1997, 257 ff., 258

[72] so auch Palandt/Heinrichs, § 138, Rz. 36; Knütel, ZIP 1991, 493 ff. 496; Kleinle, FamRZ 1997, 8 ff.; im Ergebnis auch Heinrichsmeier, FamRZ 1994, 129 ff., 131; im Gegensatz dazu hat das LG Lübeck NJW 1987, 959

weiter folgende Überlegungen: Privatautonomie beinhaltet nicht nur Selbstbestimmung , sondern auch Selbstverantwortung. Jeder Schuldner hat somit grundsätzlich selbst zu prüfen und zu bestimmen, wo die Grenzen seiner Leistungsfähigkeit liegen. Darüber hinaus zeigt ein Gegenschluß zu § 306 BGB, daß das anfängliche Unvermögen die Vertragswirksamkeit nicht beeinträchtigt[73]. Aus § 279 BGB ergibt sich, daß Leistungsunfähigkeit nicht von der Zahlungspflicht befreit[74]. Auch haben die Pfändungsschutzvorschriften den Zweck, vor Vollstrekkungszugriffen zu schützen, nicht aber die Verpflichtungs- und Verfügungsfreiheit des Schuldners einzuschränken[75]. Schließlich darf nicht übersehen werden, daß die Annahme der Sittenwidrigkeit allein aufgrund mangelnder Leistungsfähigkeit den leistungsschwachen Vertragspartner unabhängig von seinem dahingehenden Willen „schützen“ und ihm den wirksamen Abschluß derartiger Verträge somit unmöglich machen würde. Dies liefe jedoch auf eine partielle Entmündigung des vermögenslosen oder einkommensschwachen, aber mündigen und selbstverantwortlichen Bürgers hinaus und würde ihm die Chance nehmen, mit Hilfe eines Kredites Eigentum zu bilden und eine Existenz aufzubauen[76].

Voraussetzung des zur Bejahung der Sittenwidrigkeit nötigen unerträglichen Ungleichgewichts zwischen den Vertragsparteien ist damit das Hinzutreten weiterer erschwerender Punkte[77]. Das Vorliegen der zu fordernden Störung der Vertragsparität kann nur aufgrund einer umfassenden Abwägung aller im Zeitpunkt des Vertragsschlusses erkennbaren[78] objektiven und subjektiven Umstände[79] beurteilt werden.

Ob dabei auf seiten der Bank ein gewisses Schutzbedürfnis wegen der Gefahr doloser Vermögensverschiebungen zwischen den Ehepartnern berücksichtigt werden kann, ist umstritten.

Der XI. Senat verneint in seiner Entscheidung vom 22.1.91 ein schutzwürdiges Interesse der Bank, weil insoweit das Anfechtungsgesetz und § 826 BGB angemessenen Schutz böten[80]. Bedenken hinsichtlich eventuell damit verbundener Beweisschwierigkeiten oder kurzer Fri-

---

ff. jede Verpflichtung als sittenwidrig beanstandet, die von vornherein und erkennbar die monatlichen Pfändungsfreibeträge des Schuldners übersteigen mußte.

[73] Knütel, ZIP 1991 493 ff., 496; Medicus, ZIP 1989, 817 ff., 818

[74] so auch Eckert, WM 1990, 85 ff, 88

[75] Palandt/Heinrichs, § 138 Rz. 36; so auch Knütel, ZIP 1991, 493 ff. 496; im Ergebnis auch Heinrichsmeier, FamRZ 1994, 129 ff., 131

[76] so Knütel, ZIP 1991, 493 ff., 497; Medicus, ZIP 1989, 817 ff., 817, 819; auch Eckert, WM 1990, 85 ff, 88

[77] so auch BGH FamRZ 1998, 85 ff., 86; Tiedtke, FamRZ 1993, 430 ff., 432; Palandt/Heinrichs, § 138, Rz. 38 b; Heinrichsmeier, FamRZ 1994, 129 ff., 132

[78] BGH NJW 1996, 1274 ff., 1276; so im Ergebnis auch Knütel, ZIP 1991, 493 ff., 497

[79] vgl. auch BGH FamRZ 1998, 85 ff., 86; BGH NJW 1997, 257 ff., 258; BGH FamRZ 1993, 407 ff., 408 (=BGHZ 120, 272 ff., 275); Heinrichsmeier, FamRZ 1994, 129 ff., 132

[80] BGH ZIP 1991, 224 ff., 226

sten (vgl. § 3 I Nr. 2, 4 AnfG)[81] hält er entgegen, daß eine unbeschränkte, die Leistungsfähigkeit ersichtlich überfordernde persönliche Mitverpflichtung des Ehepartners über das berechtigte Ziel der Verhinderung doloser Vermögensverschiebungen weit hinausgehe[82]. Eine derartige über das billigenswerte Ziel inhaltlich weit hinausgehende Regelung kann wiederum der IX. Senat deshalb nicht nachvollziehen, weil einer Inanspruchnahme unter Umständen § 242 BGB verhindere, solange der leistungsunfähige Partner kein Vermögen erworben habe[83].

In der Tat darf bei der Beurteilung der Sittenwidrigkeit nicht übersehen werden, daß der mittellose Ehegatte auch bei Annahme der Wirksamkeit des Vertrages nicht völlig schutzlos gestellt ist. Vielmehr ist der Rechtsausübung auch bei Wirksamkeit des Vertrages über § 242 BGB dort eine Schranke zu setzen, wo sie zu untragbaren, mit Recht und Gerechtigkeit nicht zu vereinbarenden Ergebnissen führt[84]. Es ist daher gar nicht erforderlich, das wohl auch vom XI. Senat gesehene berechtigte Interesse der Banken, dolose Vermögensverschiebungen zu verhindern, gänzlich zu leugnen, nur um die schwächere Vertragspartei zu schützen. Dieses Interesse muß vielmehr als ein zugunsten der Wirksamkeit sprechender Punkt in die oben angesprochene Abwägung miteinbezogen werden.

Ein weiteres für eine Wirksamkeit der Mitverpflichtung sprechendes Argument ist das Vorliegen eines wesentlichen eigenen Interesses des mithaftenden Ehegatten an der Kreditaufnahme. Während der IX. Senat der Ansicht ist, unabhängig von der Aufgabenverteilung in der Ehe nach §§ 1353 I, 1356 BGB könne grundsätzlich davon ausgegangen werden, daß eine dem Familienbetrieb dienende Kreditgewährung den Wünschen und Interessen beider Partner entspreche[85], nimmt der XI. Senat ein eigenes Interesse nur bei Vorliegen eines „unmittelbaren" Vorteils an, der jedenfalls nicht gegeben sei, wenn der Kredit einzig für den Betrieb des Ehemannes bestimmt sei, ohne jegliche Beteiligung der Ehefrau an dem Unternehmen. Vorteile, die ihr bei erfolgreichem Betrieb des Unternehmens mittelbar zuflössen, seien nicht wesent-

[81] Bedenken in diesem Sinne äußern Knütel, ZIP 1991, 493 ff., 495 und BGH BGHZ 128, 230 ff., 234 f.; auch in einer Entscheidung aus dem Jahre 1997 (FamRZ 1998, 85 ff., 86) betont der IX. Senat erneut, daß das Begehren des Kreditgebers, den Lebenspartner in einem seine finanziellen Verhältnissen übersteigenden Maße in die Haftung einzubeziehen, in der Regel vertretbar sei, wenn der Gläubiger sich dadurch wirksam vor Vermögensverlagerungen vom Hauptschuldner auf den Partner schützen könne.

[82] BGH FamRZ 1993, 407 ff., 408 f.(= BGHZ 120, 272 ff., 278 f.)

[83] BGH BGHZ 128, 230 ff., 235; so auch BGH NJW 1997, 1003 ff., 1003

[84] Palandt/Heinrichs, § 242, Rz. 2; näheres dazu unter 3.2.; anders Jung, Der Gesamtschuldnerausgleich zwischen Ehegatten bei gemeinsamen Darlehensverbindlichkeiten, S. 33, der Sittenwidrigkeit gem. § 138 I BGB allein aufgrund Vermögenslosigkeit des mithaftenden Ehepartners mit dem Argument ablehnt, diesem stünde - soweit ihn im Innenverhältnis keine Belastung treffe - gegen seinen Partner ein Befreiungsanspruch aus § 426 BGB zu, was zu einer sachgerechten Lösung führe.

[85] BGH BGHZ 128, 230 ff., 233 f.

lich[86]. Auch das BVerfG stellt auf die „Unmittelbarkeit" des Interesses der mitverpflichteten Ehefrau ab, sieht diese aber bereits dann als gegeben an, wenn der Kredit für den Gewerbebetrieb ihres Mannes aufgenommen wird, der damit zum Familienunterhalt beiträgt[87]. Ebenso will Heinrichsmeier[88] diesen Fall demjenigen gleichstellen, in dem mit dem Kredit unmittelbar von den Ehegatten gemeinsam genutzte Gegenstände angeschafft wurden, denn in beiden Fällen komme der Kredit der ehelichen Lebensgemeinschaft zugute; gleichzeitig sieht Heinrichsmeier aber eine Unterscheidung zwischen „mittelbarem" und „unmittelbarem" Vorteil als ein zur Beurteilung der Sittenwidrigkeit nicht geeignetes Kriterium an. Zu dem gleichen Ergebnis kommt Knütel[89] auf geringfügig anderem Weg: Er hält für unerfindlich, warum es auf das Vorliegen eines unmittelbaren Vorteils ankommen solle. Vielmehr müsse bereits der mittelbare Vorteil, der darin bestehe, daß der Gewerbebetrieb letztlich auch dazu diene, dem Ehemann die Erfüllung seiner Familienunterhaltspflicht (§§ 1360, 1360 a BGB) zu ermöglichen und zu erleichtern, Berücksichtigung finden[90].

Dem ist insoweit zuzustimmen, als im Rahmen einer umfassenden Abwägung alle für und gegen die Sittenwidrigkeit sprechenden Umstände ihrer Bedeutung gemäß beachtet werden müssen. Ein größeres Interesse des mithaftenden Ehegatten spricht eben in höherem Maße für die Wirksamkeit des Vertrages als ein geringeres. Dies ändert aber nichts daran, daß die Sittenwidrigkeit nur aufgrund einer Gesamtschau von Inhalt, Beweggrund und Zweck des Rechtsgeschäftes[91] beurteilt werden kann.

Bezüglich der übrigen für eine Sittenwidrigkeit sprechenden Umstände besteht weitgehend Einigkeit. Typische Merkmale einer nicht hinnehmbaren Vertragsunterlegenheit finden sich in § 138 II BGB. Neben der - der Bank bekannten oder aufgrund grober Fahrlässigkeit unbekannten[92] - mangelnden Leistungsfähigkeit[93] nicht nur im Zeitpunkt des Vertragsschlusses,

---

[86] BGH ZIP 1991, 224 ff., 226; BGH NJW 1997, 1005 ff., 1005; BGH NJW 1997, 257 ff., 259

[87] BVerfG FamRZ 1994, 151 ff., 154

[88] Heinrichsmeier, FamRZ 1994, 129 ff., 133

[89] Knütel, ZIP 1991, 493 ff., 493

[90] so auch BGH NJW 1996, 1274 ff., 1275

[91] BGH NJW 1996, 513 ff., 514; BGH NJW 1991, 2015 ff., 2016

[92] BGH BGHZ 128, 230 ff., 232 f.; BGH NJW 1996, 1274 ff., 1276; BGH NJW 1996, 513 ff., 514

[93] dabei ist nach BGH NJW 1996, 1274 ff., 1276 f. (das Urteil betrifft eine Ehegattenbürgschaft) folgendes zu beachten: Zwar sei die finanzielle Überforderung jedes Mitverpflichteten aus seiner eigenen Leistungsfähigkeit heraus zu beurteilen. Entscheidend für die Beurteilung der finanzielle Überforderung als sittenwidrig nach § 138 I BGB sei aber, ob beide Eheleute zusammen bei vollem Einsatz ihres pfändbaren Vermögens in der Lage seien, neben den laufenden Zinsen nicht ganz unerhebliche Tilgungsleistungen zu erbringen; so im Ergebnis auch BGH ZIP 1989, 487 ff., 489 f.; dem zustimmend Medicus, ZIP 1989, 817 ff., 821 mit dem Argument, daß nur in diesem Fall eine für den Bürgen aussichtslose Lage geschaffen werde, da ihm andernfalls die Hoffnung bleibe, der Hauptschuldner werde zahlen und ihn dadurch entlasten; vgl. zu dieser Problematik bzgl. der Gesamtschuld sehr ausführlich: Eckert, WM 1990, 85 ff, 88 f.

sondern voraussichtlich auch für die Zukunft[94], sprechen insbesondere folgende Punkte für die Sittenwidrigkeit des Rechtsgeschäfts: großer Umfang und geringe Überschaubarkeit der Verpflichtung[95], der Bank bekannte Geschäftsunerfahrenheit[96] des mithaftenden Ehegatten - was insbesondere bei fehlender Berufsausbildung und reiner Haushaltstätigkeit angenommen werden muß[97] -, Veranlassen der Unterschrift durch der Bank zurechenbaren unzulässigen Druck[98] oder Täuschung[99]- etwa durch die Behauptung, die Mitunterzeichnung sei reine Formsache ohne größere Folgen für den Verpflichteten[100] - und schließlich das Ausnutzen einer seelischen Zwangslage. Letztere bestünde etwa dann, wenn nach bereits erfolgter Auszahlung und teilweisem Verbrauch der Darlehensvaluta nunmehr die Aufrechterhaltung des Kredites und die weitere Auszahlung des Darlehensrestbetrags von einem zuvor nicht geforderten Schuldbeitritt des Ehegatten abhängig gemacht würde, der in dieser Situation gar nicht anders kann, als der Schuld beizutreten[101].

Die angestellten Überlegungen zur Sittenwidrigkeit zeigen, daß sich - wegen der stets gebotenen Abwägung der betroffenen widerstreitenden Interessen - allgemeingültige Grundsätze zur Beurteilung einer gesamtschuldnerischen Kreditaufnahme durch einen einkommens- und vermögenslosen Ehepartner nur schwer aufstellen lassen. Es kann jedoch nicht geleugnet werden, daß das Kreditinstitut durch die unbeschränkte Mithaftungsverpflichtung eine über das erforderliche Maß hinausgehende Sicherung jedenfalls dann erhielte, wenn der Ehegatte auch bei Nichtgefährdung der berechtigten Interessen der Bank - insbesondere in Hinblick auf Vermögensverschiebungen - voll haften müßte. Das erscheint insbesondere im Falle der Scheidung als nicht zumutbar[102]. Wie bereits angedeutet wurde, ist die Annahme der Nichtigkeit der Vereinbarung allein wegen dieses Umstands aber jedenfalls dann übertrieben, wenn

[94] BGH FamRZ 1993, 407 ff., 408 , BGH NJW 1997, 1003 ff., 1003
[95] BVerfG FamRZ 1994, 151 ff., 154
[96] BVerfG FamRZ 1994, 151 ff., 154; BGH NJW 1996, 1274 ff., 1276; BGH BGHZ 128, 230 ff., 232
[97] so Tiedtke, FamRZ 1993, 430 ff., 432
[98] BGH BGHZ 128, 230 ff., 231; BGH NJW 1997, 1003 ff., 1003; BGH NJW 1996, 1274 ff., 1276; streitig ist dabei allerdings, ob dafür bereits ausreicht, daß die Kreditgewährung an den einen Ehegatten von der Mitverpflichtung des anderen abhängig gemacht und dadurch ersterer veranlaßt wird, seinen auf der ehelichen Bindung beruhenden Einfluß einzusetzen (so BGH ZIP 1991, 224 ff., 226), oder ob dafür über die bloße Überredungskunst des einen und Nachgiebigkeit des anderen hinaus der Einsatz unzulässiger Mittel wie Drangsalierung, Drohung oder Gewalt erforderlich ist (so Knütel, ZIP 1991, 493 ff., 495; wohl auch Kleinle, FamRZ 1997, 8 ff.).
[99] OLG Hamm FamRZ 1993, 430 ff., 431
[100] Tiedtke, FamRZ 1993, 430 ff., 432; Heinrichsmeier, FamRZ 1994, 129 ff., 132; Kleinle, FamRZ 1997, 8 ff.
[101] so für den Fall einer später geforderten Bürgschaft: BGH NJW 1996, 1274 ff., 1276; Pape, Die Entwicklung des Bürgschaftsrechts im Jahre 1996, NJW 1997, 980 ff., 982; auch bzgl. einer sonstigen Mithaftung: BGH NJW 1996, 513 ff., 514 f..
[102] so Heinrichsmeier, FamRZ 1994, 129 ff., 133

für den Schutz des Ehegatten, insbesondere im Falle der Scheidung, andere, flexiblere Lösung zur Verfügung stehen. Befürwortet man diesen Weg und stellt folglich an die Beurteilung der Sittenwidrigkeit strengere Anforderungen, ergibt sich als weiterer Vorteil, daß so dem - auch vom XI. Senat nicht generell bestrittenen - Schutzinteresse der Bank in angemessener Weise Rechnung getragen werden könnte[103].

2.2.2 Lösungsansätze, bei denen trotz Wirksamkeit des Kreditvertrages eine Inanspruchnahme des einkommens- und vermögenslosen Ehepartners aus dem Vertrag nicht in Betracht kommt

Ist nach dem oben Gesagten die Nichtigkeit des abgeschlossenen Kreditvertrages zu verneinen, trifft den mithaftenden Ehegatten gegenüber dem Gläubiger aus dem Vertrag grundsätzlich eine Zahlungsverpflichtung. Im Einzelfall jedoch - nämlich dann, wenn die bei Vertragsschluß des Kreditvertrages bestehende Leistungsunfähigkeit des Mithaftenden auch weiterhin anhält - führen verschiedene Lösungsansätze zu einer Versagung des Gläubigeranspruches.

Auch insoweit sollen die Ausführungen auf die bedeutendsten Gesichtspunkte beschränkt werden[104]. Nähere Betrachtung verdienen vor allem zwei Lösungsansätze: Der eine befaßt sich mit der Auslegung (§§ 133, 157 BGB) des zwischen Gläubiger und mithaftenden Partner abgeschlossenen Vertrags, der andere fällt in den Bereich des § 242 BGB.

2.2.2.1 §§ 133, 157 BGB

Der IX. Zivilsenat des BGH[105] befürwortet - in Hinblick auf Sinn und Zweck der Einbeziehung des vermögenslosen Ehegatten in die Haftung - eine Auslegung der Haftungsabrede da-

---

[103] so Knütel, FamRZ 1994, 129 ff., 133

[104] auf die eventuelle Möglichkeit der Rückgängigmachung des Vertrages aus c.i.c wird daher ebenso wie auf einen denkbaren Schadensersatzanspruch aus positiver Vertragsverletzung hier nicht näher eingegangen. Zum Umfang der Aufklärungspflichten der Bank vgl. in diesem Zusammenhang: BGH NJW 1994, 1278 ff., 2181; BGH NJW 1990, 1034 f., 1035; OLG Hamm MDR 1982, 578; Medicus, ZIP 1989, 817 ff., 821; Kreft, Privatautonomie und persönliche Verschuldung, WM 1992, 1425 ff., 1426; Schwintowski, ZBB 1989, 91 ff., 96; Ekkert, WM 1990, 85 ff, 91 ff.; Groeschke, Anm. zur BGH-Entscheidung vom 26.4.94, BB 1994, 1312 ff.,1313 f., ders., Die Haftung einkommensschwacher und vermögensloser Bürgen, BB 1994, 725 ff., 727, 728; Honsell NJW 1994, 565 f., 566; Wiedemann, Anm. zum Beschluß de BVerfG vom 19.10.93, JZ 1994, 411ff., 413; Köndgen, Anm. zum BGH-Urteil vom 16.5.91, NJW 1991 2018 f.; Knütel in Festschrift Flume, S. 559 ff.; Burghardt, Aufklärungspflichten des Bürgschaftsgläubigers, S. 9 ff.

[105] BGH BGHZ 128, 230 ff., 235

hin, daß sie ein stillschweigendes pactum de non petendo[106] enthalte, solange der leistungsunfähige Partner kein Vermögen erworben habe, oder aber, daß von Anfang an bis zum Zeitpunkt des Vermögenserwerbs die Fälligkeit des Anspruchs hinausgeschoben werde[107].

Werde die Haftung nur übernommen, um dem Gläubiger die Möglichkeit einzuräumen, auf Vermögen zuzugreifen, das möglicherweise später einmal in der Person des Partners entstehe, spreche dies für einen übereinstimmenden Willen beider Vertragspartner, daß der Gläubiger aus der Verpflichtung des Mithaftenden keine Ansprüche herleiten dürfe, solange dieser finanziell nicht leistungsfähig sei. Denn es sei im Zweifel anzunehmen, daß die Parteien das Vernünftige gewollt hätten, so daß der Auslegung der Vorzug zu geben sei, die zu einer sachgerechten, mit Inhalt und Zweck des Gesetzes zu vereinbarenden Regelung gelange[108]. Bei der Annahme eines pactum de non petendo sei das Kreditinstitut trotz Fälligkeit der Hauptforderung nach § 242 BGB an einem gerichtlichen Vorgehen gegen den leistungsunfähigen Partner gehindert[109].

Dazu ist folgendes zu sagen: Die Vereinbarung eines pactum de non petendo ist ohne weiteres zulässig[110]. Erforderlich ist dafür aber eine Einigung der Parteien, die eine derartige Vereinbarung zum Vertragsinhalt werden läßt[111]. Zwar ist es richtig, daß sich - wie der BGH annimmt - das pactum de non petendo auch durch Auslegung schon bestehender Vereinbarungen der Parteien ergeben kann[112]. Das macht aber eine entsprechende Vereinbarung nicht überflüssig. Die (erläuternde) Vertragsauslegung kann nur dazu dienen, festzustellen, ob ein bestimmtes Verhalten als Willenserklärung aufzufassen und welcher Inhalt einer Willenserklärung beizumessen ist[113]. Die Überstrapazierung des Rechtsinstitutes „Auslegung“ sollte möglichst verhindert werden. Wo daher tatsächliche Anhaltspunkte für einen entsprechenden - auch stillschweigenden - Parteiwillen - wie meist - nicht vorhanden sind, kann die Vereinbarung eines pactum de non petendo nicht angenommen werden. Genauso verhält es sich mit dem Hinausschieben des Fälligkeitszeitpunktes der Gläubigerforderung.

---

[106] darunter ist eine - auch stillschweigende Absprache - zwischen den Vertragsparteien zu verstehen, die auf die Begründung eines Leistungsverweigerungsrechts des Schuldners oder den vorübergehenden Ausschluß der Klagbarkeit der Forderung gerichtet ist (Palandt/Heinrichs, § 202, Rz. 8); die Fälligkeit der Forderung bleibt unberührt

[107] so für den Fall der Bürgschaft BGH NJW 1997, 1003 ff., 1004 (=FamRZ 1997, 478 ff., 480)

[108] BGH, a.a.O., 1004 (=FamRZ 1997, 478 ff., 480)

[109] so BGH FamRZ 1995, 469 ff., 470 (=BGHZ 128, 230 ff., 235)

[110] Staudinger/Peters, § 202, Rz. 15

[111] vgl. Staudinger/Peters, § 202, Rz. 16

[112] Staudinger/Peters, § 202, Rz. 17

[113] Palandt/Heinrichs, § 157, Rz. 2

2.2.2.2 § 242 BGB

Eine Überstrapazieung des Rechtsinstituts „Auslegung" ist aber auch gar nicht erforderlich, um zu interessengerechten Ergebnissen zu gelangen. Denn selbst dort, wo die Erklärungen der Parteien eine Auslegung mit dem oben genannten Ergebnis nicht zulassen, ist der Gläubiger unter Umständen nach Treu und Glauben gehindert, den von Anfang an erkennbar wirtschaftlich nicht leistungsfähigen mithaftenden Ehegatten in Anspruch zu nehmen, solange in dessen Person kein Vermögen entstanden ist[114]. Dabei sind verschiedene Ansätze denkbar:

Kreft[115] zieht in Erwägung, dem mittellosen Ehegatten gegenüber dem Kreditinstitut die Einrede des venire contra factum proprium zu geben, wenn er von diesem in Anspruch genommen werde, obwohl der einzig wirtschaftlich vernünftige Grund für eine Mithaftung - die Verhinderung von Vermögensverschiebungen oder die Ermöglichung des Zugriffs auf eine sonstige Vermögensmehrung[116] - sich ersichtlich nicht verwirklicht habe.

Vorzugswürdig ist folgende Lösung: Besteht die eheliche Lebensgemeinschaft nicht mehr, ohne daß eine Vermögensverschiebung getätigt wurde[117], sind die Regeln über den Wegfall der Geschäftsgrundlage anzuwenden, sofern die Verpflichtung des mithaftenden Ehegatten hauptsächlich dem Zweck diente, den Gläubiger vor Nachteilen durch Vermögensverlagerungen zwischen den Eheleuten zu schützen[118].

Die Geschäftsgrundlage eines Vertrages wird nach stetiger Rechtsprechung gebildet durch die nicht zum Vertragsinhalt erhobenen, aber bei Vertragsschluß zutage getretenen, dem Geschäftsgegner erkennbaren und von ihm nicht beanstandeten Vorstellungen des einen Vertragsteils oder durch entsprechende gemeinsame Vorstellungen beider Vertragspartner, auf denen der Geschäftswille aufbaut.[119] Bei einem Schuldbeitritt kommt ein Wegfall der Geschäftsgrundlage nur ausnahmsweise in Betracht, da sowohl die Leistungsfähigkeit der Gesamtschuldner als auch der Fortbestand der Ehe grundsätzlich zum alleinigen Risikobereich des

[114] so für den Fall der Bürgschaft BGH NJW 1997, 1003 ff., 1004

[115] Kreft, WM 1992, 1425 ff., 1428 mit den gleichzeitig angesprochenen Bedenken, daß eine so begründete, undifferenzierte Entlastung des Mithaftenden diesen unter Umständen dazu verleiten könnte, zwischenzeitlich erworbenes Vermögen zu verschleudern, um eine Zugriff der Bank zu verhindern.

[116] so wohl auch BGH NJW 1997, 1003 ff., Leitsatz 2 für den Fall, daß eine Bürgschaft des Ehegatten im Hinblick auf eine spätere Erbschaft vereinbart wurde, der Erbfall aber noch nicht eingetreten und der Ehegatte nicht leistungsfähig ist.

[117] Heinrichsmeier, FamRZ 1994, 129 ff., 133; für den Fall der Bürgschaft auch Palandt/Heinrichs, § 138, Rz. 38 c

[118] so für die Bürgschaft BGH NJW 1997, 1003 ff., 1004

[119] Palandt/Heinrichs, § 242, Rz. 113; z. B. BGH BGHZ 128, 230 ff., 236

Mithaftenden gehören[120]. War der Ehegatte bei Mitunterzeichnung des Kreditvertrages aber weitgehend mittellos und konnte aufgrund bei Vertragsschluß erkennbarer Tatsachen auch nicht erwartet werden, daß er in absehbarer Zeit mit eigenem Einkommen oder Vermögen zur Tilgung der Kreditforderung würde beitragen können[121], war dies außerdem dem Kreditinstitut bekannt oder hat es sich dieser Erkenntnis bewußt verschlossen, so steht ausnahmsweise nicht die Erweiterung der Haftungsmasse[122], sondern das Interesse an der Verhinderung von Vermögensverlagerungen zwischen den Partnern im Vordergrund[123]. Das berechtigte, den Anforderungen von Treu und Glauben genügende Interesse der Bank an der Haftungsübernahme hängt in diesem Fall von vornherein davon ab, daß eine Vermögensverlagerung zwischen den Ehepartnern stattgefunden hat bzw. in Zukunft noch möglich erscheint[124]. Wird die Lebensgemeinschaft endgültig aufgelöst, ohne daß es zu einer Vermögensverschiebung gekommen ist, kann der mit dem Schuldbeitritt verfolgte Zweck nicht mehr verwirklicht werden[125]. Damit entfällt die Geschäftsgrundlage, da die Gründe, die eine Verpflichtung des wirtschaftlich nicht leistungsfähigen Ehegatten allein zu rechtfertigen vermochten, nicht mehr bestehen[126]. Der Wegfall der Geschäftsgrundlage wirkt sich allerdings nur aus, wenn und soweit ein unverändertes Festhalten an dem Vertrag unzumutbar ist. Zu beachten ist, daß Rechtsfolge des Wegfalls der Geschäftsgrundlage grundsätzlich nur eine Vertragsanpassung unter Berücksichtigung aller maßgeblichen Umstände des Einzelfalles - insbesondere Dauer des Schutzbedürfnisses der Bank sowie wirtschaftliche Bedeutung des Kredits für den mitverpflichteten Ehepartner - ist. Im Einzelfall kann der Wegfall der Geschäftsgrundlage aber auch zu einer Reduktion der Zahlungspflicht auf Null führen[127]. Dabei ist jedoch stets im Auge zu behalten, daß ein Wegfall der Geschäftsgrundlage infolge der Scheidung nur in Betracht kommt, wenn der Schutz vor Vermögensverschiebungen der einzige[128] oder zumindest hauptsächliche[129] Zweck der Haftungsübernahme ist. Nur in diesem Fall spielt der Bestand der ehe-

[120] so für den Fall der Bürgschaft: BGH, a.a.O., 236

[121] so für die Bürgschaft BGH NJW 1997, 1003 ff., 1004; wann von Anfang an nicht mit nennenswerten Leistungen des Bürgen gerechnet werden kann, hat der BGH in einem Urteil aus dem Jahre 1996 (NJW 1996, 2088 ff.) im einzelnen dargestellt. Danach spielt eigenes Einkommen des Bürgen als berechtigtes Zugriffsobjekt keine Rolle, sofern voraussichtlich der pfändungsfreie Betrag innerhalb von fünf Jahren seit Fälligkeit der Bürgschaftsforderung nicht ein Viertel der Hauptschuld erreicht. Dabei hat der Bürge die Tatsachen darzulegen und zu beweisen, die den Einwand des § 242 BGB rechtfertigen.

[122] üblicherweise will der Gläubiger sich durch den Schuldbeitritt die Möglichkeit eröffnen, auf das Vermögen eines Dritten zugreifen zu können, weil er befürchtet, aus demjenigen des anderen Gesamtschuldners keine Befriedigung erlangen zu können (entsprechend für die Bürgschaft BGH BGHZ 128, 230 ff., 237)

[123] so für die Bürgschaft BGH, a.a.O., 237

[124] so für die Bürgschaft BGH, a.a.O., 237

[125] so für die Bürgschaft BGH, a.a.O., 237

[126] ähnlich für die Bürgschaft auch BGH, a.a.O., 238

[127] BGH, a.a.O., 239

[128] so Heinrichsmeier, a.a.O., S. 176; OLG Köln FamRZ 1997, 292 (2. Leitsatz)

[129] so für den Fall der Bürgschaft BGH NJW 1997, 1003 ff., 1004

lichen Lebensgemeinschaft nach der Intention der Parteien für den Kreditvertrag eine derart tragende Rolle, daß ihr Wegfall diesen jeden sinnvollen Zwecks berauben kann[130]. Schließlich hat ein Ehepartner über den Zugewinnausgleich (§§ 1373 ff., 1378 BGB) bzw. die Unterhaltsvorschriften (§§ 1569 ff BGB) auch nach der Scheidung grundsätzlich noch die Möglichkeit, mittelbar von dem während der Ehe aufgenommenen, erfolgreich eingesetzten Kredit zu profitieren[131]. Daß ein Schuldner nicht in der Lage ist, seine Verbindlichkeiten zu erfüllen, und dadurch in eine langjährige Abhängigkeit von seinem Gläubiger geraten kann, ist keine Besonderheit gerade der Mitverpflichtung eines Ehegatten[132].

Zu klären bleibt die Frage, ob die in der - erst am 1.1.1999 in Kraft tretenden[133] - Insolvenzordnung vorgesehene Möglichkeit der Restschuldbefreiung (§ 286 ff. InsO) zukünftig einen Eingriff in den Vertrag über § 242 BGB überflüssig machen wird[134].

2.2.2.3 Restschuldbefreiung nach §§ 286 ff. InsO

Daran könnte man deshalb denken, weil bei einer auf Antrag[135] des mithaftenden Ehegatten gewährten Restschuldbefreiung dieser hinsichtlich der im Insolvenzverfahren nicht erfüllten Verbindlichkeiten[136] gegenüber den Insolvenzgläubigern befreit wäre [137] und auch keine Rückgriffsansprüche seines Ehepartners[138] befürchten müßte. Dieser auf den ersten Blick plausible Lösungsansatz birgt das Problem in sich, daß bei Fortbestand der heutigen Rechtslage auch nach Inkrafttreten der Insolvenzordnung die ganz überwiegende Mehrzahl aller Schuldner - natürliche Personen - mit der Durchführung eines Restschuldbefreiungsverfahrens nicht rechnen kann. Denn das Gesetz macht dieses Verfahren davon abhängig, daß eine Eröffnung des Insolvenzverfahrens erfolgt und es nicht zu einer vorzeitigen Einstellung mangels

[130] zu weitgehend daher die Meinung Reifners (ZIP 1990, 427 ff., 434 ff.), der bei der gesamtschuldnerischen Ehegattenmithaftung in sehr weitem Umfang zur Anwendung der Geschäftsgrundlagenlehre kommt.

[131] so auch Knütel, ZIP 1991, 493 ff., 495; Kreft, WM 1992, 1425 ff., 1426

[132] so für den Fall der Bürgschaft BGH NJW 1996, 1274 ff., 1277

[133] vgl. § 335 InsO i.V.m. Art. 110 I EGInsO

[134] so durch den IX. Senat des BGH angedeutet für den Fall einer Ehegattenbürgschaft am Ende seiner Entscheidung vom 18.1.96 (BGH NJW 1996, 1274 ff., 1277); auch Medicus ist der Meinung, daß gute Gründe für eine Lösung über die Restschuldbefreiung sprechen (Medicus, ZIP 1989, 817 ff., 823, 824).

[135] vgl. § 287 InsO

[136] vgl. § 286 InsO

[137] vgl. §§ 286, 301 I InsO i.V.m. arg.e. § 301 II S. 2 InsO

[138] vgl. § 301 II S. 2 InsO

Deckung der Kosten des Verfahrens nach § 207 InsO kommt. Das ergibt sich aus einem Umkehrschluß zu § 289 III InsO.[139]

Damit kann jedenfalls einer Vielzahl von Schuldnern - insbesondere in dem hier besprochenen Fall des einkommens- und vermögenslosen Ehegatten - ein Schutzbedürfnis trotz der Möglichkeit der Restschuldbefreiung nicht abgesprochen werden. Die Behandlung der Problematik, ob es sich dabei tatsächlich um die Mehrzahl der Schuldner handelt, oder ob nicht häufig die Insolvenzmasse wenigstens zur Begleichung der Verfahrenskosten ausreichen wird (§ 208 InsO), was nach § 289 III S. 1 InsO bei einem Vorgehen über §§ 209, 211 InsO die Erteilung der Restschuldbefreiung ermöglichen würde, ginge über das behandelte Thema weit hinaus.

2.2.3 Zusammenfassung

Fassen wir nochmals kurz zusammen:

Im Fall der Mithaftung eines einkommens- und vermögenslosen Ehegatten ergeben sich Schwierigkeiten vor allem bei der Beurteilung der Wirksamkeit des Vertrages im Rahmen des § 138 I BGB. Dabei ist zu beachten, daß zur Beurteilung der Sittenwidrigkeit stets eine Abwägung aller betroffenen Interessen unter Berücksichtigung der Privatautonomie und des Sozialstaatsprinzips zu erfolgen hat, wobei nicht vergessen werden darf, daß der mithaftende Ehepartner auch bei Wirksamkeit des Vertrages nicht völlig schutzlos gestellt ist. Vielmehr kann insbesondere im Fall der Scheidung über § 242 BGB eine auch dem Schutzbedürfnis des mitverpflichteten Ehepartners gerecht werdende Lösung gefunden werden, die gegenüber der nach § 138 I BGB den Vorteil größerer Flexibilität und der Vermeidung der Überstrapazierung des Begriffs der Sittenwidrigkeit genießt. Das heißt aber nur, daß die mangelnde Leistungsfähigkeit des Vertragspartners jedenfalls nicht allein zur Sittenwidrigkeit des Vertrages führen kann, und daß auch das Schutzbedürfnis der Bank vor Vermögensverlagerung bzw. ein nur „mittelbares“ Interesse des Ehegatten an der Kreditaufnahme im Rahmen der Abwägung Beachtung finden müssen. Verstößt die Vereinbarung trotz Berücksichtigung dieser Prämissen gegen das Sitten- und Anstandsgefühl aller billig und gerecht Denkenden, ist Nichtigkeit nach § 138 I BGB anzunehmen.

Es bleibt damit zu hoffen, daß sich der XI. Senat bald der - von seiner Ansicht gar nicht so sehr abweichenden - Meinung des IX. Senates anschließen wird, zumal beide Senate die deutliche Tendenz zeigen, den einkommens- und vermögenslosen Ehegatten vor Inanspruchnahme

[139] so Pape, a.a.O., 980 ff., 983; ders., Keine Prozeßkostenhilfe für den Gesamtvollstreckungsschuldner zwecks Restschuldbefreiung ?, ZIP 1997, 190 ff., 194 f.; zur Restschuldbefreiung im einzelnen: Vallender, Die bevorzugte Behandlung von Altfall-Schuldnern bei der Restschuldbefreiung, ZIP 1996, 2058

durch den Gläubiger zu schützen, die Ansicht des IX. Senates dabei aber eine Überlastung des Sittenwidrigkeitsbegriffes vermeidet.

2.3 Gesetzliche Ansprüche

Bei bleibender Vermögenslosigkeit des mithaftenden Ehegatten sind auch bei Wirksamkeit des Kreditvertrages Ansprüche des Gläubigers gegen den Leistungsunfähigen somit grundsätzlich ausgeschlossen. Dem scheint auf den ersten Blick zu widersprechen, daß der Darlehensgeber sogar bei Unwirksamkeit des Kreditvertrags Ansprüche nach Bereicherungsrecht wegen der bereits erfolgten Auszahlung der Darlehensvaluta gegen den unwirksam mitverpflichteten Ehegatten haben kann. Dazu ist folgendes zu sagen:

Zwar ist auch bei Sittenwidrigkeit (§138 I BGB) des Darlehensvertrages ein bereicherungsrechtlicher Rückforderungsanspruch des Darlehensgebers nicht nach § 817 S.2 BGB ausgeschlossen, da dem Darlehensnehmer nicht endgültig die Substanz, sondern nur die zeitweilige Nutzung des Kapitals überlassen ist. Ebenso bleibt dem Darlehensnehmer eine Berufung auf den Wegfall der Bereicherung hinsichtlich der Hauptsache, d.h. dem Darlehenskapital, verwehrt, weil ihm bekannt war, daß die Darlehenssumme zurückbezahlt werden muß (§§ 819 I, 818 IV). Nach herrschender Meinung entfällt lediglich der Zinsanspruch bis zur Fälligkeit der einzelnen Rückzahlungsraten, da anders als hinsichtlich der Rückzahlung der Darlehensvaluta einem diesbezüglichen Bereicherungsanspruch aus § 818 I, II BGB der Ausschluß nach § 817 S. 2 BGB entgegensteht[140].

Regelmäßig hat der Ehegatte jedoch nur das herauszugeben, was er tatsächlich in eigener Person erlangt hat[141]. Dabei ist danach zu unterscheiden, ob der unwirksam mitverpflichtete Ehegatte von vornherein vom Gläubiger nur eine Teilleistung erhalten hat oder ob nur ihm oder seinem Partner gegenüber die gesamte Leistung erbracht wurde[142]. Im ersten Fall ist eine gesamtschuldnerische Haftung abwegig, jeder haftet nur in Höhe des erlangten Betrages[143]. Ebenso liegt ein Haftungsausschluß des vermögenslosen Ehegatten nahe, wenn die Leistung in voller Höhe an den anderen Ehegatten erfolgte. War dagegen der mitverpflichtete Ehegatte Empfänger der gesamten Leistung und hat er diese erst später an seinen Partner weitergeleitet, läßt sich die Ablehnung einer Haftung seinerseits in Höhe der Weiterleitung schon schwerer begründen. Denkbar sind hier zwei Lösungsansätze: Entweder man gesteht dem Erstempfänger zu, sich in Höhe der Weiterleitung auf den Wegfall der Bereicherung zu berufen. Oder

---

[140] vgl. dazu näher Palandt/Thomas, § 817, Rz. 23
[141] MüKo/Lieb, § 812, Rn. 323; Palandt/Thomas, Einf. v. § 812, Rz. 29
[142] MüKo/Lieb, § 812, Rn. 323
[143] MüKo/Lieb, § 812, Rn. 323

man sieht den mitverpflichteten Ehepartner in Höhe der Weitergabe lediglich als „Zahlstelle" für den anderen Ehegatten an, so daß der weitergereichte Anteil unmittelbar letzterem als Bereicherung zugerechnet werden kann[144].

Damit gilt: Selbst wenn bei Wirksamkeit des Vertrages gesamtschuldnerische Haftung nach § 427 BGB bestanden hätte, haften mehrere Bereicherungsschuldner nicht als Gesamtschuldner[145]. Daher muß ein Bereicherungsanspruch jedenfalls für den Fall ausscheiden, in dem der Kredit einzig für den Gewerbebetrieb des anderen Ehegatten bestimmt war, nach dem Vertragsinhalt deshalb auch nur an diesen ausbezahlt, und von ihm auch nicht an den mithaftenden mittellosen Ehegatten in Form einer Vermögensübertragung weitergegeben wurde.

Darüber hinaus ist der Gläubiger nach Treu und Glauben (§ 242 BGB) aber in der Regel auch bezüglich der Durchsetzbarkeit von Kondiktionsansprüchen gegen den von Anfang an erkennbar wirtschaftlich nicht leistungsfähigen Mithaftenden gehindert, solange in dessen Person kein Vermögen entstanden ist[146]. Auch die Ausübung gesetzlicher Rechte ist nämlich ausnahmsweise nicht gestattet, wenn sie dem Zweck der Norm oder der getroffenen Vereinbarung eindeutig nicht entspricht sowie beachtliche Belange des anderen verletzt und der Berechtigte kein schutzwürdiges Interesse an der Durchsetzung der Ansprüche hat[147]. Insoweit gilt das unter 2.2.2.2. zu § 242 BGB bei Wirksamkeit des Kreditvertrages Gesagte entsprechend. Denn ein Vertrag, der derart zu mißbilligen ist, daß dies seine Unwirksamkeit zur Folge hat, kann nicht zu weitergehenden Ansprüchen führen als ein billigenswertes und daher wirksames Rechtsgeschäft.

Zusammenfassend läßt sich zum Außenverhältnis somit folgendes sagen:

An die Sittenwidrigkeit des abgeschlossenen Kreditvertrages nach § 138 I BGB müssen strenge Anforderungen gestellt werden. Vermögenslosigkeit des mithaftenden Ehegatten allein vermag die Nichtigkeit des Vertrages nach § 138 I BGB nicht zu begründen. Ist der Vertrag jedoch im Einzelfall aufgrund des Hinzutretens erschwerender Umstände unwirksam, besteht im Außenverhältnis nach keinem rechtlichen Gesichtspunkt gesamtschuldnerische Haftung der Ehegatten. Daß der Vertrag wegen seiner Unwirksamkeit eine solche nicht herbeiführen kann, versteht sich von selbst. Aber auch nach bereicherungsrechtlichen Anspruchsgrundlagen haften die Ehegatten nicht als Gesamtschuldner. Insoweit kommt nur eine Haftung auf das jeweils Erlangte als Alleinschuldner in Betracht. Besteht danach gegen den mithaftenden Ehepartner kein Anspruch, erübrigen sich Ausführungen zum Innenverhältnis. Gleiches gilt, wenn

[144] vgl. zum Ganzen MüKo/Lieb, § 812, Rn. 323
[145] OLG Hamburg MDR 1952, 548; Palandt/Thomas, Einf. v. § 812, Rz. 29
[146] so für einen Bürgen BGH NJW 1997, 1003 ff., 1004
[147] so BGH, a.a.O., 1004

zwar eine wirksame gesamtschuldnerische Haftung begründet wurde, die Bank aber wegen bleibender Mittellosigkeit des mithaftenden Partners aufgrund eines stillschweigend abgeschlossenen pactum de non petendos oder nach den Grundsätzen des Wegfalls der Geschäftsgrundlage an einer Inanspruchnahme des immer noch vermögenslosen Ehegatten dauerhaft gehindert ist. Letzteres ist insbesondere dann anzunehmen, wenn die Vertragsauslegung nicht zu einer Annahme eines pactum de non petendo führt und der mit dem Schuldbeitritt verfolgte Zweck - den Gläubiger vor Vermögensverlagerungen zu schützen - sich aufgrund der Scheidung der Parteien nicht mehr verwirklichen kann. In diesem Fall müssen aber nach § 242 BGB regelmäßig auch Kondiktionsansprüche gegen den mithaftenden Partner ausscheiden.

3 Ansprüche nach Scheidung bei gesetzlichem Güterstand bzgl. gesamtschuldnerisch aufgenommener Darlehen: das Innenverhältnis

Steht nach den oben genannten Grundsätzen dagegen fest, daß der Dritte gegen den mitverpflichteten Ehegatten einen Anspruch geltend machen kann und vielleicht sogar schon geltend gemacht hat, zieht dies zwingend die Frage nach den daraus resultierenden Auswirkungen auf das zwischen den Ehegatten bestehende Innenverhältnis nach sich.

3.1 Nach § 426 BGB

So stellt sich in der Regel spätestens dann, wenn die Ehe geschieden ist und ein Ehegatte die Zins- und Tilgungsleistungen an die Bank allein erbracht hat oder von der Bank als der potentere Schuldner in Anspruch genommen wird, die Frage, ob dieser auch im Innenverhältnis zu seinem Partner endgültig belastet bleibt, oder ob hier ein Ausgleichsanspruch nach § 426 BGB Abhilfe schafft[148].

3.1.1 Systematik des § 426 BGB

Bei § 426 I S. 1 BGB und § 426 II BGB handelt es sich um zwei voneinander getrennte Anspruchsgrundlagen[149]. Während § 426 I BGB dem Gesamtschuldner einen eigenen (neu entstehenden) Ausgleichsanspruch gibt, begründet § 426 II BGB den Übergang der (bereits bestehenden) Gläubigerforderung. Die Ausgleichspflicht des § 426 I S. 1 BGB entsteht als selbständige Verpflichtung bereits mit Begründung der Gesamtschuld, nicht erst mit der Zahlung an den Gläubiger[150], zu einem Übergang der Gläubigerforderung gemäß § 426 II BGB kann es dagegen erst kommen, wenn einer der Gesamtschuldner den Gläubiger ganz oder teilweise befriedigt hat[151]. Die Ansprüche hängen aber insoweit zusammen, als sich der Übergang des

[148] so auch Kotzur, Die Rechtsprechung zum Gesamtschuldnerausgleich unter Ehegatten, NJW 1989, 817 ff., 817
[149] so wohl auch OLG Köln FamRZ 1994, 961
[150] Palandt/Heinrichs, § 426, Rz. 3; BGHZ 114, 117 ff., 122; BGH NJW 1981, 1666 ff., 1667; BGH NJW 1986, 978 ff., 978 (1. Leitsatz)
[151] Palandt/Heinrichs, § 426, Rz. 14

Gläubigeranspruches (§ 426 II BGB) auf den Umfang des Ausgleichsanspruches (§ 426 I S. 1 BGB) beschränkt[152].

Die selbständige Bedeutung des § 426 II BGB neben § 426 I BGB ergibt sich insbesondere aus dem Umstand, daß einzig für ersteren über § 412 BGB die §§ 399 ff. BGB Anwendung finden[153]. Interessant ist in diesem Zusammenhang vor allem § 401 BGB, der dem ausgleichsberechtigten Gesamtschuldner die den Gläubigeranspruch sichernden Neben- und Vorzugsrechte mit Wirkung gegen den anderen Gesamtschuldner verschafft. Ein weiterer Unterschied zwischen den beiden Anspruchsgrundlagen zeigt sich darin, daß die Verjährung des Anspruches aus § 426 I S. 1 BGB grundsätzlich[154] gemäß § 195 BGB dreißig Jahre beträgt[155], die des § 426 II BGB sich dagegen nach der des Gläubigeranspruches richtet, so daß der tilgende Schuldner in die schon laufende Verjährung eintritt.

Zusammenfassend ist also zu sagen: Vor Befriedigung des Gläubigers durch den ausgleichsberechtigten Gesamtschuldner steht diesem allein ein Ausgleichsanspruch nach § 426 I S. 1 BGB und auch dieser nur in Form eines Befreiungsanspruches auf Leistung an den Gläubiger zu. Hat der ausgleichsberechtigte Ehegatte dagegen den Gläubiger befriedigt, wandelt sich der Befreiungsanspruch in einen Zahlungsanspruch auf Erstattung des Geleisteten um. Daneben kann der Ausgleichsberechtigte wahlweise nach Maßstab der auf ihn übergegangene Gläubigerforderung (§ 426 II BGB) Rückgriff nehmen[156].

Da es vorliegend um das Innenverhältnis zwischen den Ehegatten geht, beschränken sich die folgenden Ausführungen auf den Ausgleichsanspruch nach § 426 I S. 1 BGB. Dazu soll nochmals kurz auf den Befreiungsanspruch eingegangen werden: Bis zur Tilgung kommt kein Zahlungsanspruch in Betracht, weil der Ehegatte noch keine Ausgaben getätigt hat, die ihm ersetzt werden müßten. Bei Fälligkeit der Gesamtschuld müssen aber die Gesamtschuldner jederzeit mit der Inanspruchnahme durch den Gläubiger rechnen. Ab diesem Zeitpunkt[157], nicht erst mit Befriedigung des Gläubigers, kann der nach dem Innenverhältnis freigestellte bzw. nicht allein belastete Ehegatte daher seinen Ehepartner auf Leistung an den Dritten in Anspruch nehmen, d.h. von ihm verlangen, ihn von der Verbindlichkeit in der Höhe zu befrei-

---

[152] Palandt/Heinrichs, § 426, Rz. 14

[153] Palandt/Heinrichs, § 426, Rz. 14

[154] die für den Gläubigeranspruch maßgebende Verjährungsregelung kann ausnahmsweise auch den Ausgleichsanspruch erfassen (Palandt/Heinrichs, § 426, Rz. 3; BGH NJW-RR 1990, 1509 ff., 1509 (2. Leitsatz): für die Anwendung der Verjährungsregelung des Art. 32 CMR auf die Ansprüche eines Frachtführers aus § 426 BGB)

[155] Palandt/Heinrichs, § 426, Rz. 3; BGHZ 58, 216 ff., 218

[156] Palandt/Heinrichs, § 426, Rz. 14; BGHZ 59, 97 ff., 102

[157] BGH NJW 1986, 978 ff., 978 (1. Leitsatz); Haussleiter, a.a.O., Rz. 179

en, die der jeweiligen internen Ausgleichspflicht entspricht[158]. Ebenso wie der Zahlungsanspruch kann schon dieser Befreiungsanspruch durch Klage und Zwangsvollstreckung durchgesetzt werden, bei Vorliegen der Tatbestandsmerkmale des § 273 BGB begründet er ein Zurückbehaltungsrecht[159]. Allerdings hilft der Befreiungsanspruch aus § 426 I BGB hinsichtlich des noch nicht fälligen Teils der Gesamtschuld nicht weiter. Die weiteren Ausführungen werden zeigen, ob der Gesamtschuldner diesbezüglich möglicherweise aufgrund anderer Anspruchsgrundlagen einen Freistellungsanspruch geltend machen kann[160].

3.1.2 Verhältnis des § 426 BGB zu den Zugewinnausgleichsvorschriften

Bei im gesetzlichen Güterstand verheirateten Ehegatten (§ 1363 I BGB) hängt die Annahme eines Ausgleichsanspruches nach § 426 BGB zunächst davon ab, daß dieser Anspruch nicht von den Vorschriften über den Zugewinnausgleich (§§ 1372 ff. BGB) verdrängt wird. Verneint man diese Frage, so stellt sich das weitere Problem, ob die §§ 1372 ff. BGB eine Anwendung des § 426 BGB nicht zumindest überflüssig machen.

3.1.2.1 Anwendbarkeit des § 426 BGB

Wenden wir uns zu Beginn dem Problem der Anwendbarkeit des § 426 BGB zu:

Für den Zugewinnausgleich gilt das Ausschließlichkeitsprinzip, d.h. grundsätzlich kommen neben dem Zugewinnausgleichsanspruch - soweit dieser eingreift - andere Ausgleichsansprüche nicht zur Anwendung[161]. In dem hier behandelten Fall der Ehescheidung ist der für die Berechnung des Endvermögens maßgebliche Stichtag nach § 1384 BGB die Rechtshängigkeit

---

[158] vgl. Kotzur, NJW 1989, 817 ff., 817; Haussleiter, a.a.O., Rz. 179; OLG Köln FamRZ 1988, 287 ff., 288; Palandt/Heinrichs, § 426 Rz. 3, 4; BGH NJW 1986, 3131 ff., 3132; BGHZ 47, 157 ff., 166; BGH NJW 1986, 978 ff., 979; BGH NJW 1967, 1275 ff., 1278; zu Einzelheiten bzgl. der Geltendmachung des Mitwirkungsrechts nach § 426 I S. 1 BGB als selbständiger Befreiungsanspruch vgl. Jung, a.a.O., S. 184 ff.

[159] Palandt/Heinrichs, § 426, Rz. 4; Haussleiter, a.a.O., Rz. 179; an dieser Stelle soll kurz angemerkt werden, daß auch im Rahmen des Zahlungsanspruches aus § 426 I BGB, wenn also einer der Gesamtschuldner durch Zahlung an den Gläubiger dem anderen Gesamtschuldner gegenüber in Vorleistung getreten ist, ein Zinsanspruch nur in Betracht kommt, wenn eine Verzinsung entweder vereinbart wurde, oder aber die Tatbestandsvoraussetzungen des § 284 BGB erfüllt sind. (vgl. BGH FamRZ 1993, 676 ff., 679)

[160] vgl. dazu 3.3.3.2. „Rechtsfolgen des § 662 BGB"

[161] Palandt/Heinrichs, § 1372, Rz. 2

des Scheidungsantrags. Man könnte daher auf die Idee kommen, zumindest bezüglich Zahlungen, die vor diesem Zeitpunkt getätigt wurden, den Ausschluß des Gesamtschuldnerausgleichs zu vertreten[162] - mit dem Argument, insoweit finde eine Berücksichtigung der Aufwendungen im Rahmen des Zugewinnausgleichs statt.

Eine Entscheidung des BGH[163] aus dem Jahre 1983 läßt darauf schließen, daß der BGH anfangs tatsächlich von dieser Prämisse ausging: Dort befaßte er sich mit der Frage, ob wegen Zahlungen, die nach Rechtshängigkeit des Scheidungsverfahrens als Gesamtschuldner erbracht wurden, Ausgleich gefordert werden könnte und verneinte diesbezüglich klar einen Vorrang der güterrechtlichen Bestimmungen. In diesem Zusammenhang bemerkte der Senat am Rande, daß allenfalls hinsichtlich der vor Rechtshängigkeit des Scheidungsbegehrens erfolgten Zuwendungen die Vorschriften über den Zugewinnausgleich einem Ausgleichsanspruch entgegenstehen könnten; denn insoweit bestünde die Möglichkeit, diese beim Endvermögen des bedachten Ehegatten zu erfassen[164].

Ein abweichender Standpunkt des BGH kommt aber später in einem Urteil aus dem Jahre 1986[165] zum Ausdruck. Dort hat der BGH zwar nicht - wie Hohloch[166] anscheinend annimmt - einen Anspruch aus § 426 I BGB ohne Berücksichtigung einer eventuellen Spezialität des Zugewinnausgleichs auch für die Zeit vor Erhebung des Scheidungsantrags zuerkannt. Vielmehr hat er einen solchen abgelehnt, weil er eine abweichende Bestimmung im Sinne des § 426 I S. 1 BGB annahm[167]. Daraus, daß der BGH § 426 BGB aber überhaupt geprüft und nicht von vornherein wegen Vorrangs des Zugewinnausgleichs verneint hat, läßt sich dennoch bereits die Tendenz erkennen, daß dem Zeitpunkt des Scheidungsantrags für eine Anwendbarkeit des § 426 BGB seiner Meinung nach keine entscheidende Bedeutung mehr zukommen sollte.

Eindeutige Klarheit schafften jedoch erst zwei Entscheidungen aus dem Jahre 1987[168], wonach der güterrechtliche Ausgleich den Gesamtschuldnerausgleich zwischen den Ehegatten nicht verdrängt und den güterrechtlichen Vorschriften insoweit kein Vorrang zukommt[169]. Der BGH begründet dies damit, daß die Tilgung einer Gesamtschuld in aller Regel keine Veränderung der für die Ermittlung des Zugewinns maßgeblichen Endvermögen - §§ 1373, 1375,

---

[162] so etwa OLG Köln FamRZ 1988, 287 ff., 288; OLG Celle FamRZ 1985, 710 f., 711
[163] BGH JZ 1983, 852 ff.
[164] BGH, a.a.O., 855
[165] BGH FamRZ 1986, 881 ff.
[166] Hohloch in seiner Anm. zu BGH, JuS 1988, 740 f., 740
[167] BGH FamRZ 1986, 881 ff., 882
[168] BGH Urteil vom 30.9.87 (JuS 1988, 740 ff. = NJW 1988, 133 ff.) und BGH-Urteil vom 25.11.87 (FamRZ 1988, 264 ff.)
[169] so BGH FamRZ 1988, 264 f., 264; BGH NJW 1988, 133 ff., 134

1384 BGB - bewirke, wenn die Gesamtschuld wirtschaftlich zutreffend , d.h. unter Beachtung des Gesamtschuldnerausgleichs in die Vermögensbilanz eingestellt werde[170]. Bei richtiger Handhabung der güterrechtlichen Vorschriften werde das Ergebnis des Zugewinnausgleichs somit nicht verfälscht[171].

Dieses Ergebnis hat der BGH in späteren Entscheidungen immer wieder bekräftigt[172]. Auch Literatur[173] und Instanzgerichte[174] haben sich dem weitgehend angeschlossen[175]. Wie Frank[176] richtig anmerkt, muß man schon deshalb zu diesem Schluß gelangen, weil eine Darlehensverpflichtung unabhängig vom Tilgungszeitpunkt bei der Berechnung des Endvermögens Berücksichtigung findet. Die folgenden Ausführungen sollen dies verdeutlichen:

3.1.2.2 Berechnung des Zugewinnausgleichanspruches unter Berücksichtigung der gemeinschaftlich aufgenommenen Verbindlichkeiten

Zum besseren Verständnis ist es zunächst erforderlich, sich eingehend mit der Berechnung des Zugewinnausgleichanspruches (§ 1378 I BGB) auseinanderzusetzen:

Dabei muß stets im Auge behalten werden, daß sich nach § 1375 I S. 1 BGB realisierbare Forderungen - auch die der Ehegatten untereinander - in bezug auf das anzusetzende Endvermögen erhöhend, d.h. auf der Aktivseite, Verbindlichkeiten hingegen auf der Passivseite, und damit mindernd, auswirken[177], soweit diese jeweils bei Beendigung des Güterstands bereits bestanden[178]. Für aus einer Gesamtschuld erwachsende Forderungen oder Verbindlichkeiten der Ehegatten untereinander kann insoweit nichts anderes gelten als hinsichtlich beliebiger anderer zwischen den Ehegatten bestehender Ansprüche[179]. Weiter ist zu beachten, daß eine Ausgleichsforderung nach § 426 BGB als selbständiger Anspruch in Form eines Befreiungs-

---

[170] so BGH, a.a.O., 133 f.

[171] so BGH FamRZ 1988, 147 ff., 149

[172] vgl. z.B. BGH FamRZ 1989, 835 ff., 836

[173] so z.B. Haussleiter, a.a.O., Rz. 479; Kotzur, NJW 1989, 817 ff., 817; Gernhuber, JZ 1996, 696 ff., 697; ders. in MüKo., § 1375, Rz. 15 a; Nickl, NJW 1991, 3124 ff., 3126; Johannsen/Henrich/Jaeger, Vor § 1372, Rz. 18, MüKo/Selb, § 426, Rz. 7

[174] LG Gießen FamRZ 1995, 1071; AG Augsburg FamRZ 1987, 827 f., 828

[175] a.A. aber: OLG Köln FamRZ 1988, 287 ff., 288

[176] Frank in seiner Anm. zum BGH-Urteil vom 17.5.83, JZ 1983, 855 ff., 857

[177] Johannsen/Henrich/Jaeger, § 1375, Rz 16

[178] vgl. MüKo/Gernhuber, § 1375, Rz. 15, der auch darauf hinweist, daß unerheblich ist, ob die Verbindlichkeiten befristet oder noch nicht fällig waren.

[179] vgl. dazu Gernhuber, JZ 1996, 696 ff., 697

anspruches bereits mit der Begründung der Gesamtschuld entsteht [180] und sich mit Befriedigung des Gläubigers in einen Anspruch auf Ausgleich des Geleisteten umwandelt[181].

3.1.2.2.1 Vor Tilgung der gesamtschuldnerischen Verbindlichkeit

Soweit die Gesamtschuld im Augenblick des Zugewinnausgleichs noch nicht getilgt ist, muß sie bei der Berechnung der Endvermögen beider Ehegatten berücksichtigt werden: gem. § 1375 I S. 1 BGB als abzuziehende Verbindlichkeit auf der Passivseite in voller Höhe, und in Gestalt des internen Ausgleichsanspruchs als Aktivum mit der jeweiligen - sich aus den Vereinbarungen im Innenverhältnis ergebenden - Ausgleichsquote[182].

Dies soll durch einige kurze Beispiele verdeutlicht werden:

Hat der Ehemann nach der Vereinbarung im Innenverhältnis die alleinige Haftung übernommen, so ist sein Endvermögen um die gesamtschuldnerische Verbindlichkeit durch entsprechende Erhöhung der Passivseite geschmälert. Mangels Ausgleichsanspruches gegenüber seiner Frau nämlich steht dem auf der Aktivseite keine Forderung entgegen. Auch das Endvermögen der Ehefrau ist wegen der im Außenverhältnis bestehenden Haftung verringert, diese Minderung wird durch das Einstellen des Ausgleichsanspruches als Aktivposten jedoch in voller Höhe ausgeglichen, so daß sich die gesamtschuldnerische Verpflichtung der Ehefrau im Ergebnis bei der Berechnung des Endvermögens nicht auswirkt.

Hat dagegen die Ehefrau nach dem Innenverhältnis einen Teil der gesamtschuldnerischen Haftung zu tragen, so wird die Minderung ihres Endvermögens eben nicht in voller Höhe, sondern nur teilweise aufgefangen; spiegelbildlich ergibt sich durch den dann gegebenen Aus-

---

[180] Palandt/Heinrichs, § 426, Rz. 3; Staudinger/Kaduk, § 426, Rz. 34; Erman/Westermann, § 426, Rz. 10

[181] Palandt/Heinrichs, § 426, Rz. 5

[182] BGH NJW 1988, 133 f., 134; so Gernhuber, JZ 1996, 696 ff., 697 mit dem Hinweis darauf, daß im abgekürzten Verfahren von der Rspr. lediglich die um den Ausgleichsanspruch gekürzte Gesamtschuld bei den Passiva eingestellt werde (BGH JZ 1983, 852 ff., 855 mit Anm. Frank; BayOblG FamRZ 1985, 1057 ff., 1059; OLG Frankfurt FamRZ 1985, 482). Dazu merkt Gernhuber richtigerweise an, daß dieses Verfahren aber nur dann unbedenklich sei, wenn keinerlei Zweifel an der Durchsetzbarkeit etwaiger Ausgleichsansprüche bestünden.
Für mit dem Hausrat zusammenhängende Schulden ist § 10 HausratsV zu beachten: im Rahmen des Hausratsverfahrens werden die güterrechtlichen Vorschriften von den Sonderregelungen der HausratsV verdrängt (Vgl. Palandt/Diederichsen, § 1372, Rz. 2). Findet im Bezug auf derartige Schulden daher eine Bestimmung nach § 10 HausratsV statt, sind sie bei der Bemessung des Zugewinnausgleichsanspruches nicht zu berücksichtigen; erfolgt dagegen keine Verteilung der von § 10 HausratsV erfaßten Verbindlichkeiten, mindern sie im Rahmen des Zugewinnausgleiches das Endvermögen desjenigen Ehegattens, der im Außenverhältnis Schuldner ist (vgl. BGH NJW-RR 1986, 1325 f., 1325; Staudinger/Weinreich, § 10 HausratsV, Rz. 2; Soergel/Heintzmann, § 10 HausratsV, Rz. 1 a.E., 8)

gleichsanspruch des Mannes bei dessen Endvermögen in Höhe der Ausgleichsquote ein Erhöhung des Endvermögens.

Daß vor Tilgung der Gesamtschuld zwar die Ausgleichsforderung als Aktivposten, nicht aber die Ausgleichsverpflichtung als Pendant bei dem anderen Ehegatten neben der Gesamtschuld noch zusätzlich als Passivposten berücksichtigt werden muß[183], zeigen folgende Überlegungen: Eine Belastung des Endvermögens besteht im äußersten Fall in der vollen Höhe der Gesamtschuld, nämlich dann, wenn kein Ausgleichsanspruch nach § 426 BGB besteht. Würde man nun als Gegenstück zu einem etwaigen Ausgleichsanspruch des einen Partners bei dem anderen eine Verbindlichkeit auf der Passivseite aufnehmen, so würde zu Gunsten[184] des letzteren eine - tatsächlich nicht bestehende - doppelte Belastung bei der Berechnung des Zugewinnausgleichsanspruches berücksichtigt: in Höhe der Gesamtschuld und daneben zusätzlich in Höhe seiner Haftungsquote für diese. Nehmen wir als Beispiel an, bei einer Gesamtschuld von 50 000 DM beträgt die Haftungsquote des Ehemannes im Innenverhältnis 4/5, so daß er im Endeffekt von der gesamtschuldnerischen Verpflichtung 40 000 DM zu tragen hat. Würde man nun neben der Gesamtschuld (50 000 DM) noch die Ausgleichsverpflichtung des Mannes in Höhe von 40 000 DM als Passivposten einstellen, auf der anderen Seite als Aktivposten seine Ausgleichsforderung in Höhe von 10 000 DM, so ergäbe sich das vollkommen falsche Resultat einer Belastung durch die Gesamtschuld in Höhe von 80 000 DM[185]. Selbst, wenn der Ehemann von dem Gläubiger hinsichtlich des gesamten Betrags in Anspruch genommen würde, und außerdem die Ausgleichsforderung des Mannes gegen seine Frau nicht realisierbar wäre, könnte es aber nur zu einer effektiven Belastung in Höhe von 50 000 DM kommen.

Dieses Resultat verwundert nicht, wenn man sich folgendes vor Augen hält: Die Verbindlichkeit hinsichtlich des Befreiungsanspruches des anderen Ehegatten beinhaltet gegenüber „normalen" zwischen den Ehepartnern bestehenden Verpflichtungen die Besonderheit, daß der berechtigte Ehegatte aufgrund derselben nicht Leistung an sich selbst, sondern allein an den Gläubiger verlangen kann. Die „Erfüllungsrichtung" (§ 362 I BGB) deckt sich daher mit der Gesamtschuld, die im Rahmen der Vermögensbilanzen aber bereits Berücksichtigung gefunden hat. Es versteht sich von selbst, daß eine doppelte Berücksichtigung der gegenüber dem Gläubiger bestehenden gesamtschuldnerischen Verpflichtung vermieden werden muß, da es sonst zu einer extremen Verfälschung der Vermögensbilanzen käme.

[183] auf diese Idee könnte man deshalb kommen, weil der Ausgleichsforderung des einen Ehegatten stets eine Ausgleichsverpflichtung des anderen Ehepartners gegenübersteht, wobei im Rahmen der Berechnung des Zugewinnausgleichs Verbindlichkeiten zwischen den Ehegatten ebenso wie die gegenüber Dritten zu berücksichtigen sind.

[184] Vgl. § 1373 i.V.m. § 1378 I BGB

[185] Saldo aus 50 000 DM + 40 000 DM (beides Passivposten) - 10 000 DM (Aktivposten)

Im Ergebnis ergibt sich nach dem oben Gesagten bei Verrechnung des Passivpostens „Gesamtschuld" mit dem Aktivposten „Ausgleichsforderung" stets eine Verminderung des Endvermögens in Höhe der nach dem Innenverhältnis geltenden Haftungsquote. Es liegt also nahe, anstatt des oben besprochenen komplizierten Weges vereinfacht die gesamtschuldnerische Verpflichtung nicht in voller Höhe, sondern gleich nur um den Ausgleichsanspruch gekürzt in die Bilanz einzustellen. Bei diesem auch vom BGH befürworteten[186] vereinfachten Verfahren ist jedoch zu beachten, daß im Außenverhältnis beide Ehegatten in vollem Umfang haften, und damit die Gefahr einer Inanspruchnahme durch den Gläubiger auch bei Zweifeln hinsichtlich der Durchsetzbarkeit des Ausgleichsanspruches aus § 426 BGB besteht[187]. Wenn und soweit der Anspruch aus § 426 BGB nicht realisierbar ist, muß die Gesamtschuld daher zu einer entsprechend höheren Quote - im Extremfall bis zur vollen Höhe - beim solventen Ehegatten abgesetzt werden, während beim insolventen Partner die gesamtschuldnerische Verpflichtung nur mit der verminderten Komplementärquote - äußerstenfalls mit Null - zu berücksichtigen ist. Ein Ansatz in der Zugewinnausgleichsbilanz des insolventen Ehegattens in Höhe der rechtlich an sich bestehenden, nicht aber durchsetzbaren Ausgleichsverbindlichkeit würde diesen nämlich wegen der damit verbundenen Verringerung seines Zugewinns (vgl. §§ 1373 i.V.m. 1378 I BGB) ungerechtfertigt begünstigen, umgekehrt ein Einstellen der uneinbringlichen Forderung beim solventen Ehepartner diesen - wegen der entsprechenden Erhöhung seines Zugewinns - unangemessen belasten[188].

---

[186] vgl. z.B. BGH NJW 1988, 133 f., 134; BGH JZ 1983, 852 ff., 854; dem hat sich die Literatur weitgehend angeschlossen: so z.B. Schwab, Handbuch des Scheidungsrechts, Teil VII, Rz. 96; Kotzur, NJW 1989, 817 ff., 817; Johannsen/Henrich/Jaeger, § 1375, Rz. 15; Erman/Westermann, § 426, Rz. 17 b; MüKo/Gernhuber, § 1375, Rz. 15, 15 a; Haussleiter, a.a.O., Rz. 479; zum gleichen Ergebnis kommt der BGH (FamRZ 1991, 1162 f.), wenn im Hinblick auf ein während der Ehe nur von einem der Ehegatten aufgenommenes Darlehen der Darlehensschuldner im Innenverhältnis gegen seinen Partner einen Ausgleichsanspruch hat. Auch in diesem Fall kann bei der Berechnung des Zugewinns die endgültig verbleibende Belastung - und zwar bei beiden Ehegatten - auf der Passivseite angesetzt werden. (zustimmend OLG Koblenz FamRZ 1998, 238)

[187] Kritik am vereinfachten Verfahren übt aus diesem Grunde Gernhuber, JZ 1996, 695 ff., 697

[188] zu diesem Ergebnis kommt auch Johannsen/Henrich/Jaeger, § 1375, Rz. 15; auch BGH JZ 1983, 852 ff., 855; MüKo/Gernhuber, § 1375, Rz. 15 a a.E.; Schwab, a.a.O., Teil VII, Rz. 96 weisen darauf hin, daß Durchsetzbarkeit der Forderung Voraussetzung für eine Anwendung des vereinfachten Verfahrens ist. Hat der leistungsfähige Ehegatte allerdings schon vor Durchführung des Zugewinnausgleichsverfahrens einen vollstreckbaren Titel für seine Ausgleichsforderung nach § 426 BGB erstritten, will das OLG Frankfurt (FamRZ 1985, 482 f., 482) die Forderung bei der Bewertung der beiderseitigen Endvermögen wieder berücksichtigen und den solventen Ehegatten auf die Möglichkeit einer Aufrechnung - die aber erst nach Befriedigung des Gläubigers in Betracht kommt, da zuvor nur ein Freistellungsanspruch besteht und es somit an der Gleichartigkeit der Forderung fehlt - oder die Erhebung der dolo-petit-Einrede nach § 242 BGB gegen eine etwa bestehende Zugewinnausgleichsforderung des anderen verweisen.

3.1.2.2.2 Nach Tilgung

Wie aber ist die Rechtslage, wenn einer der Ehegatten vor dem Stichtag des § 1384 BGB bereits Leistungen auf die Gesamtschuld erbracht hat ?[189]

Durch Abfluß der für die Tilgung aufgewendeten Mittel tritt bei dem leistenden Ehegatten eine Verminderung des Aktivvermögens ein. Ist für die Leistung eine Kreditaufnahme nötig, so entsteht eine neue als Passivposten anzusetzende Verbindlichkeit. In beiden Fällen wird die darauf zurückzuführende Vermögensminderung aber dadurch ausgeglichen, daß die Gesamtschuld, die vor der Begleichung der Schuld in Höhe der internen Beteiligungsquote auf der Passivseite erschien, in Höhe der Zahlung entfällt.

Bezüglich der weiteren Rechtslage ist danach zu unterscheiden, ob der Ehegatte zu Leistungen herangezogen wurde, für die er im Innenverhältnis haftet oder nicht.

Ist ersteres der Fall, so bleibt es bei den oben genannten Veränderungen in der Vermögensbilanz des Inanspruchgenommenen. Das Vermögen des anderen Ehegatten ist von der Zahlung überhaupt nicht betroffen, da die Gesamtschuld, soweit er für sie im Innenverhältnis nicht einzustehen brauchte, im Ergebnis in seiner Zugewinnausgleichsbilanz nicht zu berücksichtigen war.

Wurde dagegen ein Ehepartner zu Zahlungen herangezogen, für die er nach dem Innenverhältnis nicht einzustehen hat, so wandelt sich der vor der Tilgung bestehende Befreiungsanspruch in Höhe des Ausgleichsanspruches um in einen Anspruch auf Ausgleich des Geleisteten. Dieser Anspruch, der im Rahmen des vereinfachten Verfahrens nur über eine Verrechnung mit der Gesamtschuld in der Vermögensbilanz einen Ansatz findet, ist nunmehr - da die Gesamtschuld wegen § 362 I BGB erloschen ist - auf der Aktivseite der Bilanz des leistenden Ehegatten zu führen. Die mit der Zahlung eingetretene Minderung der Aktivseite - beziehungsweise bei Kreditaufnahme die Erhöhung der Passivseite - wird durch den Wegfall des Passivpostens „Gesamtschuldnerische Verpflichtung“ in Höhe der Tilgung ausgeglichen; die Ausgleichsforderung gegenüber dem Ehepartner besteht nunmehr als eigener Aktivposten.

Auf der Seite des ausgleichspflichtigen Ehegatten gilt folgendes: Durch die Befreiung (wegen § 422 I S. 1 BGB) der nach dem Innenverhältnis allein von ihm zu tragenden Gesamtschuld tritt eine Vermögensmehrung ein. Diese Erhöhung des Vermögens wird aber wiederum dadurch nihiliert, daß nunmehr die Ausgleichsschuld gegenüber seinem Partner, der die gesamt-

[189] vgl. dazu auch BGH NJW 1988, 133 f., 134

schuldnerische Verpflichtung erfüllt hat, in Höhe der Haftungsquote auf der Passivseite als Verbindlichkeit anzusetzen ist[190].

Dabei mag zunächst befremden, daß zwar die Ausgleichspflicht nach Tilgung in der Vermögensbilanz des ausgleichspflichtigen Ehegattens Berücksichtigung findet, nicht aber die Befreiungsverpflichtung vor Tilgung. Dazu ist zu bemerken, daß Verbindlichkeiten zwischen Ehegatten - ebenso wie die eines Ehegatten gegenüber einem Dritten[191] - beim Berechtigten zu den Aktiva, beim Verpflichteten zu den Passiva zu rechnen sind. Dies kann aber nur bei den Verbindlichkeiten gelten, die auf Leistung an den anderen Ehegatten gerichtet sind. Haben die Verbindlichkeiten, wie der oben angesprochene Befreiungsanspruch, dagegen nur den Zweck, den anderen Ehepartner von einer bereits in der Vermögensbilanz berücksichtigten Forderung eines Dritten zu befreien, so dürfen sie, wegen der damit verbundenen Verfälschung der Vermögensbilanz[192], nicht abgesetzt werden. Nach Tilgung durch den ausgleichsberechtigten Partner wandelt sich der Befreiungsanspruch in einen Zahlungsanspruch auf Ausgleich des Geleisteten um. In diesem Fall besteht die „Erfüllungsrichtung" des Anspruchs nicht mehr in Hinblick auf einen Dritten, sondern allein hinsichtlich des anderen Ehegattens. Daher muß eine Berücksichtigung in der Vermögensbilanz des belasteten Ehegatten erfolgen.

Die angestellten Erwägungen zeigen, daß die Vorschriften über den Zugewinnausgleich zu einer Feststellung und Berechnung eines Anspruches aus § 426 BGB geradezu verpflichten[193]. Von einer Verdrängung dieses Anspruches durch die §§ 1372 ff. BGB kann damit keine Rede sein. Gernhuber[194] liefert dafür eine weiteres überzeugendes Argument: Der Zweck des Güterstandes der Zugewinngemeinschaft liege darin, durch den Zugewinnausgleichsanspruch sicherzustellen, daß beide Ehegatten an dem während der Ehe gemeinsam erarbeiteten Vermögenszuwachs unter Berücksichtigung der beiderseits eingegangenen Verpflichtungen gerecht beteiligt würden[195]. Aufgabe des Gesamtschuldnerausgleichs sei es dagegen, einen Ausgleich gegen die Gläubigerwillkür zu schaffen, d.h. das im Außenverhältnis durch den Gläubiger abgenötigte Opfer nach den im Innenverhältnis geltenden Vereinbarungen wieder auszugleichen[196]. Seine Bedeutung verliere ein derartiger Einzelausgleich auch in Hinblick auf einen

[190] So auch Haussleiter, a.a.O., Rz. 480

[191] MüKo/Gernhuber, § 1375, Rz. 15 a

[192] s.o.

[193] in diese Richtung auch BGH NJW 1967, 1275 ff., 1278; BGH FamRZ 1989, 835 ff., 836 f. (=NJW 1989, 1920 ff., 1921)

[194] Gernhuber, JZ 1996, 696 ff. 697

[195] vgl. dazu auch Johannsen/Henrich/Jaeger, Vor § 1372, Rz. 4; so auch Frank, JZ 1983, 853 ff., 856

[196] in diese Richtung auch Staudinger/Kaduk, § 426, Rz. 1

späteren Gesamtausgleich schon deshalb nicht, weil sich daraus - vorbehaltlich einer anderweitigen rechtsgeschäftlichen Regelung - ein sofort fälliger Anspruch ergebe, während der Zugewinnausgleich - wenn überhaupt - einen Ausgleichsanspruch erst bei Beendigung des Güterstandes gewähre.

Eine Verdrängung des § 426 BGB durch die §§ 1372 ff. BGB kann damit ausgeschlossen werden.

3.1.2.3 Eigenständige Bedeutung des Anspruches aus § 426 BGB neben der Zugewinnausgleichsforderung

Untersucht werden muß allerdings noch, ob dem Anspruch aus § 426 BGB neben dem Zugewinnausgleichsanspruch auch eine eigenständige Bedeutung zukommt.

Auf den ersten Blick scheint der Ausgleichsanspruch aus § 426 BGB zumindest dann überflüssig zu sein, wenn Zugewinn- und Gesamtschuldnerausgleich zeitgleich vorzunehmen sind, weil die Gesamtschuld zwar schon früher erfüllt wurde, der Innenausgleich aber zunächst aus irgendwelchen Gründen unterblieb[197]. Tatsächlich lohnt es sich in der Regel in diesem Fall nicht, von dem Anspruch aus § 426 BGB Gebrauch zu machen[198]. Aufgrund des Ausgleichsmechanismus der Zugewinngemeinschaft ist es nämlich meist gleichgültig, bei welchem der Ehegatten sich das ausgleichspflichtige Vermögen angesammelt hat. Vermögensverschiebungen der Partner untereinander können daher die Gesamtsituation weder verbessern noch verschlechtern. Werden zusätzlich zum güterrechtlichen Anspruch nach § 1378 I BGB weitere Ansprüche aus dem Schuld- und Sachenrecht geltend gemacht, sollte deshalb in jedem Fall vorher abgeklärt werden, ob sich diese im Endergebnis überhaupt auswirken können. Zahlreiche in der Praxis angestrengte komplizierte, langwierige und darüber hinaus kostspielige Verfahren könnten vermieden werden, wenn vorher bedacht worden wäre, daß der endlich erstrittene Sieg mit großer Wahrscheinlichkeit eine entsprechende Verschlechterung im güterrechtlichen Verfahren zur Folge hat. Denn bezüglich aller zwischen den Stichtagen (vgl. §§ 1376 I, II; 1384 BGB) entstandenen Forderungen gilt als Prinzip, daß sie beim Schuldnerehegatten zwar zu den Passiva zu rechnen sind[199], sich dafür aber bei dem Gläubigerehegatten

[197] ähnlich auch Gernhuber, JZ 1996, 696 ff., 697

[198] so allgemein für gegenseitige Ansprüche: Haussleiter, a.a.O., Rz. 613; für den Gesamtschuldnerausgleich: Wever, Die Vermögensauseinandersetzung der Ehegatten: schuldrechtliche Ausgleichsansprüche, FamRZ 1996, 905 ff., 908; in diese Richtung auch: Frank, JZ 1983, 855 f.

[199] mit Ausnahme des oben angesprochenen Befreiungsanspruches

auf der Aktivseite erhöhend auswirken[200]. Verdeutlichen soll dies folgendes - bei Haussleiter[201] zu findendes - Beispiel:

Ehemann (M) und Ehefrau (F) waren ohne Anfangsvermögen, beide haben ein Endvermögen in Höhe von 100 000 DM. Der Zugewinn der Ehegatten ist gleich hoch (vgl. § 1378 I BGB), ein Anspruch auf Zugewinnausgleich folglich nicht gegeben.

Anders ist es, wenn M gegen F noch einen vor Zustellung des Scheidungsantrags (vgl. § 1384 BGB) entstandenen Zahlungsanspruch von 20 000 DM geltend machen kann. In diesem Fall erhöht sich das Endvermögen des M auf 120 000 DM, das der F vermindert sich auf 80 000 DM. Da der Zugewinn des M damit den der F um 40 000 DM übersteigt, kann F von M gem. § 1378 I BGB im Rahmen des Zugewinnausgleiches 20 000 DM verlangen. Rechnet M gegen diesen Anspruch mit seiner Forderung (ebenfalls 20 000 DM) auf, erlöschen die beidseitigen Forderungen in voller Höhe (§ 389 BGB).

Zu demselben Ergebnis käme man einfacher durch einen sofortigen Erlaßvertrag (§ 397 BGB) hinsichtlich der Forderung des M.

Gleiches gilt vor Tilung der gesamtschuldnerischen Verbindlichkeit durch M:

Nehmen wir an, der angesprochene Zahlungsanspruch beruht auf einer gesamtschuldnerischen Verpflichtung, die nach dem Innenverhältnis in voller Höhe F zu tragen hat. Das Endvermögen des M beträgt - weil anders als im oben genannten Fall noch keine Mittel zur Zahlung der Gesamtschuld abgeflossen sind - zunächst 120 000 DM. Dieser Betrag wird durch die auf der Passivseite einzustellende Gesamtschuld in Höhe von 20 000 DM vermindert und spiegelbildlich durch den auf der Aktivseite anzurechnenden Ausgleichsanspruch gegen F um 20 000 DM erhöht. Das endgültige Endvermögen des M beläuft sich somit auch hier auf 120 000 DM. Das Endvermögen der F bleibt im Vergleich zum vorher genannten Fall ebenfalls gleich: Der ursprüngliche Betrag von 100 000 DM wird durch die auf der Passivseite einzustellende Gesamtschuld in Höhe von 20 000 DM auf 80 000 DM reduziert.

Auch in diesem Fall stünde der F somit im Rahmen des Zugewinnausgleichs ein Anspruch in Höhe von 20 000 DM (§ 1378 I BGB) zu, dem M seinen Befreiungsanspruch in gleicher Höhe einredeweise (§ 242 BGB) entgegenhalten bzw. mit diesem nach Übergang desselben in einen Zahlungsanspruch aufrechnen könnte.

Daß trotz allem dem Gesamtschuldnerausgleich neben dem Zugewinnausgleich eine eigenständige Bedeutung zukommt, verdeutlicht insbesondere[202] ein Gegenschluß zu § 1375 I S. 2

[200] so Haussleiter, a.a.O., Rz. 613

[201] Haussleiter, a.a.O., Rz. 614

BGB: Verbindlichkeiten sind grundsätzlich nur insoweit abzugsfähig, als Aktivvermögen vorhanden ist. Das Endvermögen kann also äußerstenfalls Null betragen, es darf nicht negativ sein[203]. Beträgt das errechnete Endvermögen eines Ehegatten Null, entfällt aber ein Zugewinnausgleichsanspruch des anderen Ehepartners. Dies wiederum ergibt eine Gesamtschau der §§ 1373, 1374 I, 1375 I, 1378 BGB: nach § 1374 I BGB können auch bei Berechnung des Anfangsvermögens Verbindlichkeiten nur in Höhe der vorhandenen Aktiva abgezogen werden. Das Anfangsvermögen kann somit ebenfalls nicht negativ sein. Aus diesem Grund kann ein Null betragendes Endvermögen das Anfangsvermögen in keinem Fall überschreiten. Ein Zugewinn im Sinne des § 1373 BGB entfällt daher. Laut § 1378 BGB kann gegen einen Ehegatten, auf dessen Seite ein Zugewinn zu verneinen ist, kein Ausgleichsanspruch im Rahmen des Zugewinnausgleichs geltend gemacht werden. Das gleiche gilt, wenn das Endvermögen eines Partners zwar positiv ist, das nach §§ 1374, 1376 BGB ermittelte Anfangsvermögen aber nicht übersteigt.

Auf der anderen Seite bedeutet die Regelung des § 1375 I S. 2 BGB auch, daß ein negativer Zugewinn nicht ausgeglichen wird.

In all diesen Fällen wird der Ausgleichsanspruch des § 426 BGB über den Zugewinnausgleich nur teilweise aufgefangen[204]. Es wäre aber ungerechtfertigt, dem nach den angeführten Vorschriften nicht ausgleichsberechtigten Partner neben den Nachteilen beim Zugewinnausgleich auch noch den Verlust des Einzelanspruches aufzubürden[205].

Mit anderen Worten ist die Geltendmachung des Ausgleichsanspruchs aus § 426 BGB neben der Zugewinnausgleichsforderung nur dann nicht zu empfehlen, wenn der Zugewinn des Schuldnerehegattens höher ist als die in Betracht kommende Verbindlichkeit. Trifft dies nicht zu, kann sich wegen des Grundsatzes, daß das Endvermögen jeweils mindestens Null beträgt (vgl. arg. e. § 1375 I S: 2), die Ausgleichsforderung nach § 1378 I BGB nicht um den Betrag des im Rahmen des § 426 BGB bestehenden Anspruches verbessern. In diesem Fall hat der Gläubiger des gesamtschuldnerischen Ausgleichsanspruchs daher einen Vorteil, wenn er seine Forderung durchsetzt.[206]

---

[202] abgesehen von dem Problem des negativen Endvermögens kann es auch unter anderen Umständen sinnvoll sein, den Gesamtschuldnerausgleich herbeizuführen: dazu Wever, Vermögensauseinandersetzung der Ehegatten außerhalb des Güterrechts, Rz. 293

[203] so auch Palandt/Diederichsen, § 1375, Rz. 4

[204] in diese Richtung auch Frank, JZ 1983, 856

[205] so im Ergebnis auch Gernhuber, JZ 1996, 696 ff., 697

[206] Haussleiter, a.a.O., Rz. 616

Auch dies soll ein von Haussleiter[207] angeführtes Beispiel verdeutlichen:

M und F sind ohne Anfangsvermögen. M hat ein Endvermögen von 100 000 DM, F dagegen keines. M steht gegen F eine vor Zustellung des Scheidungsantrags entstandene Forderung in Höhe von 20 000 DM zu.

Erläßt M der F ihre Schuld, umfaßt die Zugewinnausgleichsforderung der F 50 000 DM (§ 1378 I BGB).

Entscheidet sich M gegen einen Erlaß, erhöht sich sein Endvermögen auf 120 000 DM. Das Endvermögen der F bleibt weiterhin Null, weil sich die Verpflichtung von 20 000 DM wegen § 1375 I S. 2 BGB nicht mehr mindernd auswirken kann. Es besteht somit ein Zugewinnausgleichsanspruch der F in Höhe von 60 000 DM. Rechnet M mit seiner Gegenforderung auf, reduziert sich der Zugewinnausgleichsanspruch der F auf 40 000 DM.

Vor Tilgung der gesamtschuldnerischen Verbindlichkeit stellt sich die rechtliche Situation ohne Erlaß folgendermaßen dar:

Beruht die Forderung des M gegen die F auf einer Gesamtschuld, die im Innenverhältnis allein F zu tragen hat, gilt: Das Endvermögen des M beträgt zunächst 100 000 DM. Diese Summe wird einerseits durch die auf der Passivseite einzustellende gesamtschuldnerische Verpflichtung um 20 000 DM vermindert, auf der anderen Seite durch die auf der Aktivseite anzuführende Ausgleichsforderung gegen F um die gleiche Summe erhöht. Auch nach Verrechnung mit den genannten Posten bleibt das Endvermögen des M somit 100 000 DM. F hat ein Endvermögen von 0 DM, das wegen § 1375 I S. 2 BGB auch durch die auf der Passivseite einzustellende Gesamtschuld nicht mehr gemindert werden kann. Ohne Erlaß hat F gegen M somit einen Zugewinnausgleichsanspruch (§ 1378 I BGB) von 50 000 DM, dem M seine Forderung in Form eines Befreiungsanspruchs einredeweise entgegenhalten kann (§ 242 BGB). Geht der Befreiungsanspruch durch Tilgung der Gesamtschuld in einen Zahlungsanspruch über, kann M in Höhe von 20 000 DM aufrechnen. F kann ihre Forderung somit nur in Höhe von 30 000 DM realisieren.

Erläßt M der F die Schuld, besteht folgende Rechtslage: Das Endvermögen des M wird zwar durch die Gesamtschuld (20 000 DM)vermindert, erfährt aber aufgrund des Erlasses keine Erhöhung in gleicher Höhe mehr. Es beträgt somit 80 000 DM. Das Endvermögen der F bleibt weiterhin 0 DM. F hat also gegen M einen Zugewinnausgleichsanspruch (§ 1378 I BGB) in Höhe von 40 000 DM.

Sowohl vor als auch nach Tilgung der Verbindlichkeit wirkt sich die Aufrechterhaltung der Forderung für M also vorteilhaft aus. Daß aber auch hier M im Ergebnis von seiner 20 000

[207] Haussleiter, a.a.O., Rz. 617

DM betragenden Forderung nur die Hälfte, nämlich 10 000 DM erhält, erklärt sich daraus, daß das Bestehen der durchsetzbaren Forderung sein Endvermögen anwachsen läßt, und sich somit der Zugewinnausgleichsanspruch der F über § 1378 I BGB um die Hälfte des Forderungsbetrages erhöht. Zwischen in Zugewinngemeinschaft lebenden Ehegatten kann daher bei Durchsetzung der Forderung allenfalls 50 % ihres Wertes realisiert werden[208].

3.1.2.4 Zusammenfassung

Abschließend läßt sich somit sagen, daß der Anspruch aus § 426 BGB durch den Zugewinnausgleichsanspruch weder verdrängt wird noch daneben überflüssig ist. Die Feststellung und Berechnung aller vor dem Stichtag entstandenen gegenseitigen Forderungen ist vielmehr Voraussetzung für die korrekte Durchführung der güterrechtlichen Auseinandersetzung, darüber hinaus liegt die Fälligkeit des sich aus § 426 BGB ergebenden Einzelanspruches in der Regel vor der eines eventuellen Zugewinnausgleichsanspruches[209]. Da Ansprüche zwischen den Ehegatten aber durch eine Veränderung des Zugewinnausgleichsanspruches dann neutralisiert werden, wenn der Zugewinn des Schuldners unter Berücksichtigung der belastenden Verbindlichkeit größer Null ist, muß stets sorgfältig geprüft werden, ob eine Ausübung des Anspruchs aus § 426 BGB neben dem Zugewinnausgleich sinnvoll ist.

3.1.3 Schuldentilgung und Trennungs- bzw. nachehelicher Unterhalt

[208] so im Ergebnis auch Haussleiter, a.a.O., Rz. 617

[209] dabei ist jedoch - wie Kleinle (FamRZ 1997, 8 ff., 14) anmerkt - folgendes zu beachten: Streitigkeiten im Hinblick auf den Zugewinnausgleichsanspruch fallen als solche aus dem ehelichen Güterrecht in die Zuständigkeit des Amtsgerichts (Familiengericht) (§§ 23 b I S. 2 Nr. 9 GVG, 621 I Nr. 8 ZPO). Bei rechtzeitiger Einführung ist darüber gleichzeitig und zusammen mit der Scheidungssache zu verhandeln und, sofern dem Scheidungsantrag stattgegeben wird, zu befinden (§ 623 I S. 1 ZPO). Dabei entscheidet das Familiengericht incidenter auch Streitigkeiten bezüglich Ehegattengesamtschulden, soweit diese im Rahmen der Berechnung der Forderung auf Zugewinnausgleich eine Rolle spielen. Nimmt ein Ehepartner den anderen dagegen außerhalb der güterrechtlichen Auseinandersetzung wegen eines Ausgleichsanspruches aus § 426 BGB in Anspruch, entscheidet diesbezüglich das allgemeine Zivilgericht (streitwertabhängig Amts- oder Landgericht). Möglicherweise sind daher der Zugewinnausgleich und der Gesamtschuldnerregreß bei verschiedenen Gerichten rechtshängig, was die Gefahr divergierender Entscheidungen mit sich bringt. In diesem Fall ist deshalb eine Aussetzung des Zugewinnausgleichsprozesses bis zum rechtskräftigen Abschluß der Gesamtschuldnerklage geboten (ev. verbunden mit einer Abtrennung aus dem Entscheidungsverbund nach § 628 I S. 1 Nr. 4 ZPO), zumal die Entscheidung über das Bestehen eines Anspruchs aus § 426 BGB regelmäßig eine Vorfrage im Zugewinnausgleichsprozeß darstellen dürfte.

Der Zugewinnausgleich führt also nicht zu einer Verdrängung eines sich aus § 426 BGB ergebenden Ausgleichsanspruches. Wie verhält es sich aber, wenn Tilgungs- und Zinszahlungen in Hinblick auf ein gesamtschuldnerisch aufgenommenes Darlehen bereits im Rahmen der Unterhaltsbemessung Berücksichtigung gefunden haben ?

Dazu ist zunächst folgendes zu sagen: Trägt der unterhaltspflichtige (nach § 1361 BGB oder §§ 1569 ff. BGB) Ehepartner die finanziellen Belastungen weiterhin in voller Höhe und wird die Unterhaltshöhe aus seinem um die monatlichen Zahlungen bereinigten Einkommen berechnet, und erhält der unterhaltsberechtigte Partner deswegen, weil der Unterhaltspflichtige den Kredit weiter alleine bedient, weniger Unterhalt, so trägt er dadurch einen Teil der Schulden mit[210]. Dann muß aber bei der Beurteilung des Ausgleichsanspruches aus § 426 I BGB Berücksichtigung finden, daß der Unterhaltsempfänger mit der hierdurch bedingten Kürzung seines Unterhaltsanspruches wirtschaftlich gleichfalls zur Bedienung der gesamtschuldnerischen Darlehensverbindlichkeit beigetragen hat. Nach der Rechtsprechung[211] liegt daher in der Einbeziehung gesamtschuldnerischer Verbindlichkeiten in die Berechnung des Unterhaltsanspruches eine „anderweitige Bestimmung" im Sinne des § 426 I BGB. Gleiches gilt, wenn die Zins- und Tilgungsleistungen selbst Unterhaltsleistungen darstellen: so etwa, wenn der allein verdienende Mann weiterhin die im Zusammenhang mit einem von der Frau mit den gemeinsamen Kindern bewohnten Familienheim bestehenden Belastungen trägt - dadurch nämlich deckt er den Wohnbedarf[212].

Allerdings erfolgt im Falle eines Erwerbstätigenbonusses auf seiten des Unterhaltsverpflichteten die Beteiligung des unterhaltsberechtigten Ehegatten an der Schuldentilgung nur zu 3/7[213], so daß sich die durch den Schuldabzug beim unterhaltspflichtigen Ehepartner verursachte Unterhaltsminderung nicht mit der hälftigen Schuldrate deckt[214]. In diesem Fall kann die Feststellung, ob die Mithaftung des Unterhaltsempfängers ganz ausgeschlossen oder nur auf einen Teilbetrag reduziert sein soll, sich als schwierig erweisen. Hier muß ermittelt werden, ob dem unterhaltspflichtigen gegen den unterhaltsberechtigten Ehegatten noch ein Ausgleichsanspruch aus § 426 I BGB in Höhe von 1/14 der monatlichen Belastungen verbleiben soll[215].

---

210 vgl. Kleinle, FamRZ 1997, 8 ff., 10 f.; Wever, FamRZ 1996, 905 ff., 908

211 vgl. OLG München FamRZ 1996, 291 f., 292; OLG Köln FamRZ 1995, 1149 ff., 1150; FamRZ 1994, 961 f., 962; FamRZ 1991, 1192 ff., 1193 f.

212 so Kleinle, FamRZ 1997, 8 ff., 11

213 vgl. dazu BGH FamRZ 1991, 1414 f., 1414; OLG Köln FamRZ 1991, 1192 ff., 1194; Wever, FamRZ 1996, 905 ff., 908

214 Kleinle, FamRZ 1997, 8 ff., 11

215 vgl. OLG Köln FamRZ 1991, 1192 ff., 1194

3.1.3.1 Allgemeines zur Berücksichtigungsfähigkeit von Verbindlichkeiten im Rahmen der Unterhaltsbemessung

Im folgenden soll zur Verdeutlichung dieser Aussagen zunächst geklärt werden, inwieweit es zu einer Einbeziehung der Schulden in die Berechnung der Unterhaltshöhe kommen kann. Dabei ist zwischen Trennungs- (§ 1361 BGB) und nachehelichem Unterhalt (§§ 1569 ff. BGB) zu unterscheiden.

3.1.3.1.1 Nachehelicher Unterhalt

Wenden wir uns zunächst der Frage der Berücksichtigungsfähigkeit allgemein von Verpflichtungen - das bedeutet nicht speziell der gesamtschuldnerisch eingegangenen - bezüglich des nachehelichen Unterhalts zu.

Im Rahmen des nachehelichen Unterhalts sind Auswirkungen der Schulden bei der Bedürftigkeit des Unterhaltsberechtigten (§ 1577 BGB), bei dem Maß des Unterhalts (§ 1578 BGB) oder der Leistungsfähigkeit des Unterhaltsschuldners (§ 1581 BGB) in Betracht zu ziehen.

3.1.3.1.1.1 Leistungsfähigkeit (§ 1581 BGB)

Hinsichtlich der Schulden des Unterhaltsverpflichteten gilt:
§ 1581 I S.1 BGB bestimmt ihre Berücksichtigungsfähigkeit im Rahmen der Leistungsfähigkeit, das heißt, die Frage, inwieweit es aufgrund dieser Schulden zu einer Verringerung der Leistungsfähigkeit des Unterhaltsschuldners kommen kann.

Daß Unterhaltsansprüchen kein allgemeiner Vorrang vor Forderungen anderer Gläubiger des Unterhaltsschuldners zukommt, ist allgemein anerkannt[216]. In der Literatur wird daraus teilweise[217] gefolgert, daß die Unterscheidung zwischen bei der Leistungsfähigkeit berücksichtigungswürdigen Verpflichtungen des Unterhaltsschuldners und solchen, die nicht einzubezie-

---

[216] so auch BGH NJW 1982, 380 f., 380 zu § 1603; ebenso Brühl/Göppinger/Strohal, Unterhaltsrecht, Rz. 358
[217] für § 1603: Köhler, Handbuch des Unterhaltsrechts, Rz. 145; wegen der insoweit zwischen § 1581 und § 1603 fast wortgleichen Fassung, kann der Streit aber wohl auch auf § 1581 BGB übertragen werden

hen seien, im Gesetz keine Stütze finde, daß vielmehr sämtliche Verpflichtungen des Unterhaltsschuldners im Rahmen der Leistungsfähigkeit zu beachten seien. Wenn Verbindlichkeiten zur Vereitelung der Unterhaltsverpflichtung eingegangen würden, könne mit dem Arglisteinwand (§ 242 BGB) geholfen werden. Allerdings versage § 242 BGB - wie die Vertreter dieser Ansicht selbst einräumen - bei lediglich unbedacht eingegangenen Verbindlichkeiten. Darüber hinaus ist der angeführten Meinung mit dem BGH[218] entgegenzuhalten, daß es nicht Sinn des Gesetzes sein kann, dem Unterhaltsschuldner die Möglichkeit zu geben, durch unverantwortliches oder eigensüchtiges Schuldenmachen seiner Unterhaltspflicht zu entgehen[219]. Da der Einwand der Arglist (§ 242 BGB) allein bei einer festgestellten oder unter bestimmten Voraussetzungen zu vermutenden Benachteiligungsabsicht zuzulassen ist, verhilft er in vielen Fällen zu nur bedingt befriedigenden Lösungen. Jede Rechtsposition steht unter dem Vorbehalt von Treu und Glauben, so daß es dem Unterhaltsverpflichteten nicht gestattet werden kann, sich auf Verbindlichkeiten zu berufen, die er leichtfertig, für luxuriöse Zwecke oder ohne verständigen Grund eingegangen ist[220].

Allerdings kann aus dem Umstand, daß nach dem Gesetz eine Berücksichtigung sonstiger Verpflichtungen vorgesehen ist, nicht die Erlaubnis zur Tilgung dieser Verbindlichkeiten ohne Rücksicht auf die Unterhaltsinteressen entnommen werden[221]. Vielmehr bedarf es stets eines Ausgleichs der Belange von Unterhaltsgläubiger, Unterhaltsschuldner und Drittgläubiger[222]. Wie Strohal[223] richtigerweise bemerkt, ergibt sich dies auch daraus, daß das Gesetz nur die „Berücksichtigung" der Verpflichtungen vorschreibt, nicht dagegen deren Vorwegabzug. Ob Verbindlichkeiten die Leistungsfähigkeit des Unterhaltsverpflichteten mindern, kann daher nur infolge einer umfassenden Interessenabwägung nach dem Zweck der Verbindlichkeit, Zeitpunkt und Art der Entstehung, Dringlichkeit der beiderseitigen Bedürfnisse, Kenntnis des Unterhaltsverpflichteten von Grund und Höhe der Unterhaltsschuld, seiner Möglichkeit, die Leistungsfähigkeit in zumutbarer Weise ganz oder teilweise wiederherzustellen, und gegebenenfalls schutzwürdigen Belangen des Drittgläubigers entschieden werden[224]. Es darf damit

[218] BGH NJW 1982, 380 f., 380
[219] so auch Brühl/Göppinger/Strohal, a.a.O., Rz. 358
[220] so auch Brühl/Göppinger/Strohal, a.a.O., Rz. 359
[221] in diese Richtung auch Brühl/Göppinger/Strohal, a.a.O., Rz. 358
[222] vgl. zum Ganzen: BGH FamRZ 1986, 254 ff., 257
[223] in Brühl/Göppinger/Strohal, a.a.O., Rz. 357
[224] Palandt/Diederichsen, § 1581, Rz. 11; § 1603, Rz. 18; BGH NJW 1982, 380 f., 380; für § 1603 BGB: OLG Hamm NJW-RR 1995, 1092 f.; BGH FamRZ 1984, 358 ff., 360; BGH FamRZ 1986, 254 ff., 257 (wenigstens für den Fall, in dem der Mindestbedarf des Unterhaltsberechtigten beeinträchtigt würde); Wenz in Göppinger, Unterhaltsrecht , Rz. 1198; auch Strohal (in Brühl/Göppinger, a.a.O., Rz. 374) stellt auf die Beeinträchtigung des Mindestbedarfs des Unterhaltsberechtigten ab, allerdings nur insoweit, als er allein in diesem Fall die Interessen des Drittgläubigers in die Interessenabwägung miteinbeziehen will. Das ist unverständlich, weil der Unterhaltsberechtigte dann besonders schutzwürdig ist, die Interessen des Drittgläubigers zu den seinen aber in der Regel

nicht einzig darauf abgestellt werden, ob die Verbindlichkeiten vor oder nach Inanspruchnahme auf Unterhalt eingegangen wurden[225]. Denn die zeitliche Abgrenzung allein führt nicht in allen Fällen zu einem gerechten Ergebnis: zum einen, weil bei gesetzlichen Verbindlichkeiten (z.B. aus unerlaubter Handlung) der Entstehungszeitpunkt oft nicht beeinflußbar ist, und zum zweiten, weil die Eingehung einer rechtsgeschäftlichen Verbindlichkeit wenige Tage vor einer ohne weiteres voraussehbaren Inanspruchnahme auf Unterhalt durchaus weniger schutzwürdig sein kann als die Übernahme einer Schuld in Kenntnis der Unterhaltsverpflichtung.

Danach gilt folgendes: Anschaffungen im privaten Bereich muß der Unterhaltsschuldner im maßvollen Rahmen halten[226]. Bei erheblicher Verschuldung erfolgt die Berücksichtigung von Schulden nur im Rahmen eines vernünftigen Tilgungsplanes[227], was auch dazu führen kann, daß eine während des ehelichen Zusammenlebens für einen vernünftigen Betrachter zu geringe Schuldentilgung zum Schutze des Drittgläubigers auf ein nach objektiven Maßstäben erforderliches Maß ausgeweitet werden muß[228]. Diesbezüglich ist zu fragen, wieviel im Falle der Fortdauer der Ehegemeinschaft bei verantwortungsvoller Abwägung der Unterhaltsbelange und der Gläubigerinteressen verständigerweise für die Schuldentilgung aufgewendet worden wäre[229]. Wenigstens die laufend anfallenden Schuldzinsen sollten nach Möglichkeit beglichen werden[230], da dem Unterhaltsverpflichteten die Erhöhung einer bereits bestehenden Verschuldung zur Aufbringung zusätzlicher für Unterhaltszwecke einzusetzender Mittel

---

konträr sein werden. Warum soll also gerade hier dem Standpunkt des Drittgläubigers besondere Bedeutung zukommen ? Häberle (in: Soergel, § 1578, Rz. 37) vertritt dagegen die Ansicht, daß Drittgläubigerinteressen nicht über die Vollstreckungsvorschriften (Pfändungsfreigrenzen, Pfändungsvorrechte Unterhaltsberechtigter) hinaus zu beachten seien. Dem hält Strohal (a.a.O.) entgegen, die §§ 850 c, d ZPO böten für einen sachgerechten Ausgleich keine Gewähr. Die Beschränkung der Belange der Drittgläubiger auf die pfändbaren Beträge bedeute nicht, daß auch das Interesse des Unterhaltsschuldners an der Schuldentilgung und vor allem an der Vermeidung einer weiteren Anwachsung seiner Verbindlichkeiten im Verhältnis zum Unterhaltsgläubiger von vornherein zurückstehen müsse. Wenn auch dessen Interesse an der Sicherung seines notwendigen Unterhalts besonderes Gewicht zukomme, so könne doch die nach Billigkeitsgrundsätzen vorzunehmende Interessenabwägung im Einzelfall ergeben, daß die Zurücksetzung der Belange des Schuldners und dessen Belastung mit Unterhaltsleistungen unzumutbar und ungerechtfertigt wären. Das komme insbesondere in Betracht, wenn die Verbindlichkeiten im Einverständnis mit dem Berechtigten oder gar in seinem Interesse eingegangen worden seien und dieser dem Verpflichteten nicht den Vorwurf mangelnder Rücksichtnahme auf seine Belange machen könne.

[225] Bei rechtsgeschäftlich begründeten Verbindlichkeiten, die trotz der Kenntnis der Unterhaltsverpflichtung begründet wurden, ist entscheidend, ob ein verständiger Grund für deren Eingehung ersichtlich ist: so zu § 1603 BGB: OLG FamRZ 1967, 175 ff., 176; Soergel/Häberle, § 1603, Rz. 14; Gernhuber/Coester-Waltjen, a.a.O., S. 674

[226] Palandt/Diederichsen, § 1603, Rz. 18

[227] Palandt/Diederichsen, § 1603, Rz. 18; § 1581, Rz. 11

[228] so Soergel/Häberle, § 1578, Rz. 37

[229] Palandt/Diederichsen, § 1603, Rz. 18; BGH NJW 1982, 232; in diese Richtung auch BGH FamRZ 1984, 358 ff., 360

[230] Palandt/Diederichsen, § 1603, Rz. 18

grundsätzlich nicht zugemutet werden kann[231]. Dabei ist zu beachten, daß es gegen die Einbeziehung einer Verbindlichkeit spricht, wenn ihre Erfüllung der Bildung von Vermögensreserven dient[232] - ein Recht zur Vermögensbildung auf Kosten des Unterhaltsgläubigers steht dem Unterhaltsschuldner nicht zu[233]. Darauf entfallende Zins- und Tilgungsbeträge können daher bei Beurteilung der Leistungsfähigkeit grundsätzlich nicht berücksichtigt werden[234], es sei denn, im Rahmen der Interessenabwägung erforderten anderweitige überwiegende Interessen eine Anrechnung[235].

3.1.3.1.1.2 Bedürftigkeit (§ 1577 I BGB)

Soweit der unterhaltsberechtigte Partner zumindest einen Teil der gesamtschuldnerischen Belastung trägt, kommt eine Berücksichtigung derselben im Rahmen der Bedürftigkeit (§ 1577 I BGB) in Betracht.

Dabei ist zu beachten, daß Schulden weder allgemein die Bedürftigkeit erhöhen noch stets bedarfsneutral sind[236]. Vielmehr ist danach zu differenzieren, ob die Tilgung der Schulden auch im Interesse des Unterhaltsschuldners liegt. Denn in diesem Fall kommt einem erheblichen Unterschied zwischen der Beurteilung der Leistungsfähigkeit des Unterhaltsverpflichteten und der Bedürftigkeit des Unterhaltsberechtigten[237] - daß nämlich ersterer nicht nur sich selbst unterhalten, sondern mit seinem Erwerb auch noch seinen Ehegatten unterstützen soll, während letzterer die Hilfe seines Partners in Anspruch nimmt - keine entscheidende Bedeutung mehr zu.

Darüber hinaus entspricht es dem Gerechtigkeitsgebot, die anrechnungsfähigen Nettoeinkommen beider Ehegatten nach der gleichen Art und Weise zu berechnen[238]. Soweit dies die für die Beurteilung der Leistungsfähigkeit entwickelten Grundsätze der umfassenden Interessenabwägung gebieten, haben die Verbindlichkeiten des Unterhaltsgläubigers daher eine

---

[231] BGH NJW 1982, 1641 f., 1641; so auch Brühl/Göppinger/Strohal, a.a.O., Rz. 373

[232] BGH FamRZ 1984, 358 ff., 360; so auch Brühl/Göppinger/Strohal, a.a.O., Rz. 364

[233] Palandt/Diederichsen, § 1603, Rz. 18; OLG Bamberg FamRZ 1985, 1141 f, 1142

[234] BGH FamRZ 1984, 358 ff., 360; anders anscheinend Palandt/Diederichsen, § 1603, Rz. 18, der das Verbot der Berücksichtigung nur auf die Tilgungsleistungen, nicht aber auf die Zinsen erstrecken will (so auch OLG Frankfurt am Main NJW-RR 1988, 522)

[235] nach BGH, a.a.O., 360 spricht es zum Beispiel für die Einkommensminderung durch derartige Verbindlichkeiten, wenn es sich um eine für ein Eigenheim aufgenommene Kreditschuld handelt, das der Unterhaltspflichtige zur Befriedigung seines Wohnbedürfnisses errichtet oder erworben hat.

[236] Palandt/Diederichsen, § 1361, Rz. 17 zum Trennungsunterhalt

[237] vgl. Brühl/Göppinger/Strohal, a.a.O., Rz. 356

[238] so OLG Frankfurt an Main FamRZ 1981, 955 f., 955; in diese Richtung auch MüKo/Wacke, § 1361, Rz. 17 zum Trennungsunterhalt

Verminderung der nach § 1577 I BGB anrechenbaren Einkünfte - vorausgesetzt natürlich, es sind solche vorhanden - zur Folge[239].

3.1.3.1.1.3 Maß des Unterhalts (§ 1578 I BGB)

Wurde die Ehe durch gemeinsame Schulden geprägt, können bei der Bedarfsberechnung (§ 1578 I BGB) sowohl Zins-, als auch Tilgungsleistungen einkommensmindernd verrechnet werden[240], so daß in diesem Fall der Ausgleichsanspruch durch den Begriff der ehelichen Lebensverhältnisse neutralisiert wird. Allerdings ist dabei ein objektiver Maßstab anzulegen und deshalb derjenige Lebensstandard ausschlaggebend, der aus Sicht eines vernünftigen Betrachters bei Berücksichtigung der konkreten Einkommens- und Vermögensverhältnisse angemessen erscheint. Eine von diesem Standpunkt zu dürftige Lebensführung bleibt ebenso außer Betracht wie ein übertriebener Aufwand. Nur in diesem Rahmen kann das tatsächliche Konsumverhalten der Ehegatten während des Zusammenlebens Berücksichtigung finden[241].

3.1.3.1.2 Trennungsunterhalt

Die unterhaltsrechtlichen Vorschriften der §§ 1569 ff. BGB greifen erst nach Eintritt der Rechtskraft der Scheidung ein[242]. Sind die Eheleute zwar noch nicht rechtskräftig geschieden, leben aber bereits getrennt, besteht unter den Voraussetzungen des § 1361 BGB ein Anspruch auf Trennungsunterhalt. Für den Unterhaltsumfang kommt es - obwohl dies im Gesetz nicht ausdrücklich gefordert wird - entsprechend der §§ 1577, 1602 BGB auf die Bedürftigkeit des Unterhaltsberechtigten sowie auf die Leistungsfähigkeit des Verpflichteten analog §§ 1581, 1603 BGB an[243]. Im übrigen sind die Lebens-, Erwerbs- und Vermögensverhältnisse der Ehegatten maßgeblich[244]. Für die grundsätzliche Berücksichtigungsfähigkeit der Verbindlichkeiten im Rahmen des Trennungsunterhalts gilt damit weitgehend das zum nachehelichen Unterhalt Gesagte entsprechend[245].

---

[239] Palandt/Diederichsen, § 1577, Rz. 6
[240] so Nickl, NJW 1991, 3124 ff., 3124
[241] zum Ganzen BGH FamRZ 1984, 358 ff., 360
[242] Palandt/Diederichsen, § 1569, Rz. 1
[243] Palandt/Diederichsen, § 1361, Rz. 4
[244] Palandt/Diederichsen, § 1361, Rz. 4 und 50 sowie der Gesetzeswortlaut des § 1361 I S. 1 BGB
[245] vgl. dazu z.B. BGH NJW 1982, 232 ff. (ZR 598/80)

3.1.3.2 Auswirkungen gesamtschuldnerischer Verbindlichkeiten auf die Unterhaltsbemessung sowohl in bezug auf nachehelichen Unterhalt als auch hinsichtlich des Trennungsunterhaltes

Zu untersuchen bleibt weiter, welche Konsequenzen die eben angestellten Überlegungen hinsichtlich *gesamtschuldnerisch* aufgenommener Verbindlichkeiten nach sich ziehen. Diesbezüglich läßt sich aus den oben genannten Grundsätzen folgendes entnehmen:

Verbindlichkeiten, die im Einverständnis der Eheleute und im Zuge der gemeinsamen Lebensführung eingegangen wurden, sind bei der Bemessung des Unterhaltsanspruches in der Regel zu berücksichtigen[246]. Denn der unterhaltsberechtigte Ehegatte muß - ebenso wie er bei Fortdauer der Lebensgemeinschaft seine Lebensführung auf vorhandene Schulden hätte einstellen müssen - die Folgen eingegangener Verpflichtungen auch im Scheidungsfall mittragen[247]. Das gilt um so mehr im Trennungsfall, weil vor der Scheidung sowohl der unterhaltsberechtigte als auch der unterhaltsverpflichtete Ehegatte mit der Wiederherstellung der ehelichen Lebensgemeinschaft rechnen dürfen. Beiden muß es daher gestattet sein, die mit der Partnerschaft in Zusammenhang stehenden äußeren Umstände dadurch aufrechtzuerhalten, daß sie die laufenden, einverständlich begründeten Familienlasten - seien sie auch hoch - voll weitertragen[248]. Eine Berücksichtigung ist dem Unterhaltsberechtigten aber auch im Rahmen des nachehelichen Unterhalts zumutbar, weil seine Unterhaltsinteressen hinter den Interessen an einer Schuldentilgung nur vorübergehend zurücktreten - so nimmt er an der nach Abschluß der Schuldentilgung eintretenden Verbesserung der Einkommensverhältnisse des Verpflichteten teil, da es sich hierbei um eine bei der Scheidung schon voraussehbare Entwicklung handelt[249].

Dabei ist jedoch zu beachten, daß eine gesamtschuldnerische Verpflichtung nicht schlechthin im Zuge der gemeinsamen Lebensführung eingegangen wird. Ob dies der Fall ist, muß vielmehr in jedem Einzelfall aufs neue geprüft werden.

Allerdings besteht bei gesamtschuldnerisch aufgenommenen Verbindlichkeiten die Besonderheit, daß bei Tilgung durch einen der Ehegatten der andere im Außenverhältnis über § 422 I S.1 BGB in gleichem Maße wie der Zahlende entlastet wird. Man könnte daher auf die Idee kommen, wegen des insoweit gegebenen beidseitigen Interesses der Ehegatten an der Schuldentilgung sei die Berücksichtigung gesamtschuldnerischer Verbindlichkeiten bei der Unter-

[246] Soergel/Häberle, § 1578, Rz. 37; in diese Richtung auch Brühl/Göppinger/Strohal, a.a.O., Rz. 372
[247] Soergel/Häberle, § 1578, Rz. 37
[248] OLG Frankfurt am Main FamRZ 1981, 955 f., 956
[249] Soergel/Häberle, § 1578, Rz. 37

haltsbemessung stets geboten[250]. Diese Aussage wäre aber nur dann zu rechtfertigen, wenn bei einer durch einen der Partner erbrachten Zahlung diesem zumindest in Höhe seines Haftungsanteils im Innenverhältnis die Belastung auch verbliebe, denn nur in diesem Fall könnte ein tatsächliches Interesse des anderen Ehegatten an der Schuldentilgung im Zusammenhang mit der Unterhaltsbemessung anerkannt werden. Zur Klärung dieses Problems ist eine getrennte Betrachtung hinsichtlich der Punkte „Bedürftigkeit" und „Leistungsfähigkeit" erforderlich:

Nach § 1577 I BGB mindert sich die Unterhaltsschuld des unterhaltspflichtigen Ehegatten um den Betrag, der dem Berechtigten zu dessen Unterhalt aus eigenen Einkünften und Vermögen zur Verfügung steht[251] - je umfassender daher die Einkommensquellen des Unterhaltsberechtigten, desto geringer sein Unterhaltsanspruch. Abzüge vom Einkommen bzw. Vermögen des Unterhaltsberechtigten im Rahmen der Bedürftigkeit führen also zu einer Erhöhung seines Unterhaltsanspruches. Damit trägt bei Abzug der Verbindlichkeiten vom Einkommen des Unterhaltsgläubigers im Rahmen der Bedürftigkeit der Unterhaltsverpflichtete über die damit verbundene Unterhaltserhöhung die mit der Gesamtschuld verbundenen Belastung trotz Tilgung durch den anderen Ehepartner in voller Höhe. Das Unterhaltsrecht führt somit dazu, daß die Begleichung der Gesamtschuld durch den einen Ehepartner keineswegs zwangsläufig auch die Entlastung des anderen Partners zur Folge hat.

Dies soll ein kurzes Beispiel verdeutlichen:

Ein Ehepaar ist mit gesamtschuldnerischen Verbindlichkeiten von monatlich 1 000 DM belastet, wobei nach dem Innenverhältnis alleinige Haftung der Ehefrau besteht. Ist nun die Ehefrau unterhaltsberechtigt und tilgt sie die gesamte Summe von 1 000 DM im Monat, so erhöht sich bei Einbeziehung dieser Tilgung in die Unterhaltsberechnung über die Bedürftigkeit ihr Unterhaltsanspruch um monatlich 1 000 DM. Praktisch ist also allein der Mann mit der Schuldentilgung effektiv belastet. Nach der Vereinbarung im Innenverhältnis soll dieser aber von der Haftung freigestellt werden.

Zwar ist der Unterhaltsschuldner wegen § 421 S. 1 BGB nie davor gefeit, daß sich der Gläubiger mit der Einforderung der gesamten Summe direkt an ihn wendet. In diesem Fall bleibt dem Ehemann gegen seine Frau aber - anders als bei der eben angesprochenen Fallkonstellation - der Ausgleichsanspruch aus § 426 BGB. Nur wenn dieser Anspruch nicht realisierbar ist, kommt man in beiden Fällen zu dem gleichen Ergebnis.

Hinsichtlich der Leistungsfähigkeit ist zu unterscheiden: Wird die volle Leistungsfähigkeit durch die vom Unterhaltsschuldner vorgenommene Tilgung der Verbindlichkeiten nicht be-

---

[250] dies wird für die Bedürftigkeit vertreten von Brühl/Göppinger/Strohal, a.a.O., Rz. 316; AG Pinneberg FamRZ 1989, 391 ff.

[251] Palandt/Diederichsen, § 1577, Rz. 2

einträchtigt, gilt allein § 1578 BGB. Erst wenn die Leistungsfähigkeit eingeschränkt ist, erfolgt mit Hilfe des § 1581 BGB eine stufenweise Unterhaltsbemessung.

Im ersten Fall ist der Unterhaltsberechtigte an der Tilgung der gesamtschuldnerischen Verbindlichkeit - trotz der Berücksichtigung im Rahmen der Leistungsfähigkeit - überhaupt nicht beteiligt, obwohl er im Außenverhältnis nach § 422 I S. 1 BGB ebenso befreit wird wie sein leistender Partner.

Im zweiten Fall kommt man durch die stufenweise Berücksichtigung unter Billigkeitsgesichspunkten je nach konkreter Konstellation zu unterschiedlichen Ergebnissen.

Es zeigt sich also, daß die Haftungsfreistellung im Außenverhältnis kein geeignetes Abgrenzungskriterium bezüglich der Berücksichtigungswürdigkeit gesamtschuldnerischer Verbindlichkeiten darstellt, zumal sie über den Haftungsanteil im Innenverhältnis keinerlei Aussage trifft. Entscheidend sein können auch in bezug auf gesamtschuldnerisch eingegangene Verpflichtungen deshalb allein die oben angeführten Kriterien. Es ist somit vor allem darauf abzustellen, ob die *Aufnahme* der Verbindlichkeiten im gemeinsamen Interesse der Ehegatten stand, nicht ob dies bezüglich der *Tilgung* der Fall ist.

3.1.3.3 Rechtsfolgen einer Berücksichtigung gesamtschuldnerischer Verbindlichkeiten bei Berechnung des Unterhalts

Solange und soweit die Berücksichtigung der von einem Ehegatten allein oder überwiegend geleisteten Schuldentilgung über die Unterhaltsberechnung durchgeführt wird - sei es als Einkommensabzug beim Tilgenden, sei es bei der Unterhaltsbemessung oder als Herabsetzung des ohne die Schulden errechneten Unterhaltsanspruches -[252], kann wegen dieser Tilgungsbeträge kein Ausgleich gemäß § 426 BGB verlangt werden[253]. Dabei ist es jedoch nicht so, daß die Differenz in der Unterhaltshöhe betragsmäßig gezwungenermaßen dem Haftungsanteil entspricht[254].

---

[252] Johannsen/Henrich/Jaeger, Vor § 1372, Rz. 24

[253] Johannsen/Henrich/Jaeger, Vor § 1372, Rz. 24; OLG Hamm FamRZ 1989, 511 (Leitsatz); Nickl, NJW 1991, 3124 ff., 3124; wie bereits oben erwähnt wurde liegt nach der Rechtsprechung (vgl. OLG München FamRZ 1996, 291 f., 292; OLG Köln FamRZ 1995, 1149 ff., 1150; FamRZ 1994, 961 f., 962; FamRZ 1991, 1192 ff., 1193 f.) in der Einbeziehung gesamtschuldnerischer Verbindlichkeiten in die Berechnung des Unterhaltsanspruches eine „anderweitige Bestimmung" im Sinne des § 426 I BGB.

[254] in diese Richtung auch Johannsen/Henrich/Jaeger, Vor § 1372, Rz. 25

Um diese Aussage zu verdeutlichen, soll zunächst kurz allgemein auf die Berechnung des Unterhalts eingegangen werden:

Zu Beginn der Festlegung des eheangemessenen Bedarfs (§ 1361 I S. 1 1. HS BGB bzw. § 1578 I S. 1 BGB) steht die Ermittlung des Gesamteinkommens durch Hinzurechnen oder Ausscheiden all dessen, was die ehelichen Lebensverhältnisse einerseits geprägt, andererseits nicht mitbestimmt hat[255]. Zunächst kann davon ausgegangen werden, daß mangels entgegenstehender Anhaltspunkte während des Zusammenlebens jeder Ehegatte an den Einkünften hälftig beteiligt war[256]. Dieser sogenannte Halbteilungsgrundsatz wird den Verhältnissen aber nur gerecht, soweit die Ehegatten in gleicher Weise am ehelichen Lebensstandard teilgenommen haben[257]. Als Dogma ist er abzulehnen[258]. Er wird deshalb von der Rechtsprechung zu Recht jedenfalls der Sache nach eingeschränkt. Interessant ist insoweit vor allem der Abzug eines Erwerbstätigenbonusses: Schon bei Bestimmung des unterhaltspflichtigen (eheangemessenen) Einkommens wird dem erwerbstätigen Unterhaltsschuldner unter Berücksichtigung des durch die Ausübung seiner beruflichen Tätigkeit gewöhnlich höheren Aufwands und als Anreiz zur Erwerbstätigkeit eine höhere Bedarfsquote als dem nicht erwerbstätigen Ehegatten zugebilligt[259]. Dabei hat sich in der Praxis die Düsseldorfer Tabelle[260] mit einer Aufteilung des in der Ehe erzielten bereinigten Nettoeinkommens und damit des die ehelichen Lebensverhältnisse bestimmenden Bedarfs im Verhältnis von 4/7 zu 3/7 durchgesetzt[261]. Beachtet werden muß, daß der Erwerbstätigenbonus nur von Erwerbs-, nicht von sonstigen Einkünften abgezogen wird[262], und die Quotierung erst nach Bereinigung des Nettoeinkommens, also unter Vorwegabzug anderweitiger Zahlungsverpflichtungen, erfolgt[263]. Selbstverständlich wird auch dem Unterhaltsberechtigten der berufsbedingte Mehraufwand zugebilligt, soweit dieser seinerseits eine berufliche Tätigkeit ausübt, so daß diesem ebenfalls ein entsprechender Teil seiner Einkünfte anrechnungsfrei verbleibt[264]. Aus dem oben Gesagten ergibt sich folgende Formel:

---

[255] Palandt/Diederichsen, § 1578, Rz. 19

[256] Palandt/Diederichsen, § 1578, Rz. 19; BGH NJW 1982, 41 ff., 42; Hampel, Aktuelle Fragen zur Bemessung des nachehelichen Unterhalts, FamRZ 1989, 113 ff., 114

[257] Palandt/Diederichsen, § 1578, Rz. 20

[258] so Palandt/Diederichsen, § 1578, Rz. 20; anders die inzwischen überholte Entscheidung das OLG Hamm FamRZ 1989, 742 ff. (1. Leitsatz)

[259] Palandt/Diederichsen, § 1578, Rz. 21; BGH NJW 1988, 2369 ff., 2371

[260] NJW 1988, 2352

[261] Palandt/Diederichsen, § 1578, Rz. 21; BGH FamRZ 1991, 1414 f., 1414; BGH FamRZ 1988, 265 ff., 267 mit Anm. Ewers

[262] Palandt/Diederichsen, § 1578, Rz. 19; BGH FamRZ 1991, 1163 ff., 1166

[263] Palandt/Diederichsen, § 1578, Rz. 21; OLG Karlsruhe FamRZ 1992, 1438; das ist nur hinsichtlich des Vorwegabzugs des Kindesunterhalts streitig.

[264] Palandt/Diederichsen, § 1578, Rz. 21; BGH FamRZ 1990, 1090 f., 1091; BGH FamRZ 1991, 304 ff., 305; BGH NJW 1988, 2369 ff., 2371

Unterhaltshöhe = (das die Ehe prägende Einkommen[265] - Erwerbstätigenbonus in Höhe von 1/7 davon) : 2 - (jetziges Eigeneinkommen des Unterhaltsberechtigten - Erwerbstätigenbonus von 1/7 davon)

Daß es bei Verrechnung der Verbindlichkeit im Rahmen des Unterhalts im Gegensatz zur Geltendmachung des Anspruches aus § 426 BGB zu unterschiedlichen Ergebnissen kommen kann, zeigt folgendes Beispiel:

Der Ehemann (M) bezieht ein bereinigtes Nettoeinkommen von 3 500 DM, seine berücksichtigungswürdigen Schuldaufwendungen betragen 1 000 DM/Monat. Von diesen Verpflichtungen soll M nach dem Innenverhältnis nur die Hälfte tragen. Die unterhaltsberechtigte Ehefrau (F) hat kein Einkommen.

Bleiben die Schuldzahlungen bei der Unterhaltsberechnung unberücksichtigt, schuldet M 1 500 DM ((3 500 DM - 1/7 davon):2) Unterhalt. Darüber hinaus hat er einen Ausgleichsanspruch nach § 426 BGB in Höhe von 500 DM/Monat, so daß seine effektive Belastung 1 000 DM beträgt.

Werden die Zahlungen dagegen bei der Unterhaltsberechnung einbezogen, muß M im Monat ca. 1 071 DM (((3 500 DM - 1 000 DM) - 1/7 davon) : 2) an F abführen.

M steht somit besser, wenn die Gesamtschuld bei der Unterhaltshöhe nicht berücksichtigt wird.

Teilweise wird die Meinung vertreten, eine im Unterhaltsprozeß getroffene Regelung entscheide gleichzeitig endgültig über den Ausgleichsanspruch nach § 426 BGB. In der Berücksichtigung der Schulden im Rahmen der Unterhaltsberechnung liege eine „anderweitige Bestimmung" im Sinne des § 426 BGB, die einem Anspruch aus dieser Vorschrift auch hinsichtlich der sich bei der Unterhaltsberechnung nicht auswirkenden Beträge entgegenstehe[266]. Verspreche sich der Partner, dem nach der internen Vereinbarung zwischen den Ehegatten ein Ausgleichsanspruch zustehe, ein besseres Ausgleichsverhältnis außerhalb der Unterhaltsfestsetzung, so müsse er sein (faktisches) Wahlrecht[267] dahin ausüben, daß er die Schuldentilgungsbeträge im Unterhaltsverfahren nicht geltend mache und einen isolierten Schuldenausgleich verlange[268].

---

[265] d.h. Addition des Erwerbseinkommens sowohl des Unterhaltsberechtigten als auch des -verpflichteten

[266] so z.B. Graba, Das Familienheim beim Scheitern der Ehe, NJW 1987, 1721 ff., 1727; so auch OLG Düsseldorf FamRZ 1987, 705 f., 706; Haussleiter, a.a.O., Rz. 173, 175

[267] OLG Düsseldorf, a.a.O., 706

[268] Johannsen/Henrich/Jaeger, Vor § 1372, Rz. 24

Warum die Unterhaltsregelung eine „anderweitige“ Bestimmung auch hinsichtlich der betragsmäßig nicht berücksichtigten Beträge darstellen soll, ist jedoch nicht einzusehen - und wird im übrigen von den Vertretern dieser Meinung nicht begründet. Denn wenn sich eine andere Bestimmung der Haftungsanteile im Rahmen des § 426 BGB auch aus den tatsächlichen Umständen ergeben kann, so doch nur insoweit, als daraus ein entsprechender (stillschweigender) Willensentschluß der Parteien gefolgert werden muß. Es ist jedoch nicht anzunehmen, daß der Ehegatte, der die Tilgung der Verpflichtung im Rahmen der Unterhaltsbemessung geltend macht, durch diese Vorgehensweise gleichzeitig auf einen darüber hinausgehenden Ausgleichsanspruch verzichten möchte. Das würde auch zu dem unsinnigen Ergebnis führen, daß derjenige, der ohne die nach der oben genannten Ansicht gegebenen Rechtsfolgen zu bedenken, die Schuldentilgung im Unterhaltsprozeß zur Sprache bringt und das „Pech“ hat, daß diese berücksichtigungswürdig sind, häufig schlechter stünde als der, dessen Verbindlichkeiten „nicht würdig genug“ sind und der sich deshalb auf den Anspruch aus § 426 BGB verweisen lassen müßte. Auch im Gesetz - insbesondere bei den Unterhaltsansprüchen - findet eine solche Ansicht keine Stütze. Anderer Meinung ist in bezug auf den Trennungsunterhalt insoweit Jung[269], der in dem durch die Quotierung ersparten Anteil des Unterhaltsberechtigten an der Schuldentigung nichts anderes als eine Zuvielleistung zum Unterhalt gem §§ 1361 IV S. 4 i.V.m. 1360 BGB seitens des Unterhaltsverpflichteten sieht. Abgesehen davon, daß dieses Argument von vornherein nur für den Trennungsunterhalt greifen könnte (nach Scheidung kommt § 1360 b BGB nicht mehr zur Anwendung[270]), müßte sich ein darauf gestützter Ausschluß eines Rüchforderungsanspruchs wohl auf die Fälle beschränken, in welchen beide Parteien nicht nur zuvor einvernehmlich die umfassende Berücksichtigung der Verbindlichkeiten im Unterhalt gebilligt haben - wie auch Jung schreibt -, sondern auch zusätzlich in Kenntnis der damit verbundenen - oben beschriebenen - Rechtsfolgen gehandelt haben. Ansonsten wird das Getrenntleben wohl eher gegen die Absicht sprechen, auf einen Ersatz zu verzichten. Liegen die genannten Voraussetzungen vor, wird aber ohnehin von einer „anderweitigen“ Bestimmung i.S.d. § 426 I S. 1 BGB auch bezüglich der nicht einbezogenen Beträge auszugehen sein. Eine „andere Bestimmung“ im Sinne des § 426 I S. 1 BGB ist andernfalls nur insoweit anzunehmen, als die Zins- und Tilgungsraten sich bei der Unterhaltsberechnung auch betragsmäßig ausgewirkt haben, so daß gegebenenfalls noch Ausgleichsansprüche verbleiben[271].

---

[269] Jung, a.a.O., S. 150 f.

[270] so auch Jung, a.a.O., S. 179

[271] so wohl auch Palandt/Diederichsen, § 1372, Rz. 7; OLG Köln FamRZ 1991, 1192 ff., 1192 (1. Leitsatz); MüKo/Selb, § 426, Rz. 7 a.E. mit dem Argument, daß in der Kürzung des Unterhaltes eines Ehegatten mit Rücksicht auf die Kredittilgung durch den anderen Ehegatten ein Beitrag des Unterhaltsberechtigten zur Tilgung zu sehen sei, der nach § 426 I BGB beachtet werden müsse.

3.1.4 Umstände, bei welchen eine von § 426 I S.1 BGB abweichende Bestimmung anzunehmen ist

Nachdem nun geklärt ist, daß es trotz Berücksichtigung gesamtschuldnerischer Darlehen im Rahmen der Unterhaltsbemessung noch zu Ausgleichsansprüchen der Ehepartner untereinander kommen kann, daß außerdem der Zugewinnausgleich einen solchen Ausgleichsanspruch nicht verdrängt, sondern dessen Ermittlung vielmehr voraussetzt, muß als nächstes ermittelt werden, in welchen Fällen ein Anspruch aus § 426 BGB überhaupt besteht.

Nach dem Wortlaut des § 426 I S. 1 BGB gilt im Innenverhältnis die Grundregel der Haftung zu gleichen Teilen, soweit keine andere Bestimmung getroffen wurde.

An dieser Stelle sollen zunächst einige Umstände angesprochen werden, bei deren Vorliegen eine anderweitige Regelung anzunehmen ist.

3.1.4.1 § 10 I HausratsV

Hierher gehört zunächst § 10 I HausratsV. Trifft der Richter im Rahmen dieser Vorschrift eine Bestimmung, so liegt darin eine „anderweitige Regelung" im Sinne des § 426 I S.1 BGB in Form eines richterlichen Gestaltungsaktes.

Nach der Hausratsverordnung gilt:

Für noch offene[272] gesamtschuldnerische Verbindlichkeiten der Ehegatten, die mit dem Hausrat zusammenhängen, kann der Richter nach § 10 I HausratsV anläßlich der Scheidung (§ 1 I HausratsV) bestimmen, welcher Ehegatte im Innenverhältnis zur Bezahlung der Schuld verpflichtet ist[273], wenn sich die Ehegatten diesbezüglich nicht einigen können (vgl. § 1 I HausratsV). Derartige Schulden sind auch solche aus mit Hausrat zusammenhängenden Anschaf-

---

[272] Fehmel, Hausratsverordnung, § 10, Rz. 1; dagegen kommt eine richterliche Bestimmung nach § 10 I HausratsV nicht in Betracht hinsichtlich der Frage, ob nach der Erfüllung von Hausratsschulden der zahlende Ehegatte einen Teil des Geleisteten von seinem Partner erstattet verlangen kann (vgl. OLG Hamburg, FamRZ 1988, 299 f., 299; MüKo/Müller - Gindullis, § 10 HausratsV, Rz. 2)

[273] so kurz auch Wever, FamRZ 1996, 905 ff., 907

fungsdarlehen[274]. Allerdings kann über § 10 HausratsV keine isolierte Bestimmung hinsichtlich noch offener zur Anschaffung von Hausrat aufgenommener Darlehen erfolgen, sondern stets nur im Rahmen eines sich mit den künftigen Besitz- und Eigentumsverhältnissen an Hausratsgegenständen befassenden Hausratsverfahrens[275].

Maßgeblich für die Regelung ist nach § 2 HausratsV das billige Ermessen. In der Regel wird der Ehegatte, dem nach §§ 8 f. HausratsV der Hausrat übertragen wurde, auch die damit zusammenhängenden Schulden tragen müssen. Fehlt es aber an seiner Leistungsfähigkeit, kann es der Billigkeit entsprechen, den anderen Ehepartner mit den Schulden zu belasten.[276]

Kommt es zu einer derartigen richterlichen Bestimmung, liegt darin eine „anderweitige Regelung" im Sinne des § 426 I S. 1 BGB in Form eines richterlichen Gestaltungsaktes[277].

Beachtet werden muß auch, daß die genannten Vorschriften sinngemäß bereits bei Getrenntleben der Ehegatten auf die Verteilung des Hausrats (§ 1361 a BGB) und auf die Benutzung der Ehewohnung (§ 1361 b BGB) anzuwenden sind (§ 18 a HausratsV).

Das Außenverhältnis bleibt von der richterlichen Bestimmung unberührt[278].

3.1.4.2 Ansatz im Rahmen des Zugewinnausgleiches, der auf eine anderweitige Regelung im Sinne des § 426 I S. 1 BGB schließen läßt

Unter 3.1.2.2. (insbesondere 3.1.2.2.1.) wurde die Frage behandelt, inwieweit die Gesamtschuld vor ihrer Tilgung in die Vermögensbilanz einzustellen ist. Danach ist im Rahmen der Ermittlung des Endvermögens nach dem vereinfachten Verfahren bei jedem Ehegatten der Teil der Schuld als Passivum anzusetzen ist, für den er nach dem Innenverhältnis haftet. Stellt nur einer der Partner die gesamtschuldnerische Verpflichtung in seine Vermögensbilanz ein, so ist dies ein Indiz für eine zwischen den Ehegatten stillschweigend getroffene anderweitige Bestimmung im Sinne des § 426 I S. 1 BGB[279]. Daraus nämlich läßt sich schließen, daß nach

[274] Fehmel, a.a.O., § 10, Rz. 2

[275] BayObLG, FamRZ 1985, 1057 ff., 1058 (=NJW-RR 1986, 6 f., 7)

[276] Zum Ganzen: Haussleiter, a.a.O., Rz. 79; so auch Staudinger/Weinreich, § 10 HausratsV, Rz. 3

[277] vgl. Gernhuber, JZ 1996, 696 ff., 698

[278] eine ohne das Einverständnis des Gläubigers vorgenommene richterliche Neugestaltung des Außenverhältnisses hat - da unzulässig - keine rechtliche Wirkung (so Fehmel, a.a.O., § 10, Rz. 1, 2, 6; vgl. auch MüKo/Müller - Gindullis, § 10 HausratsV, Rz. 2)

[279] so Haussleiter, a.a.O., Rz. 171 a.E., Rz. 480; Wever, FamRZ 1996, 905 ff., 908; ders., a.a.O., Rz. 295; Jung, a.a.O., S. 171; OLG Karlsruhe FamRZ 1991, 1195 (Leitsatz)

dem Willen der Parteien nur dieser eine Ehegatte effektiv mit den gesamtschuldnerischen Verpflichtungen belastet werden soll, weshalb die Schuld bei dem anderen Ehegatten - obwohl die Haftung im Außenverhältnis unverändert bleibt - nicht als Verbindlichkeit in der Vermögensbilanz auftaucht. Dies gilt allerdings nicht, wenn die Aktivierung eines Ausgleichsanspruches in der Vermögensbilanz des zahlenden Ehepartners nur deshalb unterbleibt, weil der Anspruch wegen Leistungsunfähigkeit des anderen Ehegatten wirtschaftlich wertlos ist[280]. Hier nämlich liegt die Annahme nahe, daß der Ehegatte, in dessen Vermögensbilanz die Gesamtschuld in voller Höhe auf der Passivseite auftaucht, damit nicht sein Willen verdeutlichen will, die Haftung in voller Höhe zu übernehmen. Vielmehr muß er wegen der Insolvenz seines Ehepartners befürchten, bei Inanspruchnahme durch den Gläubiger die Belastung voll allein tragen zu müssen. In letzterem Fall sollte der Ehegatte - um der Annahme einer konkludenten Vereinbarung seiner alleinigen Haftung entgegenzuwirken - bei Durchführung des Zugewinnausgleichs deutlich machen, daß er sich den Gesamtschuldnerausgleich offenhalten möchte[281].

3.1.5 Grundsatz der hälftigen Teilung, falls keine anderweitige Regelung i.S.d. § 426 I S.1 BGB vorliegt

Daraus, daß die in § 426 I S. 1 BGB vorgesehene hälftige Haftung nur zur Anwendung kommt, wenn jeglicher abweichender Verteilungsmaßstab fehlt, ergibt sich deren Subsidiarität[282]. In jedem Einzelfall ist vorweg zu klären, ob „nicht ein anderes bestimmt ist“: Der Gesamtschuldner, der eine von § 426 I S. 1 BGB zu seinen Gunsten abweichende Regelung behauptet, trägt die Darlegungs- und Beweislast für die Tatsachen, die die Abweichung rechtfertigen sollen[283].

[280] vgl. dazu OLG Hamm FamRZ 1997, 363

[281] so auch Wever, a.a.O., Rz. 295

[282] so: Palandt/Heinrichs, § 426, Rz. 7; Haussleiter, a.a.O., Rz. 162; im Ergebnis so auch Kotzur, NJW 1989, 817 ff., 818; OLG Hamm FamRZ 1993, 710 f., 710; OLG Köln FamRZ 1992, 318 f., 318; MüKo/Selb, § 426, Rz. 6;

[283] so: Palandt/Heinrichs, § 426, Rz. 7; Haussleiter, a.a.O., Rz. 162; Gernhuber, JZ 1996, 696 ff., 698; im Ergebnis so auch Kotzur, NJW 1989, 817 ff., 818; OLG Hamm FamRZ 1993, 710 f., 710; Einzelheiten zur Beweisführung: Nickl, NJW 1991, 3124 ff., 3125; für das Vorliegen einer Haftungsvereinbarung während intakter Ehe will Jung (a.a.O., S. 72 ff.) - anders als nach Trennung und Scheidung (a.a.O., S. 195) - die Beweislast umkehren; demnach soll denjenigen die Beweislast treffen, der sich auf das Bestehen eines Ausgleichsanspruches nach § 426 I S. 1 BGB beruft (a.a.O., S. 75). Dabei übersieht er jedoch, daß das von ihm als Argument angeführte Ein-

Nach der Rechtsprechung kann sich ein von der Halbteilung abweichender Verteilungsmaßstab aus dem Gesetz, einer ausdrücklich oder stillschweigend getroffenen Vereinbarung, aus dem Inhalt und Zweck eines zwischen den Schuldnern bestehenden Rechtsverhältnisses oder aus der Natur der Sache, mithin der besonderen Gestaltung des tatsächlichen Geschehens ergeben[284]. Hinsichtlich der Punkte „Gesetz“ und „Vereinbarung“ hat die Ansicht des BGH breite Zustimmung gefunden. Dagegen werden die letzten beiden Kriterien von einigen Autoren[285] zu Recht angegriffen. Zwar ist § 426 I S. 1 BGB dispositiv. Auch eine solche Rechtsnorm kann durch eine anderweitige Bestimmung jedoch nur außer Kraft gesetzt werden, wenn der Bestimmung Rechtscharakter zukommt. In „Inhalt und Zweck eines (schon) bestehenden Rechtsverhältnisses“ kann keine selbständige Rechtsgrundlage für eine anderweitige Bestimmung gesehen werden. Vielmehr heben diese Beurteilungselemente nur die ohnehin selbstverständliche Notwendigkeit hervor, den Inhalt des zwischen den Gesamtschuldnern begründeten Rechtsverhältnisses durch Auslegung der zugrundeliegenden Normen oder Vereinbarungen sachgerecht zu beurteilen. Das gleiche gilt hinsichtlich der „Natur der Sache“ und der „besonderen Gestaltung des tatsächlichen Geschehens“.[286]

Danach gilt: Maßgeblich sind jeweils die konkreten Umstände des Einzelfalles. Auf dieser Grundlage muß in erster Linie nach einer Übereinkunft der Eheleute bezüglich der Ausgleichspflicht gesucht werden. Diese Vereinbarung braucht nicht ausdrücklich geschlossen worden sein, sie wird regelmäßig als „stillschweigend“ vereinbart den tatsächlichen Umständen entnommen[287]. Je nach konkreter Ausgestaltung kann der Ausgleichsanspruch auf einen Anteil oder vollen Ersatz gerichtet sein, oder aber auch ganz entfallen[288].

Freilich ist es nicht ganz unproblematisch, allein aus der Gestaltung der tatsächlichen Umstände eine zwischen den Ehegatten stillschweigend getroffene Vereinbarung zu folgern.

---

greifen des Anscheinsbeweises bei typischen Geschehensabläufen nur eine Beweiserleichterung für die beweisbelastete Partei darstellt, nicht aber zu einer Umkehr der Beweislast führt.

[284] so z.B. BGH BGHZ 77, 55 ff., 58; BGH FamRZ 1986, 881 ff., 882; BGH NJW 1988, 133 ff., 134; BGH FamRZ 1988, 596 f., 597; BGH NJW 1967, 1275 ff., 1278; OLG Köln FamRZ 1992, 318 f., 318; auch MüKo/Selb, § 426, Rz. 6; Schwab, a.a.O., Rz. 98

[285] so z.B. Gernhuber, JZ 1996, 696 ff., 698 f.; Johannsen/Henrich/Jaeger, Vor § 1372, Rz. 14; auch das OLG Hamm (FamRZ 1993, 710 f.) ist der Ansicht, daß sich eine Regelung der Haftungsanteile nur aus einem Vertrag oder dem Gesetz ergeben kann; Hausmann (a.a.O., S. 528) läßt zusätzlich „Inhalt und Zweck des bestehenden Rechtsverhältnisses“ gelten und weicht nur bezüglich der „tatsächlichen Verhältnisse“ von der BGH-Meinung ab; ausführlich setzt sich Jung, a.a.O., mit der Kritik sowohl an dem Kriterium „Natur der Sache“ (S. 40 ff.) als auch „Inhalt und Zweck eines bestehenden Rechtsverhältnisses“ (S. 48 ff.) auseinander.

[286] so Gernhuber, JZ 1996, 696 ff., 698 f.; Johannsen/Henrich/Jaeger, Vor § 1372, Rz. 14

[287] Haussleiter, a.a.O., Rz. 163

[288] Palandt/Heinrichs, § 426, Rz. 7; MüKo/Selb, § 426, Rz. 6

Schließlich ist es ohne weiteres denkbar, daß die Ehegatten - insbesondere bei intakter Ehe, in deren Zeitraum die Mehrzahl der gesamtschuldnerischen Kreditaufnahmen fallen wird - aufgrund des gegenseitigen Vertrauens auf eine Regelung des Innenausgleichs vollständig verzichtet haben[289]. So wird die unsaubere dogmatische Prüfung des BGH nicht ganz zu Unrecht kritisiert[290]. Wie so oft kann man sich des Eindrucks nicht erwehren, daß der BGH vor der Subsumtion des Sachverhaltes unter die jeweiligen Tatbestandsmerkmale zunächst das von ihm angestrebte Ergebnis festlegt und dann „auf dem Weg dorthin" problematische Punkte lieber übergeht. Das ändert jedoch nichts daran, daß das vom BGH gefundene Ergebnis - wie so oft - durchaus billigenswert ist[291]. Die weiteren Ausführungen werden dies noch verdeutlichen.

Vorweg jedoch schon soviel: Eine konkludente Einigung der Parteien zu verneinen, hieße dem Halbteilungsgrundsatz des § 426 I BGB Geltung zu verschaffen. Dann müßte aber auch ein einkommens- und vermögensloser Partner in bezug auf die keine Unterhaltsleistungen - diesbezüglich greift § 1360 b BGB ein - darstellenden Verbindlichkeiten im Innenverhältnis regelmäßig die Hälfte der Belastung tragen. Wie aber soll der nach der durch die Ehegatten gemeinsam gewählten Aufgabenverteilung „einkommenslos gehaltene" Ehegatte während der Partnerschaft die dafür erforderlichen finanziellen Mittel aufbringen ? Nach der Trennung ergeben sich diesbezüglich weniger Probleme: Hier fehlt zum einen der „emotionale Zwang", sich der gemeinsam festgelegten Aufgabenverteilung zu unterwerfen und daher eine Berufsausübung zu unterlassen. Zum anderen besteht in der Regel ein Unterhaltsanspruch, wenn tatsächlich die während des Bestehens der Lebensgemeinschaft gewählte Aufgabenverteilung auch danach jegliche zumutbare Mittelbeschaffung verhindert. In diesem Fall wird die Verpflichtung regelmäßig bei der Bedürftigkeit Berücksichtigung finden. In Extremfällen - etwa bei Verzicht auf den Unterhaltsanspruch (vgl. § 1585 c BGB) - hilft eine Anwendung des § 242 BGB.

Daß der einkommens- und vermögenslose Ehegatte während des Bestehens einer intakten Beziehung einen Teil der finanziellen Belastungen zu tragen hätte, wird von niemandem vertreten. Gesucht wird lediglich nach von der Begründung des BGH abweichenden Wegen, um dessen - nicht nur in Hinblick auf den genannten Extremfall der Alleinverdienerehe - begrüßenswertes Ergebnis zu stützen. Gernhuber etwa behilft sich mit der Annahme eines Kooperationsvertrages, den er offensichtlich die Ehegatten in Hinblick auf jede einzelne gesamtschuldnerisch aufgenommene Verbindlichkeit erneut abschließen lassen möchte[292]. Die dafür erforderliche Einigung entnimmt er allerdings ähnlich dem BGH den tatsächlich praktizierten

[289] so auch Gernhuber, JZ 1996, 696 ff., 700

[290] vgl. oben und insbesondere Gernhuber, JZ 1996, 696 ff., 698 f.

[291] auch Wever, a.a.O., Rz. 244 hält die Ansicht des BGH zwar für methodisch angreifbar. Im Ergebnis sei sie aber zustimmungswürdig, weil sie die Entwicklung von einzelfallbezogenen Lösungen erlaube.

[292] Gernhuber, Der Gesamtschuldnerausgleich unter Ehegatten - Teil 2, JZ 1996, 765 ff., 769 f.,772

ehelichen Verhältnissen[293]. Auch bei der Ansicht Gernhubers ergibt sich somit das Problem des Rückschlusses vom Vorliegen tatsächlicher Umstände auf die Annahme stillschweigender Willenserklärungen. Die von Gernhuber[294] zuvor kritisierte Gefahr „mehr oder minder willkürlicher Annahmen" oder gar „Fiktionen" scheint daher durch das Abstellen auf einen Kooperationsvertrag wenig gemindert.

Vorzugswürdig ist daher folgende Lösung: *Eine* konkrete Einigung wird zwischen allen Ehegatten ohne Ausnahme - und sei es auch nur konkludent - getroffen werden: diejenige bezüglich der Aufgabenverteilung während der Ehe (vgl. §§ 1356, 1360 BGB). Ändern sich die Lebensumstände während des ehelichen Zusammenlebens, wird diese Änderung von einer erneuten Einigung zwischen den Partnern mit dem beschriebenen Inhalt begleitet werden.

Haben sich die Parteien dabei zum Beispiel auf die Führung einer Alleinverdienerehe geeinigt, so muß beiden klar und von ihnen auch gewollt sein, daß der den Haushalt führende Teil - soweit er nicht bereits Vermögen mit in die Ehe bringt - mittellos bleiben wird[295]. Im Güterstand der Zugewinngemeinschaft nämlich kommt es - anders als im Rahmen einer Gütergemeinschaft - nicht zu einer Verbindung der Vermögensmassen der beiden Ehepartner (vgl. § 1363 II S. 1 BGB), sondern es handelt sich lediglich um eine Art Gütertrennung mit Zugewinnausgleich. Es ist daher davon auszugehen, daß sich beide Ehepartner darüber im klaren sind und auch wollen, daß der den Haushalt führende während der Partnerschaft an finanziellen Belastungen irgendwelcher Art nicht teilhaben solle. Geht der verdienende Teil daher Verbindlichkeiten ein - auch solche, die allein im Interesse seines Partners liegen - muß er sich des Umstands bewußt sein, daß er diese - zumindest während des Bestehens einer intakten Beziehung - alleine bedienen muß. Es geht auch nicht an, den haushaltsführenden Ehegatten mit den während der Partnerschaft entstandenen Aufwendungen nachträglich - das heißt nach Ende der Beziehung - zu belasten. Denn nach dem gemeinsamen Willen der Ehegatten hatte dieser im Gegenzug zu allen von seinem Partner übernommenen finanziellen Leistungen die Haushaltsführung übernommen und dies sollte nach dem Willen der Parteien dessen Beitrag für die Zeit der ehelichen Lebensgemeinschaft sein und bleiben (vgl. auch § 1360 S. 2 BGB).

In gleichem Maße kann auch sonst aus der bezüglich der Lebensverhältnisse der Ehepartner getroffenen Einigung auf die beabsichtigte Verteilung der finanziellen Belastungen geschlossen werden, ohne daß es sich hier um eine fiktive Annahme handeln würde. Entscheiden sich die Partner für die Eheform der Doppelverdienerehe, kann davon ausgegangen werden, daß sich beide im Rahmen ihrer Möglichkeiten an den finanziellen Lasten zu beteiligen gedenken.

---

[293] Gernhuber, JZ 1996, 765 ff., 770

[294] Gernhuber, JZ 1996, 765 ff., .,769

[295] zu dem gleichen Ergebnis kommt Jung, a.a.O., S.64 auf geringfügig anderem Weg: durch die Wahl einer aufgabenteiligen Alleinverdienerehe werde der Inhalt der jeweils im Rahmen jeder Kreditaufnahme (vgl. S. 59) getroffenen stillschweigenden Haftungsvereinbarung vorbestimmt.

Sind dabei die Einkünfte stark unterschiedlich, wird in der Regel der weniger vermögende Ehegatte nach dem übereinstimmenden Willen der Parteien durch vermehrte Leistung im Haushalt die größere Belastung des anderen in bezug auf die Bedienung der Schulden ausgleichen.

Somit ergeben sich je nach Fallkonstellation für die Innenhaftung der Ehepartner ganz unterschiedliche Lösungen. Im folgenden soll deshalb auf die verschiedenen Fallgruppen und die sich daraus ergebenden Folgen hinsichtlich des Innenverhältnisses der Gesamtschuldner eingegangen werden. Betrachtet man die einzelnen Fälle, so wird schnell klar, daß - zumindest bei der Alleinverdienerehe - der Zeitpunkt der Leistungen, für die ein Ausgleich verlangt wird, eine ganz entscheidende Rolle spielt. In diesem Zusammenhang ist für die Frage der internen Haftungsverteilung zunächst danach zu differenzieren, ob es sich um während intakter Ehe geleistete Zahlungen oder um solche nach Trennung der Ehegatten handelt.

3.1.5.1 Allgemeines zu Leistungen, die während intakter Ehe erfolgt sind

Im folgenden soll nun untersucht werden, ob sich im Hinblick auf den Leistungszeitpunkt allgemeingültige Aussagen bezüglich der Ausgleichspflicht treffen lassen. Beginnen wir mit Leistungen, die während der intakten Partnerschaft erfolgt sind:

Wie bereits angesprochen wurde, liegt es für die Zeit bis zum Scheitern der Ehe nahe, die interne Haftung der Ehegatten für die Darlehensschulden nach der jeweiligen Ausgestaltung der ehelichen Lebensverhältnisse zu beurteilen[296]. Insoweit nämlich kann davon ausgegangen werden, daß die Ehegatten stillschweigend eine der tatsächlichen Handhabung entsprechende interne Haftungsvereinbarung getroffen haben[297].

Verfügt in einer intakten Partnerschaft nur einer der Ehegatten über eigenes Einkommen, während der andere die Haushaltsführung übernimmt, soll üblicherweise der verdienende Teil die finanziellen Verpflichtungen auch dann alleine tragen, wenn sie dem gemeinschaftlichen Vermögenserwerb dienen[298]. Die finanziellen Leistungen des einen und die Haushaltstätigkeit

---

[296] so auch BGH JZ 1983, 852 ff., 854

[297] so auch Johannsen/Henrich/Jaeger, Vor § 1372, Rz. 17, 21, der allerdings entgegen der hier vertretenen Ansicht von einer Vereinbarung jeweils bei Eingehung der Verbindlichkeit ausgeht.

[298] so im Ergebnis auch Kotzur, NJW 1989, 819; OLG Hamm FamRZ 1993, 710 f., 710; Erman/Westermann, § 426, Rz. 17 a

des anderen Teils stellen nach Meinung des BGH[299] gleichwertige Beiträge zur ehelichen Lebensgemeinschaft dar (vgl. §§ 1360 S. 2, 1606 III S. 2 BGB); die Ehegatten wollten damit in der Regel zum Ausdruck bringen, daß jeder in gleichem Maße zu den Kosten beigetragen habe. Das gelte auch dann, wenn die gemeinschaftliche Verpflichtung dem gemeinsamen Vermögenserwerb gedient habe[300]. Entschieden hat das der BGH vor allem bezüglich der die Ehewohnung betreffenden Zins- und Tilgungsleistungen[301]. Bei der Haushaltsführungsehe - immer vorausgesetzt der andere Ehegatte hat aus anderen Erwerbsquellen höchstens unwesentliche Einkünfte - kann aber allgemein von einer stillschweigenden Vereinbarung im oben genannten Sinne ausgegangen werden[302]. Das ergibt sich aus der Formulierung „ in der Regel" des § 1360 S. 2 BGB. Damit kommt bei der Alleinverdienerehe ein Ausgleichsanspruch wegen der während der intakten Ehe erbrachten finanziellen Mehrleistungen grundsätzlich nicht in Betracht[303].

Bei Doppel- bzw. Zuverdienerehen bietet sich eine andere Betrachtungsweise an: Verfügen beide Partner über Erwerbseinkommen oder anderweitiges Vermögen und tilgt vor Scheitern der Ehe dennoch nur einer von ihnen Schulden hinsichtlich eines gemeinschaftlich erworbenen Gegenstands, richtet sich laut BGH[304] der interne Haftungsmaßstab ebenfalls nach den konkreten Umständen der Ehe; ein Ausgleichsanspruch selbst für diesen Zeitraum sei danach jedoch nicht von vornherein ausgeschlossen. In diesem Fall kann es den ehelichen Verhältnissen entsprechen, daß im Innenverhältnis den Ehegatten die Verbindlichkeiten im Verhältnis ihrer Einkünfte oder ihres Vermögens zur Last fallen[305]. Dabei ist, wie Haussleiter[306] zutreffend feststellt, jedoch Vorsicht geboten. Handelt es sich nämlich um die Tilgung einer Schuld, deren Bezahlung als Beitrag zum Familienunterhalt nach § 1360 BGB anzusehen ist, so steht einem Rückgriffsanspruch im Zweifel der nach § 1360 b BGB vermutete Ersatzverzicht entgegen [307]. Diese Vorschrift bezweckt einen weitgehenden Ausschluß solcher Ersatzansprüche,

---

[299] BGH NJW 1983, 1845 ff., 1846 (=JZ 1983, 852 ff., 854); BGH FamRZ 1984, 29 ff., 30; BGH FamRZ 1986, 881 ff., 882

[300] BGH FamRZ 1989, 264 f., 265

[301] BGH NJW 1983, 1845 ff.(=JZ 1983, 852 ff.); BGH FamRZ 1984, 29 ff.; BGH FamRZ 1986, 881 ff.

[302] so auch BGH, a.a.O., 882; wohl auch Kotzur, NJW 1989, 817 ff., 819

[303] BGH FamRZ 1989, 264 f., 265; BGH NJW 1983, 1845 ff., 1846

[304] BGH, a.a.O., 265; auch in BGH NJW 1988, 133 f. wird hinsichtlich der Doppelverdienerehe ein Ausgleichsanspruch auch schon für vor Rechtshängigkeit des Scheidungsantrags geleistete Zahlungen bejaht; in diese Richtung auch Erman/Westermann, § 426, Rz. 17 a

[305] vgl. BGH FamRZ 1988, 264 f., 265; BGH FamRZ 1984, 29 ff., 30; Kleinle, FamRZ 1997, 8 ff., 10

[306] Haussleiter, a.a.O., Rz. 171

[307] so auch Hausmann, a.a.O., S. 524; ähnlich OLG Köln FamRZ 1988, 287 ff. (2. Leitsatz); ist die Reichweite des § 1360 b BGB auch streitig, so ist man sich doch einig, daß sich die Vorschrift nicht auf Leistungen erstreckt, die nicht dem Familienunterhalt dienen, so z.B. die Begleichung von geschäftlichen oder vorehelichen Schulden

die mit unterhaltsrechtlichen Sachverhalten im Zusammenhang stehen; daher sind Regreßansprüche - soweit die Vermutung des § 1360 b BGB eingreift - aus jedem rechtlichen Gesichtspunkt ausgeschlossen[308]. Das gilt nicht nur in Hinblick auf den vor allem während der Partnerschaft zu wahrenden Familienfrieden, sondern auch nach der Trennung im Interesse der Rechtssicherheit[309]. Über § 1361 IV S.4 BGB findet die Norm auch bei Getrenntleben der Ehegatten Anwendung, Leistungen unter Geschiedenen erfaßt er dagegen nicht[310]. Die Vermutung fehlender Erstattungsabsicht greift jedoch allein dann ein, wenn es sich um Leistungen „zum Unterhalt der Familie" handelt. Nach dem Zweck der Regelung liegt § 1360 b BGB im Vergleich zu den §§ 1360, 1360 a, 1361 BGB ein erweiterter Unterhaltsbegriff zugrunde. § 1360 b BGB greift demnach ein, wenn die Beiträge eines der Ehegatten über den nach den genannten Vorschriften geschuldeten Unterhalt hinausgehen, sich aber ihrem Charakter nach als Familienunterhalt darstellen[311]. Gleichgültig ist dabei, ob es sich um laufende oder einmalige Beiträge handelt, oder in welcher Form diese erbracht werden. So kann die Eingehung einer Verbindlichkeit davon gleichermaßen erfaßt werden wie deren Begleichung[312]. Zu beachten ist allerdings, daß bei Bezahlung vorehelicher oder geschäftlicher Schulden ebensowenig eine Unterhaltsleistung gegeben ist wie bei Leistungen im Zusammenhang mit der Gründung oder Erhaltung eines vom anderen Ehegatten betriebenen Geschäfts[313]. Die Vermutung des § 1360 b BGB ist bei Vorliegen eines Rückforderungswillens widerlegt. Ein geheimer Vorbehalt reicht insoweit allerdings nicht aus. Erforderlich sind zumindest dem anderen Partner erkennbare Indizien für einen solchen Ersatzwillen. Solche können sich zum Beispiel auch aus der ungewöhnlichen Höhe einer einmaligen Leistung ergeben [314]; allgemeine Aussagen lassen sich hier aber nicht treffen, entscheidend bleiben die jeweiligen Umstände des konkreten Einzelfalles. Da über § 1361 IV S. 4 BGB die Vermutung des § 1360 b BGB ausdrücklich auch bei getrennt lebenden Partnern eingreift, kann das Getrenntleben der Ehegatten für sich genommen kein Indiz im oben genannten Sinne darstellen[315]. Gleiches muß dann aber auch gelten, wenn die Leistung kurz vor der Trennung erfolgte[316]. Die weitgehende Lockerung der ehelichen Lebensgemeinschaft - auf deren Bestehen sich die Vermutung gründet - muß jedoch

---

des Ehepartners (vgl. MüKo/Wacke, § 1360 b, Rz. 6 f., der auch Zuschüsse zum Aufbau eines vom Partner betriebenen Geschäfts als nicht vom Tatbestand des § 1360 b BGB erfaßt ansieht; Soergel/Lange, § 1360 b, Rz. 3)

[308] OLG Karlsruhe FamRZ 1990, 744 ff., 745; vgl. Staudinger/Hübner, § 1360 b, Rz. 2, 16

[309] OLG Karlsruhe, a.a.O., 745; Staudinger/Hübner, § 1360 b, Rz. 2; MüKo/Wacke, § 1360 b, Rz. 1

[310] Staudinger/Hübner, § 1360 b, Rz. 6

[311] Staudinger/Hübner, § 1360 b, Rz. 7

[312] vgl. auch Staudinger/Hübner, § 1360 b, Rz. 8

[313] insoweit einhellige Meinung: vgl. etwa Staudinger/Hübner, § 1360 b, Rz. 10; MüKo/Wacke, § 1360 b, Rz. 6; Soergel/Lange, § 1360 a, Rz. 3

[314] vgl. zum Ganzen Staudinger/Hübner, § 1360 b, Rz. 21; MüKo/Wacke, § 1360 b, Rz. 11

[315] Staudinger/Hübner, § 1360 b, Rz. 24; MüKo/Wacke, § 1360 b, Rz. 11

[316] anders angedeutet von Haussleiter, a.a.O., Rz. 171

bei der Gesamtwürdigung der die Leistung begleitenden Umstände gebührend berücksichtigt werden[317].

Ist der entsprechende Rückforderungswille streitig, muß er vom rückfordernden Ehegatten bewiesen werden[318]. Dieser genügt seiner Darlegungspflicht, wenn er über die Tatsache der Zuvielleistung hinaus substantiiert die Umstände vorträgt, aus denen sich - für den Empfänger erkennbar - eine Rückforderungsabsicht ergeben hat[319].

Allerdings wird teilweise auch im Rahmen der Doppel- bzw. Zuverdienerehe in bezug auf während der intakten Partnerschaft erbrachte Leistungen ein umfassender Ausschluß eines diesbezüglichen Ausgleichs befürwortet:
So vertritt das OLG Köln[320] auch im Falle der Doppelverdienerehe für die Zeit bis zur Rechtshängigkeit des Scheidungsantrages einen vollständigen Ausschluß des Anspruchs aus § 426 I BGB: bis zu diesem Zeitpunkt stünden dem Ausgleichsanspruch nach § 426 I BGB die Vorschriften über den Zugewinnausgleich entgegen, die eine Ausschließlichkeitsregelung enthielten. Insoweit führten die §§ 1372 ff. BGB zu einem vollständigen und sachgerechtem Ausgleich, so daß für eine Anwendung der Vorschriften über den Gesamtschuldnerausgleich keine Notwendigkeit bestehe.

Dabei übersieht das OLG jedoch, daß - wie unter 3.1.2. ausführlich dargelegt wurde - der Ausgleichsanspruch des § 426 BGB durch den durchzuführenden Zugewinnausgleich gerade nicht verdrängt wird, und zwar auch hinsichtlich der vor Rechtshängigkeit des Scheidungsantrags erbrachten Tilgungsleistungen. Im Gegenteil ist eine richtige Berechnung der beiderseitigen Endvermögen erst möglich, wenn die Beteiligungsquote der gesamtschuldnerisch haftenden Ehegatten im Innenverhältnis feststeht[321].

Ähnlich dem OLG Köln will auch Kleinle[322] selbst für die über § 1360 b BGB hinausgehenden Tilgungsleistungen einen Ausgleich regelmäßig nicht zulassen. Als Begründung führt er an, daß eine andere Betrachtungsweise zu erheblichen praktischen Schwierigkeiten führen könne, da erwerbstätige Ehegatten in den seltensten Fällen gesamtschuldnerische Verbind-

[317] Staudinger/Hübner, § 1360 b, Rz. 24; Erman/Heckelmann, §1360 b, Rz. 1

[318] vgl. Palandt/Diederichsen, § 1360 b, Rz. 3

[319] vgl. auch OLG Karlsruhe FamRZ 1990, 744 ff., 745

[320] OLG Köln FamRZ 1988, 287 ff., 288; ebenso der Ansicht, daß ein Gesamtschuldnerausgleich zwischen den Ehegatten hinsichtlich der Leistungen, die vor Rechtshängigkeit des Scheidungsbegehrens erbracht wurden, ausgeschlossen sei: OLG Celle FamRZ 1985, 710 f., 711

[321] so Kotzur, NJW 1989, 817 ff., 817; BGH NJW 1988, 133 f.; BGH FamRZ 1988, 920 f., 921

[322] Kleinle, FamRZ 1997, 8 ff., 10; auch Jung (a.a.O., S. 69 ff.) befürwortet für während intakter Ehe erbrachte Leistungen den Ausschluß eines Gesamtschuldnerausgleichs; dabei argumentiert er vor allem mit dem Charakter der Ehe als Schicksals- und Risikogemeinschaft.

lichkeiten entsprechend der Quote ihrer Einkünfte getilgt hätten. Auch anderweitige Zahlungen müsse man daher entsprechend § 1360 b BGB behandeln oder davon ausgehen, daß bei nicht einkommensteiliger Tilgung durch die einverständlich geübte Praxis eine stillschweigende Abrede über die Nichtrückforderbarkeit der überschüssigen Leistungen zustande gekommen sei.

Die von Kleinle angeführte Begründung greift jedoch desgleichen nicht: Eine analoge Anwendung des § 1360 b BGB scheitert bereits daran, daß sich diese Vorschrift bewußt nur auf Unterhaltsleistungen bezieht, so daß es an einer ungewollten Regelungslücke fehlt. Die Mutmaßung einer stillschweigenden Abrede der umfassenden Nichtrückforderbarkeit würde zu einer nicht hinnehmbaren Überstrapazierung der Annahme von zwischen den Ehegatten getroffenen stillschweigenden Vereinbarungen führen. Aus der hinsichtlich der Aufgabenverteilung geschlossenen Einigung läßt sich bei einer Mehr- bzw. Doppelverdienerehe der Ausschluß jeglichen Ausgleichsanspruches jedenfalls nicht entnehmen[323]. Dieses Ergebnis mag in der Praxis zu Schwierigkeiten führen, ein anderes läßt sich aber mit dem Gesetz schwerlich vereinbaren.

3.1.5.2 Allgemeines zu nach Trennung geleisteten Zahlungen

Anders - und für die Allein- und Doppelverdienerehe grundsätzlich einheitlich - zu beurteilen, ist die Lage nach Scheitern der Beziehung.

Nach Aufhebung der ehelichen Lebensgemeinschaft sieht der BGH[324] zutreffenderweise an sich keinen Grund mehr für den Partner, dem anderen weitere Vermögensmehrungen zukommen zu lassen: Das Gegenseitigkeitsverhältnis, in dem die beiderseitigen Beiträge zur gemeinsamen Lebensführung stünden, sei aufgehoben, und seit der Trennung bestehe kein gemeinsamer Haushalt mehr, in dem der andere Ehegatte Leistungen erbringen könne, die auch dem allein zahlungsfähigen zugute kämen. Die Pflicht zur Erbringung ehelichen Unterhalts entfalle für die Zukunft mit endgültiger Trennung der Parteien[325].

Im Ergebnis ist der Ansicht des BGH zuzustimmen. Lediglich im Rahmen der dogmatischen Begründung ergeben sich nach der hier vertretenen Ansicht Abweichungen. Die Annahme einer vertraglichen Grundlage der anderweitigen Bestimmung über den internen Haftungsaus-

[323] Auch Wever, a.a.O., Rz. 252 ff. bejaht im Einzelfall eine Ausgleichspflicht, so etwa, wenn es sich um einmalige und dazu außergewöhnlich hohe Zahlungen kurz vor der Trennung handelt. Andernfalls allerdings lehnt er auch in der Doppelverdienerehe einen Ausgleich für während der Partnerschaft erbrachte Leistungen ab: Auch hier erbringe derjenige Partner, der die Schulden nicht bediene, in aller Regel Leistungen, die als gleichwertig anzusehen seien und die es verböten, der Schuldentilgung eine besondere Behandlung zuteil werden zu lassen.

[324] BGH NJW 1983, 1845 ff., 1846; BGH JZ 1983, 852 ff., 854

[325] vgl. auch Gernhuber, JZ 1996, 765 ff., 768

gleich unter gesamtschuldnerisch haftenden Ehegatten führt nämlich etwa nach Ansicht Jaegers dazu[326], daß die Frage, ob und gegebenenfalls wie und ab wann die interne Haftungsverteilung der Ehegatten neu zu regeln sei, nach den Rechtsgrundsätzen über die Änderung oder den Wegfall der Geschäftsgrundlage beantwortet werden muß

Es handle sich dabei um eine nach § 242 BGB zu lösende Aufgabe der Anpassung der früheren Übereinkunft der Ehegatten an die veränderten Umstände nach der Trennung. Da die Vereinbarung (mangels anderer tatsächlicher Anhaltspunkte) durch die eheliche Lebensgemeinschaft motiviert gewesen sei und zugleich ihrer individuellen Ausgestaltung gedient habe, komme ein Wegfall der Geschäftsgrundlage frühestens ab der Trennung in Betracht. Daher könne auch nach der Trennung nicht rückwirkend - abweichend von einer vorherigen (stillschweigenden) Übereinkunft - gemäß § 426 BGB ein Ausgleich wegen der vor der Trennung geleisteten Schuldentilgung beansprucht werden[327].

Desgleichen entnimmt das OLG Hamm[328] in einem Urteil aus dem Jahre 1992 die Abweichung von der anteiligen Haftung des § 426 I S. 1 1. HS. BGB nach Auflösung der ehelichen Lebensgemeinschaft den Grundsätzen des Wegfalls der Geschäftsgrundlage.

In dem zugrundeliegenden Fall stand die Zahlung von Raten eines von den Eheleuten gemeinsam aufgenommenen Darlehens in Frage. Die Darlehensmittel wurden während des Zusammenlebens der Parteien für Reisen, Umzüge und die Anschaffung von Kleidung, Hausrat und Kraftfahrzeugen verbraucht, die - soweit bei Auflösung der Ehe noch vorhanden - beim Ehemann verblieben. Vermögen war mit Hilfe der Darlehensvaluta nicht gebildet worden.

Das OLG Hamm hatte entschieden, daß bei der vorliegenden Alleinverdienerehe aufgrund einer den ehelichen Verhältnissen gerecht werdenden Vereinbarung der Ehegatten die Haftungsanteile im Sinne des § 426 I BGB bis zur Trennung dahingehend bestimmt worden seien, daß die Raten für den aufgenommenen Kredit aus dem Einkommen des Ehegatten bestritten werden sollten. Da aber hier die entscheidenden wirtschaftlichen Grundlagen nach Auflösung der Ehe unverändert geblieben seien - weiterhin bezog nur der Ehemann Einkommen - müsse dieser auch künftig für die Kreditraten alleine haften. Zwar sei mit der Auflösung der ehelichen Lebensgemeinschaft eine grundlegende Änderung der Verhältnisse eingetreten, die eine Überprüfung des Ausgleichsmaßstabes nahelege. Bevor auf die Hilfsregel des § 426 BGB zurückgegriffen werden könne, müsse jedoch geprüft werden, welcher Ausgleichsmaßstab nach den geänderten Verhältnissen angemessen sei. Für die Anpassung könne es insbesondere auf die Einkommens- und Vermögensverhältnisse der Parteien, auf die Berücksichtigung von

[326] in Johannsen/Henrich, Vor § 1372, Rz. 22
[327] vgl. BGH FamRZ 1990, 855 ff., 857
[328] OLG Hamm FamRZ 1993, 710 f., 710

Kreditraten bei der Berechnung von Unterhaltsansprüchen, auf Vereinbarungen über die Kredittilgung und den Wert angeschaffter Gegenstände ankommen.

Erforderlich ist dabei natürlich stets, daß die Voraussetzungen des Wegfalls der Geschäftsgrundlage überhaupt vorliegen.

Diesbezüglich ist zunächst zu beachten, daß die Regeln des Wegfalls der Geschäftsgrundlage nur bei Bestehen einer Regelungslücke eingreifen können; erst wenn sich aufgrund anderer Vorschriften oder Vereinbarungen keine halt- bzw. tragbaren Ergebnisse erzielen lassen, ist eine Anwendung der Grundsätze des Wegfalles der Geschäftsgrundlage (§ 242 BGB) gerechtfertigt[329].

Weiter müssen die Parteien bei einem Vertragsschluß vom Vorhandensein oder Eintritt eines bestimmten Umstandes ausgegangen sein. Die aus den tatsächlichen ehelichen Lebensverhältnissen zu entnehmende Haftungsvereinbarung stellt ein Vertragsverhältnis in diesem Sinne dar[330]. Es kann auch angenommen werden, daß beide Ehegatten bei Vereinbarung der Haftungsanteile in der Überzeugung gehandelt haben, ihre Partnerschaft werde auf Dauer bestehen[331]. Dies mag aufgrund der stetig wachsenden Scheidungsrate angezweifelt werden[332]. Nach dem Gesetz wird die Ehe aber immer noch auf Lebenszeit geschlossen (§ 1353 I S. 1 BGB). Würden die Ehepartner von Beginn an mit dem Scheitern ihrer Ehe rechnen, würden sie wohl von einer Eheschließung Abstand nehmen. Zwar kann es durchaus sein, daß aufgrund der Verschlechterung der Beziehungen bei Eingehung der Kreditverbindlichkeit schon eine Trennung zu befürchten war. In der Regel kommt es in dieser Phase der Partnerschaft aber nicht mehr zur Aufnahme eines Darlehens als Gesamtschuldner. Wenn daher im Einzelfall keine Anhaltspunkte für eine gegenteilige Annahme sprechen, kann davon ausgegangen werden, daß beide Partner der Haftungsvereinbarung die Erwartung von der lebenslangen Dauer ihrer Ehe zugrunde legen.

Diese Erwartung ist auch zur Geschäftsgrundlage geworden. Denn hätte der nach dem Innenverhältnis belastete Ehegatte das Scheitern der Ehe ins Auge gefaßt, so hätte er jedenfalls von einer zeitlich unbegrenzten Haftungsvereinbarung abgesehen. Darauf hätte sich der andere Ehepartners einlassen müssen, da die Auflösung der Beziehung weder in den Risikobereich

---

[329] Die geforderte Regelungslücke ist dann gegeben, wenn wegen der bei Vertragsschluß gemeinsam vorausgesetzten, in Wahrheit nicht gegebenen Umstände eine vertragliche Absprache fehlt, eine ergänzende Vertragsauslegung nicht möglich ist, keine Spezialregelung eingreift, ein Anfechtungsrecht nach §§ 119 ff. BGB nicht gegeben ist, die Regeln der Leistungsstörungen nicht zum Zuge kommen und kein Kündigungsrecht besteht (Medicus BR, Rz. 153 ff.).

[330] vgl. dazu Palandt/Heinrichs, § 242, Rz. 114

[331] mit der Frage, ob das Bestehen der Ehe als Geschäftsgrundlage der Haftungsvereinbarung in Betracht kommt, setzt sich Jung, a.a.O., auf S. 87 ff. eingehend auseinander.

[332] so etwa Hausmann, a.a.O., S. 335

der einen noch der anderen Partei fällt; die Trennungsgefahr stellt vielmehr ein jeder Partnerschaft immanentes Risiko dar.

Daß die im Zeitpunkt der Haftungsvereinbarung noch funktionierende Ehe später scheitert und damit auch die bisherigen tatsächlichen Lebensverhältnisse zu Fall bringt, macht für die Parteien ein Festhalten an der ursprünglichen Haftungsvereinbarung - die sich ja gerade an den erwähnten Lebensverhältnissen orientiert hatte - regelmäßig unzumutbar.

Im Regelfall muß also nach dem endgültigen Scheitern der Ehe eine Anpassung der Haftungsvereinbarung an die geänderten Umstände für die Zukunft erfolgen. Eine solche scheidet selbstverständlich aus, wenn trotz der Trennung die ehemaligen Verhältnisse unberührt fortbestehen - was freilich der Ausnahmefall sein wird. Auch kann es vorkommen, daß sich zwar die Umstände ändern, daß aber auch unter den veränderten Umständen ein Festhalten an der ehemaligen Haftungsvereinbarung durchaus zumutbar ist. Daß die Vertragsanpassung ex nunc erfolgt, bedeutet gleichzeitig, daß sich aus der angepaßten Vereinbarung Rückforderungsansprüche für während der Partnerschaft geleistete Tilgungsraten nicht herleiten lassen.

Mit den Grundsätzen des Wegfalls der Geschäftsgrundlage lassen sich also an jeden Einzelfall angepaßte, gerechte (§ 242 BGB) Ergebnisse erzielen. Die erhebliche Flexibilität ist der große Vorteil dieses Rechtsinstitutes.

Zwar kommt auch der BGH zu billigen Ergebnissen, wenn er bemerkt, nach der Trennung bestehe für die Partner kein Grund mehr, sich gegenseitig Vermögensmehrungen zukommen zu lassen und die Haftungsverteilung nach dem Innenverhältnis den geänderten Umständen anpaßt[333]. Dem Senat bleibt die Anwendung der Regeln des Wegfalls der Geschäftsgrundlage allerdings versperrt, weil er - wie unter 3.1.5. dargelegt wurde - nicht eine stillschweigend zwischen den Ehegatten geschlossene rechtsgeschäftliche Haftungsvereinbarung (auf die aus den tatsächlichen Lebensverhältnissen geschlossen werden kann) annimmt, sondern den Haftungsmaßstab im Rahmen des § 426 BGB unmittelbar den tatsächlichen Lebensumständen entnimmt. Damit liegt ein Vertragsverhältnis, dessen Geschäftsgrundlage entfallen könnte, nach der vom BGH vertretenen Meinung hinsichtlich der Haftungsanteile nicht vor.

Nach dem oben Gesagten ist klar, daß bei Zahlung nach endgültiger Trennung der Ehegatten die Bejahung eines Ausgleichsanspruches wiederum von den konkreten Umständen abhängt[334]. Zu beachten ist dabei insbesondere, daß § 1360 b BGB über § 1361 IV S.4 BGB

[333] BGH NJW 1983, 1845 ff., 1846; BGH JZ 1983, 852 ff., 854; sowie die Ausführungen unter 3.1.5.2.

[334] so Kotzur, NJW 1989, 817 ff., 819; Palandt/Heinrichs, § 426, Rz. 9 a; Nickl, NJW 1991, 3124 ff., 3124; so wohl auch OLG Köln FamRZ 1992, 318 f., 318; OLG Hamm FamRZ 1988, 620 f., 621; OLG Schleswig FamRZ 1990, 165 f.; a.A. nur das OLG Hamm (FamRZ 1990, 1359 ff., 1360), das bei einem Konsumentenkredit ange-

auch bei getrenntlebenden Ehegatten anzuwenden ist, allerdings nur bis zur Scheidung[335]. Wie bereits unter 3.1.5.1. angemerkt wurde, kann aus diesem Grund das Getrenntleben der Ehegatten für sich genommen nicht als Indiz für einen Rückforderungswillen angesehen werden[336]. Die weitgehende Lockerung der ehelichen Lebensgemeinschaft - auf deren Bestehen sich die Vermutung des § 1360 b BGB gründet - muß jedoch bei der Gesamtwürdigung der die Leistung begleitenden Umstände gebührend berücksichtigt werden[337].

Die Mitteilung, wegen Scheiterns der Ehe werde im folgenden die alleinige Begleichung der Verbindlichkeiten abgelehnt, ist für das Entstehen des Ausgleichsanspruchs nicht Voraussetzung[338]. Mit dem endgültigen Scheitern der ehelichen Lebensgemeinschaft entfallen die besonderen, einen vom Halbteilungsgrundsatz abweichenden Verteilungsmaßstab rechtfertigenden Umstände, so daß die in § 426 I S. 1 BGB für den Regelfall angeordnete Haftung zu gleichen Teilen wieder zur Anwendung kommt, ohne daß es dafür eines Handelns des bisher mit der Verbindlichkeit darüber hinaus belasteten Ehegatten bedürfte. Allerdings kann es auch nach diesem Zeitpunkt zu einer vom Halbteilungsgrundsatz abweichender Haftung im Innenverhältnis kommen, wenn dafür anstatt der ehelichen Lebensgemeinschaft andere besondere Umstände sprechen[339]. Das ist weitgehend unstreitig[340].

Problematisch ist insoweit nur, wann eine endgültige Trennung der Ehegatten angenommen werden kann. Nach Meinung des IX. Zivilsenats des BGH[341] wird das Scheitern der Ehe durch Erhebung der Scheidungsklage angezeigt. Dagegen stellt der XII. Senat in seinem Urteil vom 30.11.94[342] fest, daß im Falle des Scheiterns der Ehe Ausgleichsansprüche nach § 426 I BGB auch für die Zeit vor Rechtshängigkeit des Scheidungsantrags in Betracht kämen. Entscheidend sei, wann die Ehe der Parteien zerrüttet und die eheliche Lebensgemeinschaft aufgehoben sei.

---

nommen hat, daß ein Alleinverdiener auch für die in der Zeit nach der Scheidung geleistete Zahlungen keinen Ausgleich verlangen kann. Dem ist aber mit Haussleiter (a.a.O., Rz. 171) entgegenzuhalten, daß es für die Entstehung eines Ausgleichsanspruchs grundsätzlich nicht auf die Zahlungsfähigkeit des Partners ankommt (BGH FamRZ 1983, 795 ff., 796; BGH JZ 1983, 852 ff., 853).

[335] vgl. dazu Palandt/Diederichsen, 1360 b, Rz. 1; Soergel/Lange, § 1360 b, Rz. 3; MüKo/Wacke, § 1360 b, Rz. 5

[336] Staudinger/Hübner, § 1360 b, Rz. 24; MüKo/Wacke, § 1360 b, Rz. 11; a.A. Palandt/Diederichsen, § 1361, Rz. 57

[337] Staudinger/Hübner, § 1360 b, Rz. 24; Erman/Heckelmann, §1360 b, Rz. 1

[338] BGH NJW 1995, 652 ff., 653; Kleinle, FamRZ 1997, 8 ff., 10

[339] vgl. dazu BGH, a.a.O., 653

[340] vgl. dazu etwa BGH, a.a.O., 653; Kleinle, FamRZ 1997, 8 ff., 10

[341] BGH JZ 1983, 852 ff., 854; ebenso auf die Einleitung des Scheidungsverfahrens stellen ab: OLG Schleswig FamRZ 1990, 165 f.; OLG Köln FamRZ 1988, 287 ff., 288

[342] BGH NJW 1995, 652 ff., 654

Dem ist aus Gründen der Rechtssicherheit nur für den Fall zuzustimmen, in dem ein äußerer Vorgang - zum Beispiel der Auszug des einen Ehegatten mit seinen persönlichen Sachen[343] - eine konkrete auf eine endgültige Trennung hinweisende Feststellung dieses Zeitpunktes erlaubt. Schon diesem Verhalten kann zumindest dann ein eindeutiger Hinweis auf das Scheitern der Ehe entnommen werden, wenn das weitere Verhalten der Parteien keinen Zweifel daran läßt, daß die eheliche Lebensgemeinschaft nicht mehr fortbesteht[344]. Andernfalls muß auf das stets genau bestimmbare Datum der Zustellung des Scheidungsantrags abgestellt werden[345]. Zwar wird in beiden Fällen in der Regel ein „Scheitern der Ehe“ nach der gesetzlichen Definition des § 1566 I BGB mangels einjährigen Getrenntlebens noch nicht gegeben sein. Auf ein endgültiges Scheitern der Beziehung in diesem Sinne weist dagegen die Rechtskraft der Scheidung hin, ein Hinausschieben des Ausgleichsanspruchs bis zu diesem Stichtag wäre aber unangemessen. Denn begründet wird das Bestehen des Anspruches ja mit dem Wegfall des gemeinsamen Haushalts, in dem die Ehegatten sich gegenseitig zugute kommende Leistungen erbringen können. Ein solcher Haushalt besteht aber in der Regel[346] schon lange vor Rechtskraft der Scheidung nicht mehr. Auch wird der Zeitpunkt der endgültigen räumlichen Trennung der Parteien von diesen regelmäßig als der entscheidende Einschnitt empfunden. Wie Wever[347] richtig feststellt, ist insoweit auch ein Schutzbedürfnis über den Trennungszeitpunkt hinaus des nunmehr im Innenverhältnis nach § 426 BGB Verpflichteten zu verneinen: Der unterhaltsberechtigte Ehepartner nämlich beteilige sich bereits ab Trennung durch den Vorabzug der Verbindlichkeiten im Rahmen der Unterhaltsbemessung an der Schuldentilgung; es bestehe aber kein Grund, dem nicht auf Unterhalt angewiesenen Ehegatten in größerem Umfang Schutz zu gewähren.

Die Frage, ab welchem Zahlungszeitpunkt das Bestehen eines Ausgleichsanspruches anzuerkennen ist, muß von dem Problem getrennt werden, ab wann ein solcher Anspruch auch durchsetzbar ist.

---

[343] vgl. auch OLG Oldenburg FamRZ 1986, 468 f., 468; Wever, FamRZ 1996, 905 ff., 908

[344] ähnlich Jung, a.a.O., S. 108

[345] vgl. auch Haussleiter, a.a.O., Rz. 172; so im Ergebnis auch Wever, a.a.O., Rz. 301 ff., insb. Rz. 303; Jaeger (in Johannsen/Henrich, Vor § 1372, Rz. 36) wendet ein, durch das Abstellen auf den Scheidungsantrag könnte der schuldentilgende Ehegatte unerwünschterweise motiviert werden, gerade zwecks Abänderung einer Haftungsvereinbarung einen sehr frühen Scheidungsantrag zu stellen. Er will daher den Ablauf des ersten Trennungsjahres heranziehen. Dem ist nur hinsichtlich der Durchsetzbarkeit des Anspruchs zuzustimmen (vgl. weiter unten). Bezüglich der Entstehung der Forderung ist zu sagen, daß man ebenso befürchten könnte, der Ehegatte würde besonders früh ausziehen, nur um eine Abänderung der Haftungsvereinbarung herbeizuführen; der Grund für die Bejahung eines Anspruchs liegt nun einmal in der Auflösung des gemeinsamen Haushaltes, und der besteht nicht erst mit Ablauf, sondern mit Beginn der ersten Trennungsjahres nicht mehr.

[346] vgl. dazu §§ 1565-1567 BGB

[347] Wever, FamRZ 1996, 905 ff., 908 f.

Der Stichtag für eine erfolgreich mögliche Geltendmachung des Ausgleichsanspruches hängt von mehreren Kriterien ab[348].

Soweit die Berücksichtigung der von einem Ehegatten allein oder überwiegend geleisteten monatlichen Schuldentilgung über die Unterhaltsbemessung durchgeführt wird, versteht es sich von selbst, daß ein Anspruch nach § 426 BGB erst eingreifen kann, wenn der über die Unterhaltszahlungen erfolgende Haftungsausgleich beendet wurde. Den Anstoß dazu könnte zum Beispiel ein Abänderungsbegehren mit der Begründung geben, die weitere aus dem Schuldenabzug resultierende Unterhaltsminderung sei unzumutbar. Ob und wann eine derartige Abänderung verlangt werden kann, ist ein auch von Entstehungsgrund und Art der Verbindlichkeiten abhängiges Unterhaltsproblem[349].

Findet keine derartige Einbeziehung der Schuldentilgung in die Unterhaltsberechnung statt, richtet sich das Datum der Durchsetzbarkeit nach Zumutbarkeitsgesichtspunkten (§ 242 BGB). Dabei sind sowohl die Interessen des bisher allein oder überwiegend haftenden Ehegatten an einer Anpassung als auch die des anderen Ehepartners an Schonung gebührend zu berücksichtigen. In Frage kommen folgende Zeitpunkte: endgültige Trennung, Scheitern der Ehe - wobei hinsichtlich beider Termine wiederum das Problem der äußerlichen Abgrenzung besteht -, Einleitung des Scheidungsverfahrens und schließlich die Rechtskraft der Ehescheidung.

In Betracht käme natürlich zunächst, sofort mit Entstehung des Anspruches auch sein Durchsetzbarkeit zu bejahen. Dabei ist jedoch nach dem Gebot von Treu und Glauben (§ 242 BGB) zu berücksichtigen, daß dies möglicherweise eine Überforderung des bisher intern nicht oder nur geringfügig belasteten Ehegatten zur Folge hätte. Eine solche unangemessene Belastung ist nur dann nicht zu befürchten, wenn beide Ehegatten schon während der Ehe genügend Einkünfte hatten bzw. der bisher freigestellte Ehegatte alsbald nach der Trennung ein ausreichend hohes Einkommen erzielt[350]. Ist dies nicht der Fall, so kann wegen § 242 BGB nicht der Zeitpunkt der Trennung im Sinne der Aufhebung der Lebensgemeinschaft, sondern erst ein späteres Datum entscheidend sein. Es bietet sich an, dabei auf den Ablauf des ersten Trennungsjahres abzustellen[351]. Auch § 1565 II BGB und die damit zusammenhängenden Rechtsgedanken zeigen nämlich, daß die Schutzbedürftigkeit der Ehegatten nach Ablauf dieses Zeitraums stark abnimmt und deshalb ab diesem Termin grundsätzlich verlangt werden kann, daß jeder Ehegatte für sich selbst sorgt und seinen Verpflichtungen nachkommt. Das gilt selbstverständlich nur insoweit, als zu diesem Zeitpunkt nach den oben genannten Grundsätzen

---

[348] vgl. dazu Johannsen/Henrich/Jaeger, Vor § 1372, Rz. 33 f.

[349] vgl. dazu OLG Düsseldorf FamRZ 1987, 833 ff., insb. 834; OLG Hamm FamRZ 1989, 619, 620 f.; OLG Karlsruhe FamRZ 1990, 163 ff.; OLG Saarbrücken FamRZ 1982, 919 f.

[350] so auch Johannsen/Henrich/Jaeger, Vor § 1372, Rz. 35, der allerdings die Entstehung des Anspruchs und seine Durchsetzbarkeit miteinander vermengt

[351] so auch Johannsen/Henrich/Jaeger, Vor § 1372, Rz. 36

überhaupt schon ein Bestehen der Forderung bejaht werden kann. Ist das nicht der Fall, so ist eine nach Ablauf des Trennungsjahres erfolgende Zustellung des Scheidungsantrags sowohl für Entstehen als auch Durchsetzbarkeit des Anspruchs maßgeblich.

3.1.5.3 Zusammenfassung

Zusammenfassend läßt sich damit sagen, daß hinsichtlich während des Zusammenlebens getilgter Schulden ein Ausgleichsanspruch dann ausscheidet, wenn nur einer der Ehegatten über Einkommen oder Vermögen verfügt. Andernfalls richtet sich das Bestehen des Anspruchs nach den konkreten Umständen der Lebensgemeinschaft, wobei für Unterhaltsleistungen der in § 1360 b BGB festgeschriebene Grundsatz der Nichtausgleichung zu berücksichtigen ist. Ab entweder nach außen erkennbarer endgültiger Trennung der Parteien oder aber Zustellung des Scheidungsantrags richtet sich die Entstehung eines Ausgleichsanspruch allein nach den konkreten Umständen des jeweiligen Einzelfalles.

3.1.5.4 Einzelne Fallgruppen

Betrachten wir daher nun die am häufigsten auftretenden Fallgruppen im einzelnen. Freilich kann es auch zu Mischfällen zwischen den einzelnen Fallgruppen kommen. Besondere Probleme ergeben sich daraus aber nicht. Nach Zerlegung der Mischfälle in ihre einzelnen Bestandteile, sind für die so erlangten Teile die bezüglich der einzelnen Fallgruppen noch herauszuarbeitenden Rechtsfolgen einschlägig[352].

3.1.5.4.1 Fallgruppe 1: Gesamtschuldnerische Darlehensaufnahme zur Finanzierung eines Eigenheimes

Interessant ist in diesem Zusammenhang zunächst die Kreditaufnahme durch ein im gesetzlichen Güterstand verheiratetes Ehepaar für dessen Eigenheim.

---

[352] ähnlich auch Gernhuber, JZ 1996, 765 ff., 767

Innerhalb dieser Fallgruppe muß sowohl nach den Eigentumsverhältnissen an der Immobilie als auch nach den Einkommensverhältnissen der Ehegatten differenziert werden.

3.1.5.4.1.1 Miteigentum

Wenden wir uns zunächst dem im Miteigentum beider Eheleute stehenden Eigenheim zu.

Diesbezüglich ist als erstes klarzustellen, daß in diesem Fall nicht nur die Ehegatten Gesamtschuldner hinsichtlich der aufgenommenen Verbindlichkeit sind, sondern außerdem aufgrund ihres Miteigentums an dem gemeinsamen Eigenheim auch die Regeln der Bruchteilsgemeinschaft (§§ 741 ff. BGB) zur Anwendung kommen. Aus den gesetzlichen Bestimmungen über die Bruchteilsgemeinschaft, insbesondere den §§ 748, 755 BGB, läßt sich der Grundsatz herleiten, daß die Teilhaber für Verbindlichkeiten, die sie in bezug auf den gemeinschaftlichen Gegenstand eingegangen sind, im Innenverhältnis nach dem Verhältnis ihrer Anteile an dem Gegenstand haften, wenn sich nicht aus einer Vereinbarung oder den besonderen Umständen des Falles etwas anderes ergibt[353]. Danach müßten bei hälftigem Miteigentum die Ehegatten die Darlehensschuld jeweils zur Hälfte tragen

Allerdings wird die Miteigentumsgemeinschaft durch die eheliche Lebensgemeinschaft überlagert[354], oder vielmehr: Es kann davon ausgegangen werden, daß die Eheleute eine der tatsächlichen Ausgestaltung ihrer Lebensverhältnisse entsprechende konkludente Haftungsvereinbarung getroffen haben[355]. Daraus können sich für das Verhältnis als Miteigentümer und Gesamtschuldner des aufgenommenen Kredites je nach konkreter Gestaltung der Lebensverhältnisse Abweichungen gegenüber den Regeln der Bruchteilsgemeinschaft ergeben[356].

Es ist daher nicht nur eine Unterscheidung nach Eigentumsverhältnissen, sondern weiterhin nach den Einkommensverhältnissen geboten.

3.1.5.4.1.1.1 Alleinverdienerehe[357]

Bezieht nur einer der Ehegatten Einkommen, sei es im Rahmen seines Erwerbes, sei es aus bereits geschaffenem Vermögen, kann - wie bereits unter 3.1.5.1. ausführlich dargelegt wurde

---

[353] vgl. dazu BGH JZ 1983, 852 ff., 854; BGH FamRZ 1993, 676 ff., 677

[354] so BGH, a.a.O., 854; BGH, a.a.O., 678

[355] so Johannsen/Henrich/Jaeger, Vor § 1372, Rz. 17, 21

[356] BGH, a.a.O., 854

[357] zum Ganzen insb. BGH, a.a.O., 854; BGH, a.a.O., 676 ff.

- für die bis zum Scheitern der Ehe geleisteten Zahlungen aus der konkreten Gestaltung der ehelichen Verhältnisse - einer der Partner verfügt über Einkommen, während der andere den Haushalt versorgt - auf die beabsichtigte alleinige finanzielle Belastung des verdienenden Ehegatten geschlossen werden[358]. Erwerben also Ehegatten ein Haus und übernimmt einer der Ehegatten, der nach den Einkommens- und Vermögensverhältnissen allein dazu in der Lage ist, die Zins- und Tilgungsleistungen für die zur Finanzierung des Hauses gemeinschaftlich aufgenommenen Kredite, so bringen sie nach Ansicht des BGH[359] durch den Erwerb von Miteigentum je zur Hälfte in aller Regel zum Ausdruck, es solle so angesehen werden, als wenn jeder gleichviel zu den Kosten beigetragen habe. Verfüge nämlich nur ein Ehegatte über Einkommen, während der andere den Haushalt versorge, sei es üblich, daß der verdienende Teil die gemeinschaftlichen finanziellen Verpflichtungen trage, selbst wenn sie dem gemeinsamen Vermögenserwerb dienen.

Zum gleichen Ergebnis gelangt Gernhuber[360], der allerdings an der Begründung der Rechtsprechung des BGH Kritik übt, und daher einen anderen Weg wählt:

Zu rügen sei zunächst die Bereitschaft des BGH Schuldentilgung und Zinsendienst über eine Leiste zu schlagen[361]. Denn zwar gehöre Wohnbedarf zum Lebensbedarf der Familie, daraus folge aber nur die Pflicht des den Familienunterhalt gewährenden Ehegattens, eine angemessene Familienwohnung zur Verfügung zu stellen, nicht dagegen die zur Einräumung von (Mit-)Eigentum an demselben. Wenn es aber keinen Anspruch auf Immobiliareigentum aus dem Unterhaltsrecht gebe, bedürften alle Leistungen unter Ehegatten, die unmittelbar oder mittelbar vermögensbildend wirkten, einer anderen Rechtfertigung. Nähmen demnach Ehegatten als Gesamtschuldner ein Darlehen auf, dessen Zweck es sei, Immobiliareigentum in Form von (in aller Regel: hälftigen) Miteigentum zu erwerben oder auch bereits vorhandenes Grundeigentum durch Bauten oder Ausbauten in seinem Wert zu mehren, so könnten schuldentilgende Leistungen, die ein Ehegatte erbringe, die aber ökonomisch notwendig auch dem anderen Ehegatten zugute kämen, im Innenverhältnis ihren Rechtsgrund niemals im Unterhaltsrecht finden. Gegenstand eines Unterhaltsanspruches könne allenfalls die Übernahme des Zinsendienstes sein, der wenigstens funktionell Mietzinszahlungen entspreche, wenngleich diese niemals gleichgestellt werden könnten, weil die Zinsen den Gegenwert für die Nutzung des geliehenen Kapitals darstellten und nicht für die Nutzung des mit dem Kapital beschafften Gegenstandes. Immerhin werde aber auch durch die Zinszahlungen der Familie Wohnraum vermittelt, auf den sie einen Anspruch habe. Das müsse jedenfalls solange gelten, als die

---

358 in diese Richtung auch MüKo/Selb, § 426, Rz. 7
359 vgl. dazu BGH, a.a.O., 854
360 Gernhuber, JZ 1996, 765 ff., 768 ff.
361 Gernhuber, JZ 1996, 765 ff., 769

Aufwendungen für den Zinsendienst nicht wesentlich höher seien als der ortsübliche Mietzins für ein vergleichbares Objekt.[362]

Ferner sei die Bereitschaft des BGH zu beanstanden, Verträge der Ehegatten anzuerkennen, mit denen sie evidente Disparitäten mit Hilfe von Fiktionen „ausglichen“[363].

Dazu ist folgendes zu sagen: Die Unterscheidung zwischen Zinszahlungen und Tilgungsleistungen ist durchaus scharfsinnig. Denn es kann nicht geleugnet werden, daß die Zinsleistungen sich in dem Vermögenswert - anders als die mit der Finanzierung unmittelbar zusammenhängenden Tilgungsleistungen - nicht niederschlagen. Auf der anderen Seite muß aber auch berücksichtigt werden, daß in einer Alleinverdienerehe die konkludente Willensübereinstimmung der Ehegatten naheliegt, den haushaltsführenden Partner mit keinerlei finanziellen Leistungen zu belasten[364], die dieser - wie die Parteien genau wissen - mangels eigenen Einkommens auch gar nicht erbringen könnte. Dafür kann es keine Rolle spielen, ob die zu erbringenden Tilgungsleistungen den angemessenen Familienunterhalt (§ 1360 S. 1 BGB) übersteigen. Darüber hinaus läßt Gernhuber die Frage unbeantwortet, wie der Fall zu lösen ist, in welchem der objektive Mietwert bzw. die konkret ersparte Miete[365] - d.h. der Wohnwert - die erbrachten Zinsleistungen erheblich übersteigt. Um die Ansicht Gernhubers konsequent in die Praxis umsetzen zu können, müßte aber der exakte Wohnwert der Immobilie genauso ermittelt werden wie die im Zeitpunkt der Trennung noch festzustellende Wertschaffung bzw. -erhöhung.

Auch die weitere Kritik Gernhubers führt nicht zu einer abweichenden Beurteilung. Zwar ist es richtig, daß es durchaus problematisch ist, von den tatsächlichen Umständen auf das Vorliegen stillschweigender Willenserklärungen zu schließen. Die gleichen Schwierigkeiten hat man aber auch, wenn man mit Gernhuber das Vorliegen eines Kooperationsvertrages zwischen den Ehepartner prüft. Das Vorliegen und den Inhalt einer solchen Vereinbarung schließt Gernhuber nämlich ebenfalls aus den wirklich praktizierten Verhältnissen: Es spreche eine tatsächliche Vermutung dafür, daß man sich in der Phase des friedlichen Lebens so verhalte, wie man sich nach der Vereinbarung verhalten sollte[366]. Auch Gernhuber hat somit keinen Lösungsansatz gefunden, der um den von ihm kritisierten Rückschluß - von den tatsächlichen Verhältnissen auf einen entsprechenden Willen der Ehepartner - herumkäme.

---

[362] Gernhuber, JZ 1996, 765 ff., 768

[363] Gernhuber, JZ 1996, 765 ff., 769

[364] in diese Richtung auch Kotzur, NJW 1989, 817 ff., 819

[365] vgl. dazu Wever, a.a.O., Rz. 128

[366] Gernhuber, JZ 1996, 765 ff., 769 f.

Anders als während des Bestehens der intakten Beziehung stellt sich die Situation dagegen nach Scheitern der Ehe dar, weil nach Aufhebung der ehelichen Lebensgemeinschaft für einen Ehegatten im allgemeinen kein Grund mehr besteht, dem anderen eine weitere Vermögensmehrung zukommen zu lassen[367]. Grundsätzlich lebt damit die Regelung des § 748 BGB wieder auf, nach der die Ehegatten die mit dem Eigenheim zusammenhängenden Lasten nach den Verhältnissen ihrer Anteile zu tragen haben. Doch können nun anderweitige Umstände Einfluß auf das Ausgleichsverhältnis nehmen und zum Beispiel die alleinige Haftung eines Ehegatten im Innenverhältnis begründen[368]. Dabei ist jedoch zu beachten, daß aufgrund des Miteigentums der - in der Vermögensbildung liegende - Nutzeffekt aus der Schuldentilgung für beide Ehegatten selbst dann bestehen bleibt, wenn einer von ihnen die Immobilie über seinen Anteil hinaus nutzt. Das Problem, ob sich ein Teilhaber bei einer seinen Anteil übersteigenden Nutzung des Gemeinschaftsobjekts mit einer entsprechend höheren Quote an der Lastentragung beteiligen muß, fällt daher in den Anwendungsbereich des § 745 II BGB, nicht des § 748 BGB. Die Erhöhung der Haftungsquote nämlich stellt im Ergebnis für den anderen Gemeinschafter eine Nutzungsentschädigung dar.[369]

In der Regel werden die Eheleute nach der endgültigen Trennung die Immobilie nicht mehr gemeinsam nutzen. Denkbar sind die verschiedensten Fallkonstellationen. Im folgenden sollen die am häufigsten vorkommenden angesprochen werden.

In Betracht kommt dabei zunächst die alleinige Nutzung des Hauses nach der Trennung durch einen der Ehegatten.

Der Umstand, daß ein Miteigentümer sich der gemeinsamen Sache allein bedient, führt nach dem Recht der Bruchteilsgemeinschaft noch nicht dazu, daß dieser auch die Belastungen im Innenverhältnis allein zu tragen hat. Prinzipiell löst die alleinige Nutzung des im Miteigentum stehenden Grundstücks durch einen Teilhaber keine Entschädigungsrechte des anderen Teilhabers aus. Daß ein Miteigentümer sich der ihm zustehenden Gebrauchsbefugnis aus § 743 II BGB nicht bedient, ist deshalb kein Grund, die Kosten des gemeinschaftlichen Gegenstandes abweichend von der Regel des § 748 BGB zu verteilen. Eine Ausnahme gilt, wenn die Teilha-

[367] so auch BGH, a.a.O., 854; dabei sieht der BGH allerdings das Zeichen für das Scheitern der Ehe erst in der Erhebung der Scheidungsklage. Dadurch kommt es - wie schon Gernhuber (JZ 1996, 765 ff., 770) erkannt hat - zu einem unglücklichen (vermutlich ungewollten) Auseinanderfallen des Zeitpunkts für den Wegfall des Grundes für die Vermögensmehrung (Beendigung der ehelichen Lebensgemeinschaft) und den des Eintritts der Rechtsfolgen (Scheitern der Ehe).

[368] so Schwab, a.a.O., Rz. 99

[369] so Johannsen/Henrich/Jaeger, Vor § 1372, Rz. 29

ber eine anderweitige Regelung getroffen haben oder der eine dem anderen den Mitgebrauch etwa des gemeinschaftlichen Grundstückes hartnäckig verweigert[370].

Nach der billigenswerten Ansicht des XII. Zivilsenats[371] spielt es aber eine Rolle, daß eine gemeinschaftliche Berechtigung von Ehegatten auch nach dem Scheitern ihrer Ehe mit anderen Maßstäben zu messen ist als die anderer Bruchteilsgemeinschaften. Bei letzteren sei es einem Teilhaber in der Regel zuzumuten, von seinem Nutzungsrecht Gebrauch zu machen. Er könne sich durch freiwilligen Nichtgebrauch nicht seiner Pflicht zur anteiligen Lastentragung entziehen, sondern werde davon allenfalls frei, wenn ihm der Mitgebrauch durch den anderen Teilhaber absichtlich entzogen oder sonst verweigert werde. Hätten dagegen Ehegatten ein in ihrem Miteigentum stehendes Haus gemeinsam als Ehewohnung genutzt und scheitere ihre Lebensgemeinschaft, sei dem trennungswilligen Ehegatten ein weiteres Zusammenleben unter einem Dach in aller Regel nicht mehr zumutbar, auch wenn ihm der andere Ehegatte die Mitbenutzung in Gestalt einer Aufteilung der Räumlichkeiten anbiete. Hier ergäbe sich die unbillige Konsequenz, daß der weiter nutzende und die Lasten tragende Ehegatte einen hälftigen Ausgleichsanspruch hätte, während dem weichenden Ehegatten nur ein in die Zukunft wirkender Anspruch auf Neuregelung bzw. Nutzungsentgelt zustände, mit dem er die bisher aufgelaufenen Ausgleichsansprüche nicht abwehren könne. Das sei insbesondere dann unverständlich, wenn die Ehegatten nach der Trennung zunächst stillschweigend von der bisherigen Handhabung ausgegangen seien, und der weichende Ehegatte nicht sogleich ein Nutzungsentgelt verlangt, sondern die alleinige Nutzung des Hauses durch den anderen hingenommen und darauf vertraut habe, daß dieser dafür auch die Lasten trage. Bei einer solchen Fallgestaltung sei der Ausgleichsanspruch des die Lasten tragenden Ehegatten von vornherein beschränkt. Je nachdem, in welchem Verhältnis der Nutzungswert einerseits und die Lasten und Kosten andererseits stünden, könne sich ein Restausgleich ergeben oder aber ein Ausgleichsanspruch ganz ausscheiden. Dadurch werde der Ehegatte, der das gemeinschaftliche Haus nicht verwende, ebenso gestellt, wie wenn er einen rückwirkenden Nutzungsentgeltanspruch dem anderen im Wege der Einwendung entgegenhalten würde.

In diesem Zusammenhang muß berücksichtigt werden, daß die endgültige Trennung von Ehegatten, die bisher beide von der gemeinschaftlichen Immobilie profitiert haben, eine so grundlegende Änderung der Verhältnisse bedeutet, daß jeder der Ehegatten gemäß § 745 II BGB eine Neuregelung der Verwaltung und Benutzung verlangen kann[372]. Nach § 745 II BGB

---

[370] vgl. dazu BGH JZ 1983, 852 ff., 854

[371] BGH FamRZ 1993, 676 ff., 678

[372] so z.B. BGH JZ 1983, 852 ff., 854; Graba, NJW 1987, 1721 ff., 1723; Wever, a.a.O., Rz. 102 f.; ders., FamRZ 1986, 905 ff., 906, wo er auch darauf hinweist, daß nach der Rspr. des BGH die Neuregelung gem. § 745 II BGB und damit die Nutzungsvergütung nach dieser Vorschrift erst von dem Zeitpunkt an verlangt werden könne, „zu dem die Trennung endgültig erscheine" (BGH FamRZ 1982, 355 f., 356). Teilweise werde daher ein

muß die Verwaltung und Benutzung der gemeinschaftlichen Immobilie dem Interesse der Teilhaber nach billigem Ermessen entsprechen. Die Neuregelung kann dergestalt sein, daß der Ehegatte, der das Haus nach der Trennung alleine nutzt, dem anderen ein angemessenes Entgelt bezahlt. Der Ausgleich für die alleinige Nutzung kann aber auch darin bestehen, daß der das Haus verwendende Ehegatte die Kosten des Hauses, insbesondere die Bedienung der für das Haus aufgenommenen Kredite intern allein übernimmt[373]. Wirksam wird die Neuregelung allerdings erst, wenn sie der andere Ehegatte mit hinreichender Deutlichkeit verlangt[374].

Daß das Verlangen nach Neuregelung in hinreichend deutlicher Form geäußert werden muß, verlangt nicht dessen Ausdrücklichkeit. Vielmehr können die tatsächlichen Umstände auch einen Hinweis auf eine stillschweigende Vereinbarung zulassen. Dem widerspricht das Urteil des IX. BGH-Senates vom 17.5.83[375] nur auf den ersten Blick. Denn auch dort verneint der BGH die Vereinbarung einer Neuregelung nicht etwa deshalb, weil die Ehefrau mit dem das Haus nutzenden Ehegatten keine ausdrückliche Regelung getroffen hatte, sondern vielmehr wegen der Widersprüchlichkeit der Verlangen der Frau, die keinen Schluß auf eine zulässige Neuregelung zuließen. Die Frau hatte nämlich einerseits geltend gemacht, daß ihr Mann die Zins- und Tilgungsleistungen für die aufgenommenen Kredite allein tragen müsse, andererseits aus dem gleichen Sachverhalt Ansprüche auf eine Nutzungsentschädigung und auf einen Anteil an den von ihrem Gatten gezogenen Mieteinnahmen hergeleitet, mit denen sie hilfsweise aufrechnete[376]. Wie oben bereits angesprochen wurde, kommt als zulässige Konstellation einer Neuregelung aber nur entweder das eine oder das andere in Betracht.

Neuregelungsverlangen erst nach Ablauf des Trennungsjahres oder gar erst mit Zustellung des Scheidungsantrags für zulässig gehalten. Dies erscheint Wever problematisch. Zu Recht nimmt er an, daß die Interessen der Ehegatten hinreichend gewahrt seien, wenn auf den Zeitpunkt des Auszugs eines Ehegatten mit seinen persönlichen Sachen aus der Ehewohnung abgestellt, im Rahmen der nach § 745 II BGB vorzunehmenden Billigkeitsabwägung aber berücksichtigt werde, daß die noch bestehende Ehe zu schützen sei, und daher jede Maßnahme unterlassen werde, die zu einer Verfestigung der Trennung führen würde.

[373] so auch MüKo/Selb, § 426, Rz. 6, 7; Graba, NJW 1987, 1721 ff., 1723; Kotzur, NJW 1989, 817 ff., 819 f.; Wever, FamRZ 1996, 905 ff., 906; entscheidend ist jeweils die Höhe der Belastungen im Vergleich zum zuzurechnenden Nutzungswert. Der die Immobilie nutzende Ehegatte muß die Lasten nur in Höhe dieses Wertes tragen, für darüber hinausgehende Verpflichtungen besteht i.d.R. ein Ausgleichsanspruch. Ausschlaggebend bleiben stets die konkreten Umstände des Einzelfalles (zu Einzelheiten vgl. Wever, a.a.O., Rz. 109 ff.; insb. auch die Fallbeispiele in Rz. 120 ff.)

[374] Wever, a.a.O., Rz. 97 f.; Kotzur, NJW 1989, 817 ff., 819 f.; OLG Oldenburg NJW-RR 1986, 752 f. 752

[375] BGH JZ 1983, 852 ff.

[376] BGH, a.a.O., 854 f.

Danach kann zum Beispiel, wenn der alleinverdienende Ehegatte mit Duldung des anderen das Haus nach der Trennung allein benutzt und wie bisher die Lasten trägt, ohne zu erkennen zu geben, daß er einen hälftigen Ausgleich geltend zu machen beabsichtigt, und ohne daß der andere ihm ein Nutzungsentgelt abverlangt, in Abweichung zu § 426 I S. 1 HS.1 BGB im Innenverhältnis die alleinige Haftung des verdienenden Ehegatten angenommen werden.[377] Entscheidend ist in diesem Zusammenhang natürlich auch, ob die Höhe der Lasten in etwa dem Nutzungswert entspricht[378].

Problematisch wird dies dann, wenn der das Familienwohnheim bewohnende Ehegatte nicht in der Lage ist, die Lasten voll oder auch nur entsprechend seines Miteigentumsanteils zu übernehmen. Zu denken ist dabei etwa an die Ehefrau, die - wie auch schon vor der Trennung - aufgrund der Betreuung eines Kleinkindes keiner Erwerbstätigkeit nachgehen kann. Zwar ist nach zutreffender Ansicht des IX. Zivilsenats des BGH[379] die mangelnde Zahlungsfähigkeit eines Ehegatten kein Grund, ihn von der Mithaftung freizustellen. Gemäß § 745 II BGB hat die Regelung der Verwaltung und Benutzung aber stets nach billigem Ermessen zu erfolgen.

Der Gesichtspunkt der Billigkeit kann im Einzelfall ein Festhalten an der bisherigen Nutzungsregelung zumindest bis zur Scheidung gebieten, etwa wenn der im Haus verbliebene Ehegatte wirtschaftlich zur Übernahme von Gegenleistungen für eine ihm aufgedrängte Alleinnutzung des Hauses nicht in der Lage ist und daher gezwungen würde, die Ehewohnung aufzugeben[380]. Erforderlich ist dafür stets eine Beurteilung der konkreten Umstände des Einzelfalles. Bei der Abwägung darf nicht vergessen werden, daß die mangelnde Erwerbstätigkeit aufgrund der Betreuung eines gemeinschaftlichen Kindes nach § 1570 BGB einen Unterhaltstatbestand darstellt. Es kommt somit eine Verrechnung der von der leistungsunfähigen Ehefrau zu tilgenden Kreditraten und Zinsleistungen im Rahmen ihrer Bedürftigkeit in Betracht, zumal die Kreditaufnahme wegen des Miteigentums des Ehemannes stets im beiderseitigen Interesse erfolgt sein dürfte.

Darüber hinaus wirkt selbstverständlich der das gesamte Schuldrecht prägende Grundsatz von Treu und Glauben (§ 242 BGB) auch in das gesetzlich Schuldverhältnis nach § 426 BGB hinein. So kann insbesondere das aus dieser Maxime entwickelte Verbot der unzulässigen oder rechtsmißbräuchlichen Rechtsausübung den Rückgriffsanspruch nach § 426 I S. 1 BGB einschränken oder ganz ausschließen[381]. Einen solchen Fall nimmt das OLG Oldenburg[382] zum

[377] BGH FamRZ 1993, 676 ff. (1.Leitsatz); Schwab, a.a.O., Rz. 99 a.E.
[378] vgl. Wever, FamRZ 1986, 905 ff., 906
[379] BGH JZ 1983, 852 ff., 853
[380] BGH FamRZ 1986, 436 f., 437
[381] so Hausmann, a.a.O., S. 525; auch Jung, a.a.O., S. 133 ff.
[382] OLG Oldenburg NJW-RR 1986, 752 f.; ähnlich auch OLG Celle NJW-RR 1990, 265 ff.

Beispiel dann an, wenn der ausgleichsberechtigte Ehegatte während der Zeit, für die er die Ausgleichszahlung verlangt, eine solche niemals gefordert und damit verhindert hat, daß der andere Ehegatte seinen Anspruch auf Neuregelung und Festsetzung eines Nutzungsentgelts geltend machte, die er dem Ausgleichsanspruch einwendungsweise hätte entgegenhalten können. Denn anders als die Nutzungsneuregelung kann der Ausgleichsanspruch nach § 426 BGB rückwirkend geltend gemacht werden. Die Ausgleichspflicht nach § 426 I BGB entsteht nämlich automatisch im Zeitpunkt des Scheiterns der Ehe (vgl. dazu unter 3.1.5.2.). Anders als im Falle des § 745 II BGB bedarf es hierfür keines Handelns des die Verbindlichkeit tilgenden Ehegattens. Während im Rahmen des § 426 I BGB bereits die veränderten Umstände an sich zur Annahme der stillschweigenden Abänderung der zwischen den Ehegatten getroffenen Vereinbarungen führen, werden durch sie bei § 745 II BGB die rechtlichen Beziehungen der Parteien nicht ohne weiteres beeinflußt, sondern geben den Beteiligten lediglich das Recht, eine Neuregelung zu verlangen[383].

Zwar ist die Nutzung der Immobilie durch einen der Partner allein bei endgültiger Trennung wahrscheinlicher, denkbar ist aber natürlich ebenso die Nutzung zum Beispiel des Hauses auch weiterhin durch beide Ehegatten - etwa in abgeschlossenen Wohneinheiten. In diesem Fall bietet es sich an, nach der Trennung die Bestimmung der jeweils zu tragenden Haftungsanteile im Sinne des § 426 I S. 1 BGB von dem Maß der Nutzung durch den einen oder den anderen Partner abhängig zu machen; denkbar wäre dabei unter anderem eine Aufteilung nach der in Anspruch genommenen Wohnfläche. Die Problematik der mangelnden Leistungsfähigkeit eines der nutzenden Ehegatten wurde bereits weiter oben angesprochen, die Ausführungen dazu gelten selbstverständlich auch für den Fall der gemeinsamen Nutzung nach Trennung.

Darüber hinaus ist denkbar, daß die Immobilie während der intakten Ehe nur von einem der Ehegatten gewerblich genutzt wurde, nach der Trennung jedoch zusätzlich der andere Partner die Immobilie für seine Zwecke verwendet. Auch hier liegt es nahe, ab dem Trennungszeitpunkt bezüglich der Bestimmung der jeweils zu tragenden Haftungsanteile im Sinne des § 426 I S. 1 BGB auf den Umfang der Nutzung durch den einen oder den anderen Ehegatten abzustellen.

[383] Wever, a.a.O., Rz. 97 f.; ähnlich auch BGH FamRZ 1995, 216 ff., 217, der allerdings wiederum annimmt, die veränderten tatsächlichen Umstände an sich könnten zu einer Abänderung der Haftungsanteile im Rahmen des § 426 I BGB führen.

Natürlich gibt es auch den Fall, daß die von den Parteien während des Zusammenlebens (stillschweigend) getroffene und auch tatsächliche gehandhabte Vereinbarung nach ihrer Trennung unverändert fortbesteht. Das gilt zum Beispiel dann, wenn die tatsächlichen Nutzungsverhältnisse an der Immobilie sich auch nach Scheitern der Ehe nicht geändert haben, und die tatsächliche Handhabung schon während des Zusammenlebens darauf schließen ließ, daß einer der Ehegatten nach der stillschweigenden Vereinbarung berechtigt sein sollte, das Haus ganz oder teilweise zu Erwerbszwecken zu nutzen und dafür andererseits die Zins- und Tilgungsraten für das Haus zu tragen hatte. Bei dieser Konstellation legen die Umstände die Annahme nahe, daß die während des Zusammenlebens bestehende abweichende Bestimmung im Sinne des § 426 I S. 1 BGB auch nach der Trennung der Parteien fortbestehen soll.[384]

3.1.5.4.1.1.2 Mehrverdienerehe

Wie aber ist die Rechtslage, wenn - in Abgrenzung zur Alleinverdienerehe - beide Ehegatten Einkommen beziehen bzw. über nicht unerhebliches Vermögen verfügen ?

Auch in diesem Fall ist bezüglich eines möglichen Ausgleichsanspruches hinsichtlich vor bzw. nach Trennung geleisteter Zahlungen zu unterscheiden.

Anders als bei der Alleinverdienerehe kann bei der Doppel- bzw. Zuverdienerehe selbst bis zum Scheitern der Beziehung nicht ohne weiteres eine stillschweigende Vereinbarung dahingehend angenommen werden, daß einer der Partner die Zins- und Tilgungsleistungen für das gemeinschaftliche Eigenheim allein aufbringen solle. Vielmehr richten sich in diesem Fall - wie bereits unter 3.1.5.1. dargelegt wurde - die internen Haftungsanteile hinsichtlich eines gemeinschaftlich erworbenen Gegenstands nach zutreffender Ansicht des BGH[385] nach den konkreten Umständen der Ehe: Denn in diesem Fall spreche die Miteigentumsgemeinschaft gemäß §§ 748, 755 BGB für einen Ausgleich. Wenn beide Ehegatten einer Erwerbstätigkeit nachgingen oder aus sonstigen Quellen nicht unerhebliches Vermögen bezögen, könnte es den Umständen dieser Ehe entsprechen, daß beide Ehegatten im Verhältnis ihrer Einkünfte die zum Erwerb des gemeinschaftlichen Gegenstandes eingegangenen Schulden zu tragen hätten[386].

---

[384] vgl. dazu BGH FamRZ 1986, 881 ff., 882 f.

[385] BGH FamRZ 1989, 264 f., 265; auch in BGH NJW 1988, 133 f. wird hinsichtlich der Doppelverdienerehe ein Ausgleichsanspruch auch schon für vor Rechtshängigkeit des Scheidungsantrags geleistete Zahlungen bejaht; in diese Richtung auch Erman/Westermann, a.a.O., § 426, Rz. 17 a

[386] BGH FamRZ 1988, 264 f., 265

Dabei muß - wie stets - der im Rahmen von Unterhaltsleistungen in § 1360 b BGB zum Ausdruck kommende Grundsatz der Nichtausgleichung berücksichtigt werden[387]. Zu beachten ist allerdings, daß allein die Aufwendungen für die Beschaffung, Gewährung und Unterhaltung einer den Raumbedarf der Familie befriedigenden Wohnung zu den Unterhaltsleistungen zählen - so etwa der Mietzins, Unterhaltskosten eines Eigenheims sowie Hypothekenzinsen[388]. Dagegen fallen Tilgungsbeiträge für einen Eigentumserwerb nicht unter die Unterhaltsleistungen, da diese auch der Vermögensbildung dienen[389]. Beiträge zur Vermögensbildung werden aber unterhaltsrechtlich nicht geschuldet - das gilt selbst bei hohem Einkommen der Ehegatten. Aus diesem Grund besteht kein unterhaltsrechtlicher Anspruch der Ehegatten untereinander auf die Erbringung von im Zusammenhang mit dem Erwerb eines Eigenheims anfallenden Tilgungsleistungen[390]. Unter die Unterhaltsleistungen zu rechnen sind dagegen die Zinsleitungen, soweit sie in etwa dem ortsüblichen Mietzins für ein vergleichbares Objekt entsprechen. Denn die Zinszahlungen sind zumindest funktionell Mietzinszahlungen vergleichbar, die unterhaltsrechtlich geschuldet sind, da sie der Familie Wohnraum vermitteln. Daß Zinsleistungen und Mietzinszahlungen nicht gleichgestellt werden können, weil erstere den Gegenwert für die Nutzung des geliehenen Kapitals darstellen, nicht den Gegenwert des für die Überlassung des mit dem Kapital beschafften Gegenstandes, ist insoweit unerheblich[391].

Nach der Trennung ist sowohl bei der Allein- als auch der Mehrverdienerehe ein Ausgleichsanspruch nicht mehr ausgeschlossen. Für diesen Zeitraum gilt damit grundsätzlich das für die Alleinverdienerehe Gesagte entsprechend, wobei dem Grundsatz von Treu und Glauben (§ 242 BGB) wegen der besseren finanziellen Lage auch des anderen Ehegatten bei der Mehrverdienerehe geringeres Gewicht zukommen dürfte als im Falle der Alleinverdienerehe.

Die obigen Ausführungen beziehen sich sämtlich auf die Zeit des Bestehens der Bruchteilsgemeinschaft. Wird die Bruchteilsgemeinschaft durch Teilungsverkauf nach § 753 I BGB aufgelöst, und erhält einer der Teilhaber den Zuschlag, führt dies zu einer abweichenden Beurteilung der Rechtslage: Da der Käufer alleiniger Eigentümer der Immobilie wird, bewirken die nach dem Zuschlag geleisteten Tilgungsraten einen Wertzuwachs, der nur noch ihm, nicht

---

[387] vgl. dazu ausführlich unter 3.1.5.1.
[388] Soergel/Hübner, § 1360 a, Rz. 7
[389] Soergel/Hübner, § 1360 a, Rz. 7
[390] so BGH FamRZ 1984, 980 ff., 981; Soergel/Hübner, § 1360 a, Rz. 7; MüKo/Wacke, § 1360 a, Rz. 5; Gernhuber, JZ 1996, 765 ff., 768 ff.; Gernhuber/Coester-Waltjen, a.a.O., S. 233; a.A. Kleinle, FamRZ 1997, 8 ff., 10
[391] vgl. zum Ganzen Gernhuber, JZ 1996, 765 ff., 768

mehr seinem Partner zugute kommt[392]. Zwar setzt sich die Bruchteilsgemeinschaft der Ehegatten nach dem Zuschlag im Wege der dinglichen Surrogation an dem erzielten Erlös fort. Auch ist aus diesem zunächst die Gesamtschuld zu berichtigen (§ 755 BGB), erst danach ist der Reinerlös unter den Teilhabern entsprechend ihrer Anteile zu verteilen[393]. Häufig wird der Erlös zur Deckung des gesamtschuldnerischen Darlehens aber nicht ausreichen. Verbleibende Zins- und Tilungsleistungen können aus den oben genannten Gründen nicht mehr zu einem Ausgleichsanspruch nach § 426 BGB gegen den nicht mehr am Gegenstand beteiligten Ehegatten führen, weil sie allein zu einer Vermögensmehrung auf seiten des tilgenden Ehegatten führen.

3.1.5.4.1.1.3 Zusammenfassung

Aus dem oben Gesagten ergibt sich also folgendes:

Besteht zwischen Ehegatten eine Bruchteilsgemeinschaft, ist zu prüfen, ob sich im Rahmen des Anspruchs aus § 426 I BGB nicht aus dieser Sonderbeziehung eine „anderweitige Bestimmung" herleiten läßt. Dabei ergibt sich aus den §§ 748, 755 BGB der Grundsatz, daß die Teilhaber für die zur Finanzierung des gemeinschaftlichen Gegenstands aufgenommenen Verbindlichkeiten im Zweifel nach ihren Anteilen an dem Gemeinschaftseigentum haften. Je nach konkreter Ausgestaltung der Lebensverhältnisse kann jedoch eine stillschweigend getroffene abweichende Haftungs- und Schuldentilgungsvereinbarung zwischen den Ehegatten angenommen werden. Scheitert die Partnerschaft der Eheleute, können beide eine ihrem Interesse entsprechende Neuregelung der Verwaltung und Benutzung nach § 745 II BGB nach billigem Ermessen und unter Berücksichtigung des Grundsatzes von Treu und Glauben (§ 242 BGB) verlangen. Zu berücksichtigen sind dabei unter anderem der Mietwert der Immobilie, die Lasten und Kosten im Sinne des § 748 BGB, die Zins- und Tilgungsleistungen seit endgültiger Trennung und eventuelle Mieteinnahmen.[394].

Eine Neuregelung nach § 745 II BGB mit dem Inhalt, daß der nutzende Ehegatte dem anderen eine Nutzungsentschädigung für die von ihm gezogenen Gebrauchsvorteile schuldet, läßt den Anspruch aus § 426 BGB des nutzenden Ehegatten unberührt[395]. Es wird durch sie allenfalls ein aufrechenbarer Gegenanspruch des die Sache nicht nutzenden Ehegatten begründet.

---

[392] BGH, a.a.O., 679

[393] Palandt/Thomas, § 753, Rz. 5

[394] BGH JZ 1983, 852 ff., 854 f.; Wever, FamRZ 1986, 905 ff., 906

[395] BGH, a.a.O., 855; BGH FamRZ 1993, 676 ff., 678

Erfolgt die Neuregelung dergestalt, daß der nutzende Ehepartner die Zins- und Tilgungsleistungen hinsichtlich der für das Eigenheim aufgenommenen Kredite allein übernimmt, so wird auch dadurch der Anspruch aus § 426 BGB nicht ausgeschlossen. Der insoweit „freigesprochene" Ehegatte kann in diesem Fall seinen Anspruch sowohl aus den Bruchteilsvorschriften als auch aus § 426 BGB herleiten. Allerdings besteht insoweit ein Zusammenhang, als die im Rahmen der Bruchteilsgemeinschaft getroffenen Vereinbarung zugleich eine „anderweitige Bestimmung" im Sinne des § 426 I BGB darstellt. Im Ergebnis wird die einvernehmliche Nutzungsregelung somit zum Ausgleichsmaßstab[396].

3.1.5.4.1.2 Alleineigentum

Betrachten wir nun die Konstellation, in der der gesamtschuldnerisch aufgenommene Kredit der Finanzierung eines im Alleineigentum stehenden Eigenheims eines der Ehegatten dient.[397]

Auch insoweit ist hinsichtlich des Zeitraumes vor und nach Scheitern der Ehe zu differenzieren:

3.1.5.4.1.2.1 Während des Bestehens der intakten Partnerschaft

Grundsätzlich gilt, daß im Innenverhältnis zwischen den Gesamtschuldnern denjenigen die alleinige Verpflichtung zur Schuldentilgung trifft, für dessen Haus das Darlehen gemeinschaftlich aufgenommen wurde[398].

Für die Dauer der intakten Ehe wird diese Maxime jedoch von der konkreten Ausformung der ehelichen Lebensverhältnisse überlagert. Diese kann - wie bei der im Miteigentum beider Partner stehenden Immobilie - zum Beispiel darin bestehen, daß nur der alleinverdienende Ehegatte oder beide Ehegatten entsprechend ihrer Einkünfte das Darlehen tilgen[399] beziehungsweise für die Zinszahlungen aufkommen.

---

[396] MüKo/Selb, § 426, Rz.7

[397] zu diesem Fall vgl. OLG Köln FamRZ 1992, 318 ff.

[398] so auch OLG Köln, a.a.O., 318

[399] so auch OLG Köln, a.a.O., 318

Gernhuber[400] will dagegen auch hier mit einem zwischen den Ehegatten abgeschlossenen Kooperationsvertrag arbeiten und zwischen Tilgungsleistungen und Zinsendienst trennen. Sei ein Vertrag nicht festzustellen, so sei der Zinsendienst als Teil des Familienunterhalts nach dem Verhältnis aufzuteilen, in dem die finanziellen Unterhaltsbeiträge zueinander stünden. Erfülle ein Ehegatte seine Unterhaltspflicht ausschließlich mit tatsächlichen Betreuungsleistungen, so habe der andere den Zinsendienst zu übernehmen. Die Tilgung der Schuld dagegen falle ausnahmslos dem Alleineigentümer zur Last. Ihm allein komme der Vermögenszuwachs zugute; ihm allein obliege es auch, die mit ihm verbundenen Lasten zu tragen.

Dabei wird aber der konkreten Höhe des Wohnwertes zu wenig Beachtung geschenkt. Weiter sprechen die unter 3.1.5.4.1.1.1. angeführten Argumente gegen die Ansicht Gernhubers.

3.1.5.4.1.2.2 Nach Scheitern der Beziehung

Bei dem im Eigentum nur eines der Ehepartner stehenden Haus wird jedoch im Regelfall der andere Ehegatte nach Trennung infolge des Scheiterns der Ehe von der Immobilie nicht mehr - zum Beispiel über den Wohnwert - profitieren. Ab diesem Zeitpunkt muß der Eigentümer derselben die Darlehensbelastung im Innenverhältnis daher grundsätzlich allein auf sich nehmen[401]. Nach Aufhebung der ehelichen Lebensgemeinschaft nämlich besteht im allgemeinen für die Ehegatten keine Veranlassung mehr, sich gegenseitig weitere Vermögensmehrungen zugute kommen zu lassen[402].

Hält die Nutzung des dinglich nicht berechtigten Ehegattens dagegen ganz oder teilweise an, so muß er einen seiner Nutzung entsprechenden Anteil an den Nutzen oder Lasten übernehmen, oder aber seinem Partner eine entsprechende Nutzungsvergütung zahlen (vgl. § 1361 b II BGB)[403]. Ein dahingehender Anspruch des Eigentümers entfällt allerdings, wenn dieser Trennungsunterhalt zu leisten hat und er dieser Verpflichtung in Ansehung des Wohnbedarfs durch Nutzungsüberlassung seines Eigentums nachkommt[404].

---

[400] Gernhuber, JZ 1996, 765 ff., 773

[401] so auch MüKo/Selb, § 426, Rz. 7; Schwab, a.a.O., Rz. 100

[402] vgl. OLG Köln, a.a.O., 318

[403] bei Festlegung der Nutzungsvergütung ist zu berücksichtigen, wer nach dem Innenverhältnis für die gesamtschuldnerische Verpflichtung aufzukommen hat (Wever, a.a.O., Rz. 87-89; Jung, a.a.O., S. 137). Dabei ist zu beachten, daß das Familiengericht im Rahmen des § 1361 b BGB nicht befugt ist, mit seiner Entscheidung in den ursprünglichen Verteilungsmaßstab für die Lastentragung nach § 426 I S. 1 BGB ändernd einzugreifen (Jung, a.a.O., S. 138 f.); insoweit bleibt ihm nur die Alternative, auf eine vernünftige Einigung der Ehegatten hinzuwirken (Jung, a.a.O., S. 140); zu Einzelheiten vgl. Jung, a.a.O., S. 137 ff.

[404] vgl. Gernhuber, JZ 1996, 765 ff., 773

Da - anders als bei den oben abgehandelten Fällen - die Immobilie nicht im Miteigentum beider Ehegatten steht, greifen die Regeln der Bruchteilsgemeinschaft nicht ein, so daß zum Beispiel auch kein Anspruch auf Neuregelung der Nutzung nach § 745 II BGB geltend gemacht werden müßte[405].

In diesem Zusammenhang aufgrund seiner auf den ersten Blick bestehenden Abweichung von den eben genannten Grundsätzen interessant ist ein durch den IV. Zivilsenat entschiedener Fall aus dem Jahre 1987[406]. In dieser Entscheidung geht es unter anderem um die Ausgleichspflicht des Ehemannes hinsichtlich eines nach der Trennung durch die Ehefrau getilgten Darlehensteils, der während der (Mehrverdiener-)Ehe zum Umbau des im Alleineigentums der Ehefrau stehenden Familienwohnheims verwendet wurde. Der BGH bejaht die Ausgleichspflicht des Mannes mit folgender Begründung[407]:

Die Parteien hätten das Haus nach dem Umbau gemeinsam dreizehn Jahre lang bewohnt. Bei dieser Sachlage halte es sich im Rahmen des dem Tatrichter zustehenden Beurteilungsspielraumes, wenn dem fehlenden Miteigentum des Ehemannes keine entscheidende Bedeutung zugemessen werde. Wenn wie im fraglichen Fall beide Ehegatten Einkommen bezögen, gehörten Aufwendungen zur Deckung des Wohnbedarfes zum beiderseits zu leistenden Familienunterhalt (§§ 1360, 1360 a I). Angesichts der langen Dauer der gemeinsamen Nutzung des Wohnhauses und der verhältnismäßig geringen Höhe der durch das Darlehen finanzierten Investitionen begegne auch das Fehlen der Erwägung des Berufungsgerichts, ob die Trennung der Parteien die Verhältnisse so verändert habe, daß sich nunmehr aus der besonderen Gestaltung des tatsächlichen Geschehens eine abweichende Bestimmung nach § 426 I S. 1 BGB ergeben hätten, keine durchgreifenden rechtlichen Bedenken.

Auch diese Lösung aber widerspricht den angeführten Grundsätzen nicht:

Das Darlehen diente dem Umbau einer Immobilie, die anschließend auch von dem Ehemann noch eine erhebliche Zeit - dreizehn Jahre - zu Wohnzwecken genutzt wurde. Es kann davon ausgegangen werden, daß der Wert geringer Investitionen sich innerhalb dieses Zeitraums nahezu aufhebt. Zum Zeitpunkt der Trennung der Parteien hatten daher von dem Darlehen beide Parteien in gleichem Maße profitiert, aufgrund der zu vernachlässigenden Wertsteigerung war ein über die Trennung hinausgehender Nutzen der Darlehensaufnahme weder bei der Eigentümerin noch bei ihrem Ehemann zu berücksichtigen. Daraus ergibt sich, daß dem Ehemann nicht aufgrund der Trennung ein weiteres Profitieren an der Kreditaufnahme versagt blieb, sondern daß dies auf die zeitlich bedingte Entwertung der mit dem Darlehen finanzier-

---

405 vgl. OLG Köln, a.a.O., 318
406 BGH NJW 1988, 133 f.
407 BGH, a.a.O., 134

ten Investitionen zurückzuführen war. Mann und Frau hatten aus dem Kredit in annähernd gleichem Umfang Nutzen gezogen. In diesem Fall ist es gerechtfertigt, den Ehemann auch im Innenverhältnis in gleicher Höhe wie die Frau haften zu lassen, mag auch die Tilgung des fraglichen Darlehensteils erst nach Trennung der Parteien erfolgt sein.

3.1.5.4.2 Fallgruppe 2: Kreditaufnahme zu gewerblichen bzw. beruflichen Zwecken

Zentrale Frage in einer Ehe ist neben der Problematik der Unterbringung der Familie die der Aufbringung des von ihr benötigten Lebensunterhaltes. Aus diesem Grund betreffen eine Vielzahl der durch Ehegatten gesamtschuldnerisch aufgenommene Kredite den gewerblichen oder beruflichen Bereich.

Die rechtliche Beurteilung orientiert sich wie bei der oben angesprochenen Finanzierung des Eigenheims daran, welchen Zeitraum die Kreditzahlungen betreffen, wer den finanzierten bzw. unterstützten Gewerbebetrieb oder die Berufstätigkeit ausübt, sowie daran, wer in der Ehe Einkommen bezieht.

3.1.5.4.2.1 Nach Scheitern der Ehe

Ebenso wie bei einer im Alleineigentum eines der Ehegatten stehenden Immobilie, kann bei einem nur einem der Partner gehörenden Gewerbebetrieb von der stillschweigenden Vereinbarung nach § 426 I S. 1 2. HS BGB ausgegangen werden, daß der andere nur insoweit durch den dafür aufgenommenen Kredit belastet werden solle, als er von diesem unmittelbar profitiert[408]. Davon kann bloß solange gesprochen werden, als die aus dem Beruf oder Gewerbebetrieb erwachsenden Erträge beiden Ehegatten zufließen, ein Prosperieren des Unternehmens also nicht nur dessem Inhaber zugute kommt. Nach Scheitern der Ehe ist das in der Regel nicht mehr der Fall.

[408] im Ergebnis so auch OLG Hamm FamRZ 1994, 960 f.; Nickl, NJW 1991, 3124 ff., 3125, die darauf abstellen wollen, ob der nicht am Betrieb beteiligte Ehegatte - in beiden Fällen die Ehefrau - lediglich aus formellen Gründen bei der Bank für den Kredit des Partners mitunterzeichnet hat; zu eng ist dagegen die Ansicht Gernhubers (JZ 1996, 765 ff., 775) der vollkommen außer acht läßt, daß auch dem an dem Geschäftsbetrieb unbeteilgten Ehegatten aus der Darlehensaufnahme Vorteile erwachsen können. Nach Gernhuber (a.a.O.) nämlich sollen Kredite, die ausschließlich im Geschäft eines der Ehegatten Verwendung fanden, von dem Alleininhaber ohne jeden Innenausgleich zu tilgen sein.

Nach einer Entscheidung des BGH aus dem Jahre 1967[409] muß sich der Eigentümer des Gewerbebetriebes daher für die Zukunft so behandeln lassen, als ob ihm die aus dem Kredit erlangten Mittel in Höhe des Betriebswertes alleine zugeflossen wären. Das bedeutet, daß er die Darlehensschuld in diesem Umfang im Innenverhältnis allein zu tragen hat. Darüber hinausgehende Verbindlichkeiten fallen dagegen beiden Teilen zur Last.

Problematisch erscheint diese Entscheidung auf den ersten Blick dann, wenn dem am Betrieb nicht beteiligten Ehegatten noch während der Ehezeit aus dem Betrieb erhebliche Beträge zugeflossen sind, die eventuell sogar die Darlehenssumme überstiegen haben können. Aber auch in diesem Fall bietet das Abstellen auf den Betriebswert ein brauchbares Kriterium, wie folgende Überlegung zeigt: Mit Hilfe der gesamtschuldnerischen Kreditaufnahme wurde ein Vermögenswert geschaffen, der nach Scheitern der Ehe nur zu einer Bereicherung des Betriebsinhabers führt. Ohne das Darlehen befände sich dieser Wert nicht im Vermögen des begünstigten Ehegatten. Letzterer muß sich daher so behandeln lassen, als hätte er allein das Darlehen aufgenommen, um für sich einen bleibendes Gut zu schaffen. Der Unternehmenswert im Zeitpunkt des Scheiterns der Ehe nämlich führt zu einer Besserstellung einzig des Eigentümers, von den während der Ehe abgeworfenen Erträge haben dagegen beide Partner profitiert.

Wurde der gesamtschuldnerische Kredit nicht aufgenommen, um die Neugründung eines Unternehmens zu finanzieren, sondern zum Zwecke von Investitionen in ein bereits bestehendes Unternehmen, muß die im Trennungszeitpunkt dadurch erfolgte Steigerung des Unternehmenswertes entscheidend sein. Das bedeutet, daß der Eigentümer die Darlehensschuld im Innenverhältnis alleine tragen muß, soweit eine Steigerung des Unternehmenswertes eingetreten ist.

Damit wurde aber bisher nur festgestellt, daß dem an dem Gewerbebetrieb nicht beteiligten Ehegatten nach Scheitern der Ehe gegen den Inhaber Ausgleichsansprüche nach § 426 I BGB zustehen, soweit das Darlehen den Wert des Unternehmens nicht übersteigt bzw. sich im Rahmen der Steigerung des Unternehmenswertes hält.

Hinsichtlich der über den Unternehmenswert bzw. dessen Steigerung hinausgehenden Kreditraten äußert sich der BGH nicht weiter. Nach den oben angeführten Grundsätzen besteht bei einer Begleichung von diesbezüglichen Raten erst nach Scheitern der Ehe in der Regel eine hälftige Ausgleichspflicht nach § 426 I BGB, da mit der Trennung für die Ehegatten der Anstoß entfällt, sich gegenseitig weitere Vermögensmehrungen zukommen zu lassen. Dies gilt unabhängig davon, welcher der beiden Partner über seinen hälftigen Haftungsanteil hinaus Schulden beglichen hat.

---

[409] BGH NJW 1967, 1275 ff., 1278

3.1.5.4.2.2 Während Bestehens der intakten Ehe

Anders verhält es sich hinsichtlich während des Bestehens der intakten Ehe geleisteter Ratenzahlungen - unabhängig davon, ob diese über den Unternehmenswert hinausgehen.

Hier sind vor allem zwei Aspekte entscheidend: Erstens die konkrete Gestaltung der Lebensverhältnisse durch die Ehegatten während ihres Zusammenlebens, zum zweiten die Frage, wer die Tilgung der Darlehenssumme herbeigeführt hat.

Auch wenn der am Unternehmen nicht beteiligte Ehepartner während des Funktionierens der Partnerschaft von der Kreditaufnahme unmittelbar profitiert - etwa dadurch, daß die Erträge aus dem Betrieb zur Existenzgrundlage der Familie beigetragen haben -, hat das nicht ohne weiteres seine Haftung nach dem Innenverhältnis zur Folge. Vielmehr muß - wie auch in den anderen Fallgruppen - jeweils die konkrete Ausformung der ehelichen Lebensverhältnisse berücksichtigt werden.

Erwirtschaftet nur einer der Ehegatten Einkommen, während der andere durch seine Haushaltstätigkeit zum Lebensunterhalt beiträgt, kann wiederum eine konkludente Vereinbarung nach § 426 I S. 1 2. HS BGB angenommen werden, daß der das Einkommen beziehende Ehegatte die Zins- und Tilgungsleistungen allein erbringen solle. Das bedeutet, daß hinsichtlich während der Partnerschaft durch den verdienenden Ehegatten geleisteten Darlehensraten ein Ausgleichsanspruch nach § 426 BGB entfällt, selbst wenn der Kredit den Unternehmenswert im Zeitpunkt des Scheiterns der Ehe überstiegen haben sollte. Spiegelbildlich dazu steht dem keine Einkünfte beziehenden Partner bereits vor Zahlung an den Gläubiger der Ausgleichsanspruch nach § 426 I BGB gegen den einkommensstarken Partner in voller Höhe als Befreiungsanspruch zu[410]. Eine Begleichung der Schulden durch den einkommenslosen Ehegatten ist mangels Leistungsfähigkeit kaum denkbar.

Handelt es sich dagegen um eine Mehr- bzw. Zuverdienerehe, richten sich die Haftungsanteile nach den konkreten Umständen des Einzelfalles, insbesondere nach dem Ausmaß des durch den Kredit geschaffenen Nutzens für den einen oder anderen Ehegatten. Dementsprechend werden Kredite, die einem gemeinsam betriebenen Geschäft zugute kommen, zwischen den Partnern regelmäßig nach dem Verhältnis ihrer Geschäftsanteile aufzuteilen sein[411].

[410] vgl. dazu ausführlich unter 3.1.1.

[411] so auch Gernhuber, JZ 1996, 765 ff., 775

Inwieweit bei Trennung der Ehegatten hinsichtlich eines beiden oder nur einem gehörenden Unternehmens gesellschaftsrechtliche[412] oder auftragsrechtliche[413] Ansprüche in Betracht kommen, wird noch an späterer Stelle ausführlich behandelt werden.

3.1.5.4.3 Fallgruppe 3: Kredit dient dem Erwerb herkömmlicher Konsumgüter

Teilweise erfordern in einer Familie nicht nur sehr große und bedeutende Anschaffungen - wie Eigenheim und eigener Gewerbebetrieb - eine Kreditaufnahme. Das familiäre Einkommen ist insbesondere bei Gründung der Ehe nicht selten derart gering, daß sogar die alltägliche Lebensführung zunächst durch Kredite finanziert werden muß. Reichen die Einnahmen des Paares zur Begleichung der diesbezüglich entstehenden Kosten aus, bezieht sich ein Darlehen oft auf sogenannte Luxusgüter, Reisen oder einen in anderer Weise aufwendigen Lebensstil.
Unter diese Fallgruppe fällt auch die Finanzierung von Hausratsgegenständen mit Hilfe gesamtschuldnerischer Kreditaufnahmen. Diesbezüglich gilt zunächst das unter 3.1.4.1. Gesagte entsprechend. Kommt es nicht zu einer richterlichen Bestimmung im Zusammenhang mit der HausratsV[414], gelten die folgenden Ausführungen auch für diese Güter.

Dabei ist zunächst fraglich, ob Ausgaben für die alltägliche Lebensführung im Vergleich zu solchen für sogenannte Luxusgüter von vornherein eine unterschiedliche rechtliche Beurteilung erfordern. So gesteht Nickl bezüglich Schulden zur gemeinsamen Lebensführung bei früherer Haushaltstätigkeit dem verdienenden Teil nur dann einen Ausgleichsanspruch zu, wenn die Parteien dadurch „über ihre Verhältnisse" gelebt hätten.[415]

Anhaltspunkte für eine unterschiedliche Behandlung der fraglichen Verpflichtungen könnten sich aus § 1357 BGB ergeben. Dort kommt zweierlei zum Ausdruck: Zumindest im Außenverhältnis hielt der Gesetzgeber eine differenzierte Betrachtung von Geschäften, die die angemessene Deckung des Lebensbedarfes betreffen, gegenüber solchen, die darüber hinausgehen, für erforderlich. Des weiteren führt die Aufnahme von - zumindest kurzfristigen[416] - Kre-

[412] vgl. dazu etwa BGH, a.a.O., 1277 f.; BGH FamRZ 1972, 362 f.; BGH FamRZ 1989, 835 ff., 837; Nickl, NJW 1991, 3124 ff., 3125 f.
[413] dazu z.B. BGH, a.a.O., 363; BGH, a.a.O., 837 f.
[414] nach Gernhuber (JZ 1996, 765 ff., 774) hat die Ermächtigung des Richters kaum praktische Bedeutung erlangt.
[415] Nickl, NJW 1991, 3124 ff., 3125
[416] vgl. dazu LG Essen NJW 1968, 1527; LG Saarbrücken NJW 1971, 626 f., 626

diten nur insoweit regelmäßig zu einer Gesamtschuldnerschaft der Ehegatten, als diese sich auf die Finanzierung von Geschäften zur Deckung des angemessenen Lebensbedarfes beziehen (§ 1357 I S. 2 BGB). Um ein Geschäft zur angemessenen Deckung des Lebensbedarfes handelt es sich, wenn darüber eine Verständigung zwischen den Ehepartnern gewöhnlich nicht als notwendig angesehen werden muß[417].

Es darf aber nicht vergessen werden, daß § 1357 BGB allein das Außenverhältnis regelt, während es an dieser Stelle um die Betrachtung des Innenverhältnisses geht. Darüber hinaus ist streitig, ob § 1357 BGB auch bei langfristigen Krediten Anwendung findet, oder ob vor deren Eingehung eine Verständigung zwischen den Partnern als notwendig angesehen werden muß[418]. Um derartige langfristige Kreditaufnahmen wird es sich hier aber in erster Linie handeln. Von Interesse sind vor allem die Fälle, in denen die Anschaffung des materiellen oder immateriellen Konsumgutes mit Hilfe einer vorhergehenden Darlehensaufnahme - in der Regel bei einer Bank - finanziert wurde.

Damit steht fest, daß eine direkte Anwendung des § 1357 BGB nicht in Betracht kommt. Ob diese Vorschrift für die Argumentation hinsichtlich der rechtliche Beurteilung des Innenverhältnisses dennoch eine Hilfestellung bieten kann, wird sich noch zeigen. Jedenfalls ergibt sich daraus nicht die Notwendigkeit einer von vornherein getrennten rechtlichen Betrachtung von Konsumgütern zur Deckung des angemessenen Lebensbedarfes im Vergleich zu anderen[419]. Im folgenden wird daher zunächst nur danach differenziert, ob die das Darlehen betreffenden Zahlungen während des Zeitraums der intakten Ehe oder erst nach der Trennung erfolgten.

3.1.5.4.3.1 Zahlungen während des Funktionierens der Ehe

Erfolgten die Zahlungen während des Funktionierens der Partnerschaft, ist auch bei dieser Fallkonstellation die konkrete Ausgestaltung der ehelichen Lebensverhältnisse entscheidend. Das bedeutet, daß der kein Einkommen beziehende, aber dafür den Haushalt führende Partner dem verdienenden nicht zum Ausgleich nach dem Innenverhältnis verpflichtet ist, soweit letzterer Darlehensraten tilgt[420]. Oder anders ausgedrückt: der einkommenslose hat gegen den

---

[417] vgl. dazu Palandt/Diederichsen, § 1357, Rz. 14

[418] vgl. dazu Palandt/Diederichsen, § 1357, Rz. 13; die Klärung der Streitfrage gehört nicht unmittelbar zum Thema und würde hier zu weit führen

[419] ähnlich im Ergebnis auch Gernhuber, JZ 1996, 765 ff., 767

[420] das ergibt sich bei den aufgrund des § 1357 I BGB bestehenden Gesamtschulden schon daraus, daß - wie Gernhuber (JZ 1996, 765 ff., 767) schreibt - die davon erfaßten Geschäfte gegenständlich auf den Unterhalt der Familie zu beziehen sind (vgl. § 1360 a I BGB, 1610 II BGB). Es gebe daher keine gesamtschuldnerisch ver-

die Einkünfte erzielenden Ehegatten einen Ausgleichsanspruch nach § 426 BGB in voller Höhe, sei es in Form eines Befreiungsanspruches, sei es als Zahlungsforderung[421].

Beziehen beide Partner Einkünfte, entscheiden wiederum die konkreten Umstände des Einzelfalles. Wie schon unter 3.1.5.1. ausführlich dargelegt wurde, ist aber auch hier der in § 1360 b BGB festgehaltenen Grundsatz zu beachten, daß ein Partner hinsichtlich der während intakter Ehe über seinen Haftungsanteil hinausgehenden Zahlungen im Zweifel keine Ausgleichsabsicht hegt, wenn es sich dabei um solche mit unterhaltsrechtlichem Charakter handelt. Ist das der Fall, scheiden Ausgleichsansprüche der Ehegatten regelmäßig also auch dann aus, wenn die Partner bewußt oder unbewußt über ihre ökonomischen Verhältnisse gelebt haben[422].

3.1.5.4.3.2 Tilgungsraten nach erfolgter Trennung

Betrachten wir nun die rechtliche Situation bezüglich der nach der Trennung geleisteten Ratenzahlungen: Wie bereits oben festgestellt wurde, besteht nach Scheitern der Partnerschaft für die Ehegatten in der Regel keine Veranlassung mehr, sich gegenseitig weitere Vermögensmehrungen zukommen zu lassen[423]. Zu beachten ist allerdings, daß die Vermutung des § 1360 b BGB auch bei Getrenntleben der Ehegatten eingreift. Genauere Ausführungen diesbezüglich finden sich unter 3.1.5.1..

Dennoch vertritt das OLG Hamm[424] in einem Urteil aus dem Jahre 1990 hinsichtlich Kreditverbindlichkeiten zum Zwecke des Erwerbs herkömmlicher Konsumgüter die Ansicht, die vom Halbteilungsgrundsatz des § 426 I S. 1 1. HS BGB abweichende Bestimmung wirke über die Trennung hinaus fort.

In dieser Entscheidung ging es um folgenden Sachverhalt: Die Parteien nahmen während der Ehe vor ihrer Trennung im September 1982 gesamtschuldnerisch ein Darlehen auf, um mehrere aus der Zeit ihres nichtehelichen Zusammenlebens stammende Kredite zu löschen. Diese Kredite in Höhe von insgesamt 26 000 DM wurden von dem späteren Ehemann zur Finanzierung eines Kraftwagenkaufes und Möbelkäufen aufgenommen. Darüber hinaus diente das gesamtschuldnerische Darlehen dem Ausgleich eines Debetsaldos von etwa 10 000 DM auf

pflichtenden Rechtsgeschäfte, die zwar der Deckung des Lebensbedarfs der Familie dienten, jedoch eine Gesamtschuld begründetet, deren Innenausgleich nicht vom Unterhaltsrecht gesteuert werde.

421 vgl. dazu eingehend unter 3.1.1.; so im Ergebnis auch Gernhuber, JZ 1996, 765 ff., 773 f.

422 so auch Gernhuber, JZ 1996, 765 ff., 773

423 BGH NJW 1983, 1845 ff., 1846; BGH JZ 1983, 852 ff., 854

424 OLG Hamm FamRZ 1990, 1359 ff.

einem Girokonto der Ehefrau, das auf kleinere Anschaffungen und Ausgaben zur Lebensführung zurückzuführen war. Die arbeitslose Ehefrau hatte aufgrund der langen Dauer ihrer Arbeitslosigkeit im Zeitpunkt der Darlehensaufnahme keine Berechtigung zum Bezug von Arbeitslosengeld mehr; wegen der Geburt eines Kindes trat sie bis zum Zeitpunkt des Urteils eine Arbeitsstelle auch nicht mehr an.

Für die Zeit der intakten Ehe nimmt das OLG Hamm an, die Arbeitslosigkeit hindere die Frau daran, ihren Beitrag zur gemeinschaftlichen Lebensführung anders als durch die Hausarbeit zu leisten. Es sei daher von einer „anderweitigen Bestimmung" gemäß § 426 I S. 1 2. HS. BGB in dem Sinne auszugehen, daß alle anderen Lasten und mithin auch die Verzinsung und Tilgung des gesamtschuldnerischen Darlehens zwangsläufig allein von dem Mann getragen werden müßten.

Dieses Ergebnis stimmt mit den oben genannten Grundsätzen überein und bedarf daher keiner näheren Betrachtung.

Interessant ist aber die Meinung des OLG, die „anderweitige Bestimmung" nach § 426 I S. 1 2. HS BGB wirke über die Trennung der Parteien und die Scheidung ihrer Ehe hinaus fort[425], so daß auch hinsichtlich der nach der Trennung erbrachten Zahlungen ein Ausgleichsanspruch des Ehemannes entfalle. Die Begründung lautet folgendermaßen[426]:

Wer durch Rechtsgeschäft zusammen mit einem anderen eine gesamtschuldnerische Verpflichtung gegenüber einem Dritten eingehe, übernehme diese Schuld, wenn laut „anderweitiger Bestimmung" der andere Schuldner im Innenverhältnis allein zur Tilgung verpflichtet sein solle, im Vertrauen auf die Unabänderlichkeit dieser Bestimmung, sofern sie nicht etwa eine beschränkte oder bedingte Wirkung erkennbar vorsehe. Könnte nämlich - wenn Ehepartner als Gesamtschuldner ein Darlehen aufnähmen - derjenige, der nichts oder nicht wesentlich mehr als seinen dringenden Lebensbedarf verdiene und deshalb zur Darlehenstilgung nicht beitragen könne, auf die unabänderliche Wirkung der „anderweitigen Bestimmung" zu Lasten des anderen Partners auch über die Dauer der Ehegemeinschaft hinaus nicht vertrauen, würde er sich vernünftigerweise zur Begründung einer gesamtschuldnerischen Verpflichtung gegenüber einem Dritten nicht bereit finden. Denn ein Scheitern der Gemeinschaft schon vor Tilgung der gemeinsam eingegangenen Verbindlichkeit könne nicht ausgeschlossen werden. Dies müsse, da Banken Eheleuten nahezu ausnahmslos Darlehen nur bei gesamtschuldnerischer Haftung beider Ehepartner gewährten, dazu führen, daß Ehen, falls die zu ihrer Begründung erforderlichen Mittel anders als durch Darlehensaufnahme nicht beschafft werden könnten, nicht oder nur unter erschwerten Umständen eingegangen werden

[425] vgl. OLG Hamm, a.a.O., 1360
[426] vgl. OLG Hamm, a.a.O., 1360 f.

könnten. Dem stehe auch nicht entgegen, daß die Leistung des während des Zusammenlebens den Haushalt führenden Teils mit Ende der Gemeinschaft entfalle, da die finanziellen Leistungen eines Partners und die Leistungen des anderen bei der Haushaltsführung sich nicht als Gegenleistung gegenüberstünden. Den Partnern einer Ehe sei die Vorstellung fremd, es könnten für Leistungen im gemeinsamen Interesse ohne besondere Vereinbarung Gegenleistungen, Wertersatz, Ausgleichung oder Entschädigung verlangt werden.

Auf die Geltungsdauer der anderweitigen Bestimmung sei es auch ohne Einfluß, ob die Gegenstände, die mit der Valuta des gemeinsam aufgenommenen Kredits finanziert worden sei, bei Aufhebung der ehelichen Gemeinschaft noch vorhanden seien und ganz oder teilweise im Eigentum des Partners stünden, der im Innenverhältnis die Kreditleistung nicht zu tragen habe. Ein etwaiger Vermögenszuwachs auf Kosten des durch die „anderweitige Bestimmung" belasteten Partners werde - wenn nicht bereits bei der Hausratsteilung - beim Zugewinnausgleich beziehungsweise der Berechnung des Trennungsunterhalts gerecht ausgeglichen.

Zusammengefaßt ist das OLG Hamm also der Meinung, der mittellose Ehegatte dürfe auch nach der Trennung mit den gesamtschuldnerisch aufgenommenen Verbindlichkeiten nicht belastet werden. Diese Ergebnis mag im Einzelfall zutreffen. Als Grundsatz ist es aber fraglich. Dabei fällt insbesondere die Behauptung des OLG ins Auge, die Eigentumsverhältnisse seien in bezug auf die Verneinung des Ausgleichsanspruches unerheblich; spielte doch bei den bisher behandelten Fallgruppen die Frage des Eigentums, in dem sich der bleibende Nutzen verkörpert, eine erhebliche Rolle.

Auch für die an dieser Stelle behandelte Fallgruppe läßt sich eine abweichende Beurteilung nicht sinnvoll vertreten[427]. Dies gilt selbst dann, wenn man sich der Ansicht anschließt, aus § 1357 BGB folge für die im Rahmen des angemessenen Lebensbedarfs angeschafften Gegenstände stets das hälftige Miteigentum beider Ehegatten, denn in § 1357 I S. 2 1. HS BGB werde auf die Berechtigung und Verpflichtung beider Partner abgestellt; mithin bestünde hinsichtlich der Eigentumsverhältnisse bei den fraglichen Gütern Besonderheiten. Unabhängig davon nämlich, ob man das angesprochenen Verständnis von § 1357 BGB teilt[428], ergibt sich daraus keine Hilfestellung für die Argumentation. Denn nach den in den bisher behandelten Fallgruppen herausgearbeiteten Grundsätzen würde die Annahme eines hälftigen Miteigentums zu gleichen Haftungsanteilen der Partner, nicht aber zu einer Haftungsfreistellung der Ehefrau führen.

Daß Hausrat im Rahmen seiner Verteilung durch den Richter über § 8 II HausratsV als gemeinsames Eigentum der geschiedenen Ehepartner gilt, soweit nicht § 1370 BGB eingreift,

[427] zu diesem Ergebnis kommt auch Jung, a.a.O., S. 123
[428] Nach richtiger Ansicht entfaltet § 1357 BGB keine dingliche Wirkung (Palandt/Diederichsen, § 1357, Rz. 22)

hilft aus dem gleichen Grund nicht weiter. Obendrein werden nach § 8 I, III S. 1 HausratsV alle im Miteigentum der Ehegatten stehenden Hausratsgegenstände anläßlich der Scheidung[429] kraft Hoheitsaktes jeweils einem der Partner zum Alleineigentum übertragen. Gerade in diesem Zusammenhang wird die Bedeutung der diese Güter betreffenden Eigentumsverhältnisse abermals deutlich. Nach § 10 I HausratsV nämlich kann der Richter auch den Haftungsanteil der die Gegenstände betreffenden gesamtschuldnerischen Verbindlichkeiten nach dem Innenverhältnis bestimmen. Die bei dieser Entscheidung nach § 2 HausratsV zu berücksichtigenden Grundsätze der Billigkeit sprechen in der Regel dafür, dem das Alleineigentum erwerbenden Ehegatten für die Zeit nach der Trennung auch die mit dem Gut zusammenhängenden Verbindlichkeiten aufzubürden, weil allein dieser Partner nach Auflösung des gemeinschaftlichen Haushaltes aus dem Gegenstand noch Nutzen zieht. Eine Orientierung am Wert des Gegenstandes - wie dies oben bei dem Unternehmen erfolgte - kommt hier nicht in Betracht, zumal die Mehrzahl der herkömmlichen Konsumgüter gemessen am Marktwert bereits nach kurzer Zeit einen Großteil ihres Wertes eingebüßt hat, für den Verwender aber dennoch von erheblichem Nutzen sein kann.

Entgegen der Ansicht des OLG Hamm muß bei der Beurteilung des Ausgleichsanspruches nach § 426 I BGB demnach auch bei dieser Fallgruppe den Eigentumsverhältnissen erhebliche Bedeutung beigemessen werden. Insbesondere kann dem nicht entgegengehalten werden, daß ein eventueller Vermögenszuwachs auf seiten des durch die „anderweitige Bestimmung" begünstigten Partners im Rahmen des Zugewinnausgleichs gerecht ausgeglichen werde. Denn dabei übersieht das OLG, daß zur Feststellung des Anspruchs auf Zugewinnausgleich die Höhe der Ausgleichsforderung aus § 426 BGB bereits ermittelt worden sein muß. Die Frage der „anderweitigen Bestimmung" im Rahmen des § 426 I BGB stellt mithin eine Vorstufe zur Zugewinnausgleichsrechnung dar. Mit dem Argument, etwaige Belastungen im Rahmen des § 426 I BGB würden bei der Berechnung des Zugewinnausgleichs ohnehin ausgeglichen, würde man den Regreßanspruch des § 426 BGB zwischen im gesetzlichen Güterstand verheirateten Partnern seiner selbständigen Bedeutung berauben. Gerade diese Bedeutung wurde unter 3.1.2.3. aber ausführlich dargelegt.

Daß die angeführte Meinung nicht haltbar ist, erkennt das OLG Hamm offensichtlich selbst. In einer Entscheidung aus dem Jahre 1992[430] nämlich, die sich ebenfalls mit einem Kredit zur Finanzierung von Konsumgütern befaßt, verweist das Gericht ausdrücklich auf die Bedeutung des Verbleibs und des Wertes der angeschafften Gegenstände.

---

[429] vgl. § 1 HausratsV; zwar gilt § 8 HausratsV nach § 18 a HausratsV sinngemäß auch auf die Verteilung des Hausrates im Rahmen der Trennung (§ 1361 a BGB), gemäß § 1361 a IV BGB bleiben dabei die Eigentumsverhältnisse in der Regel aber noch unberührt.

[430] OLG Hamm FamRZ 1993, 710

Die an dem Urteil des OLG Hamm geübte Kritik bedeutet jedoch nicht, daß der Eigentümer des erworbenen Gegenstandes ohne Ausnahme die damit verbundenen Lasten zu tragen hätte. Die Eigentumsverhältnisse stellen bei der Ermittlung der „anderweitigen Bestimmung" im Sinne des § 426 BGB zwar ein wichtiges Indiz dar, es können jedoch weitere Umstände hinzukommen, die der dinglichen Rechtslage die ausschlaggebende Bedeutung nehmen. Der Grundsatz von Treu und Glauben (§ 242 BGB) - im Rahmen der HausratsV wird dieser in § 2 HausratsV lediglich etwas anders formuliert - ist stets in die Entscheidung miteinzubeziehen und verlangt eine Abwägung aller Umstände des Einzelfalles.

Dieser Grundsatz kann aber vor allem bei Gütern, die zur alltäglichen Lebensführung unabkömmlich sind, - und aus diesem Grund von einem einkommenslosen Ehegatten, dem die Mittel zur Beschaffung von Ersatzgütern fehlen, dringend benötigt werden - zu einer Freistellung von den mit dem Gegenstand verbundenen Lasten auch dann führen, wenn der Leistungsunfähige Eigentümer des Gutes ist. Als Hilfestellung dafür, hinsichtlich welcher Güter eine derartige „Privilegierung" gerechtfertigt erscheint, liegt eine Orientierung an den nach §§ 811 ff. ZPO unpfändbaren Sachen nahe. Dabei ist jedoch stets im Auge zu behalten, daß die Entstehung eines Ausgleichsanspruches nicht die Zahlungsfähigkeit des damit belasteten Partners voraussetzt[431].

Anders verhält es sich dagegen bei sogenannten Luxusgütern. Solche werden gemeinhin als entbehrlich angesehen, so daß es nicht gegen Treu und Glauben verstößt, dem Eigentümer der Gegenstände trotz seiner Mittellosigkeit auch die damit verbundenen Verpflichtungen anzulasten. Die Zahlungsunfähigkeit eines der Gesamtschuldner ist kein ausreichender Grund für eine Haftungsfreistellung im Innenverhältnis[432]. Um eine solche Befreiung annehmen zu können, müssen vielmehr weitere erschwerende Umstände hinzukommen. Bei sogenannten Luxusgütern liegen solche Umstände schon deshalb nicht vor, weil sich der Ehepartner, der trotz seiner Leistungsunfähigkeit bewußt die Mithaftung für materielle oder immaterielle Luxusgüter übernimmt, sich ob seiner Unvorsichtigkeit des Vertrauensschutzes begibt. Darüber hinaus können materielle Luxusgüter - zwar in der Regel weit unter Wert, aber doch - verkauft werden, wodurch zumindest ein Teil der aufgelaufenen Schulden beglichen werden könnte.

3.1.5.4.4 Allgemeingültige Beurteilungskriterien

Neben den angesprochenen Fallgruppen sind selbstverständlich noch zahlreiche andere Fälle denkbar, die sich nicht in die behandelten Fallvarianten einordnen lassen. Alle möglichen

[431] BGH FamRZ 1983, 795 ff., 796
[432] vgl. dazu BGH JZ 1983, 852 ff., 853; BGH FamRZ 1989, 147 ff., 149

Fallkonstellationen zu behandeln, würde aber zu weit gehen und zu einer unübersichtlichen Ansammlung von seltener auftretenden Einzelfällen führen. Statt dessen soll im folgenden versucht werden, allgemeine Beurteilungskriterien, die in jedem Einzelfall ein sachgerechtes Ergebnis erlauben, herauszuarbeiten. Dabei fällt zunächst auf, daß in den oben behandelten Fallgruppen einige Punkte wiederholt auftauchen und regelmäßig von ausschlaggebender Bedeutung sind:

Zunächst wird jeweils zwischen der in der Zeit der intakten Ehe und den danach erfolgenden Darlehenstilgungen unterschieden. Darüber hinaus haben die Vermögens- und Einkommensverhältnisse der Ehegatten für die Entscheidung erhebliches Gewicht.[433]

Bei einer Alleinverdienerehe muß der erwerbstätige Ehegatte für die Zins- und Tilgungsleistungen bis zum Scheitern der Partnerschaft allein aufkommen und kann diesbezüglich auch nach Trennung keine Ausgleichsansprüche aus § 426 BGB geltend machen. Dies folgt aus dem in § 1360 S. 2 BGB verankerten Grundsatz der Gleichwertigkeit von Haushalts- und Erwerbstätigkeit.

Anders verhält es sich, wenn beide Ehegatten regelmäßig Einkommen beziehen, respektive über Vermögen verfügen. In diesem Fall richten sich eventuelle Ausgleichsansprüche auch schon vor Scheitern der Ehe nach den konkreten Umständen der Beziehung. Als maßgebliches Kriterium hinsichtlich Ausgaben zur Deckung des Lebensbedarfes kommt insoweit insbesondere das Verhältnis der Einkünfte der Ehegatten in Betracht[434]. Handelt es sich um zu anderen Zwecken aufgenommene gesamtschuldnerische Verbindlichkeiten, spricht nichts gegen eine Beurteilung entsprechend der nach der Trennung anzuwendenden Beurteilungskriterien. Insbesondere wird auch während des Funktionierens der Partnerschaft allein durch die Tatsache, daß der besser verdienende Ehegatten Mehraufwendungen erbracht hat, eine abweichende Bestimmung von der anteiligen Haftung im Innenverhältnis nicht begründet[435]. Dabei darf aber nicht übersehen werden, daß einem Ausgleichsanspruch häufig § 1360 b BGB entgegenstehen dürfte. Jedoch ist die Vermutung der fehlenden Ausgleichsabsicht bei freiwilligen Mehrleistungen zum Unterhalt der Familie widerlegbar, was sich auch aus den Umständen ergeben kann.[436]

Nach Scheitern der Ehe dagegen müssen unabhängig vom Ehetyp besondere Umstände vorliegen, um eine anteilige Haftung nach § 426 BGB auszuschließen. Ob und in welchem Um-

[433] dazu bereits ausführlich unter 3.1.5.1. und 3.1.5.2.

[434] Soergel/Wolf, § 426, Rz. 26

[435] BGH FamRZ 1989, 147 ff., 149

[436] Palandt/Diederichsen, § 1360 b, Rz. 3; vgl. dazu genauer unter 3.1.5.1.

fang ein Ausgleichsanspruch besteht, beurteilt sich vor allem danach, wer in welcher Höhe Tilgungsraten geleistet hat und welchem Zweck das aufgenommene Darlehen dient, das heißt, wer in welchem Umfang von dem Geld unmittelbar profitiert. Dabei hilft der Grundsatz von Treu und Glauben (§ 242 BGB), Härtefälle auszugleichen. Beachtet werden muß insoweit aber, daß die fehlende Leistungsfähigkeit eines Ehegatten allein einen gegen ihn gerichteten Ausgleichsanspruch nicht verhindern kann[437]. Ebenso muß auf der anderen Seite berücksichtigt werden, daß § 1360 b BGB auch unter getrenntlebenden Ehegatten Anwendung findet[438].

Danach gilt folgendes: Steht das finanzierte Gut im Miteigentum beider Partner, richtet sich die Ausgleichspflicht nach der Höhe der Miteigentumsanteile, soweit die Ehegatten daraus auch in dem entsprechenden Verhältnis Nutzen ziehen. Verwendet einer der Partner den Gegenstand trotz der Mitberechtigung des anderens dagegen ausschließlich für seine Zwecke, so muß er - zumindest soweit zwischen Nutzen und Lasten ein ausgewogenes Verhältnis besteht[439] - auch die Lasten alleine tragen, oder aber an den anderen Teilhaber ein angemessenes Nutzungsentgelt entrichten.

Ebenso muß derjenige die gemeinschaftlich eingegangenen Verpflichtungen alleine tilgen, in dessen ausschließlichem Interesse diese aufgenommen wurden. Ein solcher Fall liegt etwa vor, wenn das Geld der Finanzierung des Alleineigentums einer der Ehegatten diente, soweit nicht der Partner trotz seiner fehlenden dinglichen Berechtigung aus dem Gegenstand - etwa durch die gemeinschaftliche Nutzung - in Höhe des fraglichen Kredits profitiert.

Zusammengefaßt ergibt sich aus dem Gesagten, daß vor allem folgende Punkte im Rahmen der Beurteilung einer stillschweigend getroffenen „anderweitigen Bestimmung" nach § 426 I S. 1 2. HS BGB berücksichtigt werden müssen[440]:

- Welcher Ehetypus wurde von den Ehegatten gewählt, d.h. lag eine Allein- oder eine Mehr- bzw. Zuverdienerehe vor? Dabei sind nicht allein die durch Erwerbstätigkeit erlangten Einkünfte entscheidend, sondern auch solche aus sonstigem Vermögen.

- Zu welchem Zweck wurde die Verpflichtung eingegangen; diente sie dem Bedürfnis beider Partner oder wurde sie allein im Interesse eines der Ehegatten aufgenommen?

---

[437] BGH JZ 1983, 852 ff., 853
[438] dazu ausführlich unter 3.1.5.1.
[439] vgl. Haussleiter, a.a.O., Rz. 171
[440] vgl. auch Haussleiter, a.a.O., Rz. 170

- In welchem Zustand befindet sich die Partnerschaft im Zeitpunkt der geleisteten Zahlungen; ist sie noch intakt oder leben die Ehegatten bereits in Trennung?

Über diese Gesichtspunkte hinaus ist in dem Fall, in dem der aufgenommene Kredit der Finanzierung von Gemeinschaftseigentum diente, das Recht der Bruchteilsgemeinschaft (§§ 741 ff. BGB) zu beachten.

Mit Hilfe dieser Maxime gelangt man in nahezu allen Einzelfällen zu interessengerechten Lösungen.

3.2 Zum Vergleich: Anwendung des § 426 I S.1 BGB im Falle der gesamtschuldnerischen Kreditaufnahme durch Partner einer nichtehelichen Lebensgemeinschaft

Immer häufiger wählen Partner als Beziehungsform die einer nichtehelichen Lebensgemeinschaft. Das gilt nicht nur in Hinblick auf eine später ins Auge gefaßte Eheschließung. Oftmals wird diese Gestalt der Partnerschaft im Einverständnis beider auf Dauer geschlossen.

Auch im Rahmen einer nichtehelichen Lebensgemeinschaft kommt es vor, daß die Partner gemeinschaftlich Darlehen aufnehmen - sei es um für die gemeinsame Lebensführung, sei es um für anderweitige Zwecke beider oder eines von ihnen - Geldmittel zu beschaffen. In diesem Fall ist interessant, ob die oben für die Ehe bezüglich eines Ausgleichsanspruches aus § 426 I S. 1 BGB entwickelten Grundsätze sich ohne weiteres auch auf die nichteheliche Partnerschaft übertragen lassen.

Dazu vorweg folgendes: Nehmen die Lebensgefährten gemeinsam einen Kredit auf, haften auch sie selbstverständlich im Außenverhältnis als Gesamtschuldner (§§ 421 i.V.m. 427 BGB). Im Innenverhältnis steht wiederum der Ausgleichsanspruch aus § 426 BGB in Frage. Weil bei Trennung der Partner kein Zugewinnausgleich stattfindet, ist eine Verdrängung des § 426 BGB durch die §§ 1372 ff. BGB - abgesehen davon, daß sie zu verneinen wäre - hier kein Problem. Mangels gesetzlicher Unterhaltsansprüche der nichtehelichen Lebensgefährten untereinander entfällt auch eine Einbeziehung sich eventuell im Rahmen des § 426 BGB ergebender Ansprüche in die Unterhaltsberechnung.

Für das Innenverhältnis gilt: Die Parteien sind - ebenso wie Ehegatten - zu gleichen Teilen verpflichtet, wenn insoweit keine „anderweitige Bestimmung“ festzustellen ist (§ 426 I S. 1 BGB). Nicht anders als im Rahmen der Ehe, kann sich ein von der Halbteilung abweichender Verteilungsmaßstab aus dem Gesetz, einer zwischen den Partnern ausdrücklich getroffenen Vereinbarung oder aus einer stillschweigenden Abrede im Zusammenhang mit Inhalt und Zweck eines zwischen den Schuldnern bestehenden Rechtsverhältnisses oder der Natur der Sache, mithin der besonderen Gestaltung des tatsächlichen Geschehens ergeben[441].

Wie stets ist also zunächst nach einer ausdrücklichen Vereinbarung der Partner zu suchen. Liegt eine solche - und das wird die Regel sein - nicht vor, kann sich aus den konkreten Umständen des Einzelfalles eine konkludent geschlossene Abrede ergeben.

Interessant ist an dieser Stelle vor allem ein Urteil des BGH aus dem Jahre 1980[442]:

In diesem Fall wurde die nichteheliche Lebensgemeinschaft nicht durch Trennung, sondern durch den Tod eines der Partner aufgelöst. In Frage stand ein Ausgleichsanspruch der Erbengemeinschaft gegenüber der Lebensgefährtin des Erblassers.

Dem Fall lag als Sachverhalt zugrunde, daß der Erblasser zu Lebzeiten zusammen mit seiner Lebensgefährtin ein Darlehen in Höhe von 230 000 DM zur Finanzierung eines von ihr gekauften, aber von beiden bewohnten Hauses aufgenommen hatte. Die ersten zwanzig Tilgungsraten (insgesamt 39 292 DM) wurden aus dem Vermögen des Erblassers erbracht.

Der BGH verneint einen Ausgleichsanspruch der Erbengemeinschaft mit folgender Begründung[443]:

Eine anderweitige Bestimmung im Sinne des § 426 I S. 1 BGB könne sich auch aus der Natur der Sache oder aus dem Inhalt und Zweck des in Frage stehenden Rechtsverhältnisses ergeben.

Danach müsse die ehemalige Lebenspartnerin zwar nach dem Tode des Erblassers die noch offene Darlehensschuld alleine tragen. Denn das Darlehen sei dem Erwerb ihres Grundstückes

[441] vgl. dazu die Ausführungen zur Ehe unter 3.1.5.; entsprechend im Rahmen der nichtehelichen Lebensgemeinschaft: BGH BGHZ 77, 55 ff., 58; LG Essen NJW-RR 1990, 837

[442] BGH, a.a.O., 55 ff.

[443] BGH, a.a.O., 57 ff.

zugute gekommen und die Partnerschaft mit dem Erblasser könne sich für die Zeit nach deren Beendigung nicht mehr zu Lasten der Erben auswirken.

Umgekehrt könne aber bei der Beurteilung der Frage, ob im Verhältnis zwischen dem Erblasser und seiner früheren Partnerin noch etwas auszugleichen gewesen wäre, nicht daran vorbeigegangen werden, daß der Erblasser die Mithaftung gegenüber der kreditgebenden Bank nur mit Rücksicht auf die Partnerschaft übernommen und seine Zahlungen geleistet habe, um das Wohngrundstück für sich und seine Lebensgefährtin als Mittelpunkt für ihre gemeinschaftliche Lebensführung zu erhalten. Daraus folge, daß eine Pflicht letzterer zum Ausgleich der vom Erblasser übernommenen Kreditrückzahlungen nicht bestehe. Bei einer nichtehelichen Lebensgemeinschaft stünden die persönlichen Beziehungen derart im Vordergrund, daß sie auch das die Gemeinschaft betreffende vermögensmäßige Handeln der Partner bestimmten und daher nicht nur in persönlicher, sondern auch in wirtschaftlicher Hinsicht keine Rechtsgemeinschaft bestünde. Wenn die Partner nicht etwas besonderes unter sich geregelt hätten, würden dementsprechend persönliche und wirtschaftliche Leistungen nicht gegeneinander aufgerechnet. Beiträge würden geleistet, sofern Bedürfnisse aufträten, und, wenn nicht von beiden, so von demjenigen erbracht, der dazu in der Lage sei. Soweit nachträglich noch etwas ausgeglichen würde, geschehe das aus Solidarität, nicht in Erfüllung einer Rechtspflicht, wie überhaupt Gemeinschaften dieser Art - ähnlich wie einer Ehe - die Vorstellung, für Leistungen im gemeinsamen Interesse könnten ohne besondere Vereinbarung „ Gegenleistungen“, „Wertersatz“, „Ausgleichung“, „Entschädigung“ verlangt werden, grundsätzlich fremd sei. Das sei mit gemeinschaftlichen Schulden nicht anders, die im Interesse des Zusammenlebens eingegangen und von dem einen oder anderen Teil abbezahlt würden. Der Gedanke, der andere Teil solle von Rechts wegen ausgleichspflichtig sein, liege ganz besonders fern, wenn - was im vorliegenden Fall unstreitig sei - überhaupt nur dem einen der beiden Partner (hier dem Erblasser) nach den beiderseitigen Einkommensverhältnissen die Mittel zur Verfügung stünden, um die anstehenden Zins- und Tilgungsraten aufzubringen, und daher von dem anderen Teil von vornherein ein Ausgleich in Geld gar nicht erwartet werden könne. Eine Ausgleichspflicht nach Kopfteilen, wie sie § 426 I S. 1 BGB vorsehe, werde daher den tatsächlichen Verhältnissen einer nichtehelichen Lebensgemeinschaft nicht gerecht; durch deren Eigenart sei vielmehr „ein anderes“ dahin „bestimmt“, daß die Leistung, die ein Partner im gemeinsamen Interesse erbracht habe, jedenfalls dann, wenn darüber nichts vereinbart worden sei, von dem anderen Teil nicht auszugleichen sei.

Zwar kann sich - wie bereits im Rahmen der Ausführungen zur Ehe dargestellt wurde[444] - eine „anderweitige Bestimmung“ im Sinne des § 426 I S.1 2. HS BGB nicht aus der Natur der Sa-

[444] vgl. 3.1.5.

che oder Inhalt und Zweck des in Frage stehenden Rechtsverhältnisses selbst ergeben. Vielmehr ist aus diesen Umständen möglicherweise auf eine zwischen den Lebensgefährten - stillschweigend getroffene - rechtsgeschäftliche Vereinbarung zu schließen. Durch eine solche ist eine vom Halbteilungsgrundsatz des § 426 I S. 1 1. HS BGB „abweichende Bestimmung" möglich.

Abgesehen von diesem rein dogmatischen Problem lassen sich aus der Entscheidung des BGH jedoch drei interessante Aspekte ziehen:

Erstens muß auch bei der nichtehelichen Lebensgemeinschaft zwischen den während der Partnerschaft erbrachten und den nach der Trennung erfolgten Leistungen unterschieden werden.

Zum zweiten sind - wie bei der Ehe - die Einkommens- und Vermögensverhältnisse der Partner für die Ausgleichspflicht von Interesse.

Und schließlich ist von Bedeutung, zu welchem Zweck die Darlehensaufnahme erfolgte[445].

Dabei ergeben sich keine Besonderheiten allein durch den Umstand, daß die Lebensgemeinschaft durch den Tod des einen Partners - nicht durch Trennung der Lebensgefährten - aufgelöst wurde.

3.2.1 Während des Bestehens der Partnerschaft erbrachte Leistungen

Zunächst also muß danach differenziert werden, zu welchem Zeitpunkt die fraglichen Leistungen erbracht werden. Beginnen wir mit den während des Bestehens der Partnerschaft geleisteten Zahlungen.

3.2.1.1 Verbindlichkeiten im Zusammenhang mit der Erfüllung laufender „Unterhaltsbedürfnisse"

Nachdem auch im Rahmen einer nichtehelichen Lebensgemeinschaft vielfältige Ausgaben in Hinblick auf die alltägliche Lebensführung anfallen, ist zunächst die Behandlung der Aufwendungen interessant, die sich in der Erfüllung laufender „Unterhaltsbedürfnisse" erschöpfen.

Diesbezüglich ist hinsichtlich des hier behandelten Typs der nichtehelichen Lebensgemeinschaft[446] wie bei der Ehe ein Ausgleichsanspruch § 426 I BGB ausgeschlossen. Das ergibt sich

[445] in diese Richtung auch LG Essen NJW-RR 1990, 837

daraus, daß zwischen Partnern einer nichtehelichen Lebensgemeinschaft ein komplexes Geflecht aus mal vom einen, mal vom anderen erbrachten sowohl wirtschaftlichen als auch persönlichen Leistungen besteht, die dazu dienen sollen, das tägliche Zusammenleben zu ermöglichen und zu sichern. Wer im Einzelfall welche Leistung erbracht hat und welchen Wert diese verkörpert, dürfte im nachhinein zunächst einmal schwer feststellbar sein. Darüber hinaus wäre problematisch, nach welchen objektiven Kriterien der Wert dieser Beiträge bemessen werden müßte

Im Rahmen einer nichtehelichen Lebensgemeinschaft ist es aber ohnehin - wie auch im Rahmen der Ehe - ohne Belang, ob die von beiden Partnern geleisteten „Unterhaltsbeiträge" objektiv als gleichwertig anzusehen waren. Ebenso wie für die Ehe (§ 1360 S. 2 BGB) ist auch für die nichteheliche Lebensgemeinschaft charakteristisch, daß insoweit immaterielle Leistungen eines Partners gegenüber vermögenswerten Zuwendungen des anderen als gleichwertig angesehen werden. Hinzu kommt noch, daß bei der nichtehelichen Lebensgemeinschaft die persönlichen Beziehungen ebenfalls derart im Vordergrund stehen, daß in deren Interesse auch subjektiv empfundene Differenzen der erbrachten Beiträge über einen längeren Zeitraum hinweg hingenommen werden[447].

Insoweit besteht zur Beurteilung der im Rahmen der Ehe erbrachten Unterhaltsleistungen kein Unterschied.

3.2.1.2 Verbindlichkeiten zur Mittelbeschaffung für über die Bedienung laufender „Unterhaltsbedürfnisse" hinausgehende Zwecke

Fraglich bleibt jedoch, ob für Aufwendungen, die während der Partnerschaft getätigt werden und über die oben angesprochenen Lebenshaltungskosten hinausgehen, eine Ausgleichsverpflichtung anzunehmen ist. In diesen Bereich fallen insbesondere Beiträge zur Vermögensbildung.

Betrachten wir nochmals den oben angeführten BGH-Fall: Dort diente der aufgenommene Kredit der Finanzierung einer im Alleineigentum der Partnerin stehenden Immobilie. Trotzdem wurde hinsichtlich der durch den anderen Partner getilgten Darlehensraten ein Ausgleichsanspruch verneint.

---

[446] zur Eingrenzung des im Rahmen der Arbeit behandelten Typs der nichtehelichen Lebensgemeinschaft vgl. die Ausführungen in der Einleitung

[447] vgl. dazu auch Hausmann, a.a.O., S. 534 f.

Von dieser Entscheidung ausgehend wurde von zahlreichen Vertretern in Literatur und Rechtsprechung die Ansicht vertreten, für die während der Partnerschaft erbrachten Leistungen habe ein Ausgleich stets auszuscheiden, soweit die Parteien keine anderweitige Vereinbarungen getroffen hätten.

Teilweise[448] wird dieser „Grundsatz der Nichtausgleichung" auf Leistungen beschränkt, die im Interesse und zur Verwirklichung des Zusammenlebens erbracht wurden. An anderer Stelle[449] wird er auf alle während der Lebensgemeinschaft erbrachte Leistungen ausgeweitet, ohne Rücksicht auf den Zweck der getätigten Aufwendungen. Begründet wird letztere Ansicht unter anderem damit, daß derjenige, der langlebige Güter anschaffe, nicht besser gestellt werden dürfe als einer, der für den täglichen Bedarf aufkomme[450]. Dem kann aber folgendes entgegengehalten werden: die Vorstellung, daß die Partner die zu erbringenden Leistungen während ihres Zusammenlebens derart aufteilen, daß der eine einzig Aufwendungen für hochwertige Güter trägt, während der andere für den täglichen Unterhaltsbedarf aufkommt, dürfte lebensfremd sein. Gerade in einer nichtehelichen Partnerschaft werden beide Partner - soweit sie Einkommen beziehen - sowohl Ausgaben der einen als auch der anderen Art tätigen. Zu dem Ergebnis, daß einer für alle seine Leistungen Ausgleich verlangen kann, während der andere leer ausgeht, wird es also nur in den allerseltensten Fällen kommen. Sollte im Einzelfall dennoch die angesprochene Aufteilung bestehen, wird bezüglich der größeren Belastungen in der Regel eine Vereinbarung über die Ausgleichspflicht im Innenverhältnis getroffen worden sein. Demgegenüber werden Ausgaben für den täglichen Lebensbedarf regelmäßig ohne Rückforderungswille erbracht. Wer auf diesem Gebiet etwas beisteuert, ist sich in aller Regel des Umstandes bewußt, daß ein späterer Ersatz schon aus praktischen Gründen entfällt. Anders ist es dagegen, wenn größere Anschaffung getätigt werden, die zumindest im Interesse beider Lebensgefährten liegen; hier kann nicht von vornherein angenommen werden, daß der Leistende einen Ausgleich nicht ins Auge gefaßt hätte.

Zu ähnlichen Ergebnissen wie die Vertreter der weiten Auslegung des „Grundsatzes der Nichtausgleichung" gelangt man, wenn man diesen Grundsatz zwar im oben genannten Sinne begrenzt, aber stets vom Vorliegen einer Schenkung zwischen den Partnern ausgeht, soweit diese Rückzahlungsvereinbarungen nicht getroffen haben[451]. Abreden dieser Art nämlich werden wegen der engen persönlichen Verbundenheit der Parteien in der Regel fehlen. Ein Wi-

[448] so z. B. BGH NJW 1983, 1055; BGH NJW 1981, 1502 f., 1503

[449] so z.B. OLG Oldenburg NJW 1986, 1817 f., 1817; Haussleiter, a.a.O., Rz. 900; nicht ganz eindeutig, aber wohl auch: Diederichsen, NJW 1983, 1017 ff., 1021; OLG Karlsruhe FamRZ 1994, 377 ff., 378; vgl. auch Schlüter, Die nichteheliche Lebensgemeinschaft und ihre vermögensrechtliche Abwicklung, FamRZ 1986, 405 ff., 405 m.w.N.

[450] so z.B. OLG Oldenburg NJW 1986, 1817 f., 1817; ähnlich Diederichsen, NJW 1983, 1017 ff., 1023

derruf der Schenkung scheitert meist daran, daß grober Undank im Sinne des § 530 BGB nicht schon dann zu bejahen ist, wenn ein Partner die nichteheliche Lebensgemeinschaft - gleich aus welchem Grund - verläßt. Dies ist bereits deshalb so zu sehen, weil mit der Auflösung der Partnerschaft nach dem Charakter der nichtehelichen Lebensgemeinschaft jederzeit gerechnet werden muß[452].

Auch diese Ansicht jedoch ist abzulehnen: Das Eingehen einer nichtehelichen Partnerschaft an sich bietet keinerlei Anhaltspunkte dafür, daß die Parteien nunmehr nur noch aus altruistischen Motiven handeln und für die erbrachten Leistungen - gleich welchen Zwecks - bei fehlenden Ausgleichsvereinbarungen daher keinerlei Ansprüche geltend machen wollen. Das gilt umso mehr, als die gewählte Beziehungsform mit dem Risiko jederzeitiger Auflösung belastet ist. Zwar ist diese Gefahr auch bei Eingehung einer Ehe nicht ausgeschlossen - wie die steigende Scheidungsrate zeigt -, dort wird aufgrund der gesetzlichen Bestimmungen den Parteien die endgültige Lösung vom Partner aber erheblich erschwert. Trotzdem wird ohne entsprechende Anhaltspunkte unter Ehegatten eine Schenkung nicht angenommen, obwohl deren Beziehung nach dem Gesetz - und wohl bei der Eheschließung auch nach dem Willen der Eheleute - auf Lebenszeit geschlossen wird (§ 1353 I S.1 BGB). Warum aber grundsätzlich davon ausgegangen werden soll, daß eine Beziehung zwischen Gefährten, welche eine Legitimierung ihrer Partnerschaft scheuen, von tieferer Zuneigung und Liebe, und damit von altruistischem Handeln in größerem Ausmaß geprägt sein soll, als dies unter Ehegatten der Fall ist, kann nicht eingesehen werden[453]. Wie unter Ehegatten bedarf es auch für die Annahme einer Schenkung unter Lebensgefährten eindeutiger Indizien. Allein, daß über eine Rückzahlung nicht gesprochen wurde, reicht dafür nicht aus[454].

Auch das Grundsatzurteil[455] des BGH darf nicht in die Richtung mißverstanden werden, daß danach jeglicher Ausgleich für während der Partnerschaft geleistete Zahlungen entfallen sollte. Zwar drückt sich der BGH in der Tat etwas mißverständlich aus, wenn er schreibt, daß bei einer nichtehelichen Lebensgemeinschaft die persönlichen Beziehungen derart im Vordergrund stünden, daß sie auch das die Gemeinschaft betreffende vermögensmäßige Handeln bestimmten, und daher nicht nur in persönlicher, sondern auch in wirtschaftlicher Hinsicht grundsätzlich keine Rechtsgemeinschaft bestünde. Und weiter: Wenn die Partner nicht etwas besonderes unter sich geregelt hätten, würden dementsprechend persönliche und wirtschaftliche Leistungen nicht gegeneinander aufgerechnet[456]. Im Zusammenhang mit den übrigen Aus-

[451] vgl. OLG Karlsruhe FamRZ 1986, 1095 f. 1096
[452] so OLG Karlsruhe, a.a.O., 1096; Diederichsen, NJW 1983, 1017 ff., 1022
[453] in diese Richtung auch Koch, FamRZ 1987, 240 f., 241
[454] so auch Hausmann, a.a.O., S. 543 f.
[455] BGH BGHZ 77, 55 ff.
[456] BGH, a.a.O., 58

führungen des BGH indes kann der Entscheidung ein umfassender „Grundsatz der Nichtausgleichung" nicht entnommen werden. Denn unmittelbar im Anschluß geht aus den Überlegungen des BGH deutlich hervor, daß sich diese nur auf solche gemeinschaftliche Schulden beziehen, die „im Interesse des Zusammenlebens eingegangen"[457] wurden bzw. auf Leistungen, „die ein Partner im gemeinsamen Interesse erbracht hat"[458].

Sogar der richtig verstandenen Ansicht des BGH ist aber lediglich im Ansatz zuzustimmen. Zunächst einmal überzeugt die Überlegung nicht, daß enge persönliche Bindungen das Bestehen rechtlicher Beziehungen ausschließen. Auch zwischen Ehegatten sind derartig enge Bindungen zu finden. Gleichwohl erfüllen diese Rechtspflichten, wenn sie den sich aus der ehelichen Lebensgemeinschaft ergebenden Verpflichtungen nachkommen oder ihre Unterhaltspflicht erfüllen (vgl. §§ 1353, 1356, 1360 BGB)[459]. Zudem werden zwischen Ehegatten trotz deren tiefer emotionaler Verbundenheit Ausgleichsansprüche auch nicht mit dem Hinweis auf das Persönliche ihrer Beziehung abgelehnt. Das Besondere der zwischen den Parteien bestehenden Beziehung kann lediglich zu Modifikationen bei Anwendung der allgemeinen Vorschriften führen.

Darüber hinaus ergeben sich Probleme bei der Frage, in welchen Fällen ein dem Ausgleichsanspruch entgegenstehendes gemeinschaftliches Interesse anzunehmen ist[460]. Der BGH jedenfalls will seine Formel nicht nur auf „Unterhaltsleistungen" zur Deckung des täglichen Lebensbedarfes anwenden. Vielmehr sieht er etwa auch Aufwendungen, die für die Einrichtung des gewerblichen Betriebes eines der Partner bestimmt sind, als im gemeinsamen Interesse erbracht an - selbst wenn es sich dabei um eine Summe von 74 000 DM handelt. Denn insoweit gehe es um die Begründung oder Erweiterung der Lebensgrundlage der Partnerschaft.[461]

Eine Investition in den Gewerbebetrieb des Partners als stets im gemeinsamen Interesse stehend zu bezeichnen, geht jedoch zu weit. Das gilt vor allem schon deshalb, weil aufgrund der jederzeit möglichen Trennung der Parteien nicht von vornherein mit hinreichender Wahrscheinlichkeit vorhergesagt werden kann, in welchem Maße der Leistende von seiner Leistung selbst profitieren wird. Freilich ist bei den fraglichen Investitionen ein gemeinschaftliches Interesse nicht ausgeschlossen. Ob es vorliegt, können jedoch nur die jeweiligen Umstände eines jeden Einzelfalles zeigen.

---

[457] BGH, a.a.O., 59
[458] BGH, a.a.O., 59
[459] so auch Diederichsen, NJW 1983, 1017 ff., 1023
[460] vgl. dazu auch die Ausführungen von Schlüter, FamRZ 1986, 405 ff., 406
[461] vgl. BGH FamRZ 1983, 1213 f., 1213

Und schließlich bleibt der BGH eine einleuchtende Begründung dafür schuldig, warum er im Rahmen eines Ausgleichsanspruches unter Lebensgefährten eine andere Beweislastverteilung befürwortet als unter Ehegatten. So ist bei § 426 I BGB stets der Gesamtschuldner, der sich auf eine vom Halbteilungsgrundsatz abweichende Vereinbarung beruft, für die Tatsachen beweispflichtig, die die Abweichung rechtfertigen sollen[462]. Im Einzelfall muß also nicht die den Anspruch geltend machende Partei, sondern der Inanspruchgenommene beweisen, daß ein Anspruch entfällt - nämlich dann, wenn der erhobene Ausgleichsanspruch nicht über den hälftigen Anteil an der Gesamtschuld hinausgeht. Das gilt allgemein und ist auch zwischen Ehegatten nicht anders. Dagegen soll nach Ansicht des BGH ohne Unterschied auf die fragliche Anspruchsgrundlage der den Anspruch anmeldende Lebensgefährte den Nachweis einer „besonderen Ausgleichsvereinbarung“ führen, um mit seinem Begehren erfolgreich zu sein. Warum die nichtehelichen Lebenspartner aber anders behandelt werden sollen als Ehegatten - ja als sonstige beliebige Parteien - bleibt dabei im Dunkeln.

Nachdem somit gute Gründe gegen den „Grundsatz der Nichtausgleichung“ sprechen, stellt sich die Frage, in welchen Fällen abweichend davon ein Ausgleichsanspruch für während der Partnerschaft getätigte Aufwendungen zuzugestehen ist.

Befassen wir uns dabei zunächst mit der Frage, welche Rolle das betroffene Interesse hinsichtlich der Bejahung einer Ausgleichspflicht spielt:

Hausmann, der einen allgemeinen „Grundsatz der Nichtausgleichung“ ablehnt[463], macht die Verneinung eines Ausgleichsanspruches davon abhängig, ob die geleisteten Zahlungen einem „Gemeinschaftszweck“ gedient haben[464]. Einem solchen Gemeinschaftszweck soll seiner Ansicht nach ein Beitrag zur Vermögensbildung dann zuzuordnen sein, „wenn und solange die Lebensgefährten „aus einem Topf gewirtschaftet haben“ und beide an den geschaffenen Vermögenswerten teilhaben“[465] - so etwa bei einem Darlehen für ein zu Miteigentum erworbenes Wohnhaus[466]. In diesem Fall soll nach Hausmann die Ausgleichspflicht auch dann entfallen, wenn beide Partner Einkünfte oder Vermögen besitzen[467].

462 Palandt/Heinrichs, § 426, Rz. 7

463 Hausmann, a.a.O., S. 538 ff.

464 Hausmann, a.a.O., S. 537

465 Hausmann, a.a.O., S. 535 f.

466 Hausmann, a.a.O., S. 536

467 vgl. Hausmann, a.a.O., S. 536

In diesem Zusammenhang im Vergleich nochmals kurz die insoweit zur Ehe gefundenen Ergebnisse[468]:

Wird dort der Kredit zum Zwecke der Finanzierung von einem im Miteigentum stehenden Gegenstand aufgenommen, richtet sich die Haftung der Ehegatten im Innenverhältnis bei der Mehr- bzw. Zuverdienerehe nach dem jeweiligen Miteigentumsanteil, soweit die Ehepartner auch in diesem Verhältnis Nutzen aus der Sache gezogen haben. Wird der Gegenstand dagegen nur von einem der Teilhaber verwendet, muß dieser die Lasten und Kosten übernehmen, soweit zwischen diesen und seiner Nutzung ein angemessenes Verhältnis besteht, oder aber seinem Partner ein angemessenes Nutzungsentgelt bezahlen.

Von vornherein ausschließlich von einem Ehegatten getragen werden müssen die Lasten bei einer Mehr- bzw. Zuverdienerehe dagegen dann, wenn das Darlehen in seinem alleinigen Interesse aufgenommen wurde. Ein solcher Fall liegt etwa vor, wenn das Geld zur Finanzierung eines im Alleineigentum einer der Ehegatten stehenden Gegenstandes verwendet wurde, außer der andere Ehepartner hat trotz der fehlenden dinglichen Berechtigung - zum Beispiel durch gemeinsame Nutzung - von der Sache in Höhe des fraglichen Kredits profitiert.

Überträgt man diese Grundsätze auf die nichteheliche Lebensgemeinschaft, wäre ein Ausgleichsanspruch des das Darlehen allein tilgenden Miteigentümers entgegen der Meinung Hausmanns grundsätzlich zu bejahen. Untersucht werden muß daher im folgenden, ob im Unterschied zur Ehe bei einer nichtehelichen Lebensgemeinschaft Besonderheiten vorliegen, die eine abweichende Beurteilung rechtfertigen.

Hausmann[469] begründet seine Meinung mit einer inneren Beziehung zwischen der Befriedigung laufender Bedürfnisse und der Finanzierung der zum gemeinsamen Gebrauch bestimmten dauerhaften Vermögenswerte: Seien die Parteien etwa übereingekommen, die Einkünfte des Mannes zur Abzahlung eines Darlehens für das zu Miteigentum erworbene Wohnhaus zu verwenden und aus den Einkünften der Frau den laufenden Lebensunterhalt zu bestreiten, so sei es offensichtlich in hohem Maße unbillig, dem Mann nach einer Trennung Ausgleichsansprüche für seine Tilgungsleistung zu gewähren, die Beiträge der Frau hingegen wegen ihrer Unterhaltsfunktion nicht zu berücksichtigen.

Diese Problematik ist aber keine Besonderheit gerade der nichtehelichen Lebensgemeinschaft. Auch in einer Ehe kommt es vor, daß einer der Partner Zahlungen geleistet hat, die zu einem Ausgleichsanspruch führen, während der andere Ehegatte Unterhaltsleistungen erbracht hat, für die - wie insbesondere § 1360 b BGB zeigt - eine Ersatzverpflichtung in der Regel entfällt. Dies mag im Einzelfall zu Unbilligkeiten führen. Dennoch ist anzunehmen, daß ein Ehegatte

---

468 vgl. dazu 3.1.5.4.1.

469 Hausmann, a.a.O., S. 536

bei der Erbringung von Unterhaltsleistungen - meist geringere, dafür aber häufig wiederkehrende Beträge - von vornherein in dem Bewußtsein handelt, einen Ausgleichsanspruch nicht geltend machen zu können - schon allein deshalb, weil die täglichen kleineren oder größeren Ausgaben später kaum mehr nachvollziehbar sein dürften. Anders dagegen derjenige, der einzelne, auch später noch genau nachprüfbare und in der Regel größere Summen zur Tilgung eines Darlehens zahlt. Diesem kann nicht von vornherein die Erwartung abgesprochen werden, für die über seinen Anteil hinausgehenden Zahlungen gegebenenfalls einen Ausgleich verlangen zu können. Hinzu kommt noch, daß eine Aufteilung in der Art, wie Hausmann sie beschreibt, eher selten sein dürften. In einer Mehr- bzw. Zuverdienerehe - genauso in einer Lebensgemeinschaft mit entsprechenden Vermögensverhältnissen - werden in der Regel von beiden Partnern zumindest immer mal wieder Unterhaltsleistungen der einen oder anderen Art erbracht. Unbillige Härten hilft - wie auch im Rahmen der Ehe - der Grundsatz von Treu und Glauben (§ 242 BGB) zu vermeiden.

Damit wird nicht nur der „Grundsatz der Nichtausgleichung" abgelehnt, sondern darüber hinaus ein Ausgleichsanspruch nach § 426 I S. 1 BGB auch im Falle der nichtehelichen Lebensgemeinschaft entsprechend der im Rahmen der Ehe entwickelten Grundsätze zugestanden.

Zu diesem Ergebnis führt eine Auseinandersetzung mit den durch die Gründung einer nichtehelichen Lebensgemeinschaft zum Ausdruck kommenden Intentionen der Parteien. Lebenspartner wählen diese Form der Partnerschaft - anstatt oder als Vorstufe zur Eheschließung - regelmäßig deshalb, weil sie so enge persönliche und wirtschaftliche Beziehungen, wie sie die Eingehung einer Ehe mit sich bringt, nicht oder noch nicht wünschen oder aus irgend einem Grund nicht eingehen können. Jedenfalls jedoch ist bei einer nichtehelichen Lebensgemeinschaft nicht nur problemloser eine Trennung möglich - für die „Wiedererlangung der Freiheit" muß nicht erst der Weg der Scheidung beschritten werden -, die Parteien erwarten auch weniger vom Gesetzgeber angeordnete, sich finanziell auswirkende Verpflichtungen - kein Zugewinnausgleich, kein Unterhalt.

Unter diesem Aspekt können Abweichungen zur Ehe im gesetzlichen Güterstand durchaus gerechtfertigt sein. Der „Grundsatz der Nichtausgleichung" führt aber zu einer abweichenden Beurteilung der nichtehelichen Lebensgemeinschaft genau in die andere Richtung. Nicht weniger Ausgleichsansprüche müßten im Bereich der nichtehelichen Lebensgemeinschaft zugesprochen werden, sondern mehr. Andernfalls nämlich führt man über die Ablehnung der Ausgleichsansprüche die wirtschaftliche Verzahnung herbei, die die Partner einer nichtehelichen Lebensgemeinschaft durch die Wahl ihrer Beziehungsform in der Regel gerade ausschließen wollten. Eine stillschweigende Vereinbarung der Partner, gegenseitig während der Lebensgemeinschaft erbrachte Leistungen im vollem Umfang nicht auszugleichen, kann also aus der Begründung einer derartigen Partnerschaft gerade nicht geschlossen werden[470].

Das bedeutet aber auf der anderen Seite wiederum nicht, daß mit Ausnahme der oben besprochenen laufenden Unterhaltsbeiträge eine Ausgleichspflicht stets zu bejahen wäre.

Wie im Rahmen der Ehe sind auch hier die in der Partnerschaft vorherrschenden Einkommens- und Vermögensverhältnisse von entscheidender Bedeutung. Selbst das oben angesprochene BGH-Urteil stellt erkennbar auf die in der nichtehelichen Lebensgemeinschaft bestehenden Einkommensverhältnisse ab. In dem Urteil heißt es: „Der Gedanke, der andere Teil solle von Rechts wegen ausgleichspflichtig sein, liegt ganz besonders fern, wenn - ... - überhaupt nur dem einen der beiden Partner (...) nach den beiderseitigen Einkommensverhältnissen die Mittel zur Verfügung stehen, um die anstehenden Zins- und Tilgungsraten aufzubringen, und daher von dem anderen Teil von vornherein ein Ausgleich in Geld gar nicht erwartet werden kann.“[471]

Stehen, wie dort, überhaupt nur einem der Partner nach den beiderseitigen Einkommensverhältnissen ausreichend Mittel zur Verfügung, um die anstehenden Zins- und Tilgungsleistungen aufzubringen, kann auch hier davon ausgegangen werden, daß in der hinsichtlich der gemeinsamen Lebensverhältnisse durch die Lebensgefährten getroffenen Einigung eine stillschweigende Vereinbarung der Partner enthalten ist, für während der Partnerschaft aufgenommene und getilgte Verbindlichkeiten ein Ausgleichsanspruch gegen die mittellose Partei nicht geltend machen zu wollen. In diesem Fall scheidet ein Ausgleichsanspruch des verdienenden Partners daher ohne Rücksicht darauf aus, in wessen Interesse die Kreditaufnahme erfolgte.

In wessen Interesse die Darlehensaufnahme erfolgte, ist für die während der Partnerschaft erbrachten Leistungen daher nur dann von Bedeutung, wenn beide Lebensgefährten über Einkommen oder Vermögen verfügen. Das ist - wie bereits angesprochen wurde - in der Entscheidung des BGH nicht der Fall. Weil dennoch der BGH erkennbar auf den Zweck der Darlehensaufnahme abstellt, soll hier kurz untersucht werden, ob nach den zur Ehe aufgestellten Grundsätzen für den vom BGH entschiedenen Sachverhalt auch über die Beurteilung des Interesses die Ausgleichspflicht zu verneinen wäre:

[470] in diese Richtung auch Hausmann, a.a.O., S. 543
[471] BGH BGHZ 77, 55 ff., 59

In dem angeführten BGH-Fall erfolgte die Kreditaufnahme zunächst zum überwiegenden Nutzen der Lebensgefährtin, da die daraus erlangten Geldmittel zur Finanzierung ihres Alleineigentums eingesetzt wurden. Das spricht für eine Bejahung der Ausgleichspflicht.

Darüber hinaus diente die Darlehensaufnahme jedoch auch einem Gemeinschaftszweck insofern als - wie der BGH feststellt[472] - „der Erblasser ... die Zahlungen geleistet hat, um das Wohngrundstück für sich und die Beklagte als Mittelpunkt für ihre gemeinschaftliche Lebensführung zu erhalten." Tatsächlich haben die Parteien das im März 1975 erworbene Haus auch fast zwei Jahre - bis zum Tod des Erblassers im Januar 1977 - gemeinsam bewohnt. In Höhe des Wohnwertes für diesen Zeitraum ist somit ein meßbares gemeinschaftliches Interesse anzuerkennen. Dabei ist auf den Mietwert des Objektes abzustellen. Der Berechnung zugrunde zu legen ist dessen volle Höhe, nicht nur der auf den Erblasser entfallende Anteil, da eine sonst zu zahlende Miete als „Unterhaltsbeitrag" nach dem oben Gesagten nicht ausgleichspflichtig wäre. Um diesbezüglich eine abschließende Beurteilung treffen zu können, müßten nähere Angaben über Wert des Objektes, dessen Lage, Mietwerte von Vergleichsobjekten etc. eingeholt werden.

Der Erblasser hat in knapp zwei Jahren Rückzahlungsraten in Höhe von insgesamt 39 292 DM getilgt. Es liegt durchaus im Rahmen des Möglichen, daß diese Summe den Wohnwert nicht übersteigt[473].

Danach kann die Verneinung einer Ausgleichspflicht selbst unter dem Aspekt des mit der Kreditaufnahme verfolgten Interesses zumindest nicht ausgeschlossen werden.

Dem vom BGH vertretenen Ergebnis ist somit auch nach den im Rahmen der Ehe aufgestellten Grundsätzen zuzustimmen.

Zusammenfassend läßt sich somit sagen:

Erbringt in einer nichtehelichen Lebensgemeinschaft einer der Lebenspartner eine Leistung hinsichtlich eines als Gesamtschuldner aufgenommenen Darlehens, so scheidet ein Ausgleichsanspruch auf seiner Seite aus, wenn nach den in der Partnerschaft herrschenden Einkommens- und Vermögensverhältnissen von vornherein von dem anderen Partner ein Ausgleich in Geld nicht erwartet werden konnte, weil dieser weder Einkommen bezieht noch sonst über nennenswertes Vermögen verfügt. In diesem Fall nämlich kann eine diesbezüglich konkludent getroffene Vereinbarung im Zusammenhang mit den von den Partnern gewählten und tatsächlich gepflegten Lebensverhältnissen angenommen werden.

---

[472] BGH, a.a.O., 58

[473] auf 22 Monate umgelegt, würde sich eine Miete von monatlich knapp 1 800 DM ergeben - bei einem Haus eine durchaus realistische Summe

Verfügen dagegen beide Lebenspartner über Einkommen- bzw. Vermögen, richtet sich eine eventuelle Ausgleichspflicht nach dem mit der Ausgabe verfolgten Interesse. Eine beiden Partnern zugute kommende Leistung begründet - mit Ausnahme der reinen „Unterhaltsleistungen" - danach grundsätzlich einen Ausgleichsanspruch. Dabei ist zu beachten, daß die Vorschrift des § 1360 b BGB im Rahmen der nichtehelichen Lebensgemeinschaft nicht gilt[474]. Erst recht hat ein Gesamtschuldnerausgleich dann stattzufinden, wenn das Darlehen nicht im gemeinsamen Interesse, sondern allein im Interesse eines der Partner aufgenommen wurde; letzterer ist dann nach § 426 I S. 1 2. HS BGB regelmäßig voll ausgleichspflichtig. Gleiches gilt, wenn das Darlehen der Rückführung einer alten, aus der Zeit vor Begründung der Lebensgemeinschaft herrührenden Kreditverbindlichkeit eines der Lebensgefährten diente[475]. Für die Annahme einer den Gesamtschuldnerregreß insoweit ausschließenden Schenkung bedarf es - wie auch im Rahmen der Ehe - eindeutiger Hinweise auf einen entsprechenden Willensentschluß; allein der Umstand, daß zwischen den Partnern über eine Rückzahlung während des Zusammenlebens nicht gesprochen wurde, kann hierfür - entgegen der Annahme des OLG Karlsruhe[476] - keinesfalls ausreichen[477].

Soweit zu den während des Bestehens der Partnerschaft erfolgten Leistungen.

3.2.2 Bei Beendigung der Partnerschaft noch offene Verbindlichkeiten

Fraglich bleibt die Rechtslage hinsichtlich der bei Beendigung der Lebensgemeinschaft noch offenen gesamtschuldnerischen Verbindlichkeiten. Sind die Partner während des Zusammenlebens gemeinsam Verbindlichkeiten eingegangen, die bis zur Auflösung der nichtehelichen Lebensgemeinschaft noch nicht vollständig beglichen wurden, stellt sich die Frage nach einem Befreiungsanspruch bzw. - bei Zahlung an den Gläubiger - nach einem Zahlungsanspruch aus § 426 I BGB.

Maßgeblich ist auch hier die im Rahmen einer Ausgleichspflicht unter Ehegatten von der Rechtsprechung aufgestellte Prämisse[478], daß nach der Aufhebung der Lebensgemeinschaft für die Partner kein Grund mehr bestehe, dem anderen weitere Vermögensmehrungen zu-

[474] Staudinger/Hübner, § 1360 b, Rz. 6

[475] so auch Hausmann, a.a.O., S. 544

[476] OLG Karlsruhe FamRZ 1986, 1095 f., 1096

[477] so auch Hausmann, a.a.O., S. 544; Kritik an der Ansicht des OLG Karlsruhe übt auch Koch, Schuldentilgung nach Auflösung einer nichtehelichen Lebensgemeinschaft?, FamRZ 1987, 240 f.

kommen zu lassen. Allein aus dem Umstand, daß nur einer der Partner Einkünfte bezieht oder Vermögen besitzt, kann sich ein Ausschluß der Ausgleichspflicht somit nicht mehr ergeben. Mangels Fortsetzung des Zusammenlebens sind Leistungen, die das Zusammenleben von Tag zu Tag fördern, und hinsichtlich derer während der Partnerschaft ein Ausgleichsanspruch verneint wurde, jetzt schon rein begrifflich ausgeschlossen. Allerdings ist dabei zu beachten, daß die Beendigung der Lebensgemeinschaft zwar in der Regel, nicht aber notwendigerweise mit dem Auszug aus der bisherigen gemeinsamen Wohnung zusammenfällt. Vielmehr kann es auch so sein, daß die Partner ab einem bestimmten Zeitpunkt ihr Verhältnis bereits vor der räumlichen Trennung nicht mehr als Lebensgemeinschaft verstehen, gleichwohl aber zumindest noch vorübergehend wie Lebenspartner miteinander zu tun haben. Je nach sozialer Struktur der Gemeinschaft kann sich die Trennung in vielfältiger Weise ausdrücken - etwa in der Aufhebung der Sexualgemeinschaft oder der gemeinsamen Kasse. Entscheidender Zeitpunkt für eine nunmehr abweichende Beurteilung des Vermögensausgleichs dürfte das Ende des gemeinsamen Wirtschaftens als Ausdruck einer primären privaten Sozialbeziehung sein.[479]

Nach der Trennung richtet sich das Bestehen einer Ausgleichsverpflichtung somit allein danach, in wessen Interesse die Darlehensaufnahme erfolgte.

Bei mit Hilfe der Kreditmittel getätigten Anschaffungen trifft daher nach der Trennung im Innenverhältnis denjenigen die Haftung alleine, in dessen Eigentum sich der betreffende Gegenstand befindet[480].

Wurde aus dem Darlehen nur der laufende Bedarf gedeckt, zum Beispiel ein Urlaub finanziert, so ist aufgrund der Nachwirkung des der Kreditaufnahme zugrundeliegenden Gemeinschaftszwecks nach der Trennung im Innenverhältnis eine hälftige Haftung zu befürworten. Aus § 242 BGB kann sich in Ausnahmefällen allerdings eine Abweichung ergeben, wenn einer der Partner schon im Zeitpunkt der Kreditaufnahme einkommenslos war, und sich dieser Zustand bisher auch nicht geändert hat[481].

Wie die bisherigen Ausführungen zeigen, besteht zumindest im Rahmen des Ausgleichsanspruches aus § 426 I BGB kein plausibler Grund, die nichteheliche Lebensgemeinschaft von vornherein einer im Vergleich zur Ehe abweichenden Beurteilung zu unterwerfen. Hier wie dort bleiben die konkreten Umstände für die Bejahung einer Ausgleichspflicht sowohl während der Partnerschaft als auch nach deren Beendigung entscheidend. Weder bei der einen noch bei der anderen Beziehungsform ist für während der intakten Beziehung erbrachte Auf-

[478] vgl. dazu BGH NJW 1983, 1845 ff., 1846; BGH JZ 1983, 852 ff., 854

[479] vgl. zum Ganzen Derleder, Vermögenskonflikte zwischen Lebensgefährten bei Auflösung ihrer Gemeinschaft, NJW 1980, 545 ff., 552

[480] so auch der BGH in der oben besprochenen Entscheidung (BGHZ 77, 55 ff., 58)

wendungen ein vollständiger Ausschluß eines Ausgleichsanspruches gerechtfertigt. Auch Lebensgefährten teilen gleich Ehepartnern „Tisch und Bett" miteinander und entwickeln eine ähnlich tiefe emotionale Verbundenheit wie diese. In bezug auf die allgemeine Vorschrift des § 426 BGB ist daher eine Behandlung entsprechend der für die Ehepartner gefundenen Grundsätze gerechtfertigt.

3.3 Schuldrechtliche Sonderbeziehungen

Die Anspruchsgrundlage des § 426 BGB stellt bei gesamtschuldnerisch aufgenommenen Krediten die naheliegendste Vorschrift dar und wurde daher in dieser Ausführlichkeit und an erster Stelle behandelt. Nicht selten wird das sich aus § 426 BGB ergebende gesetzliche Ausgleichsverhältnis aber durch ein zwischen den Gesamtschuldnern geschlossenes Vertragsverhältnis modifiziert. Vereinbaren die Parteien eine gesetzlich normierte schuldrechtliche Sonderbeziehung, ergibt sich der maßgebliche Ausgleichsmaßstab regelmäßig aus den für die Sonderbeziehung eingreifenden gesetzlichen Anspruchsgrundlagen. Das heißt aber nicht, daß in diesem Fall die gesetzliche Anspruchsgrundlage des § 426 I BGB verdrängt wäre[482]. Vielmehr kann der Anspruchssteller hier in der Regel seine Forderung auf die gesetzliche Anspruchsgrundlage der geschlossenen Sonderbeziehung - eventuell modifiziert durch zwischen den Parteien getroffene Abreden - oder auf den gesetzlichen Ausgleichsanspruch des § 426 I BGB stützen. Entfällt nach Sinn und Zweck der Sonderbeziehung ein Anspruch der Parteien untereinander - so etwa im Rahmen einer Gesellschaft des bürgerlichen Rechts, soweit für die Befriedigung einer Gesellschaftsschuld das Gesamthandsvermögen zur Verfügung steht[483] -, muß wegen der „anderweitigen Bestimmung" i.S.d. § 426 I S. 1 BGB auch ein Ausgleichsanspruch nach § 426 I BGB ausscheiden. Damit ist nicht gesagt, daß in jedem Fall auch ein Anspruch aus § 426 I BGB besteht, wenn ein solcher nach den für die Sonderbeziehung einschlägigen Vorschriften zu bejahen ist. So richtet sich der Befreiungsanspruch aus § 426 I BGB allein auf den fälligen Teil der Gesamtschuld, während der Freistellungsanspruch nach Auftragsrecht (§§ 670 i.V.m. 257 S. 1 BGB) darüber hinaus auch den nicht fälligen Teil der Gesamtschuld betrifft[484].

---

[481] ähnlich auch Haussleiter, a.a.O., Rz. 900
[482] vgl. auch Palandt, § 426, Rz. 13
[483] vgl. dazu genauer unter 3.3.1.
[484] vgl. dazu Wever, a.a.O., Rz. 305 f.

Zunächst soll wieder auf die Beziehung zwischen im gesetzlichen Güterstand verheirateten Ehegatten eingegangen werden. Dazu vorweg folgendes:

Auch zwischen Partnern einer ehelichen Beziehung im gesetzlichen Güterstand ist eine schuldrechtliche Sonderbeziehung nicht ausgeschlossen. Ebenso, wie dies im Rahmen des Anspruchs aus § 426 BGB der Fall ist, hat das Bestehen der Zugewinngemeinschaft für die Beurteilung eventueller Ansprüche aus während intakter Ehe eingegangenen Sonderbeziehungen nach Scheitern der Ehe allein die Wirkung, daß der Anspruch als Aktivposten bei dem einen Ehegatten und die spiegelbildliche Verbindlichkeit bei dem anderen Partner als Passivposten gelegentlich der Ermittlung des Endvermögens in die Vermögensbilanz einzustellen ist[485].

Wenden wir uns nun den einzelnen in Betracht kommenden Sonderbeziehungen zu - jeweils zunächst in Hinblick auf eine im gesetzlichen Güterstand geschlossene Ehe, bevor im Vergleich auf die zwischen Lebensgefährten einer nichtehelichen Lebensgemeinschaft bestehende Rechtslage eingegangen wird.

3.3.1 nach gesellschaftsrechtlichen Vorschriften

Haben die Ehegatten die gesamtschuldnerische Kreditaufnahme zur Förderung eines gemeinsamen Zweckes getätigt, kommt als Sonderbeziehung insbesondere eine BGB-Gesellschaft in Betracht.

Besteht eine solche, wird der Anspruch aus § 426 BGB ausgeschlossen, soweit für die Gesellschaftsschuld Befriedigung aus dem Gesamthandsvermögen erlangt werden kann[486]. Insoweit nämlich ist ein Anspruch gegen den anderen Gesellschafter persönlich abzulehnen, es sei denn, die Gesellschafter hätten stillschweigend oder ausdrücklich anderweitige Vereinbarungen getroffen[487].

Bei der - im Rahmen des Themas dieser Arbeit - vornehmlich auftretenden Ehegatteninnengesellschaft wird ein Gesamthandsvermögen aber meist fehlen. Zwar ist ein solches nach der

[485] vgl. BGH NJW 1989, 1920 ff., 1921(= FamRZ 1989, 835 ff., 837)
[486] so auch Nickl, NJW 1991, 3124 ff., 3125 f.; Palandt/Thomas, § 713, Rz. 13
[487] Palandt/Thomas, § 713, Rz. 13

herrschenden Meinung auch bei einer Innengesellschaft möglich[488], in der Regel ist aber bei dieser der einzig nach außen auftretende Ehegatte auch der alleinige Vermögensinhaber, weil er die fraglichen Gegenstände im eigenen Namen und nicht in Vertretung für die Gesellschaft erwirbt. Mangels Gesamthandsvermögen findet dann nach Auflösung - zugleich Vollbeendigung - keine Auseinandersetzung nach §§ 730 ff. BGB statt, sondern der „innenbeteiligte" Ehegatte hat lediglich einen Anspruch auf Abrechnung und Zahlung des Abfindungsguthabens[489]. In diesem Fall können der Ausgleichsanspruch nach § 426 I S. 1 BGB und der gesellschaftsrechtliche Anspruch nebeneinander geltend gemacht werden[490].

Wie bereits angesprochen wurde, muß auf dem Gebiet des Gesellschaftsrechts zwischen Außen- und Innengesellschaft unterschieden werden: Im Gegensatz zur Außengesellschaft handelt es sich um eine Innengesellschaft, wenn die Parteien sich zwar zur Erreichung eines gemeinsamen Zweckes verpflichtet haben, die Gesellschaft als solche am Geschäftsleben jedoch nicht teilnimmt, stattdessen nach außen hin nur einer der Partner allein und im eigenen Namen auftritt.[491]

Zwischen Ehegatten sind sowohl Außen- als auch Innengesellschaften denkbar. Beide sind weder durch die Natur der Ehegemeinschaft noch durch die Vorschriften über den gesetzlichen Güterstand ausgeschlossen[492].

Häufiger werden jedoch Innengesellschaften anzutreffen sein, die wegen ihrer schweren Faßbarkeit auch mehr Probleme aufwerfen. So wird ein ausdrücklich geschlossener Gesellschaftsvertrag in der Regel nicht vorliegen. Infolgedessen kommt die Begründung der Ehegatteninnengesellschaft meist nur durch schlüssiges Verhalten in Betracht[493].

3.3.1.1 Tatbestandsvoraussetzungen hinsichtlich des Vorliegens einer Ehegatteninnengesellschaft

3.3.1.1.1 Nach Ansicht des BGH

[488] MüKo/Ulmer, § 705, Rz. 234 m.w.N.; a.A. Schmidt, Zur „Außenhaftung der Innengesellschaft", JuS 1988, 444 ff., 444 f., der die Möglichkeit von Innengesellschaften mit Gesamthandsvermögen ablehnt

[489] vgl. Palandt/Thomas, § 705, Rz. 26

[490] ähnlich Nickl, NJW 1991, 3124 ff., 3126, der allerdings annimmt, das Fehlen des Gesellschaftsvermögens stelle den Ausnahmefall dar

[491] vgl. dazu Palandt/Thomas, § 705, Rz. 26

[492] so BGH FamRZ 1989, 147 ff., 148 für die Ehegatteninnengesellschaft; Hausmann, a.a.O., S. 202 für Gesellschaftsverhältnisse allgemein

[493] vgl. BGH, a.a.O., 148; BGH JZ 1983, 852 ff., 853

Im Gegensatz zu einem ausdrücklich geschlossenen Gesellschaftsverhältnis, bei dem jeglicher erlaubter wirtschaftlicher oder ideeller Zweck als Gesellschaftszweck in Betracht kommt[494], sind die Anforderungen an einen auf schlüssigem Verhalten basierenden Gesellschaftsvertrag erheblich höher. Als wesentliches Indiz eines derart begründeten Gesellschaftsverhältnisses sieht der BGH in ständiger Rechtsprechung das abredegemäße Streben der beiderseitigen Leistungen der Eheleute nach einem über den typischen Rahmen der ehelichen Lebensgemeinschaft hinausgehenden Vorhaben[495]. Nicht ausreichend dafür sei ein Abzielen auf die Verwirklichung der ehelichen Lebensgemeinschaft an sich, inklusive Schaffung der diesbezüglichen Voraussetzungen[496].

Um letzteres handle es sich regelmäßig bei gemeinschaftlichen Leistungen zum Erwerb und Ausbau eines Familienheims, weil die Ehegatten dann lediglich in dem Bestreben tätig würden, die eheliche Lebensgemeinschaft in der von ihnen gewünschten Weise zu verwirklichen[497]. Die Schaffung eines gemeinschaftlichen Urlaubsdomizils gehe ebenfalls noch nicht über die Verwirklichung der ehelichen Lebensgemeinschaft hinaus[498]. Nach Meinung des BGH fällt in diesen Bereich auch der gemeinsame Abschluß eines Bausparvertrages, soweit ein darüber hinausgehender gemeinschaftlicher Zweck des Bausparens, der die Annahme einer Ehegatteninnengesellschaft zu tragen vermag, nicht ersichtlich ist[499].

Mehr Probleme bietet nach der Ansicht des BGH die gesamtschuldnerische Kreditaufnahme zum Zwecke der Finanzierung eines unter dem Namen nur eines der Ehegatten laufenden Geschäftsbetriebes:

Auch hier bleibt - da der ausdrückliche Abschluß eines Gesellschaftsvertrages in der Regel entfällt - nur das tatsächliche Verhalten, um Schlüsse auf die Begründung schuldrechtlicher Sonderbeziehungen zwischen den Eheleuten ziehen zu können[500]. Die Annahme eines Gesellschaftsverhältnisses ist nach Auffassung des BGH etwa dann berechtigt, wenn durch Einsatz

---

[494] vgl. Palandt/Thomas, § 705, Rz.14

[495] so etwa BGH FamRZ 1989, 147 ff., 148; BGH JZ 1983, 852 ff., 853

[496] so z.B. in BGH, a.a.O., 148

[497] so entschieden z.B. von BGH JZ 1983, 852 ff., 853; zustimmend BGH, a.a.O., 148(= NJW-RR 1989, 66 ff., 66); BGH NJW-RR 1990, 736 f., 736; das bedeutet nicht, daß es den Ehegatten versagt wäre, eine Gesellschaft bürgerlichen Rechts einzugehen, deren Zweck allein in Schaffung und Bewohnen eines gemeinsamen Familienheims liegt (vgl. BGH NJW 1982, 170 ff. 171). Das gilt aber nur bzgl. ausdrücklich geschlossener Gesellschaftsverträge, für die ja als Gesellschaftszweck jeder erlaubte wirtschaftliche oder ideelle Zweck in Betracht kommt. Etwas anderes gilt für die hier in Frage stehende, auf schlüssigem Verhalten beruhende Ehegatten*innen*gesellschaft (vgl. dazu BGH NJW 1982, 170 ff. 171).

[498] so entschieden von BGH JZ 1983, 852 ff., 853

[499] so entschieden von BGH FamRZ 1989, 147 ff., 148

[500] so auch BGH NJW 1989, 1920 ff., 1922(= FamRZ 1989, 835 ff., 837)

sowohl von Vermögenswerten als auch Arbeitsleistung gemeinsam ein Unternehmen aufgebaut wurde oder die Ehegatten zusammen eine gewerbliche oder berufliche Tätigkeit ausüben[501]. Zwar sei Gleichwertigkeit der Beiträge nicht erforderlich, jedoch dürfe es sich nicht um eine untergeordnete Hilfstätigkeit handeln[502], andernfalls fehle es an der gemeinsamen Zweckverfolgung[503]. Allein unter diesen Voraussetzungen könne ein über die Verwirklichung der ehelichen Lebensgemeinschaft hinausgehender Sonderzweck angenommen werden.

Als ausreichend sieht der BGH zum Beispiel den gemeinsamen Betrieb einer Gaststätte an, sofern die Eheleute als Mitpächter einen Pachtvertrag schließen, als Gesamtschuldner Darlehen aufnehmen und beide ihre Arbeitskraft im Betrieb einsetzen[504].

Bei genauerer Betrachtung dieser BGH-Rechtsprechung kristallisieren sich auf dem Weg zur Annahme einer Ehegatteninnengesellschaft drei Schritte heraus[505]:

- Zunächst wird hinsichtlich des Zusammenwirkens ein faktisches Einvernehmen der Partner verlangt, d.h. ein natürlicher, nicht notwendig rechtsgeschäftlicher Konsens[506].

- Die einvernehmliche Tätigkeit der Eheleute muß weiter auf einen Zweck gerichtet sein, der über die bloße Verwirklichung der ehelichen Lebensgemeinschaft hinausgeht[507]. Entscheidende Kriterien dafür sind nach Ansicht des BGH einerseits Art und Umfang der geleisteten Mitarbeit, andererseits die zusätzliche Bereitstellung von Geld- und Sachmitteln[508]. In der Regel sieht es der BGH dabei als erforderlich an, daß die geleistete Mitarbeit den durch die §§ 1353, 1356, 1360 BGB gezogenen Pflichtrahmen übersteigt[509]. Hinsichtlich der Mitarbeit wird darüber hinaus ein gewisses Gewicht gefordert. Zur Abgrenzung des Gesellschafterbeitrages von bloß nebensächlichen, untergeordneten Hilfstätigkeiten stellt der BGH darauf ab, ob es sich um eine selbständige, gleichberechtigte Leistung handelt[510], wofür auch die berufliche Quali-

[501] so z.B. BGH FamRZ 1989, 147 ff., 148; BGH NJW 1995, 3383 ff., 3384
[502] BGH NJW-RR 1990, 736 f., 736; BGH NJW-RR, 1988, 260 ff., 261; Johannsen, Vermögensrechtliche Auseinandersetzung unter Ehegatten nach Auflösung der Ehe bei Gütertrennung, WM 1978, 502 ff., 506
[503] Eine Gesellschaft ist daher z.B. zu verneinen, wenn ein Ehegatte als Arzt, der andere als Sprechstundenhilfe tätig wird (BGH NJW 1974, 2045 f., 2045), oder wenn ein Ehegatte einen Großmarkt betreibt, in dem der andere nur gelegentlich Aushilfstätigkeiten verrichtet (BGH NJW-RR 1988, 260 ff., 261).
[504] BGH NJW-RR 1990, 736 f.
[505] so Hausmann, a.a.O., S. 223
[506] Hausmann, a.a.O., S. 223 m.w.N.
[507] Hausmann, a.a.O., S. 223
[508] so Hausmann, a.a.O., S. 204 f.
[509] Hausmann, a.a.O., S. 204 m.w.N.
[510] BGH FamRZ 1987, 907 ff., 908

fikation einen Hinweis bietet[511]. Geht die Mitarbeit darüber nicht hinaus, kann dennoch das Vorliegen einer Gesellschaft angenommen werden, soweit der lediglich mitarbeitende Ehegatte sein Vermögen gem. § 1360 S. 1 BGB als Haftungssubstrat zur Verfügung gestellt hat und dadurch allein die Errichtung des Betriebes ermöglicht wurde[512]. Als ausreichend wurde im Einzelfall auch angesehen, wenn der mitarbeitende Ehegatte Kapital oder Sachmittel zur Verfügung gestellt hatte[513]. Nicht zur Annahme eines Gesellschaftsverhältnisses genügen soll dagegen die bloße Bereitstellung einer dinglichen Sicherheit etc. ohne jeglichen Einsatz der Arbeitskraft[514].

- Liegen diese objektiven Gesellschaftsvoraussetzungen hinsichtlich des von einem natürlichen Willen getragenen einvernehmlichen Zusammenwirkens der Ehegatten vor, folgert der BGH daraus einen wahrscheinlichen, hypothetischen Willen der Ehegatten hinsichtlich des Abschlusses eines Gesellschaftsvertrages im Sinne des § 705 BGB, soweit nicht die Umstände des Einzelfalles dagegen sprechen[515].

3.3.1.1.2 Stellungnahme

Zu den vom BGH aufgestellten Tatbestandsvoraussetzungen ist folgendes zu sagen:
Der BGH hat richtig erkannt, daß aufgrund der nicht ganz unproblematischen Annahme des stillschweigenden Abschlusses eines Gesellschaftsvertrages an den von den Ehegatten verfolgten Gesellschaftszweck nicht unerhebliche Anforderungen gestellt werden müssen. Andernfalls gerät man in Gefahr, vorschnell von den Parteien gar nicht gewollte Sonderbeziehungen anzunehmen, bewegt sich also auf dem Gebiet der Fiktion.

Allerdings ist nicht ganz einsichtig, warum der Senat bei der Annahme einer stillschweigend abgeschlossenen Ehegatteninnengesellschaft darauf abstellt, ob die beiderseitigen Leistungen der Partner auf die Verwirklichung eines über den *typischen* Rahmen der ehelichen Lebensgemeinschaft hinausgehenden Vorhabens gerichtet waren. Entscheidend sind nach Ansicht des BGH offensichtlich nicht die Verhältnisse der konkreten Einzelbeziehung, sondern die des „Prototyps" einer ehelichen Lebensgemeinschaft. Ganz abgesehen davon, daß die Ermittlung eines solchen „Prototyps" erhebliche Schwierigkeiten bieten dürfte, ist auch fraglich, ob das

---

[511] zu schließen aus BGH FamRZ 1986, 558 ff., 559; BGH FamRZ 1987, 907 ff., 908
[512] so entschieden von BGH NJW 1967, 1275 ff., 1267 f.
[513] so z.B. BGH WM 1973, 1242 f., 1243
[514] vgl. dazu BGH FamRZ 1972, 362 f.
[515] vgl. dazu Hausmann, a.a.O., S. 224; BGH WM 1995, 1365 ff., 1366

Abstellen auf die „Durchschnittsehe" einen geeigneten Anhaltspunkt darstellt, um zu ermitteln, ob Ehepartner in ihrer konkreten Situation einen Gesellschaftsvertrag abgeschlossen haben. Wie sich schon aus der Formulierung ergibt, ist das nicht der Fall. Daß Parteien einer „durchschnittlichen" Partnerschaft etwa bei Erwerb und Ausbau eines Familienheims keinen über die Verwirklichung der ehelichen Lebensgemeinschaft hinausgehenden Zweck verfolgt haben - wenn man das überhaupt so sagen kann - , bedeutet nicht, daß finanziell schlechter gestellte Ehegatten mit dem gleichen „Projekt" nicht ein über den Rahmen ihrer konkreten Partnerschaft hinausgehendes Vorhaben verfolgt haben. Daß dadurch freilich - wie der BGH bemerkt - die eheliche Lebensgemeinschaft in der gewünschten Weise realisiert werden soll, steht dem nicht entgegen. Denn auch der gemeinsame Aufbau und die Führung eines Unternehmens dient letztendlich vorwiegend der Gestaltung der partnerschaftlichen Verhältnisse. Das folgt allein schon aus dem Umstand, daß die Parteien, wären sie nicht derart eng emotional verbunden, wohl kaum auf die Idee gekommen wären, gemeinsam ein solches Projekt in Angriff zu nehmen; ausschlaggebend dürfte aber sein, daß die durch das Zusammenwirken erwirtschafteten Erträge der Erbringung bzw. Verbesserung des Familienunterhalts und damit gleichermaßen der Schaffung der Voraussetzungen der ehelichen Lebensgemeinschaft zugute kommen werden. Auch letzteres bietet daher kein markantes Abgrenzungskriterium. Entscheidend für die Bestimmung des Vorliegens des erforderlichen Gesellschaftszwecks müssen vielmehr neben Art und Wert des geschaffenen Vermögenswertes die finanziellen Verhältnisse der konkreten Lebensgemeinschaft sein[516]. In jedem Einzelfall muß danach ermittelt werden, ob die Ehegatten nach den ihnen zur Verfügung stehenden Verhältnissen gemeinsam ein über die allgemeine Verwirklichung *ihrer* Lebensgemeinschaft hinausgehendes Vorhaben verfolgt haben. Nur dadurch kann mit an Sicherheit grenzender Wahrscheinlichkeit festgestellt werden, ob die Ehegatten tatsächlich konkludent eine Ehegatteninnengesellschaft abgeschlossen haben.

3.3.1.1.3 Einzelne Fallgruppen

Für die im Rahmen des § 426 BGB untersuchten Fallgruppen bedeuten die oben gemachten Aussagen folgendes:

3.3.1.1.3.1 Eigenheim

[516] auf ähnliche Abgrenzungskriterien hat der BGH in einer sich mit einer Innengesellschaft zwischen Partnern einer nichtehelichen Lebensgemeinschaft befassenden Entscheidung aus dem Jahre 1991 abgestellt (BGH FamRZ 1992, 408 f, 409)

Verschulden sich Ehepartner, um gemeinsam ein Familienheim zu schaffen, werden sie an der Immobilie häufig Miteigentum begründen. Erschöpft sich das zwischen den Partnern geschlossene Rechtsverhältnis im Haben und Halten der Immobilie, besteht zwischen den Parteien keine Gesellschaft bürgerlichen Rechts - Gesamthandsgemeinschaft -, sondern eine Bruchteilsgemeinschaft nach § 741 BGB. Zur Begründung einer Gesellschaft bürgerlichen Rechts ist damit - ebenso wie im Falle des Alleineigentums eines der Ehegatten - die Verfolgung eines besonderen Gesellschaftszwecks erforderlich. Dabei sind im Rahmen einer stillschweigend abgeschlossenen Ehegatteninnengesellschaft an den verfolgten Zweck besondere Anforderungen zu stellen. Der BGH ist der Ansicht, daß die beiderseitigen Leistungen der Partner insoweit auf die Verwirklichung eines über den *typischen* Rahmen der ehelichen Lebensgemeinschaft hinausgehenden Vorhabens gerichtet sein müssen[517]. Bei Erwerb und Ausbau eines Familienheims sei diese Voraussetzung nicht erfüllt[518], weswegen die Annahme einer stillschweigend geschlossenen Ehegatteninnengesellschaft - anders als die einer ausdrücklich vereinbarten Außengesellschaft[519] - bezüglich des Familienheims nach der vom BGH vertretenen Ansicht zu verneinen ist.

Dagegen kann es nach der oben ausgeführten eigenen Meinung (vgl. unter 3.3.1.1.2.) durchaus auch in bezug auf das Familienheim zur Annahme einer stillschweigend geschlossenen Ehegatteninnengesellschaft kommen. Danach sind für die Bestimmung des Vorliegens des erforderlichen Gesellschaftszwecks neben Art und Wert des geschaffenen Vermögenswertes die finanziellen Verhältnisse der konkreten Lebensgemeinschaft entscheidend[520]. In jedem Einzelfall muß danach ermittelt werden, ob die Ehegatten nach den ihnen zur Verfügung stehenden Verhältnissen gemeinsam ein über die allgemeine Verwirklichung *ihrer* Lebensgemeinschaft hinausgehendes Vorhaben verfolgt haben. Ein solches Vorhaben kann durchaus auch in der Schaffung eines gemeinsamen Familienheims liegen, wenn die Parteien diesbezüglich durch Einbringung finanzieller Beiträge und Arbeitsleistung zusammenwirken und das „Projekt" aufgrund der finanziell angespannten Lage in der Lebensgemeinschaft im Einzelfall ein über den Rahmen der konkreten Partnerschaft hinausgehendes Vorhaben darstellt.

3.3.1.1.3.2 Gewerbliche/berufliche Zwecke

[517] so etwa BGH FamRZ 1989, 147 ff., 148; BGH JZ 1983, 852 ff., 853

[518] so entschieden z.B. von BGH JZ 1983, 852 ff., 853; zustimmend BGH, a.a.O., 148(= NJW-RR 1989, 66 ff., 66); BGH NJW-RR 1990, 736 f., 736

[519] dazu BGH NJW 1982, 170 ff. 171

[520] auf ähnliche Abgrenzungskriterien hat der BGH in einer sich mit einer Innengesellschaft zwischen Partnern einer nichtehelichen Lebensgemeinschaft befassenden Entscheidung aus dem Jahre 1991 abgestellt (BGH FamRZ 1992, 408 f, 409)

Dient der gesamtschuldnerisch aufgenommene Kredit gewerblichen oder beruflichen Zwekken, ist das entscheidende Kriterium dafür, ob ein über die bloße Verwirklichung der ehelichen Lebensgemeinschaft hinausgehender Zweck vorliegt, das Maß der Mitarbeit und des Vermögenseinsatzes der Partner.

Auch hier bleibt - da der ausdrückliche Abschluß eines Gesellschaftsvertrages in der Regel entfällt - nur das tatsächliche Verhalten, um Schlüsse auf die Begründung schuldrechtlicher Sonderbeziehungen zwischen den Eheleuten ziehen zu können[521]. Die Annahme eines Gesellschaftsverhältnisses ist nach Auffassung des BGH etwa dann berechtigt, wenn durch Einsatz sowohl von Vermögenswerten als auch Arbeitsleistung gemeinsam ein Unternehmen aufgebaut wurde oder die Ehegatten zusammen eine gewerbliche oder berufliche Tätigkeit ausüben[522]. Zwar sei Gleichwertigkeit der Beiträge nicht erforderlich, jedoch dürfe es sich nicht um eine untergeordnete Hilfstätigkeit handeln[523], andernfalls fehle es an der gemeinsamen Zweckverfolgung[524].

Als ausreichend sieht der BGH zum Beispiel den gemeinsamen Betrieb einer Gaststätte an, sofern die Eheleute als Mitpächter einen Pachtvertrag schließen, als Gesamtschuldner Darlehen aufnehmen und beide ihre Arbeitskraft im Betrieb einsetzen[525].

3.3.1.1.3.3 Herkömmliche Konsumgüter

Wurden mit Hilfe des gesamtschuldnerischen Kredits Konsumgüter angeschafft, muß die Annahme einer stillschweigend geschlossenen Ehegatteninnengesellschaft in der Regel ausscheiden. Die Anschaffung und Nutzung herkömmlicher Konsumgüter wird sich regelmäßig im Rahmen der Verwirklichung auch der konkreten Lebensgemeinschaft halten. Etwas anderes gilt im Einzelfall bezüglich sehr kostspieliger Konsumgüter, etwa bei Anschaffung und Gebrauch eines PKW. Insoweit ist wiederum darauf abzustellen, ob nach den finanziellen Verhältnissen der konkreten Partnerschaft die Beiträge der Parteien einen über die Verwirklichung der Lebensgemeinschaft hinausgehenden Zweck verfolgt haben. Haben die Parteien an dem Konsumgut Miteigentum begründet und erschöpft sich das zwischen den Partnern ge-

---

[521] so auch BGH NJW 1989, 1920 ff., 1922(= FamRZ 1989, 835 ff., 837)

[522] so z.B. BGH FamRZ 1989, 147 ff., 148; BGH NJW 1995, 3383 ff., 3384

[523] BGH NJW-RR 1990, 736 f., 736; BGH NJW-RR, 1988, 260 ff., 261; Johannsen, Vermögensrechtliche Auseinandersetzung unter Ehegatten nach Auflösung der Ehe bei Gütertrennung, WM 1978, 502 ff., 506

[524] Eine Gesellschaft ist daher z.B. zu verneinen, wenn ein Ehegatte als Arzt, der andere als Sprechstundenhilfe tätig wird (BGH NJW 1974, 2045 f., 2045), oder wenn ein Ehegatte einen Großmarkt betreibt, in dem der andere nur gelegentlich Aushilfstätigkeiten verrichtet (BGH NJW-RR 1988, 260 ff., 261).

[525] BGH NJW-RR 1990, 736 f.

schlossene Rechtsverhältnis im Haben und Halten des Gegenstands, besteht zwischen den Parteien aber wiederum keine Gesellschaft bürgerlichen Rechts - Gesamthandsgemeinschaft -, sondern eine Bruchteilsgemeinschaft nach § 741 BGB. Zur Begründung einer Gesellschaft bürgerlichen Rechts ist auch hier- ebenso wie im Falle des Alleineigentums eines der Ehegatten - die Verfolgung eines besonderen Gesellschaftszwecks erforderlich.

3.3.1.2 Rechtsfolgen des Vorliegens einer Ehegatteninnengesellschaft unter Einbeziehung der in der Literatur an der Meinung des BGH geübten Kritik

Zu klären bleibt, welche Rechtsfolgen sich aus der Annahme einer Ehegatteninnengesellschaft in Hinblick auf einen Ausgleichsanspruch des mitarbeitenden Ehegatten ergeben.

Nach früherer BGH-Rechtsprechung stand bei Vorliegen der oben genannten Voraussetzungen einer unmittelbaren Anwendung der Vorschriften des §§ 705 ff. BGB offenbar nichts entgegen:
So hat der BGH in einem Urteil aus dem Jahre 1967[526] entschieden, daß sich nach Auflösung der Gesellschaft, die sich in der Trennung der Parteien - spätestens aber in der Erhebung der Scheidungsklage[527] - manifestiere, der Befreiungsanspruch der Ehefrau hinsichtlich der noch nicht getilgten gesamtschuldnerischen Verbindlichkeiten nach § 738 BGB richte. Modifiziert sei dieser Anspruch durch § 739 BGB, wobei der BGH annahm, die durch die Ehegatten betriebene Gaststätte bilde das Gesellschaftsvermögen.

Dieser Entscheidung muß schon entgegengehalten werden, daß bei Auflösung einer Gesellschaft - und im Verlauf des Ausscheidens eines Gesellschafters aus einer Zweimann-Gesellschaft läßt sich eine solche nicht verhindern[528] - bei direkter Anwendung nicht § 738 BGB, sondern § 733 I S. 1 BGB die einschlägige Norm bezüglich der Berichtigung noch ausstehender Gesellschaftsschulden darstellt.

---

[526] BGH NJW 1967, 1275 ff., 1278
[527] diesen Umständen kann bei verständiger Würdigung der Wille zur Beendigung der Gesellschaft entnommen werden, so daß hierin eine konkludente Kündigungserklärung gem. § 723 I BGB zu sehen ist (Conradt, „Unbenannte" Zuwendungen unter Ehegatten und Partnern einer nichtehelichen Lebensgemeinschaft, S. 194)
[528] vgl. Palandt/Thomas, § 736, Rz. 3

In der Literatur hat die Ansicht des BGH aber vor allem aus anderem Grund umfassende Kritik erfahren - allerdings werden dabei die vom BGH entwickelten Voraussetzungen nicht angegriffen, sondern allein die vom BGH daraus geschlossene Rechtsfolge:

Wenn auch das vom BGH gefundene Ergebnis - der Ehefrau sollte eine angemessene Beteiligung an dem durch ihre tatkräftige Hilfe erwirtschafteten Vermögen gesichert werden - in der Literatur durchweg gebilligt wurde, stieß die dogmatische Begründung - die Annahme eines stilllschweigend begründeten Gesellschaftsvertrages - bei zahlreichen Autoren auf Ablehnung[529].

Dabei richtete sich die Beanstandung vor allem auf folgende Punkte: die Knüpfung von Rechtsfolgen an einen hypothetischen Willen, die ergebnisorientierte Argumentation des BGH, der für den gewünschten Ausgleichsanspruch nachträglich einen Rechtsgrund konstruiere und nicht zuletzt die Behandlung der Ehegatten nach Art sich sonst fremder Teilhaber[530]. Letzteres erkenne der BGH auch selbst, weswegen er die widersinnige Lösung wähle, die Fiktion eines Gesellschaftsvertrages dadurch zu korrigieren, daß er die gesellschaftsrechtlichen Vorschriften „durch die besonderen Verhältnisse der ehelichen Lebensgemeinschaft" für stillschweigend abgeändert erkläre[531].

Zur Lösung des Problems wird von einigen Autoren eine vom Geschäftswillen der Beteiligten losgelöste analoge Anwendung gesellschaftsrechtlicher Normen vorgeschlagen. Es liege eine Gesetzeslücke vor, weil der Gesetzgeber das starke Ausgleichsbedürfnis hinsichtlich der durch Ehegattenmitarbeit geschaffenen Werte verkannt habe[532].

Fassen wir das Problem noch einmal zusammen:

Bei der (Ehegatten-)Innengesellschaft ist ein Gesamthandsvermögen meist nicht vorhanden. Der auch nach außen auftretende Geschäftsinhaber ist in der Regel Alleineigentümer des gesamten erworbenen Vermögens. Während des Funktionierens der Ehe stellen sich regelmäßig keine Probleme, weil die Ehegatten in dieser Zeit gleichmäßig von den Früchten ihrer Beiträge profitieren. Schwierigkeiten treten erst bei Scheitern der Beziehung auf[533]. Einigkeit besteht insoweit, daß dem dinglich rechtlosen Partner schon aus Billigkeitsgesichtspunkten für seine Leistungen ein angemessener Ausgleich zugestanden werden muß. Zu einem solchen gelangen beide Seiten: der BGH unter Annahme eines stillschweigend geschlossenen Gesellschaftsvertrages, aus dem sich die schuldrechtliche Verpflichtung des Vermögensinhabers auf

529 vgl. Hausmann, a.a.O., S. 227 m.w.N.
530 vgl. Hausmann, a.a.O., S. 227 m.w.N.
531 Hausmann, a.a.O., S. 228 m.w.N.
532 Lieb, Die Ehegattenmitarbeit im Spannungsfeld zwischen Rechtsgeschäft, Bereicherungsausgleich und gesetzlichem Güterstand, S. 185 ff.
533 vgl. Hausmann, a.a.O., S. 205 f.

Behandlung des Vermögens als Gesamthandsvermögen und Auseinandersetzung desselben nach §§ 731 ff. BGB ergibt - modifiziert allerdings aufgrund der Überlagerung der Innengesellschaft durch die Besonderheiten der ehelichen Lebensgemeinschaft [534] -; die Kritiker des BGH kommen zu demselben Ergebnis über eine analoge Anwendung derselben Vorschriften. Der Streit ist somit rein dogmatischer Natur.

Dazu ist folgendes zu sagen:

Es kann nicht geleugnet werden, daß die Annahme eines rechtsgeschäftlichen Willens hinsichtlich des Abschlusses eines Gesellschaftsvertrages angesichts der Tatsache, daß Ehegatten bei Zusammenarbeit während Funktionierens der Ehe ein diesbezüglicher Wille doch eher fremd sein dürfte, stark ergebnisorientiert wirkt. Darüber hinaus besteht bei der Innengesellschaft im Unterschied zur Außengesellschaft in der Regel die Besonderheit des Fehlens von Gesellschaftsvermögen. Die Auseinandersetzungsvorschriften der §§ 731 ff. BGB setzen aber ein solches voraus, weswegen hinsichtlich der hier entscheidenden Gesellschaftsvorschriften fast ausnahmslos ohnehin nur eine analoge Anwendung in Betracht kommt[535]. Darüber hinaus werden die sich aus den §§ 730 ff. BGB ergebenden Rechtsfolgen den vor allem aufgrund der engen persönlichen Beziehungen in der Ehe bestehenden Besonderheiten schwerlich gerecht[536]. So würde die Anwendung der §§ 730 ff. BGB bedeuten, daß das Alleineigentum des nach außen einzig auftretenden Gesellschafters veräußert werden müßte. Sodann müßte dem anderen Gesellschafter der Wert seiner Einlage zurückerstattet und dieser am Gewinn beteiligt werden[537].

Eine interessengerechte Lösung dürfte daher sein, die Ehegatteninnengesellschaft als ein „Rechtsinstitut eigener Art“ zu sehen[538], auf die die gesellschaftsrechtlichen Vorschriften, soweit sie den Sachverhalt abdecken, analog anzuwenden sind.

Hinsichtlich der hier in Frage stehenden gesamtschuldnerischen Verbindlichkeiten ergibt sich somit folgendes:

Steht im Zeitpunkt des Scheiterns der Ehe - welches sich spätestens in der Einreichung des Scheidungsantrages manifestiert - die Tilgung der Gesamtschuld ganz oder teilweise noch aus, so besteht für den „innenbeteiligten“ Ehegatten ein Freistellungsanspruch analog § 738 I S. 2

---

534 Hausmann, a.a.O., S. 205 f.; BGHZ 31, 197 ff., 203

535 ähnlich Conradt, a.a.O., S. 195 f., der weiter darauf hinweist, daß eine Anwendung der §§ 730 ff. BGB regelmäßig nicht dem Parteiwillen entsprechen dürfte (a.a.O., S. 196)

536 vgl. dazu ausführlich, Hausmann, a.a.O., S. 237 ff.

537 Conradt, a.a.O., S. 194

538 so Johannsen, WM 1978, 502 ff., 510

BGB, soweit die Parteien abweichende Vereinbarungen nicht getroffen haben[539]. Diese Vorschrift sieht vor, daß bei Ausscheiden eines Gesellschafters keine Abwicklung der Gesellschaft stattfindet, sondern die Gesellschaft mit den verbleibenden Gesellschaftern fortbesteht. Der ausscheidende Gesellschafter hat lediglich einen schuldrechtlichen Anspruch in Höhe des Wertes eines fiktiven Auseinandersetzungsanspruches, wie er bei einer Auflösung der Gesellschaft nach den §§ 730 ff. BGB bestehen würde[540]. Eine Anwendung der §§ 730 ff. BGB verbietet sich, da aus den oben genannten Gründen bei der Ehegatteninnengesellschaft regelmäßig durch Auslegung der zwischen den Ehegatten ausdrücklich oder konkludent getroffenen Absprachen auf eine Abbedingung dieser dispositiven Vorschriften geschlossen werden kann[541].

Der nach außen auftretende Gesellschafter hat dagegen keinen Anspruch aus § 738 I S. 2 BGB analog, weil er - im übertragenen Sinne gemeint- die Gesellschaft „verkörpert", aus der sein Partner „ausscheidet". Nur der „verbleibende" Gesellschafter ist für die Gesellschaft nach außen tätig geworden, so daß er Alleineigentümer des eventuell in diesem Rahmen erworbenen Vermögens geworden ist. In diesem Zusammenhang aufgenommene Darlehen kommen daher regelmäßig nur dem Eigentum des „verbleibenden" Gesellschafters zugute. Das soll nicht heißen, daß die Gesellschaft nach Ausscheiden eines der Ehegatten noch fortbesteht. Ein solches Fortbestehen kommt wegen des „Verbleibs" nur eines einzigen Gesellschafters nicht in Betracht, weswegen sich auch eine direkte Anwendung des § 738 I S. 2 BGB verbietet[542].

Bezüglich eines Aufwendungsersatzanspruches aufgrund einer auf die Gesamtschuld geleisteten Zahlung sowohl vor als auch nach Scheitern der Partnerschaft bleibt mangels passender Vorschrift aus dem Gesellschaftsrecht als Anspruchsgrundlage nur der oben angesprochene § 426 I BGB. Insoweit wird auf die dort gemachten Ausführungen verwiesen.

Eine analoge Anwendung der §§ 713 i.V.m. 670 BGB scheidet aus, weil eine vergleichbare Rechtslage nicht ersichtlich ist. Denn Sinn und Zweck der § 713 BGB besteht darin, dem geschäftsführenden Gesellschafter einen Anspruch gegen das Gesellschaftsvermögen - nicht gegen den anderen Gesellschafter - zu geben. Ein Gesamthandsvermögen entfällt bei einer Innengesellschaft aber regelmäßig.

---

[539] Conradt, a.a.O., S. 197

[540] Conradt, a.a.O., S. 196

[541] ähnlich Conradt, a.a.O., S. 196

[542] so auch Conradt, a.a.O., Fn. 897

3.3.2 Zum Vergleich: Anwendung von Gesellschaftsrecht im Falle der gesamtschuldnerischen Kreditaufnahme durch Partner einer nichtehelichen Lebensgemeinschaft

Betrachten wir nun zum Vergleich die sich bei einer nichtehelichen Lebensgemeinschaft hinsichtlich eines Ausgleichsanspruches aus Gesellschaftsrecht ergebende Rechtslage:
Wie den Ehegatten steht es selbstverständlich auch den Partnern einer nichtehelichen Lebensgemeinschaft frei, ausdrücklich oder konkludent ein Gesellschaftsverhältnis zu vereinbaren[543].

Wird eine ausdrückliche Abrede getroffen, kann Inhalt des Gesellschaftsvertrages - wie stets - jeglicher erlaubte Zweck sein. Mithin ist es für Lebensgefährten ohne weiteres möglich, das, was sich für Ehegatten bereits aus dem Gesetz ergibt, zum Gegenstand einer vertraglichen Vereinbarung zu machen[544]. Davon ausgenommen sind einzig die zwingenden gesetzlichen Vorschriften[545]. Denn weder Art. 6 GG noch § 1353 BGB begründen entgegen einer teilweise vertretenen Ansicht[546] einen „Typenzwang". Das bedeutet, daß die Normen keinen abschließenden Charakter haben und somit für eine intime, persönliche Gemeinschaft von Mann und Frau durchaus ein anderes Rechtsinstitut als das der Ehe gewählt werden kann[547].

In der Regel wird es aber an einem ausdrücklichen Vertragsabschluß - ebenso wie bei Ehegatten - fehlen. In diesem Fall muß man sich mit der Problematik befassen, ob zwischen den Lebenspartnern stillschweigend ein Gesellschaftsverhältnis abgeschlossen wurde. Auch hier liegt das Kernproblem wiederum bei der Frage, welche Umstände vorliegen müssen, damit ein Vertragsschluß durch schlüssiges Verhalten bejaht werden kann.

3.3.2.1 Umfassender Vermögensausgleich

[543] vgl. BGH FamRZ 1992, 408 f., 408; Diederichsen, Die nichteheliche Lebensgemeinschaft im Zivilrecht, NJW 1983, 1017 ff., 1022 f.

[544] vgl. dazu ausführlich Diederichsen, NJW 1983, 1017 ff., 1022

[545] so z.B. Namensrecht, dinglicher Versorgungsausgleich, Verpflichtung zur ehelichen Lebensgemeinschaft; insoweit gelten die §§ 138, 134 BGB

[546] so z.B. Lipp, Die nichteheliche Lebensgemeinschaft und das bürgerliche Recht: eine dogmatisch -methodische Studie, AcP 180, 537 ff., 569

[547] so Schlüter, FamRZ 1986, 405 ff., 409; in diese Richtung auch Diederichsen, NJW 1983, 1017 ff., 1022

Offenbar in dem Bestreben, auch der ehelichen Lebensgemeinschaft eine gewisse rechtliche Struktur zu verleihen, wird in der Literatur teilweise der Vorschlag gemacht, die nichteheliche Lebensgemeinschaft als solche als BGB-Gesellschaft anzusehen.

So ist zum Beispiel Meier-Scherling[548] der Auffassung, als Gesellschaftszweck im Sinne des § 705 BGB könne schon das „eheähnliche Zusammenleben" als solches[549] angesehen werden. Roth-Stielow[550] tendiert in die gleiche Richtung mit seinem Vorschlag, in der Aufnahme einer nichtehelichen Lebensgemeinschaft den stillschweigenden Abschluß eines „Zusammenlebensvertrages eigener Art" mit stark gesellschaftsrechtlichen Zügen zu sehen, in dem die Partner sich zu einer „Wohn-, Wirtschafts-, Geschlechts- und Beistandsgemeinschaft" zusammenschließen.

Battes dagegen will zwar nicht in jeglicher nichtehelichen Lebensgemeinschaft ungeachtet der jeweiligen Umstände eine BGB-Gesellschaft sehen. Das ehelose Zusammenleben stelle aber zumindest dann eine BGB-Innengesellschaft dar, wenn und soweit die Lebenspartner„gemeinsam wirtschafteten", um ihre materiellen Lebensbedürfnisse zu erfüllen[551]. Erklärter Zweck dieser Ansicht ist es, in all den Fällen, in denen ein Partner nur deshalb zur Bildung von „Privatvermögen" in der Lage gewesen ist, weil der andere Teil überwiegend den finanziellen Aufwand des Zusammenlebens getragen oder in erheblichem Umfang Dienste im Haushalt oder im Geschäft geleistet hat, einen schuldrechtlichen Ausgleich zu ermöglichen[552]. Voraussetzung dafür sei allerdings die Aufklärung der tatsächlich bestehenden Vermögensbeziehungen in jedem konkreten Fall[553].

Entgegengehalten werden kann diesen Meinungen folgendes:

Zwar spricht - wie bereits dargelegt wurde - nichts gegen eine Heranziehung des Gesellschaftsrechts, soweit es zwischen den Partner tatsächlich zur Begründung einer BGB-Gesellschaft gekommen ist. Dies setzt allerdings voraus, daß die Lebensgefährten mit Rechtsbindungswillen ausdrücklich oder konkludent entsprechende Absprachen getroffen haben. Dazu gehört insbesondere die Bereitschaft, die vereinbarten Beiträge zu leisten (§ 705 BGB)[554].

Ohne eine derartige Vereinbarung die nichteheliche Lebensgemeinschaft als solche stets gesellschaftsrechtlich zu erfassen, muß daran scheitern, daß die engen persönlichen Beziehungen

---

548 Meier-Scherling, Die ehehähnliche Lebensgemeinschaft, DRiZ 1979, 296 ff., 296 f.

549 so Meier-Scherling, DRiZ 1979, 296 ff., 296 f.

550 Roth-Stielow, Rechtsfragen des ehelosen Zusammenlebens von Mann und Frau, JR 1978, 233 ff.

551 Battes, Nichteheliches Zusammenleben im Zivilrecht, Köln 1983, Rz. 9, 73 ff.

552 Battes, a.a.O., Rz. 57

553 Battes, a.a.O., Rz. 84

554 so auch Schlüter, FamRZ 1986, 405 ff., 409

zwischen Lebenspartnern mit dem obligatorischen Charakter des Gesellschaftsvertrages ohne diesbezügliche Absprachen nicht zu vereinbaren sind[555]. § 705 BGB macht deutlich, daß die BGB-Gesellschaft vom Gesetzgeber als obligatorischer Vertrag mit - notfalls durch Klage und Zwangsvollstreckung durchsetzbaren - verbindlichen Förderungs- und Beitragsverpflichtungen ausgestaltet wurde[556]. Partner einer nichtehelichen Lebensgemeinschaft wählen diese Beziehungsform aber häufig gerade deshalb, weil sie eine rechtliche Bindung, die wie bei einer Eheschließung durchsetzbare Verpflichtungen mit sich bringt, gerade nicht wünschen[557]. In der Regel wollen sie weder ihrem Zusammenleben eine rechtliche Form geben, noch durch die Aufnahme der Partnerschaft an sich rechtliche Bindungen eingehen[558]. Wie Schlüter[559] richtig bemerkt, beruht die gegenseitige Unterstützung unter Lebenspartnern nicht auf der Eingehung eines Rechtsverhältnisses, sondern auf dem Gefühl emotionaler Verbundenheit. Ein umfassender Vermögensausgleich in Hinblick auf sämtliche während des Bestehens der Gemeinschaft erbrachten Leistungen würde daher der Intention der Parteien kaum gerecht werden[560].

Darüber hinaus wäre ein solcher Ausgleich in der Praxis schwer durchführbar. Es ist nämlich praktisch unmöglich, jede einzelne von dem einen oder anderen Partner erbrachte Leistung nachträglich - häufig Jahre später - mit dem Ziel gegenseitiger Abrechnung zu rekonstruieren[561]. Aus diesem Grund könnte auch ein umfassender Vermögensausgleich kaum zu ausgeglichenen Ergebnissen führen, weil zwar einzelne spektakuläre, und daher nachweisbare Aufwendungen zum Ausgleich gebracht würden, aber zahllose andere, unter Umständen in ihrer Gesamtheit darüber hinausgehende Leistungen unberücksichtigt bleiben müßten[562]. Weiter ergäben sich bei Befürwortung einer Innengesellschaft vor allem dann, wenn einer der Partner seinen Beitrag durch Führung des Haushalts erbringt, im Rahmen der Liquidation erhebliche Schwierigkeiten. Dessen Leistungen nämlich blieben nach § 733 II S. 3 BGB ohne Ersatz. Selbst eine Nichtanwendung dieser Vorschrift würde insoweit nur begrenzt Abhilfe schaffen, weil sich in Hinblick auf die für eine Verrechnung der Beiträge notwendige Kapitalisierung gravierende Probleme stellen würden[563].

[555] so auch Hausmann, a.a.O., S. 231
[556] Hausmann, a.a.O., S. 230 f.
[557] in diese Richtung auch Schlüter, FamRZ 1986, 405 ff., 409
[558] BGH FamRZ 1983, 1213 f., 1214
[559] Schlüter, FamRZ 1986, 405 ff., 406
[560] Schlüter, FamRZ 1986, 405 ff., 406
[561] Diederichsen, NJW 1983, 1017 ff., 1023
[562] vgl. auch Diederichsen, NJW 1983, 1017 ff., 1023
[563] vgl. dazu Simon, Forum: Rechtsprobleme der nichtehelichen Lebensgemeinschaft, JuS 1980, 252 ff., 253

Die Rechtsprechung hat sich ebenfalls stets dagegen ausgesprochen, das ehelose Zusammenleben als solches - oder auch nur dessen ökonomische Seite (gemeinsames Haushalten und Wirtschaften) - als tauglichen Zweck einer BGB-Gesellschaft anzuerkennen[564].

3.3.2.2 Anwendung des Gesellschaftsrechts in Hinblick auf einzelne Vermögensgegenstände

Die Ablehnung einer umfassenden Gesamtauseinandersetzung über gesellschaftsrechtliche Grundsätze sagt jedoch noch nichts über eine mögliche Anwendung des Gesellschaftsrechts in Hinblick auf einzelne Vermögensgegenstände.

Selbst diese Möglichkeit aber wurde in der Rechtsprechung lange Zeit sehr eng gesehen, die Annahme einer stillschweigenden Innengesellschaft zwischen unverheirateten Partnern strengen Anforderungen unterstellt[565]. Erst nachdem sich seit Mitte der sechziger Jahre die sittliche Grundanschauung allmählich zu wandeln begann[566], gab der BGH im Jahre 1965[567] seine rigide Haltung auf und kam im Bereich der nichtehelichen Lebensgemeinschaft in vermehrtem Maße zur Anwendung gesellschaftsrechtlicher Grundsätze. In dem fraglichen Fall hatten beide Partner in jahrelanger nichtehelicher Lebensgemeinschaft durch gemeinsame Arbeit, Bereitstellung von Geldmitteln und anderen Leistungen zum Bau und zur Erhaltung eines zwar auf den Namen des Mannes eingetragenen, aber als gemeinsames Vermögen betrachteten Wohnhauses beigetragen[568].

In diesem Urteil wird klar, daß der BGH nunmehr im Rahmen der nichtehelichen Lebensgemeinschaft sogar einen weiteren Anwendungsbereich für eine Innengesellschaft sieht als bei einer Ehe[569]. Bestätigt wird dies insbesondere durch eine Entscheidung aus dem Jahre 1982[570], in der der II. Zivilsenats in Hinblick auf die Mitarbeit eines Partners im Betrieb seines Lebensgefährten die Meinung zum Ausdruck bringt, die im Rahmen der Ehegattenmitarbeit auf-

[564] OLG Frankfurt NJW 1982, 1885 f., 1885; OLG München FamRZ 1980, 239 f., 240; OLG Düsseldorf NJW 1979, 1509

[565] so z.B. noch in BGH FamRZ 1958, 15 f.

[566] so Hausmann, a.a.O., S. 206

[567] BGH FamRZ 1965, 368 ff.

[568] diese Entscheidung nochmals bestätigend: BGH FamRZ 1992, 408 f, 408

[569] vgl. dazu 3.3.1.1.1.; so wurde z.B. bei gemeinschaftlichen Leistungen zum Erwerb und Ausbau eines Familienheims unter Ehegatten das Bestehen einer Innengesellschaft stets verneint: vgl. u.a. BGH JZ 1983, 852 ff., 853; zustimmend BGH FamRZ 1989, 147 ff.

[570] BGHZ 84, 388 ff., 390 f.(= FamRZ 1982, 1065 f.; dort mit ablehnender Anm. von Bosch)

gestellten Grundsätze könnten nicht ohne weiteres auf die nichteheliche Lebensgemeinschaft übertragen werden: Das Berufungsgericht hatte Ausgleichsansprüche der Lebensgefährtin mit der Begründung ausgeschlossen, ihre Mitwirkung sei nicht über das Maß dessen hinausgegangen, was eine Ehefrau unter ähnlichen Verhältnissen üblicherweise zum Betrieb des Ehemannes beigetragen haben würde. Dem hält der BGH entgegen, für eine gesellschaftsrechtliche Auseinandersetzung zwischen Ehegatten werde nur deshalb verlangt, daß diese sich in den Dienst einer über die eigentliche Lebensgemeinschaft hinausgehende Aufgabe gestellt hätte, weil Eheleute schon als solche zur ehelichen Lebensgemeinschaft und weiter dazu verpflichtet seien, durch ihre Arbeit und mit ihrem Vermögen die Familie zu unterhalten; dafür erhalte der mitarbeitende Ehegatte bei Auflösung der Ehe durch das gesetzliche Güter- und Erbrecht einen angemessenen Ausgleich. Demgegenüber bestünden im Fall der nichtehelichen Lebensgemeinschaft weder rechtliche Mitarbeitspflichten noch gesetzliche Ausgleichsmöglichkeiten. Deshalb müsse dem Gesellschaftsrecht hier ein weiterer Anwendungsbereich eingeräumt werden als in der Ehe[571].

Bereits im Frühjahr 1980 hatte der für die vermögensrechtliche Auseinandersetzung von nichtehelichen Lebensgemeinschaften zuständige II. Zivilsenat des BGH in einer Grundsatzentscheidung und anschließend in mehreren darauf abgestimmten Leitentscheidungen anhand eines anderen Sachverhaltes gegenüber seiner Rechtsprechung zur Ehegatteninnengesellschaft in mehrerer Hinsicht neue Akzente gesetzt[572]. Dabei wird nicht ganz klar, ob es sich insoweit um die Annahme eines zwischen den Lebenspartnern stillschweigend geschlossenen Gesellschaftsvertrages oder lediglich um die Anwendung gesellschaftsrechtlicher Grundsätze handelt[573]. Im Ergebnis ist diese Unterscheidung aber ohne Belang.

Den Anknüpfungspunkt für die fortan vom BGH vertretene Rechtsauffassung bildet das bereits oben im Rahmen des Ausgleichsanspruch aus § 426 I BGB ausführlich behandelte Urteil zum Vermögensausgleich nach Beendigung einer nichtehelichen Lebensgemeinschaft vom März 1980[574]. Dort erklärte der BGH zur „Mindestvoraussetzung“ für eine Anwendung gesellschaftsrechtlicher Grundsätze im Rahmen der Abwicklung nichtehelicher Lebensgemeinschaften, daß die Parteien überhaupt die Absicht verfolgt hätten, mit dem Erwerb eines Vermögensgegenstandes einen - wenn auch nur wirtschaftlich - gemeinschaftlichen Wert zu schaffen, der von ihnen für die Dauer der Partnerschaft nicht nur gemeinsam benutzt werden

[571] BGH BGHZ 84, 388 ff., 391 f.
[572] so Hausmann, a.a.O., S. 209
[573] ausdrücklich für die Anwendung gesellschaftsrechtlicher Grundsätze: BGH FamRZ 1992, 408 f., 408; Schlüter, FamRZ 1986, 405 ff., 406
[574] BGH BGHZ 77, 55 ff.

würde, sondern ihnen nach ihrer Vorstellung auch gemeinsam gehören sollte[575]. Nach Meinung des Senats sprach gegen eine solche Absicht der gemeinsamen Wertschöpfung der Erwerb des Vermögensgegenstands zum Alleineigentum nur eines der Partner - mag auch der andere Lebensgefährte - wie in dem entschiedenen Fall - den überwiegenden Teil des Kaufpreises aufgebracht haben[576]. Um in einem solchen Fall eine Innengesellschaft mit dem Ergebnis annehmen zu können, den dinglich nicht berechtigten Partner jedenfalls schuldrechtlich als Miteigentümer anzusehen, sei erforderlich, daß die Partner nur aus besonderen Gründen[577] auf eine solche Gestaltung zurückgegriffen, dessen ungeachtet mit dem Erwerb aber dennoch eine gemeinsame Wertschöpfung im Auge gehabt hätten[578].

Damit wirkte der BGH einer von ihm doch offensichtlich beabsichtigten erweiterten Anwendung gesellschaftsrechtlicher Grundsätze aber gerade entgegen: Daran anschließend nämlich hat die Rechtsprechung ganz überwiegend von einem Vermögensausgleich auf gesellschaftsrechtlicher Grundlage abgesehen, wenn die Lebensgefährten zwar gemeinsam zur Finanzierung eines Hausgrundstücks[579] oder anderen hochwertigen Konsumgutes (wie z. B. eines PKWs[580]) beigetragen hatten, aus Grundbuch oder KFZ-Brief aber nur einer der Partner als Alleineigentümer hervorging[581].

Wie Schlüter[582] richtig bemerkt, läuft die durch den BGH geäußerte Ansicht darauf hinaus, daß die Partner nur dann über die gesellschaftsrechtlichen Grundsätze an dem Vermögensgegenstand wirtschaftlich partizipieren können, wenn sie Miteigentum begründet haben. In diesem Fall ist ein Rückgriff auf gesellschaftsrechtliche Grundsätze aber ohnehin entbehrlich, da insoweit bereits die Regeln über die Bruchteilsgemeinschaft (§§ 741 ff. BGB) zu einem gerechten Ausgleich führen.

Offensichtlich hat das letztendlich auch der BGH erkannt:

---

[575] BGH, a.a.O., 56 f.; sich auf diese Entscheidung berufend auch BGH NJW-RR 1993, 1475 ff., 1476; BGH FamRZ 1992, 408 f; 408
[576] BGH BGHZ 77, 55 ff., 57
[577] nach Hausmann, a.a.O., S. 210 liegen solche besonderen Gründen z. B. vor, wenn mit der Gestaltung das Ziel verfolgt werden sollte, den Vermögensgegenstand dem Zugriff von Gläubigern oder Familienangehörigen des „Innengesellschafters" zu entziehen; eine gemeinsame Nutzung des Gegenstandes reicht dagegen nicht aus (vgl. dazu BGH, NJW-RR 1993, 1475 ff., 1476)
[578] BGH BGHZ 77, 55 ff., 57
[579] dazu außer der Grundsatzentscheidung (BGH, a.a.O., 55 ff.): BGH NJW 1983, 2375 f., 2375; OLG Hamm FamRZ 1983, 494 ff., 495; anders aber BGH FamRZ 1985, 1232
[580] BGH NJW 1981, 1502 f., 1503
[581] so auch Schlüter, FamRZ 1986, 405 ff., 407
[582] Schlüter, FamRZ 1986, 405 ff., 407

In einer Entscheidung aus dem Jahre 1991[583] modifiziert der II. Zivilsenat seine in der oben genannten Grundsatzentscheidung geäußerte Ansicht, es spreche gegen die Absicht der Parteien, mit dem Erwerb eines Vermögensgegenstandes einen gemeinschaftlichen Wert zu schaffen, wenn der eine Partner zwar (auch erhebliche) Leistungen für den Erwerb erbringe, der andere aber Alleineigentümer werde:

Für Partner, die mit dem Erwerb eines Vermögensgegenstandes einen wirtschaftlich gemeinsamen Wert schaffen wollten, der ihnen nach ihrer Vorstellung auch gemeinsam gehören solte, könne die formal-dingliche Zuordnung aus verschiedenen Gründen in den Hintergrund treten. Die Position des Alleineigentümers könne infolgedessen nicht in jedem Fall als ausschlaggebendes Indiz gegen eine - wirtschaftlich gesehen - gemeinschaftliche Wertschöpfung herangezogen werden. Soweit sich die Absicht der gemeinschaftlichen Wertschöpfung nicht bereits aus den getroffenen Absprachen oder etwa aus Äußerungen des dinglich allein berechtigten Partners gegenüber Dritten zweifelsfrei ergebe, könnten im Rahmen einer Gesamtwürdigung jedenfalls bei Vermögenswerten von erheblicher wirtschaftlicher Bedeutung wesentliche Beiträge des Partners, der nicht (Mit-)Eigentümer sei, einen Anhaltspunkt für gemeinschaftliche Wertschöpfung bilden. Ob das der Fall sei und welche Beiträge im einzelnen eine solche Annahme nahelegten, lasse sich nur von Fall zu Fall entscheiden und hänge insbesondere von der Art des geschaffenen Vermögenswertes und den finanziellen Verhältnissen der beiden Partner in der konkreten Lebensgemeinschaft ab.

Wenn in dieser Rechtsprechung auch eine gewisse Intention des BGH zu Tage tritt, den gesellschaftsrechtlichen Vorschriften im Rahmen des nichtehelichen Zusammenlebens im Vergleich zur Ehe einen weiteren Anwendungsbereich zu eröffnen - so kann dadurch etwa hinsichtlich der Schaffung eines gemeinsamen Heims die Anwendung gesellschaftsrechtlicher Grundsätze in Betracht kommen, während dies in stetiger Rechtsprechung im Rahmen einer Ehe abgelehnt wird[584] - bleibt der BGH dabei, eine Gesamtabwicklung der vermögensrechtlichen Beziehungen der Lebensgefährten bei Scheitern ihrer Beziehung nach gesellschaftsrechtlichen Grundsätzen nicht zuzulassen[585]. In Frage stehen könne weiterhin allein, ob die Partner „in bezug auf einen bestimmten Vermögensgegenstand“ die Absicht verfolgt hätten, einen gemeinschaftlichen Wert zu schaffen[586].

---

[583] BGH FamRZ 1992, 408 f, 409
[584] vgl. oben unter 3.3.1.1.1.
[585] vgl. dazu z.B. BGH, a.a.O., 408
[586] BGH NJW 1983, 2375 f., 2375

3.3.2.3 Stellungnahme

Insoweit als der BGH bei Fehlen einer diesbezüglich ausdrücklich getroffenen Vereinbarung zwischen Partnern einer nichtehelichen Lebensgemeinschaft einen umfassenden Vermögensausgleich über gesellschaftsrechtliche Grundsätze ablehnt, ist ihm aus den oben genannten Gründen vorbehaltslos zuzustimmen.

Näherer Betrachtung bedarf dagegen die Ansicht des Senats in Hinblick auf die Anwendung gesellschaftsrechtlicher Grundsätze betreffend einzelner Vermögensgegenstände. Wie der BGH selbst herausstellt, befürwortet er diesbezüglich im Vergleich zur Ehe eine unterschiedliche Beurteilung der Rechtslage. Gerechtfertigt wird die Unterscheidung unter anderem damit, daß Eheleute einerseits schon als solche zur ehelichen Lebensgemeinschaft und weiter dazu verpflichtet seien, durch ihre Arbeit und mit ihrem Vermögen die Familie zu unterhalten, wofür andererseits der mitarbeitende Ehegatte bei Auflösung der Ehe durch das gesetzliche Güter- und Erbrecht einen angemessenen Ausgleich erhalte. Im Rahmen der nichtehelichen Lebensgemeinschaft bestünden demgegenüber weder rechtliche Mitarbeitspflichten noch gesetzliche Ausgleichsmöglichkeiten[587].

Ob diese Argumentation einen weiteren Anwendungsbereich des Gesellschaftsrechts bei Vorliegen eines eheähnlichen Zusammenlebens rechtfertigen kann, ist allerdings fraglich. Dies gilt insbesondere im Vergleich zu einer im Güterstand der Gütertrennung geschlossenen Ehe, bei deren Auflösung ein Ausgleich aufgrund der Zugewinnausgleichsvorschriften ebenso ausscheidet wie im Falle der Trennung von Partnern einer nichtehelichen Lebensgemeinschaft. Auch erbrechtliche Vorschriften helfen bei einer Scheidung nicht weiter. Und schließlich können sogar die Ansprüche auf Zahlung nachehelichen Unterhaltes durch Unterhaltsverträge (§1585 c BGB) ausgeschlossen werden[588] - dies ist sogar bereits vor Eheschließung möglich[589]. Die Interessenlage nach Scheitern einer Gütertrennungsehe ist der nach Auflösung einer nichtehelichen Lebensgemeinschaft also ähnlicher als der BGH meint. Zwar könnte man nun einwenden, wer einen anderen als den gesetzlichen Güterstand vereinbart und zusätzlich noch auf seine Unterhaltsansprüche verzichtet hat, begebe sich bewußt des ihm durch die gesetzlichen Vorschriften eingeräumten Schutzes. Auch dieses Argument kann jedoch nicht überzeugen. Denn in der Regel sind die Partner einer nichtehelichen Lebensgemeinschaft sich durchaus darüber im Klaren, daß nach einer eventuellen Trennung ihrem früheren Lebensgefährten gegenüber keinerlei Ansprüche bestehen; dennoch entscheiden sie sich für diese Be-

---

[587] BGH BGHZ 84, 388 ff., 391 f.

[588] nicht verzichtet werden kann dagegen im voraus auf sowohl den Familien- (vgl. §§ 1360 a III i.V.m. 1614 I BGB) als auch den Trennungsunterhalt (§§ 1361 IV S. 4 i.V.m. 1360 III, 1614 I BGB)

[589] vgl. dazu Palandt/Diederichsen, § 1585 c, Rz. 9 m.w.N.

ziehungsform. Zur Erlangung einer nach dem Gesetz gesicherten Rechtsposition bleibt bisher nur der Weg der Eheschließung oder anderweitiger vertraglicher Absicherung. Daß sie dies nicht erkannt hätten, kann den Parteien nicht ohne weiteres unterstellt werden.

Die unterschiedliche Behandlung von Ehe und nichtehelicher Lebensgemeinschaft durch den BGH kann aber möglicherweise einen anderen Ansatzpunkt haben. Machen wir uns noch einmal klar: sowohl bei der Ehe als auch beim nichtehelichen Zusammenleben muß nach der Rechtsprechung[590] gefragt werden, ob die Partner einen über den *typischen* Rahmen der Ehe/nichtehelichen Lebensgemeinschaft hinausgehenden Zweck verfolgt haben. Der Ausgangspunkt ist daher identisch. Dennoch kommt der BGH je nach Beziehungsform zu unterschiedlichen Ergebnissen. Das kann aber nur bedeuten, daß er den „typischen Rahmen" des nichtehelichen im Vergleich zum ehelichen Zusammenleben anders - nämlich enger - sieht. Untersucht werden muß nun also, ob die Beiträge der Partner einer nichtehelichen Lebensgemeinschaft den Rahmen des Zusammenlebens eher überschreiten, als das bei einer Ehe der Fall ist. Ganz abgesehen davon, daß die Ermittlung eines „Prototyps" der nichtehelichen Lebensgemeinschaft genauso große Schwierigkeiten bereitet wie der einer ehelichen Beziehung (vgl. 3.3.1.1.2.), kann das so ohne weiteres nicht gesagt werden. Auch in der Ehe richtet sich der Umfang der zu erbringenden Beiträge nach den konkreten finanziellen Verhältnissen der Familie[591]. Die Schaffung eines Familienwohnheimes kann nach der Vermögenslage der Ehe eine enorme „Kraftanstrengung" bedeuten und nach den wirtschaftlichen Verhältnissen nicht ohne weiteres zu erwarten sein[592]. Trotzdem wurde der Erwerb und Ausbau eines gemeinsamen Familienwohnheims zwischen Ehegatten in stetiger Rechtsprechung als nicht über den Rahmen der ehelichen Lebensgemeinschaft hinausgehend gewertet[593].

Auf der anderen Seite kann nicht behauptet werden, daß das nichteheliche Zusammenleben nur in Ausnahmefällen den Aufbau eines gemeinsamen Lebensmittelpunktes umfaßt. Die nichteheliche Lebensgemeinschaft beinhaltet auch nach der allgemeinen Anschauung schon seit langem keine „vorübergehende Komponente" mehr; heute spricht die Wahl dieser Beziehungsform nicht mehr gegen die Absicht einer lebenslangen Partnerschaft. Auch ist es nicht so, daß die finanziellen Verhältnisse in einer nichtehelichen Lebensgemeinschaft den Aufbau

[590] so z.B. ausdrücklich OLG Frankfurt NJW 1982, 1885 f., 1885; OLG Hamm NJW 1980, 1530 f., 1530; sonst aus den Ausführungen zu erschließen; vgl. auch Simon, JuS 1980, 252 ff., 253

[591] vgl. dazu bzgl. Unterhaltsbeiträgen: Palandt/Diederichsen, § 1360 a, Rz. 1

[592] hier geht es um die Frage, ob die Schaffung eines Familienwohnheims als Gesellschaftszweck einer zwischen den Parteien bestehenden Innengesellschaft in Frage kommt. Daß der Erwerb einer Immobilie keinen gesetzlich geschuldeten Unterhaltsbeitrag darstellt, ist ein davon unabhängiges Problem (vgl. dazu 3.1.5.4.1.1.2.)

[593] so entschieden z.B. von BGH JZ 1983, 852 ff., 853; BGH NJW-RR 1989, 66 ff., 66; zustimmend BGH FamRZ 1989, 147 ff., 148; BGH NJW-RR 1990, 736 f., 736

eines gemeinsamen Heimes regelmäßig nicht erlauben dürften. Gerade gutsituierte Partner entscheiden sich oft für das Zusammenleben ohne Trauschein.

Demnach ist die Haltung des BGH inkonsequent. Lehnt er im Rahmen einer Ehe etwa den Erwerb und Ausbau eines Familienwohnheims als tauglichen Gesellschaftszweck ab, so müßte er in gleicher Weise auch im Rahmen einer nichtehelichen Lebensgemeinschaft verfahren. Wie unter 3.3.1.1.2. ausgeführt wurde, ist aber im Rahmen der Ehegatteninnengesellschaft der Ausgangspunkt des BGH falsch gewählt: als Anhaltspunkt dienen müssen stets die in der Beziehung vorliegenden konkreten Verhältnisse, nicht diejenigen einer *typischen* Partnerschaft. Dies hat der BGH im Rahmen einer nichtehelichen Lebensgemeinschaft richtig erkannt, indem er in einer Entscheidung aus dem Jahre 1991[594] davon spricht, daß eine Anwendung gesellschaftsrechtlicher Grundsätze insbesondere von der Art des geschaffenen Vermögenswertes und der finanziellen Verhältnisse der beiden Partner in der konkreten Lebensgemeinschaft abhänge.

Damit wird aber nach der unter 3.3.1.1.2. angeführten Ansicht die nichteheliche Lebensgemeinschaft auch im Rahmen des Gesellschaftsrechts behandelt wie die Ehe. Dieses Ergebnis ist begrüßenswert, da überzeugende Argumente für eine vom BGH befürwortete unterschiedliche Behandlung nach dem oben Gesagten nicht ersichtlich sind.

3.3.3 Nach Auftragsrecht

Fehlen die zur Annahme einer Innengesellschaft erforderlichen Voraussetzungen, kommt je nach dem Inhalt der Vereinbarungen sowohl zwischen Ehegatten als auch zwischen Partnern einer nichtehelichen Lebensgemeinschaft das Vorliegen eines Auftragsverhältnisses in Betracht[595]. Naheliegend ist ein solches insbesondere in dem Fall, in welchem die Mittelverwendung zum überwiegenden Nutzen eines der Ehegatten bzw. Lebensgefährten erfolgte, zum Beispiel, wenn einer der Partner dem anderen Mittel zum Erwerb eines Eigenheims oder Unternehmens zu dessen Alleineigentum zur Verfügung stellt[596].

Wenden wir uns wiederum zunächst der Rechtslage unter Ehepartnern zu:

---

[594] BGH FamRZ 1992, 408 f, 409

[595] vgl. BGH NJW 1989, 1920 ff., 1921(= FamRZ 1989, 835 ff., 837); Palandt/Thomas, § 705, Rz. 30

[596] so Palandt/Thomas, § 705, Rz. 30 zu Ehegatten

Im Falle des Bestehens eines Auftragsverhältnisses richtet sich ein eventueller Ersatzanspruch des beauftragten Ehegatten nach § 670 BGB. Bei Vorliegen der Voraussetzungen kann der Regreßanspruch somit neben § 426 I und II BGB auf die vertragliche Beziehung gestützt werden.[597]

Die Subsumtion einer gesamtschuldnerischen Kreditaufnahme durch einen der Ehegatten unter den Tatbestand des § 662 BGB weist jedoch einige Probleme auf.

Der BGH wußte diese Schwierigkeiten in seinen Entscheidungen[598] in der Regel dadurch zu umgehen, daß er eine Prüfung der Tatbestandsvoraussetzungen einfach unterließ. Stattdessen bemerkt er etwa in einer Entscheidung aus dem Jahre 1989 lapidar, es bestünden keine durchgreifenden Bedenken, das zwischen den Ehegatten familienrechtlich begründete besondere Schuldverhältnis unter Heranziehung der Regeln des Auftragsrechts abzuwickeln[599].

Das Urteil befaßt sich mit folgendem - hier knapp zusammengefaßten - Sachverhalt:

Die in gesetzlichem Güterstand verheirateten Parteien nahmen unter anderem als Gesamtschuldner zwei Darlehen auf, um dem von dem Ehemann betriebenen Unternehmen Geldmittel zu verschaffen. Dadurch sollten die Erwerbschancen zur Bestreitung des Familienunterhalts erhöht werden. Das Gewerbe wurde unter dem Namen des Mannes geführt, der auch Geschäftsführer war und darüber hinaus einen Geschäftsanteil in Höhe von 94 % innehielt. Die verbleibenden Geschäftsteile besaßen zu je 2 % die drei Kinder der Parteien. Nach der Trennung verlangt die Ehefrau Freistellung von den eingegangenen Verpflichtungen.

Probleme sieht das Gericht offensichtlich einzig in dem Bereich der Kündigung des Auftragsverhältnisses. Die Befassung mit dieser Problematik setzt jedoch voraus, daß ein Auftragsverhältnis überhaupt vorliegt. Anhand der nachstehenden Ausführungen soll die durch den BGH vernachlässigte Subsumtion unter die Tatbestandsvoraussetzungen des § 662 BGB nachgeholt werden.

3.3.3.1 Tatbestandsvoraussetzungen des § 662 BGB

Nach § 662 BGB besteht das Wesen eines Auftrags in der unentgeltlichen Übernahme einer Geschäftsbesorgung für einen anderen. Wie bei allen Verträgen bildet die erste Voraussetzung eine diesbezügliche Einigung zwischen den Parteien.

---

[597] vgl. dazu Palandt/Heinrichs, § 426, Rz. 1; Jung, a.a.O., S. 25 und 192

[598] vgl. z.B. BGH FamRZ 1972, 362 f., 363; BGH NJW 1989, 1920 ff., 1922 (= FamRZ 1989, 835 ff., 837)

[599] BGH NJW 1989, 1920 ff., 1922 (= FamRZ 1989, 835 ff., 837)

3.3.3.1.1 Einigung

In den selteneren Fällen dürfte eine ausdrückliche Erteilung des Auftrages gegeben sein. In der stillschweigend zum Ausdruck gebrachten Bitte eines der Partner, er wünsche die Mithaftung des anderen für einen Kredit, kann aber eine konkludente Auftragserteilung gesehen werden; die Annahme erfolgt regelmäßig ebenfalls konkludent durch Beginn der Ausführung[600].

3.3.3.1.2 Unentgeltlichkeit

Erheblich mehr Probleme sind mit dem Tatbestandsmerkmal der „Unentgeltlichkeit" verbunden:

In einem sich im Rahmen der nichtehelichen Lebensgemeinschaft mit demselben Thema beschäftigenden Aufsatz von Lipp bestreitet dieser die Unentgeltlichkeit einer gesamtschuldnerischen Kreditaufnahme durch einen der Partner auch - oder vielmehr besonders - für die Ehe, weil im Eherecht eine gegenseitige Rechtspflicht bestehe, Zuwendung für die gemeinsame Lebensgestaltung zu erbringen. Dies ergebe sich unter anderem aus § 1360 BGB.[601]

Dem ist nur insoweit beizupflichten, als sich aus § 1360 BGB die Pflicht für die Ehegatten ergibt, durch ihre Arbeit und mit ihrem Vermögen zum angemessenen Unterhalt der Familie beizutragen. Nicht aus § 1360 BGB folgt jedoch die Verpflichtung, zusammen mit dem Ehegatten als Gesamtschuldner Verbindlichkeiten aufzunehmen. In diesem Fall nämlich geht es gerade nicht um den Einsatz bestehenden Eigenkapitals, sondern um die Aufnahme von Fremdkapital. Niemand kann aber gezwungen werden, sich - und sei es für den Unterhalt der Familie - zu verschulden. Insoweit jedenfalls besteht keine Rechtspflicht.

Damit ist die Frage der Unentgeltlichkeit aber noch nicht geklärt. Als unentgeltlich könnte die gesamtschuldnerische Kreditaufnahme nur angesehen werden, wenn sie unabhängig von einer Gegenleistung erbracht wurde[602]. Lipp geht - und das offensichtlich nicht nur für die nichteheliche Lebensgemeinschaft - davon aus, daß die Leistungen der Partner im Rahmen der Lebensgemeinschaft nur erbracht würden, weil auch der andere sich bereit erkläre, zum gemeinsamen Unterhalt beizutragen. Jeder Ehegatte erwarte eine „Gegenleistung" für seine Zuwendung[603].

---

[600] vgl. Palandt/Heinrichs, Einf. v. § 116, Rz. 6

[601] Lipp, Ausgleichsansprüche zwischen den ehemaligen Partnern einer nichtehelichen Lebensgemeinschaft - BGH NJW 1981, 1502, JuS 1982, 17 ff., 21

[602] vgl. Palandt/Thomas, § 662, Rz. 8 i.V.m. § 516, Rz. 8

[603] Lipp, JuS 1982, 17 ff., 21

Dem kann nicht zugestimmt werden. Zwar läßt sich aus § 1360 BGB entnehmen, daß jeder Ehegatte, der Unterhaltsleistungen erbringt, einen Anspruch auf derartige Leistungen auch seines Partners hat. Daraus zu schließen, daß jede Unterhaltsleistung nur erbracht wird, um eine konkrete solche des anderen Ehegatten zu erhalten, wäre jedoch lebensfremd. Die einzelnen Unterhaltsleistungen stellen mangels synallagmatischer Verknüpfung keine echten Gegenleistungen dar[604]. Der Partner übernimmt die gesamtschuldnerische Haftung in der Regel aufgrund der zu dem anderen Gesamtschuldnern bestehenden engen persönlichen Beziehung. Überwiegende Motive für die Aufnahme der Verbindlichkeit dürften der Glaube an eine dauerhafte Beziehung, das Vertrauen in den Partner und die Förderung der gemeinschaftlichen Lebensführung sein.

Auch in der oben angesprochenen BGH-Entscheidung bestand die Zielrichtung der Kreditaufnahme darin, dem wirtschaftenden Ehegatten bessere Erwerbschancen zur Bestreitung des Familienunterhalts zu verschaffen[605]. Ein Zusammenhang mit einer konkreten durch den Ehemann zu erbringenden Unterhaltsleistung ist dagegen nicht ersichtlich. Die Geschäftsbesorgung erfolgte damit unentgeltlich.

3.3.3.1.3 Fremdes Geschäft

Zu klären bleibt noch, ob die Tätigkeit „für einen anderen" - d.h. den Geschäftsherrn - ausgeführt wurde. Das wäre nur der Fall, wenn es sich bei dem fraglichen Geschäft sowohl objektiv als auch subjektiv um ein solches des Auftraggebers handelt. An dieser Stelle ergeben sich Probleme, wenn der Beauftragte an der Kreditaufnahme ein starkes Eigeninteresse hat, zum Beispiel, weil die Mittelbeschaffung indirekt auch die Bestreitung des Familienunterhalts absichert.

Hier sieht Hausmann den entscheidenden Punkt für eine ablehnende Haltung bezüglich der Anwendung des Auftragsrechts. Ein Auftrag setze Fremdnützigkeit voraus und mit diesem Erfordernis seien Leistungen, die - wie etwa der Erwerb eines Wohngrundstücks oder die Anschaffung eines PKWs - im gemeinsamen Interesse der Partner lägen, nur schwerlich vereinbar. Wie Lipp[606] richtig bemerke, stünden sich hier nicht Geschäftsführer und Geschäftsherr, sondern gleichberechtigte Partner gegenüber. Die Grenze des Auftragsrechts - in Abgrenzung

604 in diese Richtung auch Hausmann, a.a.O., S. 172

605 BGH NJW 1989, 1920 ff., 1922 (= FamRZ 1989, 835 ff., 838)

606 Lipp, JuS 1982, 17 ff., der sich allerdings ausschließlich mit der nichtehelichen Lebensgemeinschaft befaßt.

zum „auch fremden" Geschäft - sei dort erreicht, wo es um die Verfolgung von echten Gemeinschaftsinteressen gehe[607].

Lipp und Hausmann gehen also offenbar davon aus, daß bei jedweder Kreditaufnahme, die einem familiären Gemeinschaftszweck dient, die Interessen beider Parteien annähernd gleich wiegen. Aus diesem Grund sei eine Dominanz des Willens eines der Ehegatten - und mithin ein Geschäftsherr - nicht mehr erkennbar[608].

Folgendes wird dabei jedoch übersehen: Auch ein Geschäft, das dem Gemeinschaftsinteresse beider Ehegatten dient, kann darüber hinaus für einen der Partner ein besonderes Interesse beinhalten. So wird in einem Fall Auftragsrecht ohnehin nur dann als Prüfungspunkt in Betracht kommen, wenn sich aus dem Sachverhalt Anhaltspunkte dafür ergeben, daß einer der Ehegatten ob seines überwiegenden Interesses den anderen hinsichtlich der Kreditaufnahme beauftragt haben könnte. Bei Darlehensaufnahmen, die beiden Partnern in nahezu gleichem Maße von Nutzen sind, erscheint die Prüfung eines Auftrags abwegig. Eine derartige Gleichwertigkeit der Interessen ist aber zumindest dann fraglich, wenn die Mittelbeschaffung der Finanzierung des Alleineigentums eines der Ehegatten oder dessen Unternehmen dient, mag auch dadurch der gemeinsame Lebensunterhalt während des Bestehens der Ehe gesichert worden sein. Denn es läßt sich nicht leugnen, daß durch das Alleineigentum beziehungsweise das alleinige Innehalten der Geschäftsanteile an einem Betrieb der begünstigte Partner von Anfang an ein hervorgehobenes Interesse an der Darlehensaufnahme hat. Etwas anderes gilt allerdings dann, wenn nach den Erwartungen des „Beauftragten" die Investition in voller Höhe auch ihm zugute kommen sollte[609]. In diesem Fall besteht das Ziel der Kreditaufnahme nicht mehr darin, die Vermögenslage des Partners zu verbessern, sondern erschöpft sich in der Förderung von Gemeinschaftsinteressen. Solange jedoch die Darlehensaufnahme auch mit der Intention erfolgt, die Vermögenslage des Partners zu verbessern, fällt sie in dessen Pflichten- und Interessenkreis und stellt für den anderen Ehegatten ein objektiv fremdes Geschäft dar, bei dem der Fremdgeschäftsführungswille vermutet wird[610]. Die Wahrung auch eigener Interessen des unbeteiligten Partners ändert daran nichts[611].

Hinsichtlich des oben angesprochenen BGH-Urteils ist diesbezüglich folgendes zu sagen:

[607] so Hausmann, a.a.O., S. 190 ff.; daß Hausmann sich an dieser Stelle nicht allein mit der nichtehelichen Lebensgemeinschaft beschäftigt, geht aus dem ersten Satz seiner „Kritik" auf S. 190 hervor.

[608] vgl. Lipp, JuS 1982, 17 ff., 21, allerdings für die nichteheliche Lebensgemeinschaft

[609] z.B. über den Wohnwert

[610] Vgl. Palandt/Thomas, § 677, Rz. 4

[611] Palandt/Thomas, § 677, Rz. 6

Infolge der fehlenden Beteiligung der Ehefrau an dem finanzierten Unternehmen förderte die Kreditaufnahme in überwiegendem Maß die Vermögensinteressen des Ehemannes. Daß die Mittelbeschaffung gleichzeitig dem wirtschaftenden Ehemann bessere Erwerbschancen zur Bestreitung des Familienunterhalts verschaffen sollte - und damit gleichfalls im Interesse der Ehefrau lag -, schließt die „Fremdheit" des Geschäftes nicht aus (sogenanntes auch-fremdes Geschäft)[612]. Auch in diesem Fall wird der Fremdgeschäftsführungswille vermutet[613].

3.3.3.1.4 Einzelne Fallgruppen

Damit steht fest, daß eine Auftragserteilung nach § 662 BGB angenommen werden kann, wenn einer der Ehegatten zum Ausdruck bringt, er wünsche die Mithaftung des anderen Partners bei einem vorwiegend in seinem Interesse aufgenommenen Kredit. Dies gilt unabhängig davon, ob die beschafften Mittel daneben auch Gemeinschaftsinteressen zu dienen bestimmt sind.

Für die bereits unter § 426 BGB[614] und im Rahmen der gesellschaftsrechtlichen Vorschriften[615] angesprochenen Fallgruppen bedeutet das:

3.3.3.1.4.1 Eigenheim

Haben die Ehegatten den Kredit zum Zwecke der Schaffung eines Familienheims aufgenommen, wird an der Immobilie nicht selten Miteigentum zu gleichen Teilen vorliegen. In diesem Fall scheitert die Anwendung auftragsrechtlicher Vorschriften an der fehlenden Geschäftsbesorgung „für einen anderen". Hier nämlich hat keiner der Parteien ein überwiegendes Interesse an der Kreditaufnahme, die Interessen sind gleichwertig.

Anders ist es bei Alleineigentum oder bei erheblich größerem Eigentumsanteil eines der Ehegatten. Wenn in diesem Fall nicht aufgrund einer über die Verwirklichung der konkreten Lebensgemeinschaft hinausgehenden gemeinsamen Zweckverfolgung durch Arbeits- und Vermögenseinsatz eine Ehegatteninnengesellschaft begründet wurde, liegt die Annahme eines Auftragsverhältnisses aufgrund des vorwiegenden Interesses des „Geschäftsherrn" nahe. Ohne Belang ist dabei, daß der Geschäftsführer - etwa wegen der Wohnmöglichkeit - mit der Kre-

[612] vgl. dazu Palandt/Thomas, § 662, Rz. 7 i.V.m. Rz.5 und § 677, Rz. 6
[613] vgl. dazu Palandt/Thomas, § 662, Rz. 7 i.V.m. Rz.5 und § 677, Rz. 6
[614] vgl. 3.1.5.4.
[615] vgl. 3.3.1.1.3.

ditaufnahme auch eigene Interessen verfolgt hat, solange das Interesse seines Ehepartners deutlich überwiegt. Ein solches überwiegendes Interesse wird regelmäßig vorliegen, wenn infolge der Mithaftung des Nichteigentümers in die Immobilie erhebliche Summen investiert wurden, die nach der Erwartung des Mithaftenden auch nicht über den Wohnwert oder in sonstiger Weise ausgeglichen werden konnten. Ob ein Auftragsverhältnis tatsächlich vorliegt, können mit letzter Sicherheit aber nur die konkreten Umstände des Einzelfalles zeigen.

3.3.3.1.4.2 Gewerbliche/berufliche Zwecke

Auch wenn die eingegangenen Verpflichtungen dem Aufbau oder der Verbesserung eines Unternehmens oder anderweitig beruflichen Zwecken dienen sollten, ist entscheidend, ob die Kreditaufnahme im überwiegenden Interesse eines der Partner lag. Ein solches überwiegendes Interesse kann nur dann bejaht werden, wenn es an der Verfolgung gemeinsamer gleichwertiger Zwecke fehlt. Gleichwertige Interessen bestehen etwa bei Vorliegen einer Ehegatteninnengesellschaft. Bezüglich der Voraussetzungen einer solchen wird auf die Ausführungen unter 3.3.1.1.3.2. i.V.m. 3.3.1.1.1. verwiesen. Gleichwertige Interessen bestehen dagegen in der Regel nicht, wenn nur einer der Partner Inhaber des Unternehmens ist. Daß aus dem Unternehmen bzw. durch den Beruf während des Bestehens der Ehe der gemeinsame Lebensunterhalt bestritten wird, reicht nicht aus, um ein nahezu gleichwertiges Interesse des am Unternehmen unbeteiligten Ehegattens zu begründen. Wiederum können aber allein die konkreten Umstände des Einzelfalles entscheidend sein. Ein Auftragsverhältnis muß nämlich auch hier ausscheiden, wenn nach der Erwartung des mithaftenden Ehegatten diesem die über seine Mithaftung ermöglichte Investition in voller Höhe zugute kommen sollte.

3.3.3.1.4.3 Herkömmliche Konsumgüter

Auch im Rahmen der Finanzierumg herkömmlicher Konsumgüter ist ausschlaggebend, ob die Mithaftung im überwiegenden Interesse des anderen Partners übernommen wurde. Das ist regelmäßig nur dann der Fall, wenn der Gegenstand in dessen Alleineigentum stand und weitgehend durch ihn allein genutzt wurde. Dabei muß berücksichtigt werden, daß Investitionen in herkömmliche Konsumgüter in der Regel einen viel geringeren Betrag ausmachen als bezüglich der oben angesprochenen Immobilie oder des Unternehmens. Bei herkömmlichen Konsumgütern wird der mithaftende Ehepartner somit eher in der Erwartung handeln, er werde durch die Nutzung des finanzierten Gegenstands in voller Höhe von seiner Investition profitieren. Hier wird daher auch bei Vorliegen von Alleineigentum eines der Partner ein Auftragsverhältnis meist nicht vorliegen. Ein solches ist nur dann anzunehmen, wenn über die Sicherung des Gemeinschaftszwecks hinaus - etwa für die Ehegatten den Lebensunterhalt zu sichern - noch andere, nur im Interesse des „Geschäftsherrn" liegende Interessen verfolgt werden. Ob dies der Fall ist, läßt sich wiederum nur aufgrund der konkreten Umstände des Einzelfalles beurteilen.

Soweit also zu den Tatbestandsvoraussetzungen des § 662 BGB.

3.3.3.2 Rechtsfolgen des § 662 BGB

Interessant ist ferner, welche Rechtsfolgen sich aus dem Bestehen eines Auftragsverhältnisses zwischen den Ehegatten ergeben. Dazu sei zunächst kurz allgemein auf die Vorschriften des Auftragsrechts eingegangen:

Nach der Trennung wird der Ehegatte, der durch den Kredit nicht unmittelbar begünstigt ist, in der Regel vollständige Entlastung von einer - zumindest teilweise - noch bestehenden gesamtschuldnerischen Verbindlichkeit wünschen. Darüber hinaus kommt ein Ersatzanspruch hinsichtlich während der Ehe beziehungsweise nach Trennung geleisteter Tilgungszahlungen in Betracht. Auch bezüglich der im Rahmen der Darlehensaufnahme entstandenen Kosten ist ein Anspruch denkbar.

Folgendes ist allgemein in bezug auf die sich aus einem Auftragsverhältnis im Zusammenhang mit den eben angesprochenen Forderungen ergebenden Rechtsfolgen zu sagen:

Hat der Beauftragte zum Zwecke der Ausführung des Auftrags Aufwendungen getätigt, die er den Umständen nach für erforderlich halten durfte, so gibt ihm § 670 BGB einen Ersatzanspruch gegenüber dem Auftraggeber, eventuell verzinst nach § 256 BGB. Inhalt des Anspruchs aus § 670 BGB kann gemäß § 257 S. 1 BGB auch Befreiung von einer zur Ausführung des Auftrags eingegangenen Verbindlichkeit sein[616]. Dies gilt bereits während des Bestehens des Auftragsverhältnisses. Anders als der Befreiungsanspruch aus § 426 I BGB, der sich auf den fälligen Teil der Gesamtschuld beschränkt[617], richtet sich der auftragsrechtliche Freistellungsasnpruch auch auf den noch nicht fälligen Teil der Gesamtschuld.

---

[616] so auch Palandt/Thomas, § 670, Rz. 4, allerdings ohne Hinweis auf die relevante Vorschrift des § 257 BGB
[617] vgl. dazu die Ausführungen unter 3.1.1.

Der Beauftragte kann den Auftrag aber auch kündigen, wenn ihm an der Beendigung des Rechtsverhältnisses gelegen ist, und zwar nach § 671 I BGB grundsätzlich jederzeit, wobei sich allerdings aus § 671 II BGB gewisse Einschränkungen ergeben. Die Kündigung kann vorliegend vor allem deshalb interessant sein, weil die gesamtschuldnerische Haftung ein Dauerschuldverhältnis darstellt, der Auftrag mithin nicht mit der reinen Unterschrift unter den Kreditvertrag ausgeführt und das Auftragsverhältnis abgeschlossen ist.

Soweit allgemein zu den hier interessierenden Rechtsfolgen eines Auftragsverhältnisses; es darf dabei aber nicht vergessen werden, daß im fraglichen Fall die Besonderheit einer Auftragserteilung zwischen Eheleuten besteht. Zwischen den Parteien des Rechtsverhältnisses liegt also eine besonders enge persönliche Beziehung vor, die auch im Rahmen der Rechtsfolgen zu Modifizierungen führen kann.

In dem oben angesprochenen Fall hatte der BGH über einen Befreiungsanspruch der Ehefrau zu entscheiden.
Dazu führt er in den Entscheidungsgründen aus[618]:

Zwar sei das Kündigungsrecht des § 671 I S. 1 BGB regelmäßig ausgeschlossen, wenn der Auftrag unter Eheleuten erteilt werde und der Verwirklichung der ehelichen Lebensgemeinschaft diene. Scheitere die Ehe, was durch Trennung und Stellung eines Scheidungsantrages angezeigt werde, könne aber aus wichtigem Grund gekündigt werden (§ 671 III BGB); eine Kündigung der Klägerin könne schon in ihrem vorprozessual geäußerten Freistellungsverlangen gesehen werden.

Als Rechtsfolge der Kündigung könne der Beauftragte den Ersatz seiner Aufwendungen verlangen (§ 670 BGB); habe er für diesen Zweck Verbindlichkeiten übernommen, stehe ihm diesbezüglich ein Befreiungsanspruch zu (§ 257 BGB). Der Schuldner des Befreiungsanspruches sei dann grundsätzlich verpflichtet, den Gläubiger so zu stellen, wie er ohne die Belastung mit den Drittschulden stehen würde. Auf welche Weise das zu geschehen habe, regle das Gesetz nicht näher. In Betracht kämen verschiedene Möglichkeiten, wie etwa die Erbringung der Leistung an den Drittgläubiger, eine befreiende Schuldübernahme, die Sicherstellung des Gläubigers und anderes.

Auffallend ist, daß der BGH - in Abweichung zu den oben dargelegten allgemeinen Rechtsfolgen eines Auftragsverhältnisses - annimmt, der aus §§ 670 i.V.m. 257 I BGB folgende Befreiungsanspruch erfordere eine vorherige Kündigung des Auftragsverhältnisses. Nach dem

Gesetz ist der aus § 670 BGB erfolgende Aufwendungsersatzanspruch aber von einer Beendigung des Rechtsverhältnisses unabhängig. Das gilt auch in Form des auf Befreiung von einer Verbindlichkeit gerichteten Anspruchs aus § 257 BGB.

Warum also, so muß man sich fragen, beschäftigt sich der BGH hinsichtlich der Prüfung des Auftragsrechts in derart umfassender Weise nur mit Problemen des Kündigungsrechts; warum, fragt man sich weiter, werden die Ausführungen diesbezüglich in der Literatur in keiner Weise in Frage gestellt[619]?

Die Frage läßt sich beantworten, wenn man sich vor Augen hält, daß zwischen den grundsätzlich im Zusammenhang mit einem Auftrag eingegangenen Verbindlichkeiten im Sinne des § 257 BGB und der vorliegenden gesamtschuldnerischen Kreditaufnahme ein grundlegender Unterschied existiert: Das hier behandelte Auftragsverhältnis ist einzig auf die Mithaftung des Ehepartners im Außenverhältnis gerichtet, während die in § 257 BGB angesprochenen Verbindlichkeiten in der Regel gelegentlich der Auftragsausführung eingegangen werden, nicht aber deren Inhalt verkörpern. In den an dieser Stelle angesprochenen Fällen ist das Eingehen sowie das Bestehenbleiben der gesamtschuldnerischen Mithaftung somit Hauptbestandteil der Auftragserteilung, während die Schuldaufnahme sonst nur ein Mittel zur eigentlichen Auftragsausführung darstellt.

Mit der Geltendmachung des Befreiungsanspruches strebt der Ehegatte die Entlassung aus der Mithaftung auch im Außenverhältnis an. Nachdem der Auftrag aber gerade auf die gesamtschuldnerische Darlehensaufnahme - und zwar bezogen nicht nur auf die Unterschrift unter den Kreditvertrag, sondern auch auf die anhaltende Haftung als Gesamtschuldner - gerichtet ist, wird er mit Freistellung des mithaftenden Ehepartners im Außenverhältnis inhaltslos. Das Freistellungsverlangen kommt somit in seiner Wirkung einer Kündigung gleich - oder wie der BGH formuliert[620]: „eine Kündigung ... kann schon in dem ... Freistellungsverlangen gesehen werden."

Damit ist klargestellt, daß der Freistellungsanspruch untrennbar mit einer Kündigung des Auftrags verbunden ist; eine solche kann nach Scheitern der Partnerschaft durch den Beauftragten aber ohne weiteres wirksam ausgesprochen werden. Wie der BGH in den zitierten Ent-

---

618 vgl. BGH NJW 1989, 1920 ff., 1922 (= FamRZ 1989, 835 ff., 837 f.)

619 so kritisiert Hausmann (a.a.O., S. 187 ff.) die Meinung des BGH zwar in zahlreichen Punkten, nicht aber die von diesem angenommene Abhängigkeit des Befreiungsanspruchs von der vorherigen Kündigung (vgl. dazu S.187 f.); auch Haussleiter (a.a.O., Rz. 181) nimmt den vom BGH angenommenen Zusammenhang unkommentiert in seine Ausführungen auf.

620 vgl. BGH NJW 1989, 1920 ff., 1922 (= FamRZ 1989, 835 ff., 837)

scheidungsgründen darlegt, unterliegen zwischen Eheleuten zur Verwirklichung der ehelichen Lebensgemeinschaft erteilte Aufträge - wegen der sich aus § 1353 BGB ergebenden Bindungen[621] - zwar einem stillschweigenden Kündigungsverzicht. In dem Scheitern der Ehe liegt jedoch ein wichtiger Grund, der laut § 671 III BGB trotz Verzicht auf das Kündigungsrecht zur Kündigung berechtigt.[622]

Aber auch in Hinblick auf die Rechtsfolgen der Kündigung sind aufgrund der engen persönlichen Beziehungen zwischen den Parteien Besonderheiten zu beachten. Dazu erklärt der BGH in der obigen Entscheidung[623], der kündigende Ehegatte könne von dem anderen nicht unter allen Umständen verlangen, er müsse die im Zeitpunkt der Kündigung bestehende gemeinschaftliche Verbindlichkeit insgesamt allein übernehmen und ihn von jeder persönlichen und dinglichen Haftung sofort freistellen. Einschränkungen ergäben sich nicht erst aus § 242 BGB, sondern insbesondere aus den Nachwirkungen der Ehe auch noch nach Scheidung. Das Gebot der Rücksichtsnahme für die Kündigung eines Auftrags folge schon aus § 671 II S.1 BGB. Sei ein besonderes Rechtsverhältnis zwischen den Eheleuten - wie in dem oben geschilderten Fall - zu dem Zweck begründet worden, dem wirtschaftenden Ehegatten bessere Erwerbschancen zur Bestreitung des Familienunterhalts zu verschaffen, müsse das der beauftragte Ehegatte nach einer durch das Scheitern der Ehe veranlaßten Kündigung auch bei der Geltendmachung des Befreiungsanspruchs berücksichtigen, etwa dadurch, daß die Klage dem Beklagten die Rückführung der Verbindlichkeiten im Rahmen eines vernünftigen, seine Möglichkeiten berücksichtigenden Tilgungsplanes einräume.

Hinsichtlich eines Befreiungsanspruches wird daher in jedem Einzelfall zu prüfen sein, ob sich im Wege der ergänzenden Vertragsauslegung Vereinbarungen der Parteien darüber entnehmen lassen, in welcher Weise für den Fall des Scheiterns der Ehe die Aufwendungen des Beauftragten zu erstatten sind. Soweit diesbezüglich nichts festgestellt werden kann, muß weiter untersucht werden, ob sich unter Berücksichtigung des Grundsatzes von Treu und Glauben wegen der Nachwirkungen der zwischen den Parteien im Zeitpunkt der Begründung der Verbindlichkeiten bestehenden Ehe Einschränkungen in der Geltendmachung des Befreiungsanspruches ergeben[624]. Entscheidend wird in der Regel sein, inwieweit dem Auftraggeber eine Umschuldung zugemutet werden kann. Dabei ist auch ein angemessener Schutz des be-

[621] so Haussleiter, a.a.O., Rz. 181
[622] so auch Haussleiter, a.a.O., Rz. 181; Hausmann, a.a.O., S. 187 f.; BGH FamRZ 1972, 362 f., 363
[623] BGH NJW 1989, 1920 ff., 1922 (= FamRZ 1989, 835 ff., 837 f.)
[624] BGH, a.a.O., 1922 (= a.a.O., 838)

auftragten Ehegatten vor möglicher Insolvenz beziehungsweise jahrelanger finanzieller Abhängigkeit von dem geschiedenen Partner zu berücksichtigen.[625]

Der Befreiungsanspruch bezieht sich nur auf die im Zeitpunkt der Kündigung noch ausstehenden Tilgungsraten. Häufig werden zu diesem Datum die gesamtschuldnerischen Verbindlichkeiten aber zumindest zum Teil bereits getilgt sein. Erfolgte die Bezahlung durch den beauftragten Ehegatten, stellt sich die Frage nach der Ersatzfähigkeit des insoweit erbrachten Vermögensopfers. Ebenso wie bei der Untersuchung eines eventuellen Anspruches aus § 426 I BGB, ist auch bezüglich des sich im Rahmen des Auftragsrechts ergebenden Aufwendungsersatzanspruches nach dem Zeitpunkt der Aufwendungen zu differenzieren:

Hat der beauftragte Partner während des Bestehens der Ehe Zahlungen auf ein gesamtschuldnerisches Darlehen geleistet, besteht diesbezüglich im allgemeinen kein Ausgleichsanspruch. Zwar kann nach § 670 BGB der Beauftragte vom Auftraggeber grundsätzlich Ersatz seiner Aufwendungen verlangen, diese Vorschrift wird bei einem zwischen Eheleuten geschlossenen Auftragsverhältnis aber durch die ehelichen Lebensverhältnisse modifiziert. Soweit Rückzahlungsmodalitäten vereinbart wurden, gelten diese. Liegen solche - wie meist - nicht vor, muß - wie auch bei Beurteilung des Ausgleichsanspruchs aus § 426 BGB - auf die konkreten Lebensverhältnisse abgestellt werden. Dabei ist jedoch auch bei der Mehr- bzw. Zuverdienerehe der sich für Unterhaltsleistungen aus § 1360 b BGB ergebende Grundsatz der Nichtausgleichung zu beachten[626].

Nach Scheitern der Ehe dagegen dürfte ein Aufwendungsersatzanspruch nach § 670 BGB in der Regel gegeben sein. Denn um ein Auftragsverhältnis begrifflich überhaupt annehmen zu können, muß die Geschäftsbesorgung im zumindest überwiegenden Interesse des Auftraggebers erfolgt sein. Zur Beurteilung des Bestehens und der Höhe des Aufwendungsersatzanspruches in jedem konkreten Einzelfall, können wiederum die für § 426 I BGB herausgearbeiteten Grundsätze herangezogen werden[627].

---

[625] vgl. dazu Haussleiter, a.a.O., Rz. 183; OLG Saarbrücken FamRZ 1990, 58 f., 58; wegen des Insolvenzrisikos wird der Befreiungsanspruch auch nicht dadurch ausgeschlossen, daß der nach dem Innenverhältnis haftende Ehegatte seinen Verpflichtungen bisher regelmäßig nachgekommen und auch in Zukunft nichts anderes zu erwarten ist. Denn nach dem Scheitern der Beziehung besteht für den anderen Partner grundsätzlich kein Grund mehr, die im Interesse des anderen eingegangenen Risiken weiterhin zu tragen (Wever, a.a.O., Rz. 311).

[626] Vgl. dazu die unter 3.1.5.1. und 3.1.5.4.4. gemachten Ausführungen zu § 426 I BGB

[627] vgl. 3.1.5.2. sowie 3.1.5.4.4.

Besteht ein Aufwendungsersatzanspruch aus § 670 BGB, muß der aufgewendete Betrag - anders als bei dem Anspruch aus § 426 I BGB[628] - nach § 256 S. 1 BGB verzinst werden.

3.3.4 Zum Vergleich: Anwendung von Auftragsrecht im Falle der gesamtschuldnerischen Kreditaufnahme durch Partner einer nichtehelichen Lebensgemeinschaft

Für Ausgleichsansprüche nach dem Auseinanderbrechen einer nichtehelichen Lebensgemeinschaft haben auftragsrechtliche Vorschriften noch keinen vergleichbaren Stellenwert erlangt wie im Falle des Scheiterns einer Ehe[629].

Dies dürfte einerseits auf den Umstand zurückzuführen sein, daß - wie oben dargelegt wurde[630] - hinsichtlich der zwischen Lebenspartnern bestehenden Vermögensbeziehungen in der Rechtsprechung der Anwendung gesellschaftsrechtlicher Grundsätze ein weiterer Anwendungsbereich eingeräumt wird als zwischen Ehegatten. So sehen die Gerichte zwischen Lebensgefährten auch die Schaffung eines gemeinsamen Heims als möglichen Zweck eines - auch stillschweigend geschlossenen - Gesellschaftsvertrages an. Dagegen soll gleiches für die Begründung einer Innengesellschaft unter Eheleuten gerade nicht genügen[631], weshalb hier bei Fehlen sonstiger Anspruchsgrundlagen auf Ausgleichsansprüche nach Auftragsrecht zurückgegriffen wird[632].

Auf der anderen Seite steht die höchstrichterliche Rechtsprechung rechtlichen Bindungen zwischen Lebensgefährten auf der Grundlage bloß konkludenten Verhaltens allgemein skeptisch gegenüber[633]. Für im Interesse der Gemeinschaft erbrachte Leistungen werden daher Aufwendungsersatzansprüche regelmäßig verneint, wenn keine ausdrückliche Einigung im Sinne von § 662 BGB nachgewiesen werden kann[634].

[628] vgl. Fn. 159
[629] Hausmann, a.a.O., S. 188
[630] vgl. dazu unter 3.3.2.2. und 3.3.2.3.
[631] vgl. u.a. BGH JZ 1983, 852 ff., 853; zustimmend BGH FamRZ 1989, 147 ff.
[632] ähnlich auch Hausmann, a.a.O., S. 188
[633] so Hausmann, a.a.O., S. 188
[634] vgl. z. B. BGH NJW 1983, 1055; in diese Richtung auch BGH FamRZ 1983, 1213 f., 1214; OLG München FamRZ 1988, 58 f., 58 f.

Der BGH hat daher die Möglichkeit eines Ausgleichsanspruches nach Auftragsrecht nur ganz vereinzelt überhaupt angesprochen[635] - sämtlich in Entscheidungen, die sich mit der nur durch einen der Partner erfolgten Kreditaufnahme befaßten. Dabei hat er nur in einem einzigen Fall[636] Ausgleichsansprüche aufgrund eines stillschweigend geschlossenen Auftragsverhältnisses bejaht.

Die restriktive Haltung des BGH gegenüber der Anwendung des Auftragsrechts kann hier jedoch schon deshalb nicht maßgeblich sein, weil - wie unter 3.3.2.3. eingehend dargelegt wurde - die Ausweitung der Anwendung gesellschaftsrechtlicher Grundsätze bei der nichtehelichen Lebensgemeinschaft im Vergleich zur Ehe abzulehnen ist. Dann gewinnen aber auch auftragsrechtliche Ansprüche wieder an Bedeutung. Freilich wird die Relevanz bei Behandlung eines gesamtschuldnerischen Darlehens ohnehin geringer sein als bei nur durch einen der Lebenspartner eingegangenen Verpflichtungen. Denn bei Bestehen einer Gesamtschuld verhilft in den Fällen, in welchen auch ein Aufwendungsersatzanspruch nach Auftragsrecht bejaht werden kann, in der Regel schon § 426 BGB zu einem Ausgleichsanspruch. Anders als in den Entscheidungsgründen eines Urteils, wo bei mehrfach begründeter Klage die Beschränkung auf eine der Anspruchsgrundlagen zulässig ist[637], kommt man in einer wissenschaftlichen Arbeit jedoch nicht umhin, der Vollständigkeit halber neben dem aus § 426 I BGB auch einen Anspruch nach auftragsrechtlichen Normen zu prüfen.

Den Bedenken des BGH hinsichtlich eines zwischen Lebensgefährten anzunehmenden Rechtsbindungswillens kann ebenfalls nicht ohne weiteres gefolgt werden. Zwar ist bezüglich eines konkludent geschlossenen Auftragsverhältnisses stets Vorsicht geboten, weil der Verpflichtungswille nicht ausdrücklich geäußert wird, sondern diesbezügliche Anhaltspunkte den tatsächlichen Umständen entnommen werden müssen. Das gilt aber genauso für ein zwischen Ehegatten geschlossenes Rechtsverhältnis. Daß diese in Hinblick auf ihre Partnerschaft die Form der Ehe gewählt haben, die unter anderem nach dem Gesetz durchsetzbare Verpflichtungen begründet, kann nicht als Indiz für einen davon unabhängigen Abschluß eines Auftragsverhältnisses herangezogen werden. Dann ist es umgekehrt aber auch nicht möglich, daraus, daß sich Lebensgefährten hinsichtlich ihrer Lebensgemeinschaft rechtlich nicht binden wollen, einen Hinweis zu entnehmen, daß zwischen ihnen der Abschluß einzelner bindender Rechtsverhältnisse unwahrscheinlich sein dürfte.

---

[635] vgl. z. B. BGH NJW 1983, 1055; BGH NJW 1981, 1502 f., 1503

[636] BGH, a.a.O., 1503

[637] Knöringer, Die Assessorklausur im Zivilprozeß, S. 79

In diesem Sinne ist auch die Ansicht Schlüters[638] abzulehnen, der Bedenken gegen die Annahme geltend macht, ein Partner habe mit Rechtsbindungswille gehandelt, wenn er - mit Hilfe einer Kreditaufnahme - dem anderen etwa einen PKW finanziere oder dessen Schulden tilge. Die Beurteilung des Rechtsbindungswillens ist im Rahmen eines konkludenten Vertragsschlusses natürlich stets eine problematische Frage. Schlüter[639] jedoch hält den Rechtsbindungswillen deshalb für abwegig, weil er es als realitätsfremd ansieht, daß ein Partner sich dem anderen wie ein Beauftragter unterwerfen wolle. Das nämlich würde bedeuten, daß er auch die sich aus den §§ 665, 666, 667 BGB ergebenden Verpflichtungen auf sich nehmen müßte. Selbst wenn man annehmen würde, der Kredit werde im Rahmen einer Geschäftsführung ohne Auftrag (§ 677 BGB) aufgenommen, träfen den Geschäftsführer über § 681 BGB dieselben Nebenpflichten wie den Beauftragten.

Dem ist aus mehreren Gründen nicht zu folgen:

Zunächst einmal steht es den Parteien frei, die oben genannten Vorschriften - sämtlich dispositive schuldrechtliche Normen - für das zwischen ihnen vereinbarte Rechtsverhältnis zu beschränken oder ganz auszuschließen. Natürlich ist dies auch im Rahmen einer konkludenten Vereinbarung möglich. Allerdings würde es zu weit gehen, zwischen Partnern einer nichtehelichen Lebensgemeinschaft einen solchen Ausschluß schon von vornherein anzunehmen. Darin läge eine Überstrapazierung des Begriffes der „stillschweigenden Willenserklärung". Es müssen vielmehr im Einzelfall konkrete Anhaltspunkte für die Annahme der Modifizierung der genannten Vorschriften sprechen.

Es ist aber auch gar nicht ersichtlich, was Schlüter daran so stört, wenn ein Partner im Rahmen einer Sonderbeziehung dem anderen gegenüber gewisse Verpflichtungen eingeht. Auf der anderen Seite erhält er durch den Vertragsschluß ja auch bestimmte Rechte, so zum Beispiel den Aufwendungsersatzanspruch aus § 670 BGB. Außerdem könnte man sich auch auf den Standpunkt stellen, daß die oben angesprochenen Verpflichtungen gegenüber Personen, zu welchen man ein besonders enges Verhältnis hat, sogar lieber übernommen werden und auch leichter zu erfüllen sind als bei einem „fremden" Auftraggeber, zumal bei einem Auftragsverhältnis die Übernahme der angesprochenen Pflichten nie durch die Zahlung eines Entgelts „belohnt" wird (vgl. § 662 BGB).

Darüber hinaus bestehen zwischen Partnern einer nichtehelichen Lebensgemeinschaft wohl kaum engere persönliche Beziehungen als zwischen Ehegatten. Nach der Ansicht Schlüters müßte daher auch zwischen Ehegatten die Möglichkeit des Bestehens eines Auftragsverhältnisses grundsätzlich geleugnet werden. Konsequenterweise müßte man dann auch jegliche andere Sonderbeziehung zwischen Ehegatten für abwegig halten, da eine solche neben Rech-

[638] Schlüter, FamRZ 1986, 405 ff., 407 f.
[639] Schlüter, FamRZ 1986, 405 ff., 408

ten auch stets Pflichten mit sich bringt. Daß aber zwischen Ehegatten Sonderbeziehungen möglich sind, dürfte wohl unbestritten sein.

Somit kann auch zwischen Lebenspartnern einer nichtehelichen Lebensgemeinschaft ein Aufwendungsersatzanspruch nach § 670 BGB bestehen, wenn der eine Partner die gesamtschuldnerische Kreditaufnahme im Auftrag des anderen (§ 662 BGB) oder jedenfalls als Geschäftsbesorgung in dessen Interesse (§ 677 BGB) getätigt hat.

Hinsichtlich der Tatbestandsmerkmale des § 662 BGB gilt im wesentlichen das zum Auftragsverhältnis unter Ehegatten Gesagte entsprechend[640]. Auch im Rahmen der nichtehelichen Lebensgemeinschaft werden Leistungen - auch die zugunsten der Partnerschaft - regelmäßig ohne Erwartung einer konkreten „Gegenleistung" erbracht, so daß auch hier „Unentgeltlichkeit" zu bejahen ist[641].

Danach kann eine Auftragserteilung jedenfalls dann vorliegen, wenn die Geschäftsbesorgung im ganz überwiegenden Interesse des „Auftraggebers" lag und damit für den Beauftragten „fremd" war. Abzulehnen ist die Anwendung von Auftragsrecht daher bei Leistungen, die jeder Partner allein im Interesse der Lebensgemeinschaft erbringt. Insoweit ist Lipp[642] zuzustimmen, wenn er schreibt, die Sicherung des gemeinsamen Lebensunterhaltes sei kein Handeln in fremdem Namen, sondern ein Tätigwerden im Interesse einer Gemeinschaft, zu welcher der Handelnde selbst als mitentscheidender und im gleichem Maße wie der andere mitverantwortlicher Partner zähle. Lipp[643] geht jedoch soweit, die Grenzen der Geschäftsbesorgung schon stets dann als überschritten anzusehen, wenn es um ein gemeinschaftliches Anliegen gehe. Dem kann aber - wie im Rahmen der Ehe - entgegengehalten werden, daß auch bei Verfolgung eines Gemeinschaftszwecks eine darüber hinausgehende Befriedigung überwiegender Interessen des anderen Partners nicht ausgeschlossen ist. Das wird besonders deutlich bei Finanzierung einer im Alleineigentum des anderen Partners stehenden Immobilie, die während des Zusammenlebens als Lebensmittelpunkt gedient hat. Insoweit liegt sowohl ein Handeln im Interesse der Lebensgemeinschaft als auch im überwiegenden Interesse des anderen Partners vor. Von einem Tätigwerden allein zur „Verwirklichung der nichtehelichen Lebensgemeinschaft selbst", bei dem sich „nicht Geschäftsführer und Geschäftsherr, sondern gleichberechtigte Partner"[644] gegenüberstehen, könnte hier nur gesprochen werden, wenn die

[640] vgl. 3.3.3.1.
[641] so auch BGH BGHZ, 77, 55 ff., 58 f.; Hausmann, a.a.O., S. 304; a.A. wiederum Lipp, JuS 1982, 17 ff., 21 f.
[642] Lipp, JuS 1982, 17 ff., 21
[643] Lipp, JuS 1982, 17 ff., 21
[644] Lipp, JuS 1982, 17 ff., 21

Investition derart gering wäre, daß nach den Erwartungen des „Beauftragten“ im Zeitpunkt der Kreditaufnahme ein Ausgleich durch den Wohnwert erfolgen würde[645] oder aber, wenn die Immobilie im Miteigentum beider Lebensgefährten stünde. Ob letzteres der Fall ist, kann ohne weiteres durch einen Blick in das Grundbuch geklärt werden.

Bei dem von Lipp kritisierten Fall[646] geht es allerdings um die Anschaffung eines PKWs. Dort hatte die Lebensgefährtin einen noch offenen Kredit ihres Partners gelöscht, um ihm die Möglichkeit zu eröffnen, durch eine weitere Darlehensaufnahme die Anschaffung eines KfZs zu finanzieren und mit dessen Hilfe zum Lebensunterhalt beizutragen. Die Partnerin hatte also nicht unmittelbar mit den aus dem durch sie aufgenommenen Kredit erlangten Mitteln zum Erwerb des Fahrzeugs beigetragen. Da die Tilgung des noch ausstehenden Darlehens ihres Partners aber nach Feststellung des Gerichts allein in Hinblick auf die dadurch geschaffene Möglichkeit des Fahrzeugkaufs motiviert war, kann dieser Fall hinsichtlich der rechtlichen Beurteilung dem eben genannten gleichgestellt werden.

Geht es aber wie hier um die Finanzierung eines PKWs oder ähnlicher Güter, ist es schon schwerer, anhand der äußeren Umstände festzustellen, ob die „Beauftragte“ über den Gemeinschaftszweck - Sicherung des Lebensunterhalts - hinaus nach ihrer Intention auch im überwiegenden Interesse ihres Lebensgefährten tätig wurde. Verglichen mit den Fällen der im Alleineigentum des anderen Partners stehenden Immobilie oder seines Unternehmens, wird die Kreditaufnahme zur Finanzierung eines Autos in der Regel von erheblich geringerem Umfang sein, zumal, wenn es sich - wie im fraglichen Fall - um die Anschaffung eines Gebrauchtwagens handelt. Hier zum Beispiel belief sich die aufgewendete Summe auf knapp 4 000 DM. Unter den gegebenen Umständen kann aber nicht angenommen werden, daß bei der Kreditaufnahme in dem angesprochenen BGH-Fall die Lebensgefährtin über die Sicherung des Gemeinschaftszweckes - für die Partnerschaft den Lebensunterhalt sicherzustellen - noch andere Zwecke verfolgt hat[647]. Bestätigt wird dieses Ergebnis durch die Feststellung des BGH, daß die Lebensgefährtin die Leistungen auf die „im gemeinsamen Interesse eingegangene Schuld ... hier unzweifelhaft erbracht“ hat, „weil der Beklagte den mit dem Kredit finanzierten PKW für seinen Beruf brauchte und die Parteien ihren gemeinsamen Lebensunterhalt auch aus sei-

[645] Zu weit geht der BGH in NJW 1983, 1055, wenn er erklärt, es komme nicht darauf an, ob der „Beauftragte“ bei Führung des Geschäftes mit einer längeren Dauer des Zusammenlebens gerechnet habe. Mit dieser Erwartung im engen Zusammenhang steht nämlich die Frage, ob der Partner davon ausgegangen ist, er werde die von ihm erbrachte Leistung auch noch selbst voll ausnutzen können. Die Ansicht, daß, wer mit einer Partnerschaft eine rechtliche Dauerbindung gerade nicht eingehen wolle, damit auch das Risiko übernehme, wirtschaftliche Leistungen zu erbringen, die er dann nicht selbst mit voll ausnutzen und dennoch nicht ersetzt verlangen könne, läuft auf eine Sanktionierung des nichtehelichen Zusammenlebens hinaus, die nach den heutigen moralischen Anschauungen nicht mehr haltbar ist.

[646] BGH NJW 1981, 1502 f.

[647] ähnlich auch Hausmann, a.a.O., S. 553

nem beruflichen Einkommen bestritten haben."[648] Dann kann aber nicht plötzlich im Nachhinein aufgrund des Scheiterns der Beziehung angenommen werden, daß das Darlehen den Zweck hatte, die Vermögenslage des Partners zu verbessern[649]. Entgegen der Rechtsauffassung des Senats muß daher ein Aufwendungsersatzanspruch nach Auftragsrecht verneint werden.

Darin zeigt sich gleichzeitig, daß nicht immer schon dann, wenn einer der Partner Alleineigentümer des finanzierten Gegenstandes ist, ein Anspruch nach Auftragsrecht zu bejahen ist. Vielmehr kommt man nicht umhin, in jedem Einzelfall die konkreten Umstände zu prüfen. Das gilt in gleichem Maße für die Beurteilung eines zwischen Ehegatten erteilten Auftragsverhältnisses.

Damit ist aber bisher nur gesagt, wann überhaupt ein Auftragsverhältnis angenommen werden kann. Fraglich bleiben die sich daraus ergebenden Rechtsfolgen. Auch insoweit kann im wesentlichen auf die zur Ehe gemachten Ausführungen verwiesen werden (3.3.3.2.).

Dabei darf wiederum nicht vergessen werden, daß zwischen den Parteien einer nichtehelichen Lebensgemeinschaft während ihres Zusammenlebens besonders enge persönliche Beziehungen bestehen. Nach der heutigen Moralanschauung sind diese durchaus einem zwischen Ehegatten bestehenden Verhältnis vergleichbar. Damit sind auch die sich in Hinblick auf die Rechtsfolgen zwischen Eheleuten ergebenden Modifizierungen übertragbar:

Das bedeutet, daß der im Rahmen des §§ 670 i.V.m. 257 I BGB grundsätzlich gegebene Befreiungsanspruch ebenso wie unter Ehegatten erst nach Scheitern der Beziehung durchgreifen kann. Denn auch, wenn § 1353 BGB zwischen nichtehelichen Lebensgefährten nicht gilt, spricht doch die Begründung einer auf Dauer angelegten engen Partnerschaft dafür, ebenso wie zwischen Ehepartnern einen stillschweigenden Kündigungsverzicht anzunehmen. In der Trennung der Parteien liegt gleich dem Scheitern der Ehe ein wichtiger Grund, der nach § 671 III BGB trotz Verzichts auf das Kündigungsrecht zur Kündigung berechtigt.

Auch hinsichtlich der sich aus der Kündigung ergebenden Rechtsfolgen kann im wesentlichen auf die Ausführungen zur Ehe verwiesen werden. Die diesbezüglichen Besonderheiten nämlich werden mit den engen persönlichen Beziehungen unter Ehegatten begründet, die in gleichem oder ähnlichem Maße auch unter nichtehelichen Lebensgefährten zu finden sind.

---

[648] BGH, a.a.O., 1503

[649] in diese Richtung aber BGH, a.a.O., 1503; kritisiert wird die Argumentation des BGH auch von Lipp, JuS 1982, 17 ff., 21

In Hinblick auf den bezüglich der Tilgung von Darlehensraten in Betracht kommende Zahlungsanspruch aus § 670 BGB gilt ebenfalls das zum Auftragsverhältnis unter Ehegatten Gesagte entsprechend. Daraus geht hervor, daß insoweit auf die bezüglich § 426 I BGB herausgearbeiteten Grundsätze abgestellt werden kann. Diese bieten interessengerechte Lösungen auch im Bereich des Auftragsrechts; insbesondere findet dadurch das mit der Auftragsausführung eventuell verfolgte Eigeninteresse des Beauftragten über die Bemessung der Höhe seines Ausgleichsanspruches angemessene Berücksichtigung.

Zu beachten ist dabei, daß je nach den durch die Partner gewählten tatsächlichen Lebensverhältnissen durchaus ein Ausgleichsanspruch auch für während des Bestehens der Partnerschaft geleistete Zins- und Tilgungsleistungen in Betracht kommen. Die vielfach vertretene Ansicht, daß insoweit ein Ersatzanspruch ausscheide, weil in einer nichtehelichen Lebensgemeinschaft die von beiden Teilen erbrachten Leistungen stets ohne Rückforderungswille zum Zwecke des gemeinsamen Lebens und Wirtschaftens erbracht würden, ist abzulehnen[650]. Zwar ist davon auszugehen, daß ein Ersatzwille hinsichtlich der Leistungen fehlt, die der Verwirklichung des täglichen Zusammenlebens dienen, also praktisch hinsichtlich der „Unterhaltsleistungen“[651]. Nicht alle in einer nichtehelichen Lebensgemeinschaft erbrachten Leistungen dienen aber diesem Zweck. Die gegenteilige Annahme würde auf die widersinnige Unterstellung hinauslaufen, daß die Parteien nur weil sie sich nicht persönlich durch eine Eheschließung binden möchten, vermögensrechtliche Beziehungen zu ihrem Lebensgefährten generell ablehnten und im Zweifel immer - ohne Rücksicht auf die Größenordnung der wirtschaftlichen Verfügungen - altruistisch, aus Liebe und Spontanität handeln würden[652]. Eine solche Hypothese läßt sich nicht rechtfertigen. Der Zusammenhang zwischen der Furcht vor einer zu engen persönlichen und möglicherweise auch wirtschaftlichen Bindung auf der einen Seite und dem angeblich selbstlosen Verhalten der Partner auf der anderen Seite kann nicht hergestellt werden. Jedenfalls ist nicht ersichtlich, warum in einer nichtehelichen Lebensgemeinschaft altruistisches Denken weiter verbreitet sein sollte, als dies bei der zumindest nach dem Gesetz noch engeren Beziehungsform „Ehe“ angenommen wird. Auch der BGH vertritt in seinem Grundsatzurteil[653] nicht die Ansicht, daß ein Ausgleich für die während der Lebensgemeinschaft erbrachten Leistungen generell auszuscheiden hat[654] - wenn er auch vielfach so verstanden wurde[655]. Denn die Ausführungen des BGH zur „Nichtausgleichung“ beschränken sich auf „Leistungen im gemeinsamen Interesse“ sowie „im Interesse des Zusammenlebens“ eingegangene Schul-

---

[650] vgl. etwa OLG Frankfurt NJW 1985, 810 f. im Hinblick auf die Rückzahlung eines Darlehens, aus dem eine Kreditschuld des anderen Partners abgelöst wurde

[651] dieser Meinung ist auch Koch, FamRZ 1987, 240 f., 241

[652] vgl. auch Koch, FamRZ 1987, 240 f., 241

[653] BGH BGHZ 77, 55 ff.

[654] vgl. dazu schon oben unter 3.2.1.2.

[655] dazu ebenfalls unter 3.2.1.2.

den[656]. Welche Rechtsauffassung der Senat für darüber hinausgehende Verpflichtungen befürwortet, kann dem Urteil nicht entnommen werden.

3.3.5 Nach den Regeln der Bruchteilsgemeinschaft

Ein Auftragsverhältnis wiederum kann ausgeschlossen werden, wenn die Ehegatten bzw. nichtehelichen Lebensgefährten gemeinschaftlich ein Darlehen aufgenommen haben, um als Miteigentümer einen Gegenstand zu erwerben. In diesem Fall nämlich handeln die Parteien regelmäßig aufgrund gleichwertiger Interessen. Auch hier kann sich ein eventueller Ausgleichsanspruch neben § 426 I und II BGB aus der zwischen den Partnern bestehenden Sonderbeziehung ergeben[657].

Betrachten wir zunächst wieder die zwischen Ehegatten bestehende Rechtsbeziehung.

Haben die Ehegatten mit Hilfe des gesamtschuldnerisch aufgenommenen Kredites einen Gegenstand zu Miteigentum erstanden und besteht diesbezüglich keine Ehegattengesellschaft[658], richtet sich das zwischen ihnen bestehende Rechtsverhältnis nach den Vorschriften der Bruchteilsgemeinschaft. Bezüglich einer im Miteigentum beider Ehegatten stehenden Immobilie wurde darauf bereits im Rahmen des Anspruches aus § 426 I BGB eingegangen[659]. Zwar kann man angesichts der Trennung des Vermögens von Mann und Frau (§ 1363 II S.1 1. HS BGB) - auch des nach der Eheschließung erworbenen (§ 1363 II S.1 2. HS BGB) - nicht davon sprechen, daß die Begründung von Miteigentum unter Ehegatten den Regelfall darstellt. Zumindest in bezug auf Gegenstände, die von beiden Parteien gleichermaßen genutzt werden - so etwa Gegenstände des ehelichen Hausrats, der Familien-PKW oder auch das gemeinsam bewohnte Hausgrundstück[660] - wird aber häufig Miteigentum bestehen. Eine Bruchteilsgemeinschaft ist jedoch selbstverständlich hinsichtlich beliebiger weiterer Gegenstände denkbar. Insoweit richtet sich das zwischen den Eheleuten bestehende Rechtsverhältnis nach §§ 741 ff. BGB.

---

656 vgl. BGH BGHZ 77, 55 ff., 59

657 so für die Bruchteilsgemeinschaft BGH FamRZ 1993, 676 ff., 677

658 Voraussetzung einer Gesellschaft bürgerlichen Rechts ist die Verfolgung eines gemeinsamen Zwecks über das Haben und Halten des Gegenstands hinaus.

659 vgl. dazu 3.1.5.4.1.1.

660 bzgl. dieser Gegenstände nimmt Wever (a.a.O., Rz. 24, 33) sogar ein überwiegendes Vorliegen von Miteigentum an. Dagegen stünden Gegenstände des persönlichen Bedarfs - die nicht zum Hausrat zählten - meist im Alleineigentum eines Ehegatten (a.a.O., Rz. 62).

Bei Existenz einer Bruchteilsgemeinschaft kann sich ein eventueller Ausgleichsanspruch der Ehegatten untereinander daher auch aus diesen Vorschriften ergeben, ohne daß es eines Rückgriffs auf § 426 BGB bedarf[661].

Die Regeln über den Zugewinnausgleich stehen der Auseinandersetzung einer zwischen Ehegatten bestehenden Bruchteilsgemeinschaft nicht entgegen[662].

3.3.5.1 Anspruchsgrundlage

Nach §§ 748, 755 BGB haften die Teilhaber für Verbindlichkeiten, die in bezug auf den gemeinschaftlichen Gegenstand eingegangen wurden, im Innenverhältnis grundsätzlich nach ihren Anteilen an dem Gegenstand, wenn nicht zwischen ihnen geschlossene Vereinbarungen oder aber die Umständen des Einzelfalles dagegen sprechen[663].

Im Rahmen ihrer ehelichen Lebensgemeinschaft treffen die Ehegatten in der Regel stillschweigend eine interne Schuldentilgungs- und Haftungsvereinbarung, auf welche aus den tatsächlichen ehelichen Verhältnissen geschlossen werden kann[664]. Während intakter Ehe wird die grundsätzlich hälftige Beteiligung der Miteigentümer an der Belastung daher häufig quasi von der ehelichen Lebensgemeinschaft der Parteien überlagert, so daß sich im Innenverhältnis zwischen den Ehegatten eine abweichende Aufteilung ergibt[665]:

Bei einer Alleinverdienerehe bedeutet dies etwa, daß der alleinverdienende Teil zugunsten des haushaltsführenden Ehegatten die Verpflichtung alleine trägt, weshalb auf seiner Seite ein Ausgleichsanspruch ausscheidet[666]. Dem liegt die Anschauung zugrunde, daß die finanziellen Leistungen des einen und die Haushaltsführung des anderen Teils grundsätzlich gleichwertige Beiträge zur ehelichen Lebensgemeinschaft darstellen (vgl. §§ 1360 S. 2, 1606 III S. 2 BGB).

Anders im Rahmen einer Mehr- bzw. Zuverdienerehe, bei der die konkreten Umständen der Ehe in Verbindung mit den aufgrund der Miteigentumsgemeinschaft geltenden §§ 748, 755 BGB einen Ausgleich nahelegen. Gehen beide Ehegatten einer Erwerbstätigkeit nach oder fließt ihnen aus sonstigen Quellen nicht unerhebliches Vermögen zu, entspricht es in der Regel der Ausgestaltung der ehelichen Beziehungen, daß beide Ehegatten im Verhältnis ihrer Einkünfte die zum Erwerb des gemeinschaftlichen Gegenstandes eingegangenen Schulden zu

---

661 so BGH, a.a.O., 677
662 so z.B. BGH FamRZ 1989, 147 ff., 149; Hausmann, a.a.O., S. 540 m.w.N.
663 BGH FamRZ 1993, 676 ff., 677; BGH JZ 1983, 852 ff., 854
664 Johannsen/Henrich/Jaeger, Vor § 1372, Rz. 19
665 zustimmend Erman/Westermann, § 426, Rz. 17 b; BGH JZ 1983, 852 ff., 854
666 BGH FamRZ 1993, 676 ff., 677; BGH, a.a.O., 854

tragen haben[667]. Jedoch darf bei Unterhaltsleistungen der in § 1360 b BGB zum Ausdruck kommende Grundsatz der Nichtausgleichung nicht vergessen werden[668]. Ein entsprechender Rückforderungswille muß daher - soweit streitig - vom rückfordernden Ehegatten bewiesen werden[669].

Mit dem Scheitern der Ehe, welches sich nach Ansicht des BGH in der Erhebung des Scheidungsantrages manifestiert[670], kommt es in der Regel zum Wegfall des Grundes für eine von der hälftigen Ausgleichsregel abweichende Gestaltung[671]. Danach nämlich besteht für einen Ehegatten im Zweifel kein Anlaß mehr, dem anderen eine weitere Vermögensmehrung zukommen zu lassen[672]. Da seit der Trennung ein gemeinsamer Haushalt nicht weiter existiert, in dem die Parteien Leistungen erbringen können, die auch dem anderen zugute kommen, ist das Gegenseitigkeitsverhältnis, in dem die beiderseitigen Beiträge zur gemeinsamen Lebensführung standen, aufgehoben[673]. Die endgültige Trennung der Ehegatten, die bisher die im Miteigentum stehende Sache gemeinsam genutzt haben, bedeutet daher eine so grundlegende Änderung der Verhältnisse, daß jeder Ehegatte gemäß § 745 II BGB eine Neuregelung der Verwaltung und Benutzung begehren kann[674]. Damit diese zum Tragen kommt, muß sie aber auch mit hinreichender Deutlichkeit verlangt werden[675]. Das bedeutet nicht, daß dies ausdrücklich zu geschehen hat. Das Begehren einer Neuregelung kann sich vielmehr auch aus den tatsächlichen Umständen ergeben.

Es ist daher stets zu prüfen, ob an die Stelle derjenigen Rechtsbeziehungen, die durch die Besonderheiten der ehelichen Lebensgemeinschaft geprägt waren, eine andere rechtliche oder

667 BGH FamRZ 1988, 264 f., 265

668 Haussleiter, a.a.O., Rz. 171; so auch OLG Köln FamRZ 1988, 287 ff. (2. Leitsatz); vgl. ausführlich zu § 1360 b BGB unter 3.1.5.1.

669 vgl. Palandt/Diederichsen, § 1360 b, Rz. 3

670 BGH FamRZ 1993, 676 ff., 677; BGH JZ 1983, 852 ff., 854

671 BGH, a.a.O., 677; BGH, a.a.O., 854

672 BGH, a.a.O., 677; BGH, a.a.O., 854

673 BGH, a.a.O., 854

674 BGH, a.a.O., 854; Graba, NJW 1987, 1721 ff., 1723; Wever, FamRZ 1986, 905 ff., 906, der auch darauf hinweist, daß nach der Rspr. des BGH die Neuregelung gem. § 745 II BGB und damit die Nutzungsvergütung nach dieser Vorschrift erst von dem Zeitpunkt an verlangt werden könne, „zu dem die Trennung endgültig erscheine" (BGH FamRZ 1982, 355 f., 356). Teilweise werde daher ein Neuregelungsverlangen erst nach Ablauf des Trennungsjahres oder gar erst mit Zustellung des Scheidungsantrags für zulässig gehalten. Dies erscheint Wever problematisch. Zurecht nimmt er an, daß die Interessen der Ehegatten hinreichend gewahrt seien, wenn auf den Zeitpunkt des Auszugs eines Ehegatten mit seinen persönlichen Sachen aus der Ehewohnung abgestellt, im Rahmen der nach § 745 II BGB vorzunehmenden Billigkeitsabwägung aber berücksichtigt werde, daß die noch bestehende Ehe zu schützen sei, und daher jede Maßnahme unterlassen werde, die zu einer Verfestigung der Trennung führen würde.

675 BGH FamRZ 1993, 676 ff., 677

tatsächliche Ausgestaltung der Verhältnisse tritt, die in ähnlicher Weise wie zuvor Einfluß auf das Ausgleichsverhältnis nehmen kann[676]. Ein solcher Fall liegt zum Beispiel vor, wenn der alleinverdienende Ehegatte mit Duldung des anderen den im Miteigentum stehenden Gegenstand nach der Trennung weiterhin nutzt und wie bisher die Lasten trägt, ohne zu erkennen zu geben, daß er einen hälftigen Ausgleich geltend zu machen beabsichtigt, und ohne daß der andere Ehegatte ihm ein Nutzungsentgelt abverlangt[677]. Zwar muß beachtet werden, daß die alleinigen Nutzung durch einen Teilhaber normalerweise noch keine Entschädigungsrechte des anderen begründet. Andernfalls kämen solche stets zum Tragen, wenn ein Teilhaber von seiner Befugnis aus § 743 II BGB keinen Gebrauch machen würde[678]. Allerdings ist nach der zustimmungswerten Ansicht des XII. Zivilsenats[679] eine gemeinschaftliche Berechtigung von Ehegatten auch nach dem Scheitern ihrer Ehe mit anderen Maßstäben zu messen als die anderer Bruchteilsgemeinschaften: Bei letzteren sei es einem Teilhaber in der Regel zuzumuten, von seinem Nutzungsrecht Gebrauch zu machen. Er könne sich durch freiwilligen Nichtgebrauch nicht seiner Pflicht zur anteiligen Lastentragung entziehen, sondern werde davon allenfalls frei, wenn ihm der Mitgebrauch durch den anderen Teilhaber absichtlich entzogen oder sonst verweigert werde. Hinsichtlich einer im Miteigentum von Ehegatten stehenden Sache sei nach Scheitern der Lebensgemeinschaft dagegen eine gemeinschaftliche Nutzung in der Regel nicht mehr zumutbar. Hier ergebe sich die unbillige Konsequenz, daß der weiter nutzende und die Lasten tragende Ehegatte einen hälftigen Ausgleichsanspruch hätte, während dem weichenden Ehegatten nur ein in die Zukunft wirkender Anspruch auf Neuregelung bzw. Nutzungsentgelt zustände, mit dem er die bisher aufgelaufenen Ausgleichsansprüche nicht abwehren könne. Das sei insbesondere dann unverständlich, wenn die Ehegatten nach der Trennung zunächst stillschweigend von der bisherigen Handhabung ausgegangen seien, und der weichende Ehegatte nicht sogleich ein Nutzungsentgelt verlangt, sondern die alleinige Nutzung des Hauses durch den anderen hingenommen und darauf vertraut habe, daß dieser dafür auch die Lasten trage. Bei einer solchen Fallgestaltung sei der Ausgleichsanspruch des die Lasten tragenden Ehegatten von vornherein beschränkt.

Wie sich bereits aus der zitierten Entscheidung ergibt, kann die Neuregelung nach § 745 II BGB nicht nur so aussehen, daß der Partner, der den Gegenstand nach der Trennung alleine nutzt, dem anderen ein angemessenes Entgelt zahlt. Vielmehr bietet eine interessengerechte Möglichkeit bei alleiniger Nutzung durch einen der Ehegatten auch die Lösung, daß der den

[676] BGH, a.a.O., 677; in diese Richtung auch BGH JZ 1983, 852 ff., 854

[677] BGH, a.a.O., 677

[678] BGH, a.a.O., 677; BGH JZ 1983, 852 ff., 854

[679] BGH FamRZ 1993, 676 ff., 678, allerdings so ausdrücklich nur hinsichtlich einer im Miteigentum der Ehegatten stehenden Immobilie

Gegenstand nutzende Partner die Kosten des Gegenstandes, insbesondere die Bedienung der dafür aufgenommenen Kredite übernimmt[680].

Letzteres stellt im Ergebnis eine Nutzungsentschädigung für den nicht gemäß seines Miteigentumsanteils von der gemeinsamen Sache profitierenden Ehegatten dar und fällt daher nicht unter § 748 BGB. Das folgt aus dem Umstand, daß auch für den scheidenden Ehegatten aufgrund seines Miteigentums der sich aus der Schuldentilgung ergebende Nutzeffekt bestehen bleibt[681]. Der für seinen Partner eben diesen Nutzeffekt übersteigende Vorteil liegt in dem alleinigen oder überwiegenden Gebrauch der Sache.

Gleichgültig, ob der Anspruch auf Neuregelung auf eine Geldentschädigung oder darauf gerichtet ist, daß der nutzende Teilhaber die Lasten übernimmt, wirkt er jedenfalls nur ex nunc[682]. Der Ausgleichsanspruch des die Lasten tragenden Ehegatten als solcher wird von einem etwaigen Anspruch des anderen Teilhabers auf Nutzungsentgelt nicht berührt; letzterer kann allenfalls einen aufrechenbaren Gegenanspruch darstellen[683].

Nach dem oben Gesagten hängt die Frage, inwieweit der Teilhaber, der den Gegenstand alleine nutzt und das gemeinschaftlich aufgenommene Darlehen tilgt, ohne auf der anderen Seite von dem anderen auf ein Entgelt in Anspruch genommen zu werden, einen Ausgleich nach § 426 BGB beanspruchen kann, davon ab, wie hoch der jeweilige Nutzungswert der fraglichen Sache zu bemessen ist. Übersteigt er die Lasten und Kosten oder kommt ihnen gleich, ergibt sich kein Ausgleichsanspruch mehr. Ist der Nutzungswert dagegen geringer, kann sich ein restlicher Ausgleichsanspruch ergeben[684].

Die obigen Aussagen soll folgendes bei Wever zu findendes Fallbeispiel verdeutlichen[685]:

Die Ehepartner sind Miteigentümer zu je ½ eines als Familienheim genutzten Hausgrundstücks. Nach dem Auszug der F im Juni 1995 bewohnt M das Haus allein. Er trägt Zins- und Tilgungsleistungen aus einem während der Partnerschaft aufgenommenen gesamtschuldnerischen Darlehen in Höhe von 1 400 DM/Monat. Der Mietwert (ortsübliche Miete) des Hauses beträgt 1 800 DM. M hat ein Nettoeinkommen von 3 000 DM/Monat. Unterhaltsansprüche werden nicht geltend gemacht.

---

680 BGH JZ 1983, 852 ff., 854; Graba, NJW 1987, 1721 ff., 1723; im Ergebnis auch Wever, FamRZ 1996, 905 ff. 906

681 so Johannsen/Henrich/Jaeger, Vor. § 1372, Rz. 29

682 BGH FamRZ 1993, 676 ff., 677

683 BGH, a.a.O., 677

684 BGH, a.a.O., 678; Wever, FamRZ 1996, 905 ff. 906

685 Wever, a.a.O., Rz. 120 ff.

Auf den im Juni 1996 von M gestellten Scheidungsantrag wird die Ehe Anfang 1997 geschieden. Im Juli 1997 verlangt M von F hälftige Beteiligung an den Zins- und Tilgungsleistungen rückwirkend ab Juli 1995. F widerspricht dem unter Hinweis auf die mietfreie Wohnmöglichkeit des M. Sie verlangt von M, ihr die Hälfte der Differenz zwischen Mietwert des Hauses und den Zins- und Tilgungsleistungen rückwirkend ab Juli 1995 zu erstatten.

Für die Zeit seit Juli 1997 gilt:

In der Forderung der F liegt ein Neuregelungsverlangen i.S.d. § 745 II BGB. Der Mietwert des Hauses - nach zweijähriger Trennung und inzwischen erfolgter Scheidung der volle Mietwert von 1 800 DM/Monat - muß mit den monatlichen Lasten (1 400 DM/Monat) verrechnet werden. Daraus ergibt sich eine Differenz von 400 DM, deren Hälfte M an die hälftige Miteigentümerin (§ 748 BGB) und zugleich Gesamtschuldnerin F herausgeben muß.

Dagegen gilt für die Zeit vor Juli 1997 folgendes:

Das erst im Juli 1997 gestellte Neuregelungsverlangen (§ 745 II BGB) gilt nur ex nunc und löst daher keinen Nutzungsentgeltanspruch der F für die Vergangenheit aus. Dagegen ist M an sich nicht gehindert, seinen Anspruch auf Gesamtschuldnerausgleich (§ 426 I BGB) rückwirkend seit dem Zeitpunkt des Auszugs der F (Scheitern der Ehe)geltend zu machen, da der Anspruch entsteht, ohne daß es eines Handelns des Ausgleichsberechtigten bedarf. Allerdings führt der Umstand, daß F im Vertrauen darauf, M trage die Lasten, ohne diesbezüglich einen Ausgleich geltend zu machen, ihrerseits kein Nutzungsentgelt verlangt hat, zu einer Beschränkung des Anspruchs aus § 426 I BGB. M kann eine Beteiligung der F an den Zins- und Tilgungsleistungen für die Vergangenheit nur insoweit verlangen, als seine Leistungen die ihm zuzurechnende angemessene Nutzungsvergütung übersteigen. Im übrigen kann von einer stillschweigenden Abrede der Nichtabrechnung ausgegangen werden.

Im ersten Trennungsjahr (Juli 1995 bis Juni 1996) muß sich M noch nicht den vollen Nutzungswert des Hauses zurechnen lassen, sondern nur die Aufwendungen, die er durch das mietfreie Wohnen im Haus erspart hat. Angesichts seines Nettoeinkommens von 3 000 DM könnte man eine Mietersparnis von 1 000 DM annehmen. Diesen Wert übersteigen die von M getragenen Lasten um 400 DM. Fie Hälfte davon, also 200 DM, kann M von F verlangen.

Nach Ablauf des Trennungsjahrs und aufgrund der Stellung des Scheidungsantrags - also für die Zeit von Juli 1996 bis Juni 1997 - muß sich M dagegen den vollen Mietwert (1 800 DM) anrechnen lassen. Eine Differenz zugunsten des M ergibt sich in diesem Fall nicht. Allerdings kann auch F insoweit keinen Anspruch geltend machen, da ihr erst im Juli 1997 geltend gemachtes Neuregelungsverlangen keinen Nutzungsentgeltanspruch für die Vergangenhiet begründet.

Probleme ergeben sich dann, wenn der die Sache nutzende Ehegatte außerstande ist, die Lasten voll oder auch nur entsprechend seines Miteigentumsanteils zu übernehmen. Zwar ist nach zutreffender Ansicht des IX. Zivilsenats des BGH[686] die mangelnde Zahlungsfähigkeit eines Ehegatten kein Grund, ihn von der Mithaftung freizustellen. Gemäß § 745 II BGB hat die Regelung der Verwaltung und Benutzung aber stets nach billigem Ermessen zu erfolgen. Der Gesichtspunkt der Billigkeit kann im Einzelfall ein Festhalten an der bisherigen Nutzungsregelung zumindest bis zur Scheidung gebieten[687]. Gleiches ergibt sich aus dem stets zu berücksichtigenden Grundsatz von Treu und Glauben (§ 242 BGB). Diese Vorschriften helfen auch unbillige Ergebnisse auszugleichen, die aufgrund des Umstandes entstehen, daß ein eventueller Ausgleichanspruch des tilgenden Ehegatten rückwirkend geltend gemacht werden kann, während die Nutzungsneuregelung verbunden mit einer eventuellen Nutzungsentschädigung nur für die Zukunft Wirkung entfaltet. Mit diesem Problem beschäftigt sich auch eine Entscheidung des OLG Oldenburg[688], in welcher der ausgleichsberechtigte Ehegatte während der Zeit, für die er die Ausgleichszahlung verlangt, eine solche niemals gefordert und damit verhindert hat, daß der andere Ehegatte seinen Anspruch auf Neuregelung und Festsetzung eines Nutzungsentgelts geltend machte, die er dem Ausgleichsanspruch einwendungsweise hätte entgegenhalten können. In jedem Fall ist eine Beurteilung der konkreten Umstände erforderlich. Bei der Abwägung darf nicht vergessen werden, daß die mangelnde Erwerbstätigkeit aufgrund der Betreuung eines gemeinschaftlichen Kindes nach § 1570 BGB einen Unterhaltstatbestand darstellt. Es kommt somit eine Verrechnung der von der leistungsunfähigen Ehefrau zu tilgenden Kreditraten und Zinsleistungen im Rahmen ihrer Bedürftigkeit in Betracht, zumal die Kreditaufnahme wegen des Miteigentums des Ehemannes stets im beiderseitigen Interesse erfolgt sein dürfte.

3.3.5.2 Anspruchsinhalt

Hat einer der Teilhaber nach dem oben Gesagten einen Ausgleichsanspruch, stellt sich weiter die Frage nach dem Anspruchsinhalt.

[686] BGH JZ 1983, 852 ff., 853

[687] so entschieden von BGH NJW 1986, 1339 f., 1340 (=FamRZ 1986, 436 f., 437) für den Fall, daß der im Haus verbliebene Ehegatte wirtschaftlich zur Übernahme von Gegenleistungen für eine ihm aufgedrängte Alleinnutzung nicht in der Lage ist und daher gezwungen würde, die Ehewohnung aufzugeben.

[688] OLG Oldenburg NJW-RR 1986, 752 f.

Auch hier ist sowohl denkbar, daß der Ehegatte bei Auflösung der Gemeinschaft Befreiung von einer noch bestehenden gesamtschuldnerischen Verbindlichkeit begehrt als auch, daß er einen Ersatzanspruch hinsichtlich bereits geleisteter Tilgungszahlungen geltend macht.

Hat einer der Ehegatten Tilgungszahlungen auf ein Darlehen erbracht, welches der Finanzierung eines im Miteigentum stehenden Gegenstandes diente, kann davon ausgegangen werden, daß dies mit Willen der weiteren Bruchteilseigentümer geschah[689]. Der daraus erwachsende Erstattungsanspruch gründet sich daher auf die Gemeinschaft, so daß er nach § 756 S.1 BGB bei der Aufhebung derselben zu berücksichtigen ist[690].

Als Forderung, deren Berichtigung ein Teilhaber nach § 756 BGB aus dem auf den anderen Teilhaber entfallenden Teil des gemeinschaftlichen Gegenstandes verlangen kann, kommt nicht nur eine solche auf Geldleistung, sondern auch auf Befreiung von einer auf eine Geldzahlung gerichtete Verbindlichkeit in Betracht[691]. Ein derartiger Befreiungsanspruch unterliegt jedenfalls dann der Ausgleichung nach § 756 BGB, wenn er auf die Begleichung einer gemäß § 748 BGB nach dem Verhältnis der Anteile zu tragenden Schuld gegenüber einem Dritten gerichtet ist[692]. Aber auch, soweit er über den Anteil des anderen Teilhabers an dem Gegenstand - zum Beispiel aufgrund dessen überwiegenden Nutzung - hinausgeht und sich daher nach § 745 II BGB richtet, fällt der Befreiungsanspruch unter § 756 BGB. Denn auch insoweit gründet sich der Anspruch auf die Gemeinschaft. Zwar handelt es sich nicht um einen gesetzlichen Anspruch aufgrund des Gemeinschaftsverhältnisses wie bei einem Erstattungsanspruch nach § 748 BGB. Darauf ist der Anwendungsbereich der Vorschrift jedoch - anders als der des § 755 BGB - nicht beschränkt. § 756 BGB umfaßt alle Ansprüche, die einem Teilhaber gegen den anderen aufgrund der Zugehörigkeit zu einer Gemeinschaft und nicht unabhängig von ihr zustehen. Um einen solchen Anspruch handelt es sich hier. Dafür genügt, daß er ohne das Gemeinschaftsverhältnis nicht bestünde. Daß dieses Gemeinschaftsverhältnis die alleinige und ausschließliche Grundlage des Anspruches bildet, ist nicht erforderlich[693].

Daraus folgt also: Der Teilhaber, der im Einverständnis mit dem anderen eine Darlehensverbindlichkeit eingeht und die Darlehensmittel für die Gemeinschaft einsetzt, hat gegen den anderen Teilhaber im Zweifel nach § 257 S. 1 BGB einen anteiligen Befreiungsanspruch in der Höhe, in der er im Falle eigener Zahlung Erstattung verlangen könnte[694]. Dies gilt auch, soweit mit Hilfe des Darlehens Aufwendungen getätigt wurden, die an sich nicht unter § 748

[689] BGH FamRZ 1993, 676 ff., 677
[690] BGH, a.a.O., 677
[691] BGH FamRZ 1992, 43 ff., 44
[692] BGH, a.a.O., 44
[693] BGH, a.a.O., 44
[694] BGH, a.a.O., 44

BGB fallen, weil diese Bestimmung außer den Lasten des gemeinschaftlichen Gegenstandes nur die Kosten seiner Erhaltung, Verwaltung und gemeinschaftlichen Benutzung behandelt. Voraussetzung ist allerdings, daß die Darlehensaufnahme mit Zustimmung des anderen Teilhabers erfolgte - davon kann bei einer gesamtschuldnerischen Kreditaufnahme stets ausgegangen werden - und die daraus erlangten Mittel für die Gemeinschaft verwendet wurden[695]. Ist dies der Fall, ist der Befreiungsanspruch nach § 756 S. 1 BGB bei der Aufhebung der Gemeinschaft zu berücksichtigen.

Der Anspruch auf anteilige Befreiung ist - in Vollzug der Teilung[696] - auf Zahlung an den Dritten gerichtet[697].

3.3.5.3 Zur Verzinsung des Aufwendungsersatzanspruches, zur Geltendmachung des Anspruches aus § 745 II BGB und zu Tilgungszahlungen, die nach Auflösung der Gemeinschaft erfolgt sind

Hat einer der Teilhaber Tilgungsraten gezahlt und aufgrund dessen einen Aufwendungsersatzanspruch gegen seinen Partner, so ist dieser Anspruch gemäß § 256 S. 1 BGB vom Zeitpunkt der Aufwendung an ohne Rücksicht auf einen eventuellen Verzug zu verzinsen. Dem steht § 256 S. 2 BGB nicht entgegen. Nach dem Sinn der Vorschrift sollen demjenigen, der auf einen fremden Gegenstand zwar Aufwendungen gemacht, dafür aber auch umsonst die Nutzungen gezogen hat, nicht zusätzlich noch Zinsen zugute kommen. Der Zinsverlust wird durch den Nutzungsvorteil am fremden Gegenstand kompensiert. In unserem Fall muß jedoch der Teilhaber für die Zeit, in welcher er den gemeinschaftlichen Gegenstand allein benutzt, die Nutzung durch Einbußen bei seinem Ausgleichsanspruch entgelten. Ein Anwendungsfall des § 256 S. 2 BGB liegt nach der Zweckrichtung der Vorschrift somit nicht vor.[698]

Der Anspruch auf Neuregelung der Verwaltung und Benutzung ergibt sich aus dem Gesetz und wird daher vom Richter[699] nur festgestellt, nicht etwa erst im Wege der Gestaltungsklage

[695] so bzgl. eines nur durch einen der Ehegatten aufgenommenen Darlehens BGH, a.a.O., 44

[696] BGH, a.a.O., 45

[697] BGH, a.a.O., 44

[698] BGH FamRZ 1993, 676 ff., 679

[699] Grundsätzlich ist dafür die Zuständigkeit der allgemeinen Zivilgerichte begründet. Allerdings ist das Familiengericht gem. § 23 b I S. 2 Nr. 8 GVG zuständig, soweit die Sonderbestimmungen der §§ 1361 a, 1361 b BGB oder der HausratsV eingreifen. Trifft das Familiengericht diesbezüglich eine die Frage der Nutzung und Nutzungsvergütung betreffende Regelung, indiziert dies eine Neuregelung des Gemeinschaftsverhältnisses i.S.d. § 745 II BGB (Wever, a.a.O., Rz. 76)

begründet. Es ist aus diesem Grund möglich, nicht nur den Anspruch im Wege der Zahlungs- oder gerichtlichen Leistungsklage geltend zu machen, sondern ihn auch in einem gerichtlichen Verfahren, in dem der den Gegenstand nutzende Teilhaber den anderen auf zukünftige Beteiligung an den Kosten in Anspruch nimmt, im Wege der Einwendung geltend zu machen.

Tilgungszahlungen, die nach Auflösung der Gemeinschaft - etwa durch Teilungsversteigerung nach § 753 I BGB - geleistet werden, richten sich mangels des Fortbestehens der Bruchteilsgemeinschaft nicht mehr nach den §§ 741 ff BGB, sondern allein nach § 426 BGB, da die Auflösung der Miteigentumsgemeinschaft auf das Bestehen der Gesamtschuld keinen Einfluß hat. Aus den unter 3.1.5.4.1.1.2. genannten Gründen entfällt dann aber regelmäßig auch ein Ausgleichsanspruch aus § 426 BGB.

3.3.6 Zum Vergleich: Anwendung gemeinschaftsrechtlicher Vorschriften im Falle der gesamtschuldnerischen Kreditaufnahme durch Partner einer nichtehelichen Lebensgemeinschaft

Betrachten wir nun im Vergleich die zwischen Partnern einer nichtehelichen Lebensgemeinschaft bestehende Rechtslage.

Selbstverständlich kommen die Vorschriften der Gemeinschaft nach Bruchteilen auch dann zur Anwendung, wenn Partner einer nichtehelichen Lebensgemeinschaft im Zusammenhang mit einem in ihrem Miteigentum stehenden Gegenstand als Gesamtschuldner ein Darlehen aufnehmen. Problematisch ist dabei zunächst, wann Miteigentum beider Partner an gemeinsam angeschafften oder jedenfalls gemeinsam benutzten Gegenständen - vor allem also dem Hausrat - angenommen werden muß[700].

[700] Daß - anders als unter Ehegatten - die Vermutung gemeinsamen Eigentums aus § 8 II HausratsV unter Lebensgefährten nicht eingreift, ist ebenso unstreitig (vgl. Gernhuber/Coester-Waltjen, a.a.O., S. 662; Schlüter, FamRZ 1986, 405 ff., 411; Rogalski, Rechtsfragen der nichtehelichen Lebensgemeinschaft, AnwBl 1983, 358 ff., 365) wie an dieser Stelle unerheblich. Denn die Eigentumsvermutung bezieht sich allein auf das gerichtliche Verteilungsverfahren im Sinne des § 8 I HausratsV. Eine analoge Anwendung der HausratsV auf die nichteheliche Lebensgemeinschaft kommt aber allgemein nicht in Betracht (Gernhuber/Coester- Waltjen, a.a.O., S. 662).

Entgegen einer teilweise vertretenen Ansicht[701] kann nicht davon ausgegangen werden, daß die Lebensgefährten bei der Anschaffung gemeinsam genutzter Haushaltsgegenstände stets mit dem generellen Willen tätig wurden, diese zu Miteigentum zu erwerben. Selbst wenn man einen solchen Willen annehmen könnte, dürfte es an einer Konkretisierung desselben bei den jeweils vorgenommenen Erwerbsgeschäften fehlen[702].

Allerdings wird nach § 1006 BGB aus Mitbesitz Miteigentum vermutet. Haben die nichtehelichen Lebenspartner an den von ihnen gemeinsam benutzten Sachen somit Mitbesitz, wird nach § 1006 BGB auch in ihrem Verhältnis untereinander die Vermutung begründet, daß diesbezüglich eine Bruchteilsgemeinschaft besteht[703]. Diese Vermutung ist widerlegbar. Daß einer der Partner nachweist, er habe die Anschaffung allein finanziert, reicht für eine Widerlegung in aller Regel jedoch nicht aus[704]. Auch im Rahmen einer nichtehelichen Lebensgemeinschaft kann nämlich nicht in jedem Fall angenommen werden, daß ein Partner dem anderen nicht mehr als nötig, daß heißt nicht mehr als Mitbesitz und Nutzungsmöglichkeit an dem erworbenen Gegenstand zuzuwenden gedachte[705]. Vielmehr kommt es bezüglich der Vorlage eines Zuwendungswillens ganz auf die konkreten Umstände des Einzelfalles - mithin auf Art, Dauer und Zweck der jeweiligen Lebensgemeinschaft - an[706]. Wenigstens in Hinblick auf Haushaltsgegenstände - die damit verbundenen Investitionen sind in der Regel vergleichsweise gering - wird schon aufgrund der engen emotionalen Verbundenheit der Partner ein Wille zur strengen Trennung der Vermögenssphären der Beteiligten fehlen[707]. Einzig wenn sich aus dem sonstigen Verhalten der Lebensgefährten hinsichtlich ihrer vermögensrechtlichen Beziehungen im Rahmen ihres gemeinschaftlichen Wirtschaftens eine klare Ordnung ergibt - etwa durch quotenmäßige Beteiligung an Miet-, Haushalts- und sonstigen Kosten - kann der angesprochene Wille zur klaren Trennung der Vermögensbereiche auch bezüglich der Haushaltsgegenstände angenommen werden. In diesem Fall ist die Finanzierung des erworbenen Gegenstandes durch nur einen der Partner geeignet, die Vermutung des § 1006 BGB zu widerle-

[701] so etwa LG Aachen FamRZ 1983, 61 f., 61; ähnlich auch Derleder, NJW 1980, 545 ff., 549, der annimmt, bei gemeinsamen Aufbau eines Haushalts oder auch sonst nach jahrelangem Zusammenleben bei gemeinsamer Haushaltsführung müsse Miteigentum an sämtlichen Hausratsgegenständen, die nicht - für jeden vernünftigen Dritten eindeutig erkennbar - nur dem Alleingebrauch des einen Partners dienten, angenommen werden, um das Entbrennen eines Kleinkrieges hinsichtlich der Frage der daran bestehenden Berechtigung zu verhindern.

[702] so auch Coester-Waltjen, Die Lebensgemeinschaft - Strapazierung des Parteiwillens oder staatliche Bevormundung ?, NJW 1988, 2085 ff., 2088

[703] MüKo/Medicus, § 1006, Rz. 12; Staudinger/Gursky, § 1006, Rz. 12

[704] MüKo/Medicus, § 1006, Rz. 12; anders OLG Hamm (NJW 1989, 909 f., 909) nach dem anzunehmen ist, daß der Partner einer eheähnlichen Lebensgemeinschaft, der Haushaltsgegenstände mit eigenen Mitteln anschafft, in der Regel auch deren Alleineigentümer sein will.

[705] so OLG Düsseldorf NJW 1992, 1706 ff., 1707 entgegen OLG Hamm NJW 1989, 909 f., 909

[706] vgl. OLG Düsseldorf, a.a.O., 1707

[707] ähnlich Coester-Waltjen, NJW 1988, 2085 ff., 2087 f.

gen[708]. Im übrigen kann dieser Umstand lediglich als Hinweis dafür gesehen werden, eingehend zu prüfen, ob nach dem Einigungsinhalt der zahlende Lebensgefährte Alleineigentümer der Sache werden sollte[709]. Dabei sind bei den hier in der Regel vorliegenden Bargeschäften des täglichen Lebens die Grundsätze des „Geschäfts für den, den es angeht" zu berücksichtigen.[710] Auf der anderen Seite ist zu beachten, daß bei zu hohen Anforderungen an die Widerlegung der Vermutung die Annahme einer „Art Gütergemeinschaft" das Ergebnis wäre; diese dürfte häufig den Vorstellungen der Parteien aber nicht gerecht werden. In die Beurteilung sind daher eine Vielzahl von Kriterien einzubeziehen: für eine tatsächliche Vermutung des Alleineigentums eines der Partner spricht etwa der Erwerb durch diesen vor dem Zusammenleben oder dessen ausschließlicher Gebrauch. Entscheidend ist vor allem weiter, auf wen der Kaufentschluß zurückzuführen ist, wer die Anschaffung finanziert hat und wer den Erhaltungsaufwand trägt[711].

Auch wenn danach der Nachweis nicht gelingt, der andere Partner sei nicht Eigentümer der Sache geworden, kann die Vermutung des § 1006 BGB durch den Beweis widerlegt werden, daß letzterer lediglich Fremdbesitzer der Sache war[712].

Haben die Parteien nach dem eben Gesagten Miteigentum begründet, richten sich die Rechtsfolgen nach §§ 741 ff. BGB. Da die diesbezüglich im Rahmen der Ehe befürworteten Modifikationen erneut sämtlich auf die engen persönlichen Bindungen der Ehegatten zurückzuführen sind, und insoweit - wie bereits oben mehrmals angesprochen wurde - die Beziehungen von nichtehelichen Partnern nahezu gleichgestellt werden können, kann auf die Abhandlung der Bruchteilsgemeinschaftsvorschriften unter Ehegatten im wesentlichen verwiesen werden[713].

Typisch im Rahmen einer nichtehelichen Lebensgemeinschaft ist jedoch nicht Miteigentum beider Lebensgefährten, sondern daß jeweils nur einer der Partner an den von - mehr oder weniger - beiden benutzten Gegenständen das Alleineigentum innehält[714]. In diesem Fall erscheint eine Anwendung gemeinschaftsrechtlicher Normen auf den ersten Blick abwegig.

Dennoch kam das OLG Schleswig als Berufungsgericht in dem bereits oben (unter 3.3.4.) dargelegten - in letzter Instanz durch den BGH entschiedenen - „PKW-Fall" zu einer Beja-

[708] so auch OLG Düsseldorf, a.a.O., 1707
[709] ähnlich auch OLG Düsseldorf, a.a.O., 1707
[710] insoweit zweifelhaft OLG Düsseldorf, a.a.O., 1707 f.
[711] Gernhuber/Coester-Waltjen, a.a.O., S. 660 f.
[712] Staudinger-Gursky, § 1006, Rz. 12
[713] vgl. auch BGH JZ 1983, 852 ff., 854
[714] in diese Richtung auch Lipp, JuS 1982, 17 ff., 19

hung eines Zahlungsanspruches der Lebensgefährtin aus den §§ 741 ff. BGB[715]. Begründet wurde diese Ansicht wie folgt: Die Parteien hätten an dem PKW des Beklagten eine gemeinsame Rechtszuständigkeit begründet, indem der Beklagte der Klägerin, die seinen Wagen habe mitbenutzen können, Mitbesitz daran eingeräumt habe. Gestützt wird die Rechtsauffassung des Berufungsgerichtes also auf die Annahme einer „besitzrechtlichen Gemeinschaft".

§ 741 BGB spricht allgemein von einem mehreren gemeinschaftlich zustehenden Recht. Ob auch der Besitz ein Recht im Sinne des § 741 BGB darstellt, ist Auslegungsfrage und bis heute umstritten, wird von der hM aber bejaht[716]. Allerdings ist Voraussetzung für die Annahme einer besitzrechtlichen Gemeinschaft die gemeinschaftliche Innehabung eines Rechtes zum Besitz in der tatsächlichen Form des Mitbesitzes beider Partner[717]. In Abgrenzung zur bloßen Nutzungsgestattung kann eine Anwendung der Regeln der Bruchteilsgemeinschaft daher von vornherein nur dann in Betracht kommen, wenn beide Partner mit dem Willen, durch Benutzung und Gebrauch eine eigene Rechtsmacht auszuüben, zu dem Gegenstand eine räumliche Herrschaftsbeziehung von gewisser Dauer innehalten[718]. Schon unter diesem Aspekt ist die Annahme einer besitzrechtlichen Gemeinschaft in dem vom OLG entschiedenen Fall fraglich. Dort nämlich spricht der zugrundeliegende Sachverhalt für Alleinbesitz des Beklagten - verbunden lediglich mit Duldung des Fahrzeuggebrauchs durch die Klägerin[719].

Selbst aber in Fällen, in welchen der Eigentümer seinem Lebensgefährten in Hinblick auf den Gegenstand Mitbesitz eingeräumt hat[720], hindert das Bestehen des Alleineigentums die Entstehung einer besitzrechtlichen Gemeinschaft. Das hat auch der BGH als Revisionsinstanz so gesehen[721]: Wie der Senat bereits in seinem Urteil vom 24.3.1980[722] ausgeführt habe, sei nach dem Ende einer nichtehelichen Lebensgemeinschaft ein Ausgleich nach gesellschaftsrechtlichen Grundsätzen - und für gemeinschaftsrechtliche Grundsätze könne das nicht anders sein - nur in Betracht zu ziehen, wenn die Partner die Absicht verfolgt hätten, mit dem Erwerb eines

---

[715] vgl. BGH NJW 1981, 1502 f., 1503; wie bereits erwähnt wurde, befaßt sich der Fall mit einem durch die Klägerin als Alleinschuldnerin aufgenommenen Kredit. Bezüglich der behandelten Problematik kann aber auch im Falle einer gesamtschuldnerischen Kreditaufnahme nichts anderes gelten.

[716] vgl. Palandt/Thomas, § 741 , Rz. 3 m.w.N.; MüKo/Schmidt, § 741, Rz. 17, der sich allerdings für die Mindermeinung ausspricht.

[717] Lipp, JuS 1982, 17 ff., 18

[718] Lipp, JuS 1982, 17 ff., 19

[719] Indizien dafür sind: keine Übergabe eines Reserveschlüssels, eigener PKW der Klägerin, unbeanstandete alleinige Weiterbenutzung des PKW durch den Beklagten nach Trennung; eingehend dazu Lipp, JuS 1982, 17 ff., 19

[720] wobei dieser Mitbesitz dem Nichteigentümer-Partner ohne Rücksicht auf den Fortbestand der Lebensgemeinschaft verschafft worden sein müßte, was Hausmann (a.a.O., S. 274 f.) zutreffenderweise für den Regelfall bezweifelt; a.A. insoweit Derleder, NJW 1980, 545 ff., 549 f.

[721] BGH NJW 1981, 1502 f., 1503

[722] gemeint ist damit BGH BGHZ 77, 55 ff.

Vermögensgegenstandes einen - wenn vielleicht auch nur wirtschaftlich - gemeinschaftlichen Wert zu schaffen, der von ihnen nicht nur für die Dauer der Partnerschaft gemeinsam benutzt werden, sondern ihnen nach ihrer Vorstellung auch gemeinsam gehören sollte. Das sei hier gerade nicht der Fall gewesen. Selbst wenn aus der Möglichkeit, das Fahrzeug des Beklagten mitzubenutzen, ein Mitbesitz der Klägerin herzuleiten wäre, könne daraus angesichts des wirtschaftlichen und rechtlich gewollten Alleineigentums des Beklagten aus § 742 BGB keine Vermutung des Inhalts hergeleitet werden, daß nach Beendigung der Lebensgemeinschaft nach §§ 752 ff. BGB etwas auseinanderzusetzen oder dem Werte nach auszugleichen wäre.

Diesen Ausführungen ist zwar im Ergebnis zuzustimmen, dogmatisch sind sie aber unsauber. Die Annahme einer Innengesellschaft muß vielmehr bei Alleineigentum eines der Partner aus folgendem Grund abgelehnt werden: Genauso, wie eine Gemeinschaft im Sinne der §§ 741 ff. BGB verneint werden muß, wenn an demselben Gegenstand Rechte mehrerer mit unterschiedlichem Inhalt bestehen, muß eine solche entfallen, wenn zwar beiden Parteien an sich das gleiche Recht zusteht (nämlich Mitbesitz), dieses aber aufgrund seiner Legitimation jeweils unterschiedliches Gewicht besitzt. Die entscheidende Frage ist daher, aufgrund welchen Rechts der einzelne Partner den Besitz an dem Gegenstand ausübt[723]. Besteht an der Sache Alleineigentum eines der Partner, so hat der Eigentümer (unmittelbarer Eigenbesitzer) in jedem Fall eine erheblich stärkere Rechtsposition als sein Partner (Fremdbesitzer); ersterer nämlich besitzt kraft dinglichen Eigentums, während letzterer sein Besitzrecht lediglich aus einem obligatorischen Vertrag oder Gefälligkeitsverhältnis herleiten kann[724]. Dann kann aber nicht davon gesprochen werden, daß den Beteiligten ein und dasselbe Recht gemeinschaftlich zusteht, sondern jeder der Parteien besitzt aufgrund eines selbständigen, vom jeweils anderen unabhängigen Rechts[725]. Gemeinschaftlich ist in diesem Fall nur der Besitz als solcher, nicht dagegen das Recht, auf welchem er beruht[726].

Es bleibt also dabei, daß gemeinschaftsrechtliche Vorschriften im Rahmen einer nichtehelichen Lebensgemeinschaft in aller Regel nur dann zur Anwendung kommen können, wenn beide Partner Miteigentümer des fraglichen Gegenstandes sind.

[723] Lipp, JuS 1982, 17 ff., 19

[724] so auch Lipp, JuS 1982, 17 ff., 20; Die schwächere Position des dinglich nicht berechtigten Partners zeigt sich etwa darin, daß - wenn der das Besitzrecht begründende obligatorische Vertrag eine Leihe (§ 598 BGB) darstellt - der „Verleiher“ dem Besitzrecht seines Partners jederzeit dadurch ein Ende setzen kann, daß er die Sache nach § 604 III BGB zurückfordert.

[725] so Lipp, JuS 1982, 17 ff., 19

[726] ähnlich Lipp, JuS 1982, 17 ff., 20; ähnlich MüKo/Schmidt § 741, Rz 17; zustimmend zum Ganzen auch Schlüter, FamRZ 1986, 405 ff., 411; Hausmann, a.a.O., S. 275; diesen Punkt hat Derleder, NJW 1980, 545 ff., 549 f. übersehen.

Ausgleichsansprüche nach § 426 BGB, Gesellschafts-, Auftrags- und Gemeinschaftsrecht wurden nunmehr ausführlich behandelt. Fraglich bleibt, ob im Zusammenhang mit einer durch Ehegatten bzw. nichteheliche Lebensgefährten getätigten gesamtschuldnerischen Kreditaufnahme weitere Anspruchsgrundlagen durchgreifen können.

3.3.7 Nach bereicherungsrechtlichen Vorschriften

Interessant sind insoweit insbesondere bereicherungsrechtliche Ansprüche, die wiederum zunächst in bezug auf Ehepartner behandelt werden sollen:

Mit Hilfe des gemeinschaftlich aufgenommenen Darlehens kommt es häufig noch im Zeitpunkt der Trennung zu einer Bereicherung auf seiten zumindest eines der Ehegatten. Die Prüfung auch bereicherungsrechtlicher Vorschriften ist daher zumindest nicht vollkommen fernliegend. Diskutiert wurden bereicherungsrechtliche Anspruchsgrundlagen in Literatur und Rechtsprechung vor allem hinsichtlich der Mitarbeit eines Ehegatten in Haushalt oder Geschäft, bei der Zuwendung von Geld und anderen Sachen oder der Einräumung von Miteigentum zum Beispiel an einem Hausgrundstück[727]. In diesen Fällen nämlich ist zugunsten des Empfängers eine unmittelbare Bereicherung deutlich erkennbar.

Aber auch im Zusammenhang mit einer gesamtschuldnerischen Verpflichtung der Ehefrau zur Beschaffung von Mitteln für einen dem Ehemann gehörenden Gaststättenbetrieb wurden vom BGH bereicherungsrechtliche Regeln angesprochen:

So entschied der BGH etwa in einem Urteil aus dem Jahre 1967[728], daß - anders als vom Berufungsgericht angenommen - der aufgrund der gesamtschuldnerischen Kreditaufnahme im Innenverhältnis bestehende Anspruch der Ehefrau nicht als unter dem Gesichtspunkt der ungerechtfertigten Bereicherung begründet angesehen werden könne. Weder seien die Voraussetzungen des § 812 I S. 2 1. Fall BGB noch die des § 812 I S. 2 2. Fall BGB als gegeben anzusehen. Zwar könne davon ausgegangen werden, daß die Klägerin, falls sie das Scheitern der Ehe vorausgesehen hätte, die Leistung nicht erbracht hätte, und daß diese Einstellung der Klägerin dem Beklagten bekannt gewesen sei. Dies reiche an sich zur Bejahung der Voraussetzungen nicht nur des § 812 I S. 2 2. Fall BGB, sondern auch der 1. Alternative dieser Vorschrift (Wegfall des rechtlichen Grundes) aus. Entgegen stünde jedoch, daß der Zweck der

[727] vgl. dazu Hausmann, a.a.O., S. 281
[728] BGH NJW 1967, 1275 ff., 1276 f.

von der Klägerin übernommenen Verpflichtung - die Beschaffung von Geldern für die Errichtung und Führung des Gaststättenbetriebes - mit der Hingabe der Kreditsumme erreicht worden sei. Denn der Gaststättenbetrieb sollte nach den Vorstellungen der Parteien für diese eine neue Existenzgrundlage bilden, was während mehrerer Jahre auch gelungen sei. Habe die Leistung einer Partei aber dazu geführt, daß der erstrebte Erfolg, wenn auch nicht auf Dauer, so doch während mehrerer Jahre erreicht worden sei, könne diese bereits eingetretene Wirkung auch bei Auflösung der Ehe nicht für die Vergangenheit verneint werden. Eine Rückforderung der ursprünglichen Leistung könne in einem solchen Fall nicht in Betracht kommen. Darüber hinaus müsse die Frage, ob eine Bereicherung vorliege, nach wirtschaftlichen Grundsätzen beurteilt werden. In dem Bestehen der Verbindlichkeit, die einzugehen durch die Leistung der Klägerin ermöglicht worden sei, könne wirtschaftlich gesehen eine Bereicherung nicht erblickt werden. Was der Beklagte durch die Leistung der Klägerin, aber auch dank eigener, unter Mithilfe der Klägerin erbrachter Leistung geschaffen habe und noch besitze, sei der Gaststättenbetrieb.

Zwar ist der Entscheidung des BGH im Ergebnis zuzustimmen, dogmatisch ist sie aber unsauber begründet:

Soweit es sich um die Beurteilung eines Anspruches aus der gesamtschuldnerischen Kredit**aufnahme an sich** handelt, ist bereits das Vorliegen einer Leistung des einen Ehegatten an den anderen äußerst fraglich. Eine solche ist aber für beide in § 812 I S. 2 BGB enthaltene Anspruchsgrundlagen unverzichtbare Voraussetzung[729]. Bevor auf die weiteren Voraussetzungen des § 812 I S. 2 1. Alt. bzw. 2. Alt. BGB eingegangen werden kann, muß daher zunächst das Vorliegen einer zwischen den Ehepartnern bestehenden Leistungsbeziehung überprüft werden.

Feststeht, daß der mithaftende Ehegatte dem anderen durch die Kreditaufnahme selbst keine Zuwendung im Sinne einer bewußten und zweckgerichteten Vermögensmehrung[730] hat zukommen lassen. Auch die Begleichung der Darlehensraten stellt keine Leistung des zahlenden Ehegatten an seinen Partner dar. Hier fehlt es bereits an der Verbesserung der Vermögenslage des an der Tilgung unbeteiligten Ehegatten. Zwar erlischt im Außenverhältnis zum Gläubiger gem. §§ 362 I i.V.m. 422 I S. 1 BGB auch für letzteren in Höhe der Zahlung die Darlehensschuld. Gleichzeitig geht aber in Höhe der internen Ausgleichsverpflichtung die Gläubigerforderung nach § 426 II BGB auf den zahlenden Gesamtschuldner über. Die Belastung des Vermögens des nicht tilgenden Gesamtschuldners bleibt somit bestehen.

[729] vgl. dazu Palandt/Thomas, § 812, Rz. 9
[730] vgl. dazu Palandt/Thomas, § 812, Rz. 3

Eine Leistung kann damit allenfalls in der „Gestattung" des einen an den anderen Gesamtschuldner liegen, die durch die Bank ausgezahlte Darlehenssumme im vorwiegend eigenen Interesse einzusetzen.

Jedoch ist bereits fraglich, ob bei der hier vor allem interessanten Kreditaufnahme im überwiegenden Interesse des einen Ehepartners eine solche durch den anderen erteilte „Gestattung" überhaupt erforderlich ist. Denn im Rahmen einer derartigen Darlehensaufnahme wird die Verschaffung der Verfügungsbefugnis bzgl der Darlehensvaluta meist auf einer Leistung der Bank, nicht auf einer solchen des anderen Gesamtschuldners beruhen. In diesem Fall nämlich ist dem Kreditinstitut aus den mit den Gesamtschuldnern geführten Gesprächen in der Regel klar, wer von ihnen die Darlehensmittel benötigt. Die Mithaftung des anderen Ehegatten wird dann fast immer rein aus Sicherungsgründen verlangt, die „Auszahlung" der Darlehensvaluta erfolgt direkt an den „interessierten" Schuldner, ihm wird regelmäßig durch Überweisung auf sein Konto die alleinige Verfügungsmacht eingeräumt werden werden.

Selbst dann aber, wenn eine solche „Gestattung" im Einzelfall vorliegen sollte, bewegt sich diese auf dem Gebiet der „unbenannten Zuwendung". Dieser Fall nämlich muß demjenigen gleichgestellt werden, in welchem ein Ehegatte die durch eine alleinige Kreditaufnahme erlangten Darlehensmittel seinem Ehepartner anschließend zur Verfügung gestellt hat. In beiden Fällen mag in der Einräumung der Verfügungsmacht eine Leistung an den Partner liegen, nicht aber in der Darlehensaufnahme oder -tilgung an sich. Das Problem der „ehebedingten Zuwendungen" ist indes - wie bereits in der Einleitung dargelegt wurde - nicht Thema dieser Arbeit. Weitere Ausführungen zu bereicherungsrechtlichen Ansprüchen müssen daher schon aus diesem Grund unterbleiben. Die Ansicht des BGH, im gesetzlichen Güterstand sei dem Zugewinnausgleich uneingeschränkter Vorrang vor einer Anwendung des Bereicherungsrechtes einzuräumen[731], findet hier deshalb nur am Rande Erwähnung.

3.3.8 Zum Vergleich: Anwendung von Bereicherungsrecht im Falle der gesamtschuldnerischen Kreditaufnahme durch Partner einer nichtehelichen Lebensgemeinschaft

[731] Zum Vorrang des Zugewinnausgleichs vor einer bereicherungsrechtlichen Rückabwicklung ehebezogener Zuwendungen grundlegend BGH NJW 1976, 328 f., 329; BGH FamRZ 1982, 778 f., 779; seither ständige Rspr.; zustimmend Staudinger/Lorenz, § 812, Rz. 99; Palandt/Diederichsen, § 1372, Rz. 5; Joost, Zuwendungen unter Ehegatten und Bereicherungsausgleich nach der Scheidung, JZ 1985, 10 ff., 13 f.; Rauscher, Dingliche Mitberechtigung in der Zugewinngemeinschaft, AcP 186, 535 ff.; vgl. auch Lipp, Ehegattenzuwendungen und Zugewinnausgleich, JuS 1993, 89 ff., 96

Betrachten wir nun im Vergleich dazu die im Rahmen einer nichtehelichen Partnerschaft bestehende Rechtslage:

Im Rahmen einer nichtehelichen Lebensgemeinschaft kommen die §§ 1363 ff. BGB mangels „gesetzlichen Güterstands" nicht - auch nicht analog - zur Anwendung[732]. Bei der nichtehelichen Lebensgemeinschaft kann es daher - anders als vom BGH für den Fall der im gesetzlichen Güterstand geschlossenen Ehe angenommen (vgl. 3.9. a.E.) - durch diese Vorschriften nicht zu einer Verdrängung der bereicherungsrechtlichen Vorschriften kommen. Grundsätzlich kann man damit davon ausgehen, daß unter Berücksichtigung der Ansicht des BGH dem Bereicherungsrecht im Rahmen der nichtehelichen Lebensgemeinschaft ein weiterer Anwendungsbereich eröffnet ist als bei einer im gesetzlichen Güterstand geschlossenen Ehe[733]. Wegen der Begrenzung des Themas der Arbeit auf die Rechtsfolgen der Darlehensaufnahme bzw. -tilgung an sich muß aber auch an dieser Stelle eine eingehende Behandlung bereicherungsrechtlicher Anspruchsgrundlagen unterbleiben. Denn in der Eingehung der Mithaftung bzw. Tilgung der Darlehensraten selbst liegt ebenso wie unter Ehegatten keine Leistung (dazu unter 3.3.7.). Eine solche kann allenfalls in der „Gestattung" gesehen werden, das Geld im eigenen Interesse zu verwenden. Letzteres gehört aber zu einem nicht zum Thema der vorliegenden Arbeit gehörenden Gebiet (nämlich zu der unter Ehegatten sogenannten unbenannten Zuwendung; vgl. dazu die Ausführungen unter 3.3.7.)[734].

---

[732] vgl. auch Hausmann, a.a.O., S. 281; Derleder, NJW 1980, 545 ff., 547 m.w.N.

[733] so Hausmann, a.a.O., S. 281

[734] Weil aber in der Diskussion um die zwischen Partnern einer nichtehelichen Lebensgemeinschaft im Zusammenhang mit gesamtschuldnerischen Kreditaufnahmen bestehenden Ansprüche der Frage der Anwendung des § 812 I S. 2 2. Alt. BGB (condictio ob rem) herausragende Bedeutung zukommt, soll auf diese Anspruchsgrundlage im Hinblick auf die der Kreditaufnahme nachfolgende Zuwendung der Darlehensmittel hier kurz eingegangen werden:

Befürwortet wird die Anwendung dieser Anspruchsgrundlage vor allem deshalb, weil bei Zuwendungen in der Partnerschaft - insbesondere, wenn es sich dabei um größere Summen handelt - die Annahme naheliegt, daß die Lebensgefährten die Leistungen im Vertrauen auf den Fortbestand der Beziehung erbringen bzw. sogar mit dem Zweck, den Partner auf Dauer an der Gemeinschaft festzuhalten (ähnlich auch Hausmann, a.a.O., S. 291, 293).

Aber auch, wenn die bereicherungsrechtliche Lösung gewisse Vorzüge mit sich bringt, darf das nicht dazu führen, ohne vorherige saubere Subsumtion des Sachverhaltes unter die Tatbestandsvoraussetzungen vorschnell einen Anspruch aus Bereicherungsrecht zuzugestehen (vgl. dazu auch Schlüter, FamRZ 1986, 405 ff., 412; insoweit unsauber Lipp, JuS 1982, 17 ff., 22)

Ein Anspruch aus § 812 I S. 2 2. Alt. BGB setzt den „Nichteintritt des mit der Leistung nach dem Inhalte des Rechtsgeschäfts bezweckten Erfolgs" voraus. Dabei muß der mit der Leistung bezweckte Erfolg im Erlangen einer Gegenleistung bestehen, deren Erwartung mit der Leistung verknüpft war, die aber - anders als bei einem Vertrag - rechtlich nicht erzwingbar ist(so auch Lipp, JuS 1982, 17 ff., 22; Schlüter, FamRZ 1986, 405 ff., 413 m.w.N., Hausmann, a.a.O., S. 300 f.; in diese Richtung auch Diederichsen, NJW 1983, 1017 ff., 1024). Ob eine solche Abrede zustande gekommen ist, muß nach den konkreten Umständen des Einzelfalles beurteilt werden.
Bei Leistungen, die der Deckung des täglichen Lebensbedarfs dienen, wird es an einer Zweckvereinbarung regelmäßig fehlen. Solche Leistungen sind typischerweise altruistisch und werden daher in der Regel ohne Erwar-

Bereicherungsrechtliche Anspruchsgrundlagen kommen also in Hinblick auf den sich aus der gesamtschuldnerischen Kreditaufnahme ergebenden Ausgleichsanspruch nicht in Betracht.

3.3.9 Nach den Grundsätzen des Wegfalls der Geschäftsgrundlage

Betrachten wir zuletzt hinsichtlich der gesamtschuldnerischen Kreditaufnahme noch die Möglichkeit der Anpassung des Innenverhältnisses bei Scheitern der Ehe nach den Grundsätzen des Wegfalls der Geschäftsgrundlage, bevor wir diesbezüglich auf die zwischen den Partnern einer nichtehelichen Lebensgemeinschaft bestehende Rechtslage zu sprechen kommen. Die Anwendung dieser Grundsätze erscheint interessant, weil das Vertrauen auf ein Fortbestehen der Beziehung doch offensichtlich einen wesentlichen Beweggrund zur Übernahme der gesamtschuldnerischen Haftung darstellt.

Der BGH behilft sich mit dem aus dem Gedanken des § 242 BGB heraus entwickelten Rechtsinstitut des Wegfalls der Geschäftsgrundlage bei sogenannten unbenannten (ehebedingten) Zuwendungen, im Rahmen des Güterstandes der Zugewinngemeinschaft jedoch nur, soweit auch der Zugewinnausgleich nach §§ 1372 ff. BGB nicht verhindern kann, daß es zu schlechthin unangemessenen und untragbaren Ergebnissen kommt[735]. Dort stellen die Grundsätze des Wegfalles der Geschäftsgrundlage eine eigenständige Anspruchsgrundlage dar.

Wie bereits in der Einleitung zu dieser Arbeit ausgeführt wurde, ist die hier in Frage stehende Übernahme einer gesamtschuldnerischen Haftung jedoch keine „unbenannte Zuwendung", zumal die gesamtschuldnerische Haftung an sich nicht zu einer unmittelbaren Bereicherung des anderen Ehegatten führt[736]. Die Eingehung der Verpflichtung stellt vielmehr eine Vorstufe dar, sie schafft die Voraussetzungen für eine eventuell anschließende „unbenannte Zuwen-

---

tung einer besonderen Gegenleistung erbracht (vgl. dazu Schlüter, FamRZ 1986, 405 ff., 414; Hausmann, a.a.O., S. 293). Dagegen wird bei Leistungen, die Investitionen in den Erwerb eines langlebigen Wirtschaftsgutes des anderen Partners betreffen, eine damit verbundene Zweckverfolgung nicht nur eher vorliegen, sondern aufgrund der gegebenen Umstände für den Leistungsempfänger auch offensichtlicher sein (in diese Richtung auch Hausmann, a.a.O., S. 305). In diesem Fall nämlich wird der Leistende - für den Leistungsempfänger sichtbar - mit seinem Tun häufig die Erwartung verbinden, sein Partner werde ihn an dem erworbenen Gegenstand partizipieren lassen (vgl. dazu und zu weiteren Einzelheiten Schlüter, FamRZ 1986, 405 ff., 414).

[735] vgl. dazu ausführlicher in der Einleitung

[736] auch dazu eingehender in der Einleitung

dung". Wenn Hausmann[737] in seinen Ausführungen den Fall der Einräumung eines hälftigen Miteigentumsanteils demjenigen gleichsetzt, bei dem Schulden gemacht werden, um dem Partner den PKW zu finanzieren, handelt er zumindest dogmatisch unsauber. Denn die Einräumung des Miteigentumsanteils bzw. die Finanzierung des KfZ stehen im Vergleich zur vorgeschalteten Beschaffung der dafür benötigten Mittel - im hier fraglichen Fall durch Kreditaufnahme - auf einer anderen Ebene. Letzteres bedarf daher einer getrennten Betrachtung.

Damit ist aber nur geklärt, daß sich eine Anpassung des Innenverhältnisses der Eheleute nicht aus den für die „unbenannten Zuwendungen" entwickelten Grundsätzen herleiten läßt. Das verbietet jedoch nicht die Anwendung der Grundsätze des Wegfalls der Geschäftsgrundlage. Dieses Rechtsinstitut wurde ja nicht explizit für die „ehebedingten Zuwendungen" entwickelt, sondern gilt über § 242 BGB allgemein in Hinblick auf jegliche zwischen Vertragsparteien geschlossene Vereinbarung. Bei einer durch Ehegatten erfolgten gesamtschuldnerischen Kreditaufnahme liegt im Rahmen des § 426 I BGB eine - im Zusammenhang mit den tatsächlichen ehelichen Lebensverhältnissen zu ermittelnde - stillschweigende Schuldentilgungs- und Haftungsvereinbarung vor, deren Geschäftsgrundlage aufgrund der Trennung der Ehepartner möglicherweise entfallen sein könnte. Bezüglich der Anpassung derselben nach den Grundsätzen des Wegfalls der Geschäftsgrundlage finden sich eingehende Ausführungen unter 3.1.5.2. bei der Behandlung des Anspruchs aus § 426 BGB. Hier führt die Anwendung der Grundsätze des Wegfalls der Geschäftsgrundlage aber lediglich zu einer Anpassung der gleichbleibenden Anspruchsgrundlage, eine eigene Anspruchsgrundlage bilden die Grundsätze des Wegfalls der Geschäftsgrundlage in diesem Zusammenhang nicht. Dies gilt unabhängig davon, ob die Anpassung der Vorschrift des § 426 BGB oder der eventuell zwischen den Gesamtschuldnern abgeschlossenen Sonderbeziehungen in Frage steht..

Soviel zur Anwendung der Grundsätze des Wegfalls der Geschäftsgrundlage zwischen Ehegatten.

3.3.10 Zum Vergleich: Anwendung der Grundsätze des Wegfalls der Geschäftsgrundlage im Rahmen einer gesamtschuldnerischen Kreditaufnahme durch Partner einer nichtehelichen Lebensgemeinschaft

[737] Hausmann, a.a.O., S. 334; an dieser Stelle explizit nur für die nichteheliche Lebensgemeinschaft; aus seinen sonstigen Ausführungen ergibt sich aber, daß Hausmann eine Gleichstellung der genannten Fälle auch im Rahmen der Ehe befürwortet.

Im Vergleich soll nun auf die unter Partnern einer nichtehelichen Lebensgemeinschaft bestehenden Rechtslage eingegangen werden. Dabei muß betont werden, daß - ebenso wie unter Ehegatten (vgl. 3.3.9.) - die Grundsätze des Wegfalls der Geschäftsgrundlage hier keine eigene Anspruchsgrundlage bilden, sondern lediglich zu einer Modifizierung bereits bestehender Anspruchsgrundlagen führen können. Wegen der besseren Übersichtlichkeit soll aber dennoch an dieser Stelle auf die Problematik eingegangen werden:

Wenn Partner einer nichtehelichen Lebensgemeinschaft als Gesamtschuldner ein Darlehen aufnehmen, kann zwischen ihnen ebenso wie im Verhältnis von Ehegatten eine stillschweigende rechtsgeschäfliche Vereinbarung über die Frage angenommen werden, wer im Innenverhältnis in welcher Höhe zur Tilgung der Darlehensschuld beitragen solle. Auch auf den Inhalt dieser zwischen den Lebensgefährten getroffenen Abrede kann aus den von ihnen gewählten tatsächlichen Lebensverhältnissen geschlossen werden. Insoweit ist eine von Ehegatten abweichende Beurteilung nicht geboten, weil die engen persönlichen Beziehungen sowie die Führung eines gemeinschaftlichen Haushaltes, zu dem beide Partner beitragen, in gleicher Form auch zwischen Partnern einer nichtehelichen Lebensgemeinschaft vorzufinden ist.

An dieser Stelle soll nochmals betont werden, daß auch hier nicht eine der Kreditaufnahme eventuell nachgeschaltete Zuwendung in Frage steht, sondern einzig die Darlehensaufnahme selbst - verbunden mit den sich daraus ergebenden Verpflichtungen. Die Problematik der in Hinblick auf die Zuwendung bestehende Rechtslage - und in diesem Zusammenhang die Diskussion der Übertragung der für „unbenannte Zuwendungen" unter Ehegatten entwickelten Grundsätze auf die nichteheliche Lebensgemeinschaft - kann daher dahingestellt bleiben.

Jedenfalls hinsichtlich des Innenverhältnisses im Rahmen einer gesamtschuldnerischen Kreditaufnahme liegt ein Rechtsgeschäft, dessen Geschäftsgrundlage wegfallen kann, auch im Verhältnis nichtehelicher Partner vor.

Gleichwohl läßt sich in Hinblick auf die zwischen Lebensgefährten bestehenden Erwartungen zu den unter Ehegatten herrschenden ein gravierender Unterschied erkennen, der bezüglich der Anwendung der Regeln des Wegfalls der Geschäftsgrundlage erhebliche Bedeutung erlangt. Dieser Unterschied besteht darin, daß der Charakter der nichtehelichen Lebensgemeinschaft im Gegensatz zur Ehe von einer gewissen Unsicherheit geprägt wird. Die Partner einer nichtehelichen Lebensgemeinschaft nehmen bewußt in Kauf, daß ihre Beziehung eben nicht auf Lebenszeit geschlossen wird, sondern von jeder Seite ohne größere rechtliche Probleme jederzeit aufgelöst werden kann. Aus diesem Grund kann - anders als zwischen Ehegatten - mangels entgegenstehender Anhaltspunkte nicht davon ausgegangen werden, daß der Haftungsvereinbarung im Innenverhältnis die Erwartung zugrunde lag, die Partnerschaft werde ein Leben lang andauern. Bestehen dafür keine Anhaltspunkte, kann nicht einmal angenommen werden, die Parteien hätten eine bestimmte Dauer ihrer Lebensgemeinschaft im Auge gehabt.

Daß eine derartige Annahme grundsätzlich abzulehnen ist, bedeutet natürlich nicht, daß im Einzelfall nicht trotzdem beide Partner bei der Haftungsvereinbarung vom Vorliegen oder Eintritt eines bestimmten Umstandes ausgegangen sein können. Insbesondere dann, wenn die Kreditaufnahme zur Beschaffung von Geldmitteln für größere Investitionen in das Alleineigentum eines der Partner diente, wird der dinglich nicht berechtigte Lebensgefährte oftmals in der Erwartung gehandelt haben, er selbst werde in Höhe der durch ihn geleisteten Tilgungsraten von dem finanzierten Gegenstand profitieren. Eine solche einseitige Vorstellung einer Partei kann aber nur dann zur Geschäftsgrundlage werden, wenn sie für die andere Partei bei Vertragsschluß ohne weiteres erkennbar war. Ob dies der Fall ist, müssen die jeweiligen Umstände des Einzelfalls zeigen.

Wenn auch die Anwendung der Grundsätze des Wegfalls der Geschäftsgrundlage danach im Regelfall ausscheiden dürfte, bedeutet das nicht, daß die Trennung der Parteien für die Beurteilung der Rechtslage nicht von erheblicher Bedeutung wäre:

So läßt sich aus dem Umstand, daß die Lebensgefährten mit ihrer jederzeitigen Trennung rechnen, in der Regel entnehmen, daß die Haftungsvereinbarung nach ihrer beider Willen auflösend bedingt durch das Scheitern ihrer Beziehung geschlossen wurde (§ 158 II BGB). Zwar ist diese Annahme durchaus nicht unproblematisch. Gleiches gilt jedoch auch für die Ansicht, bei Ehegatten werde die Erwartung der lebenslangen Dauer ihrer Partnerschaft regelmäßig Geschäftsgrundlage der Haftungsvereinbarung. Die Beurteilung stillschweigender Willenserklärungen allgemein birgt erhebliche Schwierigkeiten. Dennoch läßt sich nicht bestreiten, daß die äußeren Umstände bzw. die gemeinhin in bestimmten Situationen vorherrschenden Einstellungen deutliche Anhaltspunkte für eine zwar vorhandene, aber nicht ausdrücklich geäußerte Einigung liefern können. Bei Partnern einer nichtehelichen Lebensgemeinschaft kann nach der allgemeinen Lebenserfahrung davon ausgegangen werden, daß sich diese an eine - in der Regel nur aufgrund der engen persönlichen Beziehungen mit diesem Inhalt geschlossene - Haftungsvereinbarung nur so lang binden wollen, als die angesprochenen engen Bindungen auch bestehen. Mit dem Scheitern der Partnerschaft endet daher nach § 158 II BGB auch die während der Lebensgemeinschaft geschlossene Haftungsvereinbarung. Es greift grundsätzlich wieder der Halbteilungsgrundsatz des § 426 I BGB ein. Aufgrund der nach der Trennung bestehenden Verhältnisse in Verbindung mit den sich aus den engen persönlichen Bindungen der ehemaligen Partnern ergebenden Nachwirkungen kann aber nunmehr in Einzelfällen erneut auf den Abschluß abweichender Vereinbarungen geschlossen werden.

3.3.11 Weitere Anspruchsgrundlagen

Über die angesprochenen Anspruchsgrundlagen hinaus mögen in Einzelfällen weitere in Betracht kommen.

So kann sich ein Ausgleichsanspruch sowohl bei Ehegatten als auch bei Partnern einer nichtehelichen Lebensgemeinschaft etwa aufgrund einer rechtsgeschäftlichen Vereinbarung sui generis über den Ersatz geleisteter Tilgungsraten ergeben[738]. Die Ehepartner können nicht nur „atypische" Sonderbeziehungen abschließen, sondern auch im Rahmen der bereits genannten „typischen" Sonderbeziehungen von den einschlägigen gesetzlichen Vorschriften abweichende Abreden treffen.

Auf der anderen Seite müßte ein Ausgleichsanspruch auch nach den oben erläuterten Anspruchsgrundlagen regelmäßig ausscheiden, wenn die Übernahme der Mithaftung bzw. die Zahlung der Tilgungsraten ein Geschenk im Sinne des § 516 BGB darstellen würde. Diesbezüglich liegt aber eine für den Schenkungstatbestand erforderliche Zuwendung[739] des einen an den anderen Partner nicht vor. Eine solche kann erst in der nachfolgenden Gestattung, die erlangten Darlehensmittel im eigenen Interesse zu verwenden, gesehen werden. Wie bereits mehrmals angesprochen wurde, ist diese nachfolgende Zuwendung nicht Thema dieser Arbeit. Auf der anderen Seite kann sie hier aber auch nicht vollkommen ausgeklammert werden. Würde man nämlich an dieser Stelle von diesbezüglichen Ausführungen absehen, entstünde der Eindruck, ein Ausgleichsanspruch für bereits geleistete bzw. noch ausstehende Tilgungsraten könne in keinem Fall aufgrund einer Schenkung ausgeschlossen sein. Natürlich jedoch muß der Ausgleichsanspruch sowohl in bezug auf bereits gezahlte als auch noch ausstehende Tilgungsraten in der Regel verneint werden, wenn die der Aufnahme der Verbindlichkeit nachfolgende Zuwendung der Darlehensmittel sich als Schenkung darstellt - andernfalls käme es zu widersprüchlichen Ergebnissen.

Da die Beurteilung der nachfolgenden Zuwendung jedoch nicht direkt zum Thema gehört, soll hier nur kurz folgendes angemerkt werden: Voraussetzung für eine Schenkung nach § 516 BGB ist die Einigung der Parteien über die Unentgeltlichkeit der Zuwendung[740]. Nur wenn

---

[738] für die nichteheliche Lebensgemeinschaft: BGH FamRZ 1983, 1213 f., 1214; Diederichsen, NJW 1983,1022

[739] vgl. zum Zuwendungsbegriff Palandt/Putzo, § 516, Rz. 5

[740] dabei ist es auch bei nichtehelichen Lebensgefährten keinesfalls so, daß diese - ohne Rücksicht darauf, in wessen Interesse die Mittel eingesetzt werden und um welche Summen es sich handelt - nur weil sie sich persönlich nicht durch eine Ehe binden wollen, generell vermögensrechtliche Beziehungen zu dem Partner ablehnen

eine solche vorliegt, kann es zu einer Anwendung der §§ 516 ff. BGB - und damit insbesondere auch der §§ 528 ff. BGB - kommen. Greifen die letztgenannten Vorschriften ein, so kann darüber die oben bei einer Schenkung grundsätzlich eingreifende Rechtsfolge im Ergebnis wieder rückgängig gemacht werden. Dabei ist jedoch zu beachten, daß weder unter Ehegatten noch unter Lebensgefährten in der einseitigen Auflösung der Beziehung grober Undank im Sinne des § 530 I BGB zu sehen ist[741]. Bei der nichtehelichen Lebensgemeinschaft ergibt sich dies schon allein aus dem Umstand, daß jederzeit mit einer Trennung gerechnet werden muß[742].

Liegt in der Zuwendung keine Schenkung, so handelt es sich möglicherweise um eine Darlehensgewährung[743].

Es würde hier aber zu weit führen, auf alle denkbaren typischen und atypischen Vertragstypen einzugehen. Eine allgemeingültige Beurteilung der einer Zuwendung der Partner zugrundeliegenden Vereinbarung läßt sich ohnehin weder im Rahmen einer nichtehelichen Lebensgemeinschaft noch unter Ehegatten treffen. Entscheidend bleiben müssen die jeweiligen Umstände eines jeden Einzelfalles[744].

Soweit also zu einer gesamtschuldnerischen Darlehensaufnahme.

---

und im Zweifel stets altruistisch, aus Liebe und Spontanität handeln. Eine Schenkung kann daher auch bei Zuwendungen unter Partnern einer nichtehelichen Lebensgemeinschaft nicht ohne weiteres angenommen werden (so Koch, FamRZ 1987, 240 f., 241 in ihrer berechtigten Kritik an OLG Karlsruhe FamRZ 1986, 1095 f.).

741 für ehewidriges Verhalten vgl. Palandt/Putzo, § 530, Rz. 7

742 vgl. dazu etwa Diederichsen, NJW 1983, 1017 ff., 1022

743 nach Koch (FamRZ 1987, 240 f., 241) entspricht es in aller Regel den Intentionen von Lebensgefährten ebenso wie ihren wirtschaftlichen Interessen, bei einer Verschuldung des einen Partners im alleinigen Interesse des anderen eine zinslose, unter der auflösenden Bedingung der Beendigung der Lebensgemeinschaft stehende Darlehensgewährung anzunehmen.

744 Leben die nichtehelichen Lebensgefährten als Verlobte zusammen, können sich Ansprüche nach Auflösung des Verlöbnisses auch aus den §§ 1298 I S. 1, 1299 BGB ergeben. Da aber - selbst wenn die Partner sich als „Verlobte“ bezeichnen - häufig kein ernsthaftes Eheversprechen mehr vorliegt, und es außerdem an der für den Schadensersatzanspruch nach den genannten Vorschriften erforderlichen Finalität fehlt, weil die Aufwendungen nicht „in Erwartung der Ehe“, sondern „in deren Vorwegnahme“ erbracht wurden, werden die Tatbestandsvoraussetzungen in der Regel nicht vorliegen (vgl. Diederichsen, NJW 1983, 1017 ff., 1022; OLG Oldenburg NJW 1986, 1817 f., 1817).

4 Ansprüche nach Scheidung bei gesetzlichem Güterstand bzgl. nur im Namen eines der Partner aufgenommenen Darlehen: das Außenverhältnis

Denkbar ist natürlich auch die alleinige Kreditaufnahme durch nur einen der Partner.

Zwar bestehen Kreditinstitute bei Gewährung eines Darlehens an verheiratete Schuldner zu ihrer Absicherung häufig auf einer Haftung beider Ehepartner, weswegen im Rahmen einer Darlehensaufnahme durch Ehegatten die gesamtschuldnerische Verpflichtung der Regelfall sein dürfte. Selbstverständlich kommt aber auch eine Kreditaufnahme durch nur einen der Partner in Betracht. Bei Lebensgefährten dürfte die Darlehensaufnahme durch nur einen von ihnen sogar den Regelfall darstellen.

Bei einer Alleinschuld ergeben sich vor allem Probleme, wenn die aufgrund des Darlehens erlangten Gelder partnerschaftlichen Zwecken dienen, der Kredit überwiegend oder ausschließlich dem Partner des Darlehensschuldners zugute kommt, oder aber von dem Darlehen zwar nur der Darlehensschuldner profitiert, jedoch der andere Ehepartner Zahlungen an den Kreditgläubiger geleistet hat (§ 267 BGB).

Unabhängig davon, wessen Interesse die Darlehensmittel im Einzelfalle dienen, wer auch immer Zahlungen an den Darlehensschuldner geleistet haben mag, ob es sich um einen verheirateten Schuldner oder den Partner einer nichtehelichen Lebensgemeinschaft handelt, für das Außenverhältnis gilt: Die Partei, die das Darlehen eingegangen ist, haftet dem Darlehensgläubiger allein[745] - allerdings bei Ehegatten nur außerhalb des durch § 1357 BGB gezogenen Rahmens. Denn zwischen Darlehensgläubiger und dem unbeteiligten Partner besteht kein Rechtsverhältnis, aus welchem sich für letzteren dem Darlehensgläubiger gegenüber Verpflichtungen irgendwelcher Art ergeben könnten.

---

[745] So für die nichteheliche Lebensgemeinschaft etwa Schlüter, FamRZ 1986, 405 ff., 415; Haussleiter, a.a.O., Rz. 901

5 Ansprüche nach Scheidung bei gesetzlichem Güterstand bzgl. nur im Namen eines der Partner aufgenommenen Darlehen: das Innenverhältnis

Schwieriger zu beurteilen ist das zwischen den Ehegatten bzw. Lebensgefährten bestehende Innenverhältnis.

Bei der Aufnahme des Kredites durch nur einen der Partner entfällt ein zwischen ihnen bestehendes Gesamtschuldnerverhältnis, weswegen ein Ausgleichsanspruch aus § 426 BGB ausscheidet. Ob sich aus den anderen im Rahmen der gesamtschuldnerischen Mithaftung angesprochenen Vorschriften Ausgleichsansprüche ergeben können, richtet sich nach den konkreten Umständen des jeweiligen Einzelfalles. Dabei ist folgendes zu beachten: Sobald die Darlehenssumme ausbezahlt wird, geht sie in das Vermögen des Darlehensschuldners über. Macht dieser aus den erlangten Geldmitteln Zuwendungen an seinen Ehepartner, handelt es sich in der Regel um sogenannte „unbenannte Zuwendungen“. Auf sie wurde in der Einleitung kurz eingegangen. Thema dieser Arbeit ist jedoch ein anderes: betrachtet werden sollen nur die Verbindlichkeiten an sich und die damit im Zusammenhang stehenden Fragen, ob hinsichtlich einer noch bestehenden Verpflichtung Freistellung verlangt, und ob in bezug auf bereits erbrachte Tilgungsraten Ausgleichsansprüche geltend gemacht werden können.

Die nun folgenden Ausführungen setzen den Schwerpunkt erneut auf das zwischen Ehegatten bestehende Rechtsverhältnis und behandeln die bei Partnern einer nichtehelichen Lebensgemeinschaft gegebene Rechtslage nur im Vergleich.

5.1 § 10 I HausratsV bei durch Ehegatten eingegangenen Schulden

Zunächst soll kurz auf den Fall eingegangen werden, in welchem der durch einen der Ehegatten aufgenommene Kredit familiären Zwecken diente, indem er zur Finanzierung, Instandhaltung, Versicherung[746] oder ähnlichem von Hausratsgegenständen verwendet wurde.

Für eine derartige Verwendung der Darlehensmittel stellt § 10 I HausratsV ausdrücklich Schulden, für die einer der Ehegatten alleine haftet, solchen, für die sich beide als Gesamtschuldner verpflichtet haben, gleich. In dieser Vorschrift wird dem Richter das Recht eingeräumt, darüber zu bestimmen, welcher der Eheleute im Innenverhältnis zur Bezahlung der

Schuld verpflichtet ist, soweit die Ehepartner keine außergerichtliche Einigung erzielen (vgl. § 1 I HausratsV). Dies gilt sowohl - nach § 1 I HausratsV - anläßlich der Scheidung als auch - gemäß § 18 a HausratsV i.V.m. § 1361 a III S. 1 HausratsV - bereits im Rahmen des Getrenntlebens.

Das Außenverhältnis bleibt von der richterlichen Entscheidung unberührt[747]. Wird anstelle des Darlehensschuldners der andere Ehegatte durch den Richter im Innenverhältnis verpflichtet, so hat er den Darlehensschuldner freizustellen[748]. Wird der freizustellende Ehegatte im Außenverhältnis in Anspruch genommen, kann er aufgrund der richterlichen Festsetzung Leistungsklage gegen den anderen Ehegatten erheben.

Wie stets im Rahmen der Hausratsverordnung erfolgt nach § 2 HausratsV die richterliche Entscheidung nach billigem Ermessen. Dem entspricht es regelmäßig, demjenigen Ehegatten, welchem der Hausrat zugesprochen wurde, auch die damit im Zusammenhang stehenden Schulden zu übertragen bzw. zu belassen. Im Einzelfall - insbesondere bei Leistungsunfähigkeit des durch die Hausratsverteilung begünstigten Ehegatten - kann es aber auch der Billigkeit entsprechen, dem anderen Ehegatten die Belastungen aufzubürden.[749]

5.2 Zum Vergleich: Anwendung des § 10 I HausratsV auf eine durch den Partner einer nichtehelichen Beziehung eingegangene Verbindlichkeit

Die Vorschriften der HausratsV sind auf die Rechtsverhältnisse ehemaliger Partner einer nichtehelichen Lebensgemeinschaft nicht anwendbar.

Eine unmittelbare Anwendung verbietet schon § 1 HausratsV, der den Anwendungsbereich ausdrücklich auf zwischen Ehegatten anläßlich ihrer Scheidung auftretenden Fragen beschränkt. Aber auch eine Analogie kommt nicht in Betracht, da die nichteheliche Beziehung diesbezüglich nicht mit der Ehe in den für die rechtliche Bewertung maßgeblichen Punkten übereinstimmt. Die Trennung von Partnern einer nichtehelichen Lebensgemeinschaft stellt einen rein tatsächlichen Vorgang dar, gesetzliche Regelungen finden sich dafür - anders als bei Auflösung einer Ehe - nicht. Das ist für die Partner eines nichtehelichen Zusammenlebens aber häufig gerade der Grund, diese Beziehungsform zu wählen. Es widerspräche daher dem

[746] vgl. die Beispiele bei Palandt/Diederichsen, § 10 HausratsV, Rz. 1
[747] vgl. dazu Fn. 278
[748] Palandt/Diederichsen, § 10 HausratsV, Rz. 1

unter nichtehelichen Partnern vorherrschenden Willen, die für die Scheidung geltenden gesetzlichen Normen auf die Trennung nichtehelicher Lebensgefährten zu übertragen.

Hinsichtlich der über § 10 HausratsV hinausgehenden Fallkonstellationen finden sich - ebenso wie für durch Ehegatten als Gesamtschuldner eingegangene Verbindlichkeiten - in Hinblick auf die durch einen Ehegatten aufgenommene Alleinschuld keine einschlägigen familienrechtlichen Regelungen.

Zur Beurteilung der Rechtslage sind somit wiederum die allgemeinen Vorschriften heranzuziehen. Dabei muß man sich überlegen, daß - soweit sich die Zwecke entsprechen, für welche die Gelder verwendet werden sollen - die Interessenlage sowohl hinsichtlich eines gesamtschuldnerisch als auch eines allein von einem Partner aufgenommenen Kredits bei Übereinstimmung der sonstigen Voraussetzungen gleich zu beurteilen ist. Dies wird besonders im Rahmen einer Alleinverdienerehe deutlich, bei der die Übernahme der Mithaftung durch den mittellosen Ehegatten meist ausschließlich auf das Drängen der Bank zurückgeführt werden muß. Für das Innenverhältnis kann es aber unter diesen Umständen keinen erheblichen Unterschied machen, ob sich der verdienende Ehegatte allein oder ob sich beide Ehepartner zusammen der Bank gegenüber zur Rückzahlung des Darlehens verpflichtet haben[750].

Im folgenden soll daher auf eventuelle Sonderbeziehungen der Ehegatten bzw. nichtehelichen Lebensgefährten nur insoweit näher eingegangen werden, als in bezug auf eine Alleinschuld Besonderheiten zu berücksichtigen sind, darüber hinaus gilt das jeweils bezüglich der gesamtschuldnerischen Haftung Gesagte entsprechend.

5.3 Auftragsverhältnis zwischen Ehegatten

Betrachten wir zunächst die Möglichkeit einer Auftragserteilung:

Das Vorliegen eines Auftrags ist nicht nur naheliegend, wenn die Darlehensaufnahme ganz überwiegend im Interesse des Partners des Darlehensschuldners erfolgte - in diesem Fall hinsichtlich der Kreditaufnahme - , sondern auch, soweit die Verschuldung allein den eigenen Zwecken des Darlehensschuldners diente, sein Ehegatte auf das Darlehen aber Tilgungszahlungen geleistet hat (§ 267 BGB) - dann bezüglich der erfolgten Zahlungen. Bei Vorliegen

[749] so auch Haussleiter, a.a.O., Rz. 79
[750] so auch Frank, JZ 1983, 855 ff., 856

dieser Umstände ist daher stets zu prüfen, ob der eine Ehegatte nicht für den anderen ein ihm von diesem übertragenes Geschäft unentgeltlich besorgt hat (§ 662 BGB). Ist dies zu bejahen, kann sich ein eventueller Ersatzanspruch des beauftragten Ehegatten aus § 670 BGB ergeben.

5.3.1 Das Darlehen kommt überwiegend dem Partner des Darlehensschuldners zugute; Tilgungsleistungen hat allein der Darlehensschuldner erbracht

5.3.1.1 Tatbestandsmerkmale des § 662 BGB

Hinsichtlich der im Rahmen der Subsumtion einer Kreditaufnahme durch einen der Ehegatten unter den Tatbestand des § 662 BGB auftretenden Schwierigkeiten wird im wesentlichen auf die zur gesamtschuldnerischen Verpflichtung unter 3.3.3.1. gemachten Ausführungen verwiesen. Im folgenden daher nur noch eine kurze Zusammenfassung:

Ebenso wie bei der gesamtschuldnerischen Verpflichtung dürfte auch bei der Aufnahme des Darlehens durch nur einen der Ehegatten in den selteneren Fällen eine ausdrückliche Erteilung des Auftrages gegeben sein. Lag die Mittelbeschaffung jedoch allein oder überwiegend im Interesse des Ehepartners des Darlehensschuldners - etwa wenn die Gelder dessen Alleineigentum oder Unternehmen zugute kommen sollten - kann grundsätzlich angenommen werden, daß der begünstigte Ehegatte im Laufe der - in der Regel unumgänglichen - Diskussion um die Mittelbeschaffung, wenn nicht ausdrücklich, so doch zumindest konkludent zum Ausdruck gebracht hat, er wünsche die Kreditaufnahme durch seinen Partner. Die Annahme dieses Angebots erfolgt regelmäßig ebenfalls stillschweigend durch Beginn der Ausführung[751], so daß eine auf den Abschluß eines Auftragsverhältnisses gerichtete Einigung in aller Regel angenommen werden kann.

Die Geschäftsbesorgung - das heißt die Mittelbeschaffung durch die Darlehensaufnahme - erfolgt im Regelfall desgleichen unentgeltlich: Weder läßt sich aus § 1360 BGB eine Rechtspflicht entnehmen, sich für den anderen Ehegatten zu verschulden, noch kann davon ausgegangen werden, daß die Darlehensaufnahme auf die Erlangung einer konkrete Unterhaltsleistung des Partners gerichtet war.

[751] vgl. Palandt/Heinrichs, Einf. v. § 116, Rz. 6

Diente die Kreditaufnahme den überwiegenden Interessen des daran unbeteiligten Ehegattens, erfolgte die Geschäftsbesorgung „für diesen". Für den Darlehensnehmer handelt es sich sowohl objektiv als auch subjektiv um ein fremdes Geschäft. Die eventuelle Wahrung auch eigener Interessen des Darlehensschuldners - etwa weil die beschafften Gelder mittelbar der Sicherung des Familienunterhaltes dienten - steht dem nicht entgegen. In diesem Fall liegt zumindest ein „auch-fremdes Geschäft" vor, bei welchem der Fremdgeschäftsführungswille ebenso wie beim „nur-fremden" Geschäft vermutet wird[752].

5.3.1.2 Rechtsfolgen des § 662 BGB

Liegen die Voraussetzungen des § 662 BGB vor, ist hinsichtlich der sich daraus ergebenden Rechtsfolgen nach dem Begehren des Darlehensschuldners zu differenzieren. Als Forderungen kommen insoweit insbesondere Freistellung von der zumindest zum Teil noch bestehenden Verbindlichkeit im Außenverhältnis sowie Aufwendungsersatzansprüche bezüglich bereits getilgter Darlehensraten in Betracht. Beide Ansprüche richten sich nach § 670 BGB, der Befreiungsanspruch darüber hinaus nach § 257 S. 1 BGB. Dabei ist stets die Besonderheit der Auftragserteilung unter Ehegatten zu berücksichtigen, was wegen der besonders engen persönlichen Beziehung auf dem Gebiet der Rechtsfolgen zu Modifizierungen führen kann. Auch insoweit gilt nichts anderes als im Rahmen einer gesamtschuldnerischen Kreditaufnahme der Ehegatten. Aus diesem Grund beschränken sich die folgenden Ausführungen auf die wesentlichen Punkte, eingehende Darstellungen finden sich unter 3.3.3.2..

5.3.1.2.1 Befreiungsanspruch

Hinsichtlich eines Befreiungsanspruches bezüglich einer zumindest teilweise noch bestehenden Verpflichtung muß beachtet werden, daß die Kreditaufnahme den eigentlichen Inhalt der Auftragserteilung darstellt und weiter die Darlehensaufnahme ein Dauerschuldverhältnis begründet. Um mit seinem Freistellungsanspruch Erfolg haben zu können, muß der Beauftragte daher das Auftragsverhältnis kündigen.

Damit ist klargestellt, daß der Freistellungsanspruch untrennbar mit einer Kündigung des Auftrags verbunden ist; eine solche kann nach Scheitern der Partnerschaft durch den Beauftragten aber ohne weiteres wirksam ausgesprochen werden.

[752] vgl. dazu Palandt/Thomas, § 677, Rz. 6

Zwar ist wegen der sich aus § 1353 BGB ergebenden Bindungen[753] das Kündigungsrecht des § 671 I S. 1 BGB aufgrund eines stillschweigenden Kündigungsverzichts regelmäßig ausgeschlossen, wenn der Auftrag unter Eheleuten erteilt wird und der Verwirklichung der ehelichen Lebensgemeinschaft dient. Scheitert die Ehe, was sich in der Trennung und der Stellung eines Scheidungsantrages manifestiert, kann aber in jedem Fall aus wichtigem Grund gekündigt werden (§ 671 III BGB)[754]. Eine Kündigung kann schon in der Äußerung eines Freistellungsverlangens gesehen werden[755].

Der Schuldner des Befreiungsanspruches ist grundsätzlich verpflichtet, den Gläubiger so zu stellen, wie er ohne die Belastung mit den Drittschulden stehen würde, wobei unterschiedliche Wege, wie etwa die Erbringung der Leistung an den Drittgläubiger, eine befreiende Schuldübernahme, die Sicherstellung des Gläubigers oder ähnliches[756] in Betracht kommen.

Dabei darf jedoch nicht vergessen werden, daß auch in Hinblick auf die Rechtsfolgen der Kündigung aufgrund der engen persönlichen Beziehungen zwischen den Parteien Besonderheiten zu beachten sind. Insbesondere aus den Nachwirkungen der Ehe auch noch nach Scheidung, darüber hinaus aber auch aus § 242 BGB, ergeben sich insoweit Einschränkungen. Außerdem kann das Gebot der Rücksichtsnahme für die Kündigung eines Auftrags bereits aus § 671 II S.1 BGB entnommen werden. Daraus folgt, daß der kündigende Ehegatte von dem anderen nicht unter allen Umständen verlangen kann, er müsse die im Zeitpunkt der Kündigung bestehende gemeinschaftliche Verbindlichkeit insgesamt allein übernehmen und ihn von jeder persönlichen und dinglichen Haftung sofort freistellen. Dabei ist bei der Geltendmachung des Befreiungsanspruches um so größere Rücksichtnahme zu fordern, je mehr die Mittelbeschaffung im Interesse auch des Beauftragten liegt - etwa wenn dem Auftraggeber dadurch bessere Erwerbschancen zur Bestreitung des Familienunterhaltes verschafft werden sollten. Dem kann zum Beispiel dadurch Genüge getan werden, daß die Klage dem Beklagten die Rückführung der Verbindlichkeiten im Rahmen eines vernünftigen, seine Möglichkeiten berücksichtigenden Tilgungsplanes einräumt.[757]

5.3.1.2.2 Zahlungsanspruch

[753] so Haussleiter, a.a.O., Rz. 181

[754] so auch Haussleiter, a.a.O., Rz. 181; Hausmann, a.a.O., S. 187 f.; BGH FamRZ 1972, 362 f., 363

[755] so im Rahmen einer gesamtschuldnerischen Kreditaufnahme BGH NJW 1989, 1920 ff., 1922 (= FamRZ 1989, 835 ff., 837 f.)

[756] so im Rahmen einer gesamtschuldnerischen Kreditaufnahme BGH, a.a.O., 1922 (= a.a.O., 837 f.)

[757] vgl. zum Ganzen im Hinblick auf ein gesamtschuldnerisches Darlehen: BGH, a.a.O., 1922 (= a.a.O., 837 f.)

Begehrt der beauftragte Ehegatte Ersatz für von ihm an den Darlehensgläubiger erbrachte Tilgungsleistungen, ist zwar eine Kündigung des Auftragsverhältnisses nicht erforderlich, wie stets im Rahmen von zwischen Ehegatten geltend gemachten Ansprüchen ist aber auch hier eine Differenzierung nach dem Zeitpunkt der Zahlungen erforderlich:

Hat der beauftragte Partner während des Bestehens der intakten Ehe Zahlungen auf ein Darlehen geleistet, besteht diesbezüglich häufig kein Ausgleichsanspruch. Zwar kann nach § 670 BGB der Beauftragte vom Auftraggeber grundsätzlich Ersatz seiner Aufwendungen verlangen, diese Vorschrift wird bei einem zwischen Eheleuten geschlossenen Auftragsverhältnis aber - soweit keine ausdrücklichen Vereinbarungen vorliegen - durch stillschweigende Abmachungen modifiziert. Erforderlich ist daher - wie auch bei der Beurteilung des Ausgleichsanspruchs aus § 426 BGB - die Ermittlung der konkreten tatsächlichen Lebensverhältnisse, die Rückschlüsse auf den Inhalt stillschweigender Übereinkünfte zulassen. So scheidet bei einer Alleinverdienerehe ein Ausgleichsanspruch des verdienenden Teils selbst dann aus, wenn die Darlehensaufnahme allein oder überwiegend im Interesse des Ehepartners erfolgte. Etwas anderes gilt bezüglich Mehr- bzw. Zuverdienerehe, dort ist allerdings bei Unterhaltsleistungen der sich aus § 1360 b BGB ergebende Grundsatz der Nichtausgleichung zu beachten[758].

Nach Scheitern der Ehe dagegen dürfte unabhängig von der gewählten „Eheform" ein Aufwendungsersatzanspruch nach § 670 BGB in der Regel gegeben sein. Denn, um ein Auftragsverhältnis begrifflich überhaupt annehmen zu können, muß die Geschäftsbesorgung im zumindest überwiegenden Interesse des Auftraggebers erfolgt sein. Zur Beurteilung des Bestehens und der Höhe des Aufwendungsersatzanspruches in jedem konkreten Einzelfall können die für § 426 I BGB herausgearbeiteten Grundsätze herangezogen werden[759].

Besteht ein Aufwendungsersatzanspruch aus § 670 BGB, muß der aufgewendete Betrag - anders als bei dem Anspruch aus § 426 I BGB[760] - nach § 256 S. 1 BGB verzinst werden.

5.3.2 Die Darlehensaufnahme erfolgte zwar überwiegend im Interesse des Darlehensschuldners, sein Ehegatte hat aber Zahlungen an den Darlehensgläubiger geleistet

[758] Vgl. dazu die unter 3.1.5.1. und 3.1.5.4.4. gemachten Ausführungen zu § 426 I BGB
[759] vgl. 3.1.5.2. sowie 3.1.5.4.4.
[760] vgl. Fn. 159; BGH FamRZ 1993, 676 ff., 679

Denkbar ist nicht nur, daß die Darlehensaufnahme überwiegend im Interesse des Ehegatten des Darlehensschuldners erfolgte, sondern auch, daß sie vorwiegend zum Nutzen des Darlehensschuldners selbst geschah, der Ehepartner diesbezüglich aber Tilgungszahlungen erbracht hat. Da der Zahlende auf eine fremde Schuld eine Leistung bewirkt (§ 267 BGB), kommt ein Aufwendungsersatzanspruch nach § 670 BGB in Form eines Zahlungsanspruches in Betracht.

Auch hier gilt:

Eine ausdrücklich Einigung wird sich nur in den selteneren Fällen finden lassen. Es muß daher wiederum ermittelt werden, ob sich aus den Handlungen der Parteien Schlüsse auf einen bestimmten Rechtsfolgewillen - hier auf Abschluß eines Auftragsverhältnisses mit dem Inhalt der Begleichung der Darlehensraten - ziehen lassen. Dies ist zu bejahen, wenn der Darlehensschuldner in irgendeiner Form seinem Partner gegenüber zum Ausdruck bringt, er wünsche von ihm die Begleichung der Schuld.

Muß das Bestehen einer auch nur konkludenten Einigung verneint werden, so liegt in der Regel zumindest eine berechtigte Geschäftsführung ohne Auftrag vor, die gemäß §§ 677, 683 S. 1 BGB ebenfalls zu einem Aufwendungsersatzanspruch nach § 670 BGB führt. Denn die Bezahlung einer Schuld des Geschäftsherrn liegt aufgrund der Befreiungswirkung (§ 362 I BGB)[761] regelmäßig in dessen Interesse[762] und entspricht mangels entgegenstehender Anhaltspunkte auch seinem mutmaßlichen Willen[763].

Kann das Vorliegen einer zumindest stillschweigenden Einigung dagegen bejaht werden, sind die weiteren Voraussetzungen des § 662 BGB nach dem unter 5.3.1.1. Gesagten ohne weiteres gegeben. Das gilt um so mehr, als die Bezahlung einer fremdem Schuld für den Beauftragten stets ein objektiv fremdes Geschäft darstellt[764].

Auch hinsichtlich der sich aus § 670 BGB ergebenden Rechtsfolgen kann auf die oben gemachten Ausführungen (5.3.1.2.) verwiesen werden.

[761] vgl. dazu Palandt/Heinrichs, § 362, Rz. 2
[762] vgl. dazu Palandt/Thomas, § 683, Rz. 4
[763] vgl. dazu Palandt/Thomas, § 683, Rz. 7
[764] vgl. dazu Palandt/Thomas, § 677, Rz. 4

5.3.3 Die Kreditaufnahme dient überwiegend dem Interesse des Partners des Kreditschuldners, der darauf auch allein Zahlungen erbracht hat

Denkbar ist selbstverständlich auch, daß die Darlehensaufnahme im überwiegenden Interesse des Partners der Darlehensschuldners erfolgte, und letzterer auch allein Tilgungszahlungen geleistet hat.

In diesem Fall ist zwischen einem eventuellen Aufwendungsersatzanspruch des Darlehensschuldners seinem Ehegatten gegenüber und einem ebensolchen Anspruch in umgekehrter Richtung zu unterscheiden.

Bezüglich des Anspruches des Darlehensschuldners entspricht die Rechtslage - bezogen auf den Befreiungsanspruch - der unter 5.3.1.2. dargelegten. Weil der Darlehensschuldner keine Ratenzahlungen erbracht hat, entfällt jedoch der dort geschilderte Zahlungsanspruch.

Auf seiten des Ehegatten des Darlehensschuldners kommt dagegen ein Zahlungsanspruch nicht in Betracht. Auf den ersten Blick erscheint ein solcher zwar nicht vollkommen abwegig. Obwohl nämlich die Darlehensaufnahme überwiegend im Interesse des Partners des Darlehensschuldners lag, wurde er selbst durch den Kreditvertrag nicht zur Zahlung verpflichtet, so daß er auch in diesem Fall auf eine fremde Schuld gemäß § 267 BGB geleistet hat. Dabei darf jedoch nicht vergessen werden: Der Darlehensschuldner hat nach dem oben Gesagten einen Befreiungsanspruch gegen seinen Ehepartner, der auf Beseitigung der Rechtsfolgen der Kreditaufnahme im Außenverhältnis gerichtet ist. Das Freistellungsbegehren beinhaltet daher nicht nur die Befreiung von der Verbindlichkeit an sich, sondern auch der sich daraus ergebenden Rechtsfolgen, insbesondere der Verpflichtung zur Tilgung der Darlehensschuld. Diese Verpflichtung trifft also im Ergebnis den Ehegatte des Darlehensschuldners. Aus diesem Grund wäre es widersinnig, ihm insoweit einen Aufwendungsersatzanspruch gegen den Darlehensschuldner zuzusprechen.

Soweit zu den naheliegenden Fallgruppen der alleinigen Kreditaufnahme durch einen der Ehegatten, bei welcher entweder die Kreditaufnahme im überwiegenden Interesse des Ehegatten des Darlehensschuldners erfolgte, oder aber die Verpflichtung zwar im eigenen Interesse eingegangen wurde, der Ehegatte aber zu den Tilgungsleistungen beigetragen hat. Ausdrücklich angesprochen wurde dabei nur die Begleichung der Raten insgesamt entweder durch den Darlehensschuldner oder dessen Ehepartner. Denkbar ist jedoch natürlich auch, daß die Zahlungen teilweise durch den einen, teilweise durch den anderen Ehegatten erbracht wurden.

Ansprüche nach Scheidung bei gesetzlichem Güterstand bzgl. nur im Namen eines der Partner aufgenommenen Darlehen: das Innenverhältnis

Zum Vergleich: Anwendung von Auftragsrecht auf eine durch den Partner einer nichtehelichen Lebensgemeinschaft eingegangene Alleinschuld

---

Dann beschränkt sich in dem jeweiligen Fall der Aufwendungsersatzanspruch des Beauftragten auf den geleisteten Anteil an der Kredittilgung.

5.4 Zum Vergleich: Anwendung von Auftragsrecht auf eine durch den Partner einer nichtehelichen Lebensgemeinschaft eingegangene Alleinschuld

Im folgenden im Vergleich wieder die zwischen Partnern einer nichtehelichen Lebensgemeinschaft bestehende Rechtslage:

Wie bereits in 3.3.4. erwähnt wurde, haben in Literatur und Rechtsprechung auftragsrechtliche Ausgleichsansprüche nach dem Auseinanderbrechen einer nichtehelichen Lebensgemeinschaft noch keinen vergleichbaren Stellenwert erlangt wie im Falle des Scheiterns einer Ehe[765]. An gleicher Stelle[766] wurde aber auch dargelegt, daß weder einer weiteren Anwendung gesellschaftsrechtlicher Grundsätze noch einer zurückhaltenderen Annahme konkludenter Willenserklärungen im Rahmen einer nichtehelichen Lebensgemeinschaft zuzustimmen ist, und daher eine zu einem zwischen Ehegatten bestehenden Auftragsverhältnis von vornherein abweichende Beurteilung nicht sinnvoll begründet werden kann.

Entgegen der zurückhaltenden Anwendung des Auftragsrechts bei nichtehelichen Lebensgemeinschaften durch den BGH - von diesem wurde die Möglichkeit eines Ausgleichsanspruches aufgrund eines stillschweigend erteilten Auftragsverhältnisses nur ganz vereinzelt überhaupt angesprochen[767] und nur in einem einzigen Fall[768] bejaht - ist eine Prüfung auftragsrechtlicher Normen ebenso wie unter Ehegatten stets dann geboten, wenn die Eingehung der Verpflichtung durch nur einen der Partner im überwiegenden Interesse des anderen erfolgte, oder zwar im eigenen Interesse lag, der andere Lebensgefährte aber Tilgungsraten auf das Darlehen erbracht hat (§ 267 BGB).

In diesen Fällen nämlich kommt ein Aufwendungsersatzanspruch nach § 670 BGB entweder aufgrund einer Auftragserteilung (§ 662 BGB) oder einer Geschäftsbesorgung ohne Auftrag (§§ 677, 683 S. 1 BGB) in Betracht.

---

765 Hausmann, a.a.O., S. 188

766 in Verbindung mit den unter 3.3.2.2. und 3.3.2.3. gemachten Ausführungen

767 vgl. z. B. BGH NJW 1983, 1055; BGH NJW 1981, 1502 f., 1503

768 BGH, a.a.O., 1503

Bezüglich der weiteren Ausführungen kann im Großen und Ganzen auf die unter 3.3.4. im Rahmen einer gesamtschuldnerischen Kreditaufnahme unter Partnern einer nichtehelichen Lebensgemeinschaft gemachten Darstellungen verwiesen werden. Mangels der Auffindbarkeit von Quellen, die sich mit auftragsrechtlichen Ansprüchen im Rahmen einer gesamtschuldnerischen Kreditaufnahme befassen, wurden schon dort die das Auftragsrecht im Rahmen einer Alleinschuld diskutierenden Stellen miteingearbeitet - zumal sich daraus, ob der Auftragsinhalt lediglich in einer Mithaftung oder aber in einer Alleinhaftung besteht, im wesentlichen keine Besonderheiten ergeben. Eventuelle Abweichungen bei der Alleinschuld im Vergleich zur Gesamtschuld können aus 5.3. entnommen werden.

An dieser Stelle beschränken sich zusätzliche Ausführungen daher auf die kurze Darstellung einer Entscheidung, die deutlich macht, daß sich allgemeingültige Aussagen auch hier nicht treffen lassen, sondern wie stets eine Berücksichtigung der jeweiligen Besonderheiten des Einzelfalles unerläßlich ist.

Der vom OLG Karlsruhe entschiedene Fall[769] bezog sich im wesentlichen auf folgenden Sachverhalt: Die Parteien lebten von August 1986 bis August 1989 in nichtehelicher Partnerschaft zusammen. Bei Eingehung der nichtehelichen Lebensgemeinschaft hatte die Lebensgefährtin Altschulden in Höhe von fast 20 000 DM. Beide Parteien hatten das Motiv und die Absicht, diese Schulden „in den Griff zu bekommen". Dabei war der Lebensgefährte die treibende Kraft. Ihm lag in erster Linie daran, in „geordneten Verhältnissen" zu leben, während die Lebensgefährtin von sich aus zum damaligen Zeitpunkt kein Eigeninteresse entwickelt hatte, da ihr Einkommen in voller Höhe unpfändbar und pfändbares Vermögen nicht vorhanden war. Es wurde eine Umschuldung eingeleitet. Dafür nahm der Lebensgefährte als Alleinschuldner Kredite in Höhe von insgesamt 24 000 DM auf, mit denen er unter anderem die genannten Altschulden vollständig ablöste; der überschießende Betrag wurde während der Zeit der nichtehelichen Lebensgemeinschaft für den täglichen Bedarf und die Anschaffung eines gemeinschaftlich genutzten Kraftfahrzeugs für 3 500 DM verbraucht. Zum Zeitpunkt der Trennung betrug der Schuldsaldo dieser neuen Darlehensaufnahme noch knappe 20 000 DM.

Hier hat das OLG einen Aufwendungsersatzanspruch gem. § 670 BGB zutreffenderweise abgelehnt[770]: Ein Auftragsverhältnis sei nach dem Ergebnis der Beweisaufnahme weder ausdrücklich noch stillschweigend begründet worden und auch eine Geschäftsführung ohne Auftrag komme nicht in Betracht. Zwar stehe einem Fremdgeschäftsführungswille nicht entgegen, daß mit der Geschäftsbesorgung zugleich eigene Interessen des Geschäftsführers mitverfolgt würden; darüber hinaus werde bei einem (auch) fremden Geschäft der Fremdgeschäftsfüh-

[769] OLG Karlsruhe NJW-RR 1994, 1157 ff. (=FamRZ 1994, 377 ff.)
[770] OLG Karlsruhe, a.a.O., 1158 f.

rungswille in der Regel vermutet. Das Bezahlen fremder Schulden erfolge aus objektiver Sicht zunächst natürlich in fremdem Interesse, so daß eine Vermutung auch für das Bewußtsein und den Willen zur Fremdgeschäftsführung spreche. Allerdings liege hier die Besonderheit vor, daß die Beklagte durch ihre Altschulden weder objektiv Beschränkungen unterworfen gewesen sei, da ihr gesamtes Einkommen ohnehin auf längere Sicht pfändungsfrei geblieben wäre, noch daß sie - ihrer Bekundung nach - subjektiv sich durch die Schulden beeinträchtigt fühlte. Es sei ihr aus eigenem Interesse egal gewesen, ob die Schulden abgelöst würden oder nicht. Da dies auch dem Kläger positiv bekannt gewesen und die Umschuldung durch ihn aus seiner Vorstellung eines „geordneten Zusammenlebens“ motiviert worden sei, sei vorliegend und abweichend von den üblichen Regeln von einer Eigengeschäftsführung auszugehen, so daß ein Ausgleich gem. § 670 BGB nicht in Betracht komme.

5.5 Bruchteilsgemeinschaft zwischen Ehegatten

Soweit zur Anwendung auftragsrechtlicher Vorschriften im Rahmen einer nur durch einen der Partner aufgenommenen Alleinschuld.

Auch bei der Alleinschuld dient die Aufnahme des Darlehens aber häufig weder überwiegend den Interessen des Darlehensschuldners noch denen seines Ehegatte, sondern familiären Zwecken. Ein solcher Fall liegt zum Beispiel vor bei Verwendung der Mittel auf Hausrat - für Ehegatten findet sich diesbezüglich eine ausdrückliche Regelung in der HausratsV[771]. Von familiären Zwecken kann aber auch gesprochen werden, wenn einer der Ehegatten oder Lebensgefährten einen Kredit aufnimmt, um das daraus erlangte Geld in einen im Miteigentum der Parteien stehenden Gegenstand zu investieren.

Betrachten wir wieder zunächst die Rechtslage unter Ehegatten:

Bei Bestehen einer Bruchteilsgemeinschaft zwischen den Ehegatten richtet sich deren Rechtsverhältnis nach den Vorschriften der §§ 741 ff. BGB. Dies wurde bereits unter 3.3.5. hinsichtlich eines gesamtschuldnerischen Darlehens ausführlich dargelegt.

Folgende Ausführungen zur Anspruchsgrundlage beschränken sich daher auf eine knappe Zusammenfassung unter Hinweis auf die sich aus der Alleinschuld ergebenden Besonderheiten, im übrigen wird auf 3.3.5.1. verwiesen.

Anders als dort greift mangels gesamtschuldnerischer Verpflichtung zwar § 755 BGB nicht ein, entsprechend § 748 BGB ergibt sich aber weiterhin der Grundsatz, daß im Innenverhältnis der Teilhaber im Einverständnis gemachte wert- oder nutzsteigernde Aufwendungen auf den gemeinschaftlichen Gegenstand im Verhältnis der Anteile zu tragen sind[772]. Dieser Grundsatz kommt jedoch nur zur Geltung, wenn sich aus zwischen den Eheleuten getroffenen Abreden im Zusammenhang mit den jeweiligen Umständen des konkreten Falles nicht etwas anderes ergibt[773].

Während des Bestehens einer intakten Partnerschaft kann aus den (durch die Ehegatten gestalteten) ehelichen Verhältnissen regelmäßig auf eine interne Schuldentilgungsvereinbarung geschlossen werden[774]. So übernimmt in einer Alleinverdienerehe in der Regel der verdienende Teil die Aufgabe der Schuldentilgung, ohne dafür einen Ersatzanspruch geltend machen zu können[775]. Bei einer Mehr- bzw. Zuverdienerehe entspricht es dagegen in der Regel dem Willen der Parteien, daß die zum Erwerb oder der Finanzierung des Miteigentums aufgenommenen Verbindlichkeiten nach den Verhältnissen der Einkünfte getragen werden[776]. Dabei ist in Hinblick auf Unterhaltsleistungen jedoch stets der in § 1360 b BGB verankerte Grundsatz der Nichtausgleichung zu berücksichtigen[777].

Scheitert die Ehe, bedeutet dies eine grundlegende Änderung der Verhältnisse; folglich steht es jedem Ehegatten frei, gemäß § 745 II BGB eine Neuregelung der Verwaltung und Benutzung zu verlangen. Das Begehren einer Neuregelung kann sich dabei auch aus den tatsächlichen Umständen ergeben, so daß nach Ende der Partnerschaft eine andere rechtliche oder tatsächliche Ausgestaltung der Verhältnisse möglicherweise in ähnlicher Weise wie zuvor Einfluß auf das Ausgleichsverhältnis nimmt[778].

So kann zum Beispiel, wenn der alleinverdienende Ehegatte mit Duldung des anderen den im Miteigentum stehenden Gegenstand nach der Trennung weiterhin nutzt und wie bisher die Lasten trägt, ohne zu erkennen zu geben, daß er einen hälftigen Ausgleich geltend zu machen

---

771 vgl. 5.1.

772 vgl. dazu auch Palandt/Thomas, § 748, Rz. 1

773 so BGH FamRZ 1993, 676 ff., 677; BGH JZ 1983, 852 ff., 854 im Rahmen einer gesamtschuldnerischen Kreditaufnahme

774 so auch Johannsen/Henrich/Jaeger, Vor § 1372, Rz. 19 für die Gesamtschuld

775 BGH FamRZ 1993, 676 ff., 677; BGH JZ 1983, 852 ff., 854 hinsichtlich einer gesamtschuldnerischen Verpflichtung

776 BGH FamRZ 1988, 264 f., 265

777 vgl. dazu ausführlich unter 3.1.5.1.

778 BGH FamRZ 1993, 676 ff., 677; in diese Richtung auch BGH JZ 1983, 852 ff., 854 für ein gesamtschuldnerisches Darlehen

beabsichtigt, und ohne daß der andere Ehegatte ihm ein Nutzungsentgelt abverlangt[779], eine stillschweigende Vereinbarung dahingehend angenommen werden, daß der den Gegenstand nutzende Partner die Kosten des Gegenstandes, insbesondere die Bedienung der dafür aufgenommenen Kredite vollständig übernimmt[780]. Voraussetzung ist, daß die übernommenen Kosten den Nutzwert der Sache nicht übersteigen. Andernfalls ist ein anteiliger Ausgleichsanspruch nicht ausgeschlossen[781].

Dabei ist jedoch stets zu beachten, daß eine Neuregelung nach § 745 II BGB dem Interesse beider Teilhaber nach billigem Ermessen zu entsprechen hat. Darüber hinaus kann auch der Grundsatz von Treu und Glauben aus § 242 BGB im Einzelfall eine Abweichung von den oben genannten Grundsätzen gebieten.

Damit steht einem Teilhaber, der im Einverständnis mit dem anderen Gemeinschafter zugunsten der Bruchteilsgemeinschaft ein Darlehen aufgenommen hat, in gleichem Umfang ein Ersatzanspruch zu wie im Rahmen einer gesamtschuldnerischen Kreditaufnahme. Auch bezüglich des Anspruchsinhalts können die Einzelheiten also den Ausführungen in 3.3.5.2. entnommen werden. Im folgenden daher wiederum nur eine kurze Zusammenfassung:

Tilgungszahlungen auf ein der Gemeinschaft zugute kommendes Darlehen erfolgen im Zweifel mit Einverständnis des anderen Teilhabers[782]. Der daraus erwachsende Erstattungsanspruch gründet sich daher auf die Gemeinschaft und ist nach § 756 S.1 BGB bei der Aufhebung derselben zu berücksichtigen[783]. Der Anspruch ist gemäß § 256 S. 1 BGB vom Zeitpunkt der Aufwendung an ohne Rücksicht auf einen eventuellen Verzug zu verzinsen.

Darüber hinaus hat der Teilhaber, der im Einverständnis mit dem anderen eine Darlehensverbindlichkeit eingeht und die Darlehensmittel für die Gemeinschaft einsetzt, gegen seinen Ehegatten im Zweifel nach § 257 S. 1 BGB einen anteiligen Befreiungsanspruch in der Höhe, in

---

779 BGH, a.a.O., 677 im Rahmen einer gesamtschuldnerischen Verpflichtung

780 BGH JZ 1983, 852 ff., 854; im Ergebnis so auch Graba, NJW 1987, 1721 ff., 1723 f., der sich jedoch hinsichtlich der Annahme einer stillschweigenden Vereinbarung kritisch äußert, stattdessen vom Fehlen einer Vereinbarung ausgeht und eine dem mutmaßlichen Willen der Ehegatten entsprechende Regelung treffen will; beide bezüglich einer Gesamtschuld

781 vgl. BGH FamRZ 1993, 676 ff., 678 allerdings im Rahmen einer Gesamtschuld

782 so auch im Rahmen eines gesamtschuldnerischen Darlehens BGH, a.a.O., 677

783 BGH, a.a.O., 677 bezüglich einer gesamtschuldnerischen Verpflichtung

der er im Falle eigener Zahlung Erstattung verlangen könnte[784]. Auch dieser Befreiungsanspruch muß nach § 756 S. 1 BGB bei der Aufhebung der Gemeinschaft berücksichtigt werden. Der Anspruch beinhaltet - in Vollzug der Teilung[785] - Zahlung an den Dritten[786].

5.6 Zum Vergleich: Anwendung gemeinschaftsrechtlicher Vorschriften im Rahmen einer nichtehelichen Lebensgemeinschaft im Falle einer Alleinschuld

Die Begründung von Miteigentum an einem Gegenstand dürfte im Rahmen einer nichtehelichen Lebensgemeinschaft weit seltener vorkommen als unter Ehegatten. Der Anwendungsbereich der Vorschriften über die Bruchteilsgemeinschaft (§§ 741 ff. BGB) wird daher unter Lebensgefährten relativ gering sein. Liegt im Einzelfall aber Miteigentum an der mit dem Darlehen finanzierten Sache vor, so ist er selbstverständlich eröffnet. Insoweit kann auf die zur Bruchteilsgemeinschaft unter Ehegatten gemachten Ausführungen entsprechend verwiesen werden[787], sowie auf das zum gesamtschuldnerischen Darlehen unter Lebensgefährten Gesagte[788]. Die in Hinblick auf das Rechtsverhältnis unter Ehegatten im Rahmen der §§ 741 ff. BGB befürworteten Modifikationen gelten - da unter Lebensgefährten in annähernd gleichem Maße enge persönlich Beziehungen bestehen - auch hier.

Ist dagegen eine der Parteien Alleineigentümer des fraglichen Gegenstandes, so kann es zu einer Anwendung der §§ 741 ff. BGB auch dann nicht kommen, wenn der dinglich Berechtigte seinem Gefährten Mitbesitz eingeräumt hat. Wie bereits unter 3.3.6. ausführlich dargelegt wurde, ist die Annahme einer besitzrechtlichen Gemeinschaft in diesem Fall abzulehnen. Denn den Beteiligten steht nicht ein und dasselbe Recht gemeinschaftlich zu, sondern jeder der Parteien besitzt aufgrund eines selbständigen, vom jeweils anderen unabhängigen Rechts[789].

---

[784] BGH FamRZ 1992, 43 ff., 44
[785] BGH, a.a.O., 45
[786] BGH, a.a.O., 44
[787] vgl. 5.5. und 3.3.5.
[788] vgl. 3.3.6.
[789] so Lipp, JuS 1982, 17 ff., 19

5.7 Gesellschaft des bürgerlichen Rechts zwischen Ehegatten

Soweit hinsichtlich einer durch nur einen der Ehegatten bzw. Lebensgefährten eingegangenen Verpflichtung zugunsten eines im Miteigentum beider Partner stehenden Gegenstandes. Die Kreditaufnahme kann aber auch anderweitig partnerschaftlichen Zwecken gedient haben, so zum Beispiel, wenn die Verschuldung zur Finanzierung eines über die Lebensgemeinschaft hinausgehenden Zweckes eingegangen wurde. In diesem Fall kommt insbesondere der Abschluß eines zwischen den Parteien bestehenden Gesellschaftsverhältnisses in Betracht.

Auch hinsichtlich eines zwischen Ehegatten geschlossenen Gesellschaftsverhältnisses kann bezüglich der Einzelheiten im wesentlichen auf die dazu im Rahmen einer gesamtschuldnerischen Kreditaufnahme gemachten Ausführung verwiesen werden (3.3.1.). Zusammengefaßt ergibt sich - unter Berücksichtigung der im Rahmen einer Alleinschuld auftretenden Besonderheiten - daraus folgendes:

In der Regel liegt ein ausdrücklich geschlossener Gesellschaftsvertrag nicht vor. Häufigster Fall eines zwischen Ehegatten bestehenden Gesellschaftsverhältnisses ist daher eine auf einem konkludenten Vertragsschluß gründende Ehegatteninnengesellschaft.

Voraussetzung für die Annahme eines solchen Gesellschaftsverhältnisses bildet nach ständiger BGH-Rechtsprechung das abredegemäße Streben der Eheleute nach einem über den typischen Rahmen der ehelichem Lebensgemeinschaft hinausgehenden Zweck durch beiderseitige Leistungen[790]. Ein solches wurde vom BGH etwa in den Fällen angenommen, in welchen die Ehegatten durch Einsatz sowohl von Vermögenswerten als auch Arbeitsleistung gemeinsam ein Unternehmen aufgebaut oder zusammen eine gewerbliche oder berufliche Tätigkeit ausgeübt haben[791].

Dieser Ansatz ist nach hier (3.3.1.1.2.) vertretener Ansicht lediglich dahingehend zu modifizieren, daß nicht auf die Verhältnisse einer „typischen" Lebensgemeinschaft, sondern auf die der konkret zu beurteilenden Ehe abzustellen ist, um das Vorliegen eines tauglichen Gesellschaftszwecks zu ermitteln. Entscheidend sind neben Art und Wert des geschaffenen Vermögenswertes die finanziellen Verhältnisse der konkreten Lebensgemeinschaft.

Da die Ehegatteninnengesellschaft als ein „Rechtsinstitut eigener Art" angesehen werden kann[792], ergeben sich bei Vorliegen derselben die Rechtsfolgen aus einer entsprechenden An-

---

[790] so etwa BGH FamRZ 1989, 147 ff., 148; BGH JZ 1983, 852 ff., 853

[791] so z.B. BGH, a.a.O., 148; BGH NJW 1995, 3383 ff., 3384

[792] so auch Johannsen, WM 1978, 502 ff., 510

wendung der gesellschaftsrechtlichen Vorschriften, soweit eine in rechtlicher Hinsicht gleiche Bewertung geboten ist.

Dabei muß jedoch im Auge behalten werden, daß - anders als bei einer „typischen Gesellschaft" - im Rahmen einer Ehegatteninnengesellschaft in der Regel kein Gesamthandsvermögen besteht. Denn es liegt im Charakter einer Innengesellschaft, daß nur einer der Ehegatten nach außen im eigenen Namen auftritt; daher wird in der Regel auch nur dieser Eigentümer der insoweit erworbenen Vermögensgegenstände.

Hat nur einer der Ehegatten allein ein Darlehen aufgenommen und die daraus erlangten Gelder in die Gesellschaft investiert, gilt folgendes:

Mangels einer gesamtschuldnerischen Verpflichtung kann sich weder ein Befreiungs- noch ein Zahlungsanspruch aus der Vorschrift des § 426 BGB ergeben. Auch aus einer entsprechenden Anwendung § 738 BGB folgt kein Freistellungsanspruch des „ausscheidenden" Ehegatten nach Scheitern der Ehe, weil dort ausdrücklich von gemeinschaftlichen Schulden die Rede ist. Eine durch den nicht für die Gesellschaft auftretenden Ehegatten eingegangene Verbindlichkeit kann aber eine „Gesellschaftsschuld" nicht begründen. Auch eine Analogie zu anderen gesellschaftsrechtlichen Vorschriften scheidet mangels Übereinstimmung der fraglichen Sachverhalte in den für die rechtliche Bewertung maßgebenden Punkten aus.

Dem am Vermögen unbeteiligten Ehegatten bleibt jedoch ein Anspruch nach Auftragsrecht bzw. Geschäftsführung ohne Auftrag. Denn zwar sind im Rahmen einer Ehegatteninnengesellschaft regelmäßig familiäre und damit gemeinschaftliche Zwecke betroffen. Es besteht jedoch meist die Besonderheit des Fehlens eines Gesamthandsvermögens, weshalb für den am Vermögen nicht beteiligten Ehepartner die Darlehensmittel in fremdes Vermögen investiert werden. Aus diesem Grund erfolgte die Kreditaufnahme in der Regel im überwiegenden Interesse des Vermögensinhabers. Bezüglich des sich aus Auftragsrecht ergebenden Anspruches kann auf die unter 5.3., insbesondere 5.3.1., gemachten Ausführungen verwiesen werden.

5.8 Zum Vergleich: Anwendung von Gesellschaftsrecht zwischen Partnern einer nichtehelichen Lebensgemeinschaft im Falle einer Alleinschuld

Betrachten wir nun zum Vergleich die sich bei einer nichtehelichen Lebensgemeinschaft hinsichtlich eines Ausgleichsanspruches aus Gesellschaftsrecht ergebende Rechtslage:

Bereits unter 3.3.2. wurde eingehend besprochen, daß bei Fehlen eines tatsächlichen Vertragsabschlusses in Hinblick auf die Lebensgemeinschaft selbst eine Anwendung gesellschaftsrechtlicher Grundsätze nur bezüglich einzelner Vermögensgegenstände in Betracht kommt. Auch auf gesellschaftsrechtliche Grundsätze kann daher ein umfassender Vermögensausgleich nach Auflösung der nichtehelichen Lebensgemeinschaft regelmäßig nicht gestützt werden. Was die Beurteilung einer mit einem einzelnen Vermögensgegenstand im Zusammenhang stehenden Alleinschuld betrifft, so können - ebenso wie bei der Ehe - gesellschaftsrechtliche Grundsätze nur insoweit zur Anwendung kommen, als die Lebenspartner diesbezüglich einen über den Rahmen *ihrer konkreten* Lebensgemeinschaft hinausgehenden gewillkürten Gesellschaftszweck i.S.d. § 705 BGB verfolgt haben. Eine im Vergleich zu Ehegatten engere oder weitere Beurteilung des Anwendungsbereichs gesellschaftsrechtlicher Grundsätze ist - wie in 3.3.2., insbesondere 3.3.2.3., ausführlich begründet wurde - nicht gerechtfertigt.

Im übrigen kann auch hier wieder auf die zur Anwendung gesellschaftsrechtlicher Grundsätze zwischen Ehegatten gemachten Ausführungen verwiesen werden[793].

5.9 Grundsätze des Wegfalls der Geschäftsgrundlage bei Aufnahme einer Alleinschuld durch einen der Ehegatten

Eine Anwendung der Grundsätze des Wegfalls der Geschäftsgrundlage ist bei der Alleinschuld problematischer als im Rahmen einer gesamtschuldnerischen Kreditaufnahme. Das ergibt sich daraus, daß mangels Gesamtschuld die Anpassung einer im Rahmen des § 426 I BGB angenommenen stillschweigenden Haftungsvereinbarung entfällt. Freilich haben die Parteien oftmals konkludent anderweitige Sonderbeziehungen auch bezüglich der alleinschuldnerischen Darlehensaufnahme abgeschlossen. Ein Vertragsverhältnis, dessen Rechtsgrundlage entfallen könnte, läge insoweit also an sich vor. Hier wird es aber häufig an der für die Anwendung der Grundsätze des Wegfalls der Geschäftsgrundlage erforderlichen Regelungslücke fehlen[794] - so besteht etwa bei einem Auftragsverhältnis die Möglichkeit der Kündigung. Ohnehin aber stellen die Grundsätze des Wegfalls der Geschäftsgrundlage hier keine eigenständige Anspruchsgrundlage dar, sondern können lediglich zu einer Anpassung bereits bestehender Anspruchsgrundlagen führen[795]. Weitere Ausführungen erübrigen sich somit.

[793] vgl. 5.7. i.V.m. 3.3.1.

[794] vgl. dazu Fn. 329 und die Ausführungen unter 3.3.9.

[795] vgl. hierzu die entsprechenden Ausführungen zur Gesamtschuld unter 3.11.

Ansprüche nach Scheidung bei gesetzlichem Güterstand bzgl. nur im Namen eines der Partner aufgenommenen Darlehen: das Innenverhältnis

Zum Vergleich: Anwendung der Grundsätze des Wegfalls der Geschäftsgrundlage im Rahmen einer nichtehelichen Lebensgemeinschaft

5.10 Zum Vergleich: Anwendung der Grundsätze des Wegfalls der Geschäftsgrundlage im Rahmen einer nichtehelichen Lebensgemeinschaft

Auch im Rahmen einer nichtehelichen Lebensgemeinschaft stellen die Grundsätze des Wegfalls der Geschäftsgrundlage keine eigenständige Anspruchsgrundlage dar. Eingehende Ausführungen sind somit nicht geboten. Bezüglich der in diesem Zusammenhang dennoch interessierenden Fragen wird auf die entsprechenden Ausführungen unter 5.9., 3.3.9. und 3.3.10. verwiesen.

Wieder ein anderes Problem ist, ob hinsichtlich der der Darlehensaufnahme möglicherweise nachfolgenden Zuwendung die Grundsätze des Wegfalls der Geschäftsgrundlage zur Anwendung kommen können (vgl. entsprechend die Ausführungen unter 3.3.9.). Diese Problematik gehört aber nicht direkt zum Thema. Diesbezügliche Ausführungen würden daher hier zu weit führen[796].

5.11 Bereicherungsrechtliche Ansprüche zwischen Ehegatten

Befassen wir uns zuletzt noch mit der Frage bereicherungsrechtlicher Ansprüche im Rahmen der Alleinschuld:

[796] Dazu ist folgendes zu sagen: auch im Bereich der „zweiten Ebene" ist für die Anwendung der Regeln der Geschäftsgrundlage das Vorliegen eines Vertragsverhältnisses unverzichtbare Voraussetzung. Haben die Lebensgefährten ein solches bezüglich der konkreten Zuwendung nicht willentlich geschlossen, ist eine Heranziehung der Regeln des Wegfalls der Geschäftsgrundlage daher abzulehnen. Durch das Zusammenleben der Parteien allein entsteht jedenfalls kein Rechtsverhältnis, dessen Geschäftsgrundlage entfallen könnte. Das ergibt sich schon daraus, daß Partner einer nichtehelichen Lebensgemeinschaft diese Beziehungsform häufig gerade deshalb wählen, weil sie sich scheuen, hinsichtlich ihrer Partnerschaft im Ganzen rechtliche Bindungen mit ihrem Lebensgefährten einzugehen (in diese Richtung auch Schlüter, FamRZ 1986, 405 ff., 412; OLG Karlsruhe FamRZ 1986, 1095 f., 1096; auch der BGH äußert in seinem Grundsatzurteil (BGHZ 77, 55 ff., 60) Zweifel, ob die Grundsätze des Wegfalls der Geschäftsgrundlage auf „Beiträge eines Partners in einer jederzeit auflösbaren Gemeinschaft überhaupt angewandt werden können" und hat seither eine Anwendung dieses Rechtsinstituts - soweit ersichtlich - nicht mehr in Betracht gezogen). Das heißt nicht, daß zwischen Lebensgefährten Rechtsverhältnisse generell abzulehnen sind. Ob ein solches - auch stillschweigend begründbares - Vertragsverhältnis vorliegt, muß aber in jedem konkreten Einzelfall unter Berücksichtigung der jeweiligen besonderen Umstände erneut ermittelt werden.

Tilgt in diesem Fall der Partner des Darlehensschuldners Kreditraten, liegt eine Zahlung auf eine fremde Schuld vor. Handelt der Zahlende dabei - was regelmäßig der Fall sein dürfte - mit Fremdtilgungswillen, d.h. zum Zwecke der Erfüllung fremder Verbindlichkeiten[797], so wird in Höhe der Zuwendung an den Gläubiger die Darlehensschuld gem. §§ 267 I, 362 I BGB zum Erlöschen gebracht. § 426 II BGB greift hier anders als unter 3.3.7. mangels Gesamtschuld nicht ein, so daß es durch die Tilgung der fremdem Schuld zu einer Verbesserung der Vermögenslage - mithin zu einer Bereicherung i.S.d. § 812 BGB - des Schuldners kommt.

Das heißt aber nicht, daß dem zahlenden Ehegatten gegenüber dem Darlehensschuldner auch bereicherungsrechtliche Ansprüche zustehen.

Bei der angesprochenen Konstellation der Zahlung fremder Schulden besteht eine Dreiecksbeziehung zwischen zahlendem Dritten, Darlehensschuldner und Darlehensgläubiger. Dabei gibt das zwischen Dritten und Schuldner vorliegende Verhältnis - das sogenannte Deckungsverhältnis - Aufschluß darüber, warum der Zahlende für den Darlehensschuldner die Leistung erbringt, während das zwischen Gläubiger und Schuldner gegebene Valutaverhältnis für die Frage entscheidend ist, aus welchem Rechtsgrund die Zuwendung geschuldet wird. Bereicherungsrechtliche Ansprüche kommen grundsätzlich nur zwischen den Parteien der einzelnen Leistungsverhältnisse in Betracht. Entscheidend für die Bejahung eines Bereicherungsanspruches zwischen den Ehepartnern aus § 812 BGB ist also, ob dem Deckungsverhältnis der rechtliche Grund fehlt[798]. Darüber hinaus ist neben der Mangelhaftigkeit des Deckungsverhältnisses weitere Voraussetzung für das Eingreifen eines bereicherungsrechtlichen Anspruches, daß dem zahlenden Ehegatten aus dem Rechtsverhältnis zu seinem Partner nicht ein anderer, den Bereicherungsanspruch verdrängender Leistungs- oder Rückgriffsanspruch zusteht[799].

Schon die erstgenannte Voraussetzung wird bei Tilung einer überwiegend im Interesse des Darlehensschuldners aufgenommenen Darlehensschuld wegen des Vorliegens eines Auftragsverhältnisses aber häufig zu verneinen sein (vgl dazu 5.3.2.). Ist eine diesbezügliche Einigung nicht gegeben, liegt nach den unter 5.3.2. dargelegten Gründen bei Zahlung auf ein im Interesse des Darlehensschuldners aufgenommenes Darlehen regelmäßig berechtigte Geschäftsführung ohne Auftrag vor, die über §§ 677, 683 S. 1 BGB zu einem Aufwendungsersatzanspruch nach § 670 BGB führt. Ein etwaiger bereicherungsrechtlicher Anspruch ist dazu subsidiär[800].

Erfolgte die Darlehensaufnahme dagegen überwiegend im Interesse des zahlenden Dritten, so scheidet zwar aus den in 5.3.3. genannten Gründen ein Aufwendungsersatzanspruch nach auftragsrechtlichen Vorschriften aus. Dies führt aber nicht etwa zu einem Eingreifen bereiche-

---

797 vgl. dazu Palandt/Thomas, § 812 Rz. 62 i.V.m. § 267 Rz. 4

798 Palandt/Thomas, § 812 Rz. 59

799 vgl. Palandt/Thomas, § 812 Rz. 60 i.V.m. Einf. v. § 812, Rz. 11

800 vgl. dazu Palandt/Thomas, § 812 Rz. 60

rungsrechtlicher Ansprüche. Vielmehr kommen auch diese wegen der sonst auftretenden Widersprüchlichkeit (dazu die Ausführungen unter 5.3.3.) nicht in Betracht.

Darüber hinaus ändert das Vorliegen einer Alleinschuld nichts an dem Bestehen des gesetzlichen Güterstandes, so daß nach Ansicht des BGH dem gesetzlichen Zugewinnausgleich hier ebenfalls der uneingeschränkte Vorrang vor einer Anwendung des Bereicherungsrechtes eingeräumt werden muß[801].

5.12 Zum Vergleich: Anwendung bereicherungsrechtlicher Vorschriften im Rahmen eines nur durch einen der Partner aufgenommenen Darlehens bei nichtehelicher Lebensgemeinschaft

Gleiches wie unter Ehegatten gilt bezüglich der Anwendung bereicherungsrechtlicher Anspruchsgrundlagen auch im Rahmen der nichtehelichen Lebensgemeinschaft. Zwar scheidet insoweit wiederum eine Anwendung der §§ 1363 ff. BGB aus, das ändert aber nichts daran, daß in der Kreditaufnahme selbst bzw. in der Erfüllung der sich daraus ergebenden Verpflichtungen keine Leistung des einen an den anderen Partner gesehen werden kann[802].

Soweit also zur Beschaffung von Geldmitteln mit Hilfe einer entweder durch beide Partner als Gesamtschuldner oder aber durch eine der Parteien als Alleinschuldner eingegangenen Kreditschuld.

[801] Zum Vorrang des Zugewinnausgleichs vor einer bereicherungsrechtlichen Rückabwicklung ehebezogener Zuwendungen grundlegend BGH NJW 1976, 328 f., 329; BGH FamRZ 1982, 778 f., 779; seither stetige Rspr.; zustimmend Staudinger/Lorenz, § 812, Rz. 99; Palandt/Diederichsen, § 1372, Rz. 5; Joost, JZ 1985, 10 ff., 13 f.; Rauscher, AcP 186, 535 ff.; vgl. auch Lipp, JuS 1993, 89 ff., 96

[802] vgl. genauer unter 3.3.8.

6 Durch einen der Ehegatten übernommene Bürgschaft

Die bisher angesprochenen Verpflichtungen sind aber nicht die einzigen im Rahmen einer Partnerschaft anzutreffenden Verbindlichkeiten. Über diese Verpflichtungen hinaus - bzw. anstatt einer gesamtschuldnerischen Verpflichtung - ist für die Erlangung eines Kredits die Erteilung einer persönlichen oder dinglichen Sicherheit häufig unumgänglich. Im folgenden soll daher zunächst die Rechtslage im Falle der Übernahme einer Bürgschaft durch einen der Partner betrachtet werden. Insoweit wird wiederum zunächst auf die zwischen Ehegatten bestehenden Ansprüche eingegangen, bevor diejenigen nichtehelicher Lebensgefährten betrachtet werden.

Sowohl bei der oben angesprochenen gesamtschuldnerischen Mithaftung als auch der Alleinschuld ergeben sich Probleme nach Scheitern der Partnerschaft vor allem in den Fällen, in welchen die dadurch erlangten Mittel vorwiegend zum Nutzen eines der Ehegatten eingesetzt wurden.

Dem in der Regel vergleichbar dürfte die Interessenlage im Falle einer Bürgschaftsübernahme durch einen der Ehegatten zur Sicherung einer durch seinen Partner aufgenommenen Verbindlichkeit sein. Denn der Umstand der Kreditaufnahme nur durch einen der Ehegatten deutet bereits auf ein überwiegendes Interesse dieses Ehegatten hin. Selbstverständlich aber ist ebenso denkbar, daß sich ein Ehegatte für ein allein in seinem Interesse, aber durch den anderen Ehegatten aufgenommenes Darlehen verbürgt - etwa, weil das Kreditinstitut wegen der bereits bestehenden hohen Verschuldung des bürgenden Ehegatten diesem einen weiteren Kredit verweigert[803].

In jedem Fall gilt jedoch:

Auch bezüglich einer Bürgschaftsübernahme ist zwischen Innen- und Außenverhältnis zu unterscheiden. Beteiligte des Innenverhältnisses sind Bürge und Hauptschuldner, das Außenverhältnis besteht zwischen Bürgen und Gläubiger. Die Bürgschaftsschuld ist streng akzessorisch zu Bestehen und Umfang der Hauptschuld[804], aus diesem Grund kann der Bürge die dem Hauptschuldner zustehenden Einreden dem Gläubiger gegenüber geltend machen[805]. Das Verhältnis zwischen Bürgen und Gläubiger wird also durch die zwischen Gläubiger und Hauptschuldner bestehende Rechtsbeziehung beeinflußt. Unabhängig voneinander sind dagegen das

---

[803] ein solcher Fall - allerdings in Hinblick auf Partner einer nichtehelichen Lebensgemeinschaft - wurde z.B. entschieden von OLG Celle NJW 1983, 1063 ff.

[804] vgl. § 767 I BGB

[805] vgl. § 768 I S. 1 BGB

Verhältnis zwischen Bürgen und Gläubiger und die zwischen Bürgen und Hauptschuldner bestehende Rechtsbeziehung[806]. Ist ein wirksamer Bürgschaftsvertrag zustande gekommen, kann der Bürge allein vom Gläubiger, nicht von dem am Außenverhältnis unbeteiligten Hauptschuldner, aus der Bürgenhaftung entlassen werden[807]. Das führt vor allem dann zu Problemen, wenn die Bürgschaftsverpflichtung im Zeitpunkt des Scheiterns der Ehe noch besteht. Der Gläubiger wird gemeinhin nicht bereit sein, den Bürgen von seiner Haftung zu befreien. Das ist aber für eine „Enthaftung" des Bürgen auch gar nicht notwendig, sollte der Bürgschaftsvertrag von Anfang an nicht wirksam zustande gekommen sein:

6.1 *Im Außenverhältnis: Problem der Wirksamkeit der Bürgschaftserklärung*

Der in diesem Zusammenhang in Literatur und Rechtsprechung am häufigsten diskutierte Punkt befaßt sich mit der Frage der Unwirksamkeit der Bürgschaftsübernahme gemäß § 138 I BGB aufgrund der Mittellosigkeit des Bürgen[808]. Diesbezüglich kann im wesentlichen auf die zum Problem der Mittellosigkeit des mithaftenden Ehegatten im Rahmen der gesamtschuldnerischen Darlehensaufnahme unter 2.2.1. gemachten Ausführungen verwiesen werden. Aus den dort genannten Gründen sind die bezüglich der gesamtschuldnerischen Haftung angeführten Argumente zumindest hinsichtlich einer selbstschuldnerischen Bürgschaft im wesentlichen übertragbar. Im folgenden daher nur eine kurze Zusammenfassung[809]:

[806] daß in Hinblick auf den Forderungsübergang nach § 774 I S. 1 BGB die Einwendungen des Hauptschuldners aus einem zwischen ihm und dem Bürgen bestehenden Rechtsverhältnis unberührt bleiben (§ 774 I S. 3 BGB), steht dieser Aussage nicht entgegen, sondern bestätigt sie vielmehr: Die aus dem zwischen Hauptschuldner und Bürgen bestehenden Rechtsverhältnis erwachsenden Einwendungen kann der Hauptschuldner nur dem Bürgen, nicht dagegen dem Gläubiger gegenüber geltend machen.

[807] so auch OLG Köln NJW-RR 1994, 52

[808] bzgl. weiterer möglicherweise eine Unwirksamkeit der Bürgschaft begründender Vorschriften kann im wesentlichen auf die in Fn. 60 im Rahmen der gesamtschuldnerischen Kreditaufnahme gemachten Anmerkungen verwiesen werden, wobei zu beachten ist, daß das VerbrKrG auf einen Bürgschaftsvertrag weder unmittelbare Anwendung findet - nach der abschließenden Definition des § 1 II VerbrKrG handelt es sich nicht um einen Kreditvertrag - noch eine planwidrige Regelungslücke vorliegt, die eine analoge Anwendung rechtfertigen könnte (so Heinrichsmeier, a.a.O., S. 105 f.)

[809] vgl. dazu z.B. BGH NJW 1996, 513 ff., 514

6.1.1 § 138 I BGB wegen Einkommens- und Vermögenslosigkeit des Bürgen

Allein der Umstand, daß der Bürge - für den Gläubiger erkennbar - bei Vertragsschluß seine Verpflichtung nicht erfüllen kann und eine Verbesserung auch für die Zukunft allenfalls bei besonders günstiger Entwicklung seiner finanziellen Lage zu erwarten ist, hat nicht die Unwirksamkeit des Bürgschaftsvertrages nach § 138 I BGB zur Folge. Vielmehr ist eine Bürgschaft erst dann als nichtig anzusehen, wenn der Bürge durch weitere, dem Gläubiger zurechenbare Umstände wesentlich beeinträchtigt und dadurch ein unerträgliches Ungleichgewicht zwischen den Vertragsparteien herbeigeführt wird. Ein solches ist insbesondere dann anzunehmen, wenn der Gläubiger zum eigenen Nutzen eine seelische Zwangslage des Bürgen verursacht und so dessen Entschließungsfreiheit auf unredliche Weise manipuliert. Zu prüfen ist stets, ob eine Abwägung aller bei Vertragsschluß erkennbarer Umstände - eine Gesamtschau von Inhalt, Beweggrund und Zweck des Rechtsgeschäftes - einen Verstoß gegen die guten Sitten erkennen läßt[810].

Unwirksamkeit einer Bürgschaft nach § 138 I BGB wurde vom BGH zum Beispiel in einem Fall[811] angenommen, in dem der Kreditgeber dem Ehemann zunächst einen Kredit gewährte, ohne zu dessen Absicherung die Übernahme einer Bürgschaft durch seine mittellose Frau zu fordern. Erst nachdem bereits 400 000 DM der insgesamt 665 000 DM betragenden Kreditsumme ausbezahlt und für den Aufbau eines neuen Unternehmens verwendet worden waren, forderte die den Kredit gewährende Bank unter Androhung des Widerrufs der Kreditzusage die Übernahme einer selbstschuldnerischen Bürgschaft durch die Ehefrau des Kreditnehmers; die als Ausfallbürgin vorgesehene Bank hatte eine Mithaftung derselben verlangt.

Dies führt nach der Rechtsprechung des BGH jedenfalls dann zur Unwirksamkeit des Bürgschaftsvertrages nach § 138 I BGB, wenn die Kreditgeberin von Anfang an gewußt hat, daß die als Ausfallbürgin angestrebte Bank ihre Bürgschaft von einer Mitverpflichtung der Ehefrau abhängig machen würde und dennoch eine diesbezügliche Mitteilung an den Kreditnehmer unterließ. Weil bei Rücknahme der Kreditzusage der Zusammenbruch der wirtschaftlichen Existenz ihres Ehemannes gedroht hätte, habe sich die Bürgin bei Abschluß des Bürgschaftsvertrages in einer Zwangslage befunden. Die Mittellosigkeit der Frau sei dem Kreditunternehmen erkennbar gewesen, weil es banküblichen Gepflogenheiten entspreche, die Werthaltigkeit einer Bürgschaft zu überprüfen, so daß bei Unkenntnis der finanziellen Lage

[810] vgl. dazu z.B. BGH NJW 1992, 896 ff., 898 f.; BGH NJW 1996, 1274 ff. mit Beispielen, wann Sittenwidrigkeit des Bürgschaftsvertrages angenommen werden kann; BGH NJW 1997, 1003 ff., 1003
[811] BGH NJW 1996, 513 ff., 514

der Bürgin die Bank sich der Erkenntnis des geringen Wertes der Sicherheit bewußt verschlossen habe.

Der Umstand der Einkommens- und Vermögenslosigkeit des Bürgen allein führt also noch nicht zur Unwirksamkeit der Bürgschaftsübernahme.

6.1.2 Problem der Sittenwidrigkeit (§ 138 I BGB) wegen Fortdauer der Bürgschaftsverpflichtung nach der Scheidung

Auch die Tatsache, daß die Bürgschaftsverpflichtung über die Scheidung der Ehe hinaus fortdauert, begründet keine Sittenwidrigkeit des Bürgschaftsvertrages[812].

Das ergibt sich einerseits daraus, daß die frühere gemeinschaftliche Lebensplanung und -gestaltung Wirkungen auch noch nach Scheitern der Ehe entfaltet - zum Beispiel in Gestalt der Unterhaltspflicht und durch anhaltende Verpflichtungen, die von Bemühungen um eine wirtschaftliche Grundlage der Ehe herrühren. Andererseits beinhaltet eine - durch die Mitverpflichtung des anderen Ehepartners ermöglichte - Kreditaufnahme die Chance wirtschaftlicher Besserstellung. Im Erfolgsfall sorgen bei der Scheidung der Zugewinnausgleich (§§ 1372 ff. BGB) und eine eventuelle Unterhaltsleistung (§§ 1569 ff. BGB) für die Beteiligung des mithaftenden Ehegatten am Vermögenszuwachs.[813]

Kommt nach den obigen Ausführungen trotz Mittellosigkeit des Bürgen eine Unwirksamkeit nach § 138 I BGB nicht in Betracht, ist damit jedoch noch nicht gesagt, daß der Gläubiger gegen den bürgenden Ehegatten mit Erfolg vorgehen kann.

Der IX. Zivilsenat des BGH[814] etwa befürwortet - in Hinblick auf Sinn und Zweck der Einbeziehung des vermögenslosen Ehegatten in die Haftung - eine Auslegung der Haftungsabrede dahin, daß sie ein stillschweigendes pactum de non petendo[815] enthalte, solange der leistungs-

[812] vgl. dazu BGH NJW 1992, 896 ff., 899

[813] so BGH, a.a.O., 899

[814] BGH BGHZ 128, 230 ff., 235

[815] darunter ist eine - auch stillschweigende Absprache - zwischen den Vertragsparteien zu verstehen, die auf die Begründung eines Leistungsverweigerungsrechts des Schuldners oder den vorübergehenden Ausschluß der Klagbarkeit der Forderung gerichtet ist (Palandt/Heinrichs, § 202, Rz. 8); die Fälligkeit der Forderung bleibt unberührt

unfähige Partner kein Vermögen erworben habe, oder aber, daß von Anfang an bis zu diesem Zeitpunkt die Fälligkeit des Anspruchs hinausgeschoben werde[816].

Zu Einzelheiten wird auf 2.2.2.1. verwiesen. Aus den dort genannten Gründen wird jedoch auch die Auslegung der unter den Parteien getroffenen Absprachen nur selten die Vereinbarung eines pactum de non petendo oder eines Hinausschiebens des Fälligkeitszeitpunktes der Gläubigerforderung ergeben.

In diesem Fall kann der Gläubiger aber möglicherweise über die Grundsätze des Wegfalles der Geschäftsgrundlage daran gehindert sein, den Bürgen uneingeschränkt in Anspruch zu nehmen. Auch mit dieser Problematik der Außenhaftung muß sich die vorliegende Arbeit befassen, da sich Ausführungen zur Innenhaftung erübrigen würden, wenn und soweit einer Inanspruchnahme des Bürgen durch den Gläubiger die Grundsätze des Wegfalls der Geschäftsgrundlage entgegenstünden, der Bürge also im Außenverhältnis eine Haftung nicht fürchten müßte.

6.1.3 Problem des Wegfalls der Geschäftsgrundlage für die Bürgschaftsübernahme nach Scheidung

6.1.3.1 Aufgrund der Scheidung

Zwar entfällt durch die Scheidung der Ehe an sich nicht die Geschäftsgrundlage des Bürgschaftsvertrages. Dazu müßte bei den an diesem Vertrag beteiligten Parteien - Gläubiger und Bürge - ein übereinstimmender Geschäftswille vorgelegen haben, die Bürgschaft an den Fortbestand der Ehe zu knüpfen[817]. In aller Regel wird ein derartiger Wille aber nicht gegeben sein[818]. Dies gilt selbst dann, wenn sich ein Ehegatte für Schulden des anderen gegenüber dessen Verwandten verbürgt hat[819]. Denn der Fortbestand der Ehe gehört im Außenverhältnis zum alleinigen Risikobereich des Bürgen[820].

[816] so BGH NJW 1997, 1003 ff., 1004

[817] so etwa BGH NJW 1992, 896 ff., 899

[818] a.A.: Reifner, ZIP 1990, 427 ff., 436 f. im Falle der Bürgschaft für einen dem Haushalt zugute kommenden Konsumkredit sowie für einen Kredit, durch den das dem Haushalt zufließende Einkommen des Ehemannes garantiert oder erhöht wurde

[819] vgl. BGH NJW 1987, 1629 f., Leitsatz und S. 1630

[820] BGH BGHZ 128, 230 ff., 236

6.1.3.2 Aufgrund der Trennung der Ehegatten ohne vorherige Vermögensverlagerung

An einer Inanspruchnahme des Bürgen kann der Gläubiger nach den Regeln über den Wegfall der Geschäftsgrundlage (§ 242 BGB) jedoch dann gehindert sein, wenn die Verpflichtung des Bürgen hauptsächlich zu dem Zweck erfolgte, den Gläubiger vor Nachteilen durch Vermögensverlagerungen zwischen den Eheleuten zu schützen[821] und die eheliche Lebensgemeinschaft ohne eine derartige Vermögensverschiebung aufgelöst wurde[822].

Nach stetiger Rechtsprechung wird die Geschäftsgrundlage eines Vertrages gebildet durch die nicht zum Vertragsinhalt erhobenen, aber bei Vertragsschluß zutage getretenen, dem Geschäftsgegner erkennbaren und von ihm nicht beanstandeten Vorstellungen des einen Vertragsteils oder durch entsprechende gemeinsame Vorstellungen beider Vertragspartner, auf denen der Geschäftswille aufbaut[823]. Im Falle einer Haftungsvereinbarung für fremde Schulden kommt ein Wegfall der Geschäftsgrundlage nur ausnahmsweise in Betracht, da sowohl die Leistungsfähigkeit der Gesamtschuldner als auch der Fortbestand der Ehe grundsätzlich in den alleinigen Risikobereich des Bürgen fallen[824]. War der Ehegatte bei Übernahme der Bürgschaft aber weitgehend mittellos und konnte aufgrund bei Vertragsschluß erkennbarer Tatsachen eine diesbezügliche Verbesserung auch nicht erwartet werden[825], war dies außerdem dem Kreditinstitut bekannt oder hat es sich dieser Erkenntnis bewußt verschlossen, so steht ausnahmsweise nicht die Erweiterung der Haftungsmasse[826], sondern das Interesse an der Verhinderung von Vermögensverlagerungen zwischen den Partnern im Vordergrund des Vertrages[827]. Das berechtigte, den Anforderungen von Treu und Glauben genügende Interesse der Bank an der Bürgschaftsübernahme hängt in diesem Fall von vornherein davon ab, daß eine Vermögensverlagerung zwischen den Ehepartnern stattgefunden hat bzw. in Zukunft noch

[821] BGH NJW 1997, 1003 ff., 1004

[822] Palandt/Heinrichs, § 138, Rz. 38 c

[823] Palandt/Heinrichs, § 242, Rz. 113; z. B. BGH BGHZ 128, 230 ff., 236; BGH NJW 1987, 1629 f., 1630

[824] so BGH BGHZ 128, 230 ff., 236

[825] BGH NJW 1997, 1003 ff., 1004; wann von Anfang an nicht mit nennenswerten Leistungen des Bürgen gerechnet werden kann, hat der BGH in einem Urteil aus dem Jahre 1996 (NJW 1996, 2088 ff.) im einzelnen dargestellt. Danach spielt eigenes Einkommen des Bürgen als berechtigtes Zugriffsobjekt keine Rolle, sofern voraussichtlich der pfändungsfreie Betrag innerhalb von fünf Jahren seit Fälligkeit der Bürgschaftsforderung nicht ein Viertel der Hauptschuld erreicht. Dabei hat der Bürge die Tatsachen darzulegen und zu beweisen, die den Einwand des § 242 BGB rechtfertigen.

[826] üblicherweise will der Gläubiger sich durch die Bürgschaft die Möglichkeit eröffnen, auf das Vermögen eines Dritten zugreifen zu können, weil er befürchtet, aus demjenigen des Hauptschuldners keine Befriedigung erlangen zu können (so BGH BGHZ 128, 230 ff., 237).

[827] BGH, a.a.O., 237

möglich erscheint[828]. Wird die Lebensgemeinschaft endgültig aufgelöst, ohne daß es zu einer Vermögensverschiebung gekommen ist, kann der mit der Bürgschaft verfolgte Zweck nicht mehr verwirklicht werden[829]. Die Bank setzt sich daher dem Vorwurf widersprüchlichen Verhaltens aus, wenn sie den wirtschaftlich nicht leistungsfähigen Ehegatten in Anspruch nimmt, obwohl die Gründe, die seine Verpflichtung allein zu rechtfertigen vermochten, nicht mehr bestehen[830]. Der Wegfall der Geschäftsgrundlage wirkt sich allerdings nur aus, wenn und soweit ein unverändertes Festhalten an dem Vertrag unzumutbar ist. Beachtet werden muß, daß Rechtsfolge des Wegfalls der Geschäftsgrundlage grundsätzlich nur eine Vertragsanpassung unter Berücksichtigung aller maßgeblichen Umstände des Einzelfalles - insbesondere Dauer des Schutzbedürfnisses der Bank sowie wirtschaftlicher Bedeutung des Kredits für den bürgenden Ehepartner - ist. Im Einzelfall kann der Wegfall der Geschäftsgrundlage aber auch zu einer Reduktion der Zahlungspflicht auf Null führen[831]. Dabei ist jedoch stets im Auge zu behalten, daß ein Wegfall der Geschäftsgrundlage infolge der Scheidung nur in Betracht kommt, wenn der Schutz vor Vermögensverschiebungen der einzige[832] oder zumindest hauptsächliche[833] Zweck der Haftungsübernahme ist. Nur in diesem Fall spielt der Bestand der ehelichen Lebensgemeinschaft nach der Intention der Parteien für den Kreditvertrag eine derart tragende Rolle, daß ihr Wegfall diesen jeden sinnvollen Zwecks berauben kann[834]. Schließlich hat ein Ehepartner über den Zugewinnausgleich (§§ 1373 ff., 1378 BGB) bzw. die Unterhaltsvorschriften (§§ 1569 ff BGB) auch nach der Scheidung grundsätzlich noch die Möglichkeit, mittelbar von dem während der Ehe aufgenommenen, erfolgreich eingesetzten Kredit zu profitieren[835].

Aus den unter 2.2.2.3. bezüglich einer gesamtschuldnerischen Mithaftung genannten Gründen wird auch das Inkrafttreten der Insolvenzordnung ab dem 1.1.1999[836] und die darin vorgesehene Möglichkeit der Restschuldbefreiung (§§ 286 InsO) einen Eingriff in den Bürgschaftsvertrag über § 242 BGB nicht überflüssig machen.

---

[828] BGH, a.a.O., 237

[829] BGH, a.a.O., 237

[830] BGH, a.a.O., 238

[831] BGH, a.a.O., 239

[832] so Heinrichsmeier, a.a.O., S. 176

[833] BGH NJW 1997, 1003 ff., 1004

[834] zu weitgehend daher die Meinung Reifners (ZIP 1990, 427 ff., 434 ff.), der bei der gesamtschuldnerischen Ehegattenmithaftung in sehr weitem Umfang zur Anwendung der Geschäftsgrundlagenlehre kommt.

[835] so im Rahmen einer gesamtschuldnerischen Haftung auch Knütel, ZIP 1991, 493 ff., 495; Kreft, WM 1992, 1425 ff., 1426

[836] vgl. § 335 InsO i.V.m. Art. 110 I EGInsO

Ist der Gläubiger nach dem oben Gesagten dagegen nicht an einer Inanspruchnahme des Bürgen gehindert, muß der häufig als Selbstschuldner verbürgte (vgl. § 773 I Nr. 1 i.V.m. 771 BGB) Ehegatte auch nach Scheitern der Beziehung zum Hauptschuldner bei Fälligkeit der Hauptschuld jederzeit eine Inanspruchnahme durch den Gläubiger fürchten. Insbesondere in diesem Fall wird daher die Frage relevant, ob aufgrund des Scheiterns der Ehe dem Bürgen gegen seinen Ehegatten ein Befreiungsanspruch zusteht - etwa mit dem Inhalt, die Hauptschuld und damit wegen der Akzessorietät auch die Bürgschaftsschuld durch Zahlung an den Gläubiger zum Erlöschen zu bringen (§§ 362 I, 767 I S. 1 BGB). Dies ist ein rein das Innenverhältnis betreffendes Problem:

6.2 Im Innenverhältnis

Ob und nach welchen Vorschriften der bürgende Ehegatte gegen seinen Partner einen Anspruch herleiten kann, richtet sich nach dem Inhalt des zwischen den Eheleuten bestehenden Rechtsverhältnisses.

6.2.1 Anwendung von Auftragsrecht (§§ 662 ff. BGB)

Die Bürgschaftsübernahme durch einen Ehegatten in Hinblick auf eine im überwiegenden Interesse des anderen erstrebte Kreditaufnahme dürfte häufig durch die Erteilung eines diesbezüglich zumindest konkludent erteilten Auftrags veranlaßt sein, weil der Hauptschuldner in der Regel in irgendeiner Weise seinen Wunsch nach Verbürgung seinem Ehegatten gegenüber zum Ausdruck bringt.

Kann im Einzelfall eine Auftragserteilung nicht festgestellt werden, liegt in der unentgeltlichen Übernahme der Bürgschaft mit dem Ziel, dem Ehegatten die erstrebte Darlehenserteilung zu sichern, eine Geschäftsführung ohne Auftrag (§ 677 ff. BGB). Ist diese berechtigt, das heißt, entspricht sie dem Interesse und dem wirklichen oder mutmaßlichen Willen des Geschäftsherrn, ergeben sich hinsichtlich des Aufwendungsersatzanspruches über § 683 S. 1 BGB dieselben Rechtsfolgen wie im Falle einer Auftragserteilung (vgl. § 670 BGB). Hat der aus der Bürgschaft in Anspruch genommene Bürge somit an den Gläubiger gezahlt, steht ihm grundsätzlich ein Anspruch gegen seinen Partner nicht nur aus § 774 I BGB, sondern auch aus § 670 BGB zu[837], eventuell in Verbindung mit § 683 S. 1 BGB. Allerdings darf auch hier nicht übersehen werden, daß für den Zeitraum des Funktionierens der Ehe die gesetzlichen Vorschriften aufgrund stillschweigender Abreden der Ehegatten - für die die gewählten ehelichen Lebensverhältnisse einen Anhaltspunkt bieten - modifiziert werden. Bezüglich der während intakter Ehe gemachten Aufwendungen auf eine Bürgschaft ist daher in jedem Einzelfall nach den schon wiederholt dargelegten Grundsätzen[838] zu untersuchen, ob der Aufwendungsersatzanspruch tatsächlich erfolgreich geltend gemacht werden kann.

Ein sich aus § 670 BGB ergebender Zahlungsanspruch ist also jedenfalls nicht von vornherein auszuschließen.

Über einen aufgrund getätigter Vermögensopfer entstandenen Zahlungsanspruch hinaus begründet § 670 BGB jedoch in der Regel in Verbindung mit § 257 BGB auch einen Befreiungsanspruch, wenn der Beauftragte im Rahmen der Auftragsausführung eine Verbindlichkeit eingeht. Davon kann bei einer Bürgschaftsübernahme durchaus gesprochen werden. Ein aus § 670 BGB folgender Freistellungsanspruch scheidet dennoch aus, weil sowohl § 670 BGB als auch § 671 BGB - wie unter 3.3.3.2. dargelegt wurde, wäre Voraussetzung eines Befreiungsanspruches in diesem Fall eine wirksame Kündigung des Auftragsverhältnisses - durch die im Rahmen einer Bürgschaft geltende spezielle Vorschrift des § 775 BGB abgeändert werden[839]. Diese Norm nämlich behandelt den Befreiungsanspruch eines Bürgen nach ihrem Wortlaut gerade für den Fall der Verbürgung im Auftrag des Hauptschuldners sowie aufgrund berechtigter Geschäftsführung ohne Auftrag. Der Freistellungsanspruch des Bürgen richtet sich daher allein nach § 775 BGB. Allerdings ist diese Regelung dispositiv[840] und kann somit durch Vereinbarungen zwischen Bürge und Hauptschuldner überlagert werden.

6.2.2 Befreiungsanspruch des bürgenden Ehegatten aus § 775 BGB

In § 775 BGB werden explizit Veränderungen der bei der Bürgschaftsübernahme bestehenden Verhältnisse aufgezählt, aufgrund derer der Bürge vom Hauptschuldner vor Befriedigung des Gläubigers Befreiung von der übernommenen Bürgschaft verlangen kann.

Vorliegend ist vor allem der Fall des Scheiterns der Ehe zwischen Bürgen und Hauptschuldner interessant, der in § 775 BGB keine Erwähnung findet. Da § 775 BGB dispositiv ist, kann das vom Bürgen übernommene Risiko jedoch über die dort ausdrücklich aufgeführten Punkte hinaus weiter eingeschränkt[841] oder auch erweitert[842] werden. So kann während des Funktio-

[837] vgl. dazu Palandt/Sprau, § 774, Rz. 4
[838] vgl. insb. 3.1.5.1.
[839] Palandt/Sprau, § 775, Rz. 1
[840] Palandt/Sprau, § 775, Rz. 1
[841] BGH NJW 1995, 2635 ff., 2637

nierens der Ehe zwischen den Parteien ein stillschweigender Verzicht auf den aus § 775 BGB folgenden Befreiungsanspruch angenommen werden, vergleichbar mit dem für diesen Zeitraum anzunehmenden konkludenten Kündigungsverzicht im Rahmen des Auftragsverhältnisses[843]. Der Kündigungsverzicht allerdings steht bei Vorliegen eines wichtigen Grundes nach § 671 III BGB der Kündigung des Auftragsverhältnisses nicht entgegen; das Scheitern der Ehe stellt einen solchen Grund dar[844]. Eine entsprechende Übertragung dieser Grundsätze auf die Vorschrift des § 775 BGB bedeutet indes aber nur, daß der Verzicht auf einen Befreiungsanspruch des Bürgen für die in dieser Vorschrift aufgeführten Tatbestände mit Scheitern der Partnerschaft obsolet wird.

Fraglich bleibt, ob darüber hinaus eine stillschweigende Vereinbarung der Ehegatten angenommen werden kann, der Befreiungsanspruch des § 775 BGB solle auf den Fall des Auseinanderbrechens der Ehe erweitert werden. Das ist wegen des Umstandes, daß die Ehe auch über die Scheidung hinaus Nachwirkungen entfaltet - das durch die Bürgschaftsübernahme ermöglichte Darlehen kann bei erfolgreichem Einsatz über Zugewinnausgleich (§§ 1372 ff. BGB) sowie Unterhaltsanspruch (§§ 1569 ff. BGB) möglicherweise auch später noch zu einer finanziellen Besserstellung des Bürgen führen - grundsätzlich zu verneinen. Denn es ist anzunehmen, daß die Parteien zumindest im Zeitpunkt der Bürgschaftsübernahme mit der Möglichkeit einer Verbesserung ihrer finanziellen Lage rechnen, andernfalls würden sie wohl von der Übernahme der Verbindlichkeit Abstand nehmen. Hinsichtlich der Feststellung stillschweigender Abreden ist jedoch auf diesen Zeitpunkt abzustellen; daß sich die Erwartungen der Eheleute nicht erfüllt haben, kann nicht zu einer nachträglichen Konstruktion einer konkludenten Vereinbarung führen.

Anders ist die Rechtslage zu beurteilen, wenn die Bürgschaftsübernahme erfolgte, um die Möglichkeit der Bedienung anderer fälliger Schulden zu schaffen. In diesem Fall haben die Parteien möglicherweise auch bereits im Zeitpunkt der Bürgschaftsübernahme nicht mit einer zukünftigen finanziellen Besserstellung gerechnet, sondern sich allein aufgrund der bestehenden Zwangslage zur Eingehung der Verpflichtung entschlossen. Eine Erweiterung des § 775 BGB im oben angesprochenen Sinne aufgrund einer konkludenten Vereinbarung der Ehegatten wäre dann zu bejahen. Ob dies der Fall ist, kann jedoch nur eine genaue Analyse der Umstände des jeweiligen Einzelfalles zeigen.

---

842 vgl. Palandt/Sprau, § 775, Rz. 1

843 vgl. dazu die Ausführungen unter 3.3.3.2.

844 Haussleiter, a.a.O., Rz. 181; Hausmann, a.a.O., S. 187 f.; BGH FamRZ 1972, 362 f., 363

6.2.3 Befreiungsanspruch des Bürgen nach den Grundsätzen des Wegfalls der Geschäftsgrundlage

Auch sonst ist der Hauptschuldner im Einzelfall nach dem Gesichtspunkt des Wegfalles der Geschäftsgrundlage verpflichtet, den Bürgen von seiner Haftung durch Zahlung an den Gläubiger oder anderweitige Sicherheitsleistung zu befreien.

Die Geschäftsgrundlage wird durch die zwar nicht zum Vertragsinhalt erhobenen, bei Vertragsschluß jedoch dem Geschäftsgegner erkennbaren und von ihm nicht beanstandeten Vorstellungen des einen Vertragsteils oder durch die Annahme beider Teile vom Vorhandensein oder künftigen Eintritt gewisser Umstände gebildet, sofern der Geschäftswille auf diesen Vorstellungen aufbaut[845].

Es ist davon auszugehen, daß der „Ehegatte-Bürge" in der Regel im Innenverhältnis zum Hauptschuldner für diesen erkennbar die Bürgschaft unter der Annahme des Fortbestandes der Ehe übernimmt, so daß die Ehe als Geschäftsgrundlage für den Fortbestand der Bürgschaftsverpflichtung im Innenverhältnis anzusehen ist[846].

Mit dem endgültigen Scheitern der Ehe ist die Geschäftsgrundlage weggefallen[847]. Zwar wirkt die frühere Lebensplanung und -gestaltung auch über das Scheitern der Ehe hinaus fort[848] - so etwa über die Berechnung des Zugewinnausgleichs (§§ 1372 ff. BGB) und in Ansehung der Pflicht zur Unterhaltszahlung (§§1569 ff. BGB). Das bedeutet aber nicht, daß nicht trotzdem die Grundsätze des Wegfalls der Geschäftsgrundlage zur Anwendung kommen können. Diese nämlich führen zunächst nur zu einer Anpassung des zwischen den Ehegatten bestehenden Rechtsverhältnisses, und auch dies nur, wenn ein unverändertes Festhalten daran für die sich auf den Wegfall der Geschäftsgrundlage berufende Partei unzumutbar ist. Findet dagegen über die Nachwirkungen der Ehe ein interessengerechter Ausgleich statt, scheidet eine Vertragsanpassung und damit erst recht ein Befreiungsanspruch des Bürgen auch nach den Grundsätzen des Wegfalls der Geschäftsgrundlage aus.

Aufgrund der großen Flexibilität der aus § 242 BGB entwickelten Grundsätze des Wegfalls der Geschäftsgrundlage lassen sich somit in jedem konkreten Einzelfall interessesgerechte Ergebnisse erzielen. Denn zu einer Rückabwicklung des zwischen Bürgen und Hauptschuldner bestehenden Rechtsverhältnisses kommt es erst, wenn eine Vertragsanpassung für den bürgenden Ehegatten untragbar erscheint.

---

[845] vgl. Palandt/Heinrichs, § 242, Rz. 113; BGH BGHZ 128, 230 ff., 236; BGH NJW 1987, 1629 f., 1630

[846] insoweit noch zustimmend OLG Köln NJW-RR 1994, 52

[847] a.A. OLG Köln, a.a.O., 52

Diese Lösung ist auch aus dem Grund der Gleichstellung der Bürgschaftsübernahme im vorwiegenden Interesse des Hauptschuldners zu der mit derselben Intention übernommenen Allein- oder Mithaftung für ein Darlehen zu favorisieren. Im Falle der Darlehensaufnahme nämlich wird nach Scheitern der Ehe bei Vorliegen der angesprochenen Interessenlage im Innenverhältnis ein Freistellungsanspruch entweder aus § 426 BGB[849] oder aber nach Auftragsrecht[850] angenommen. Besteht ein solcher Befreiungsanspruch jedoch sogar bei einem Schuldbeitritt bzw. der alleinigen Eingehung einer Verbindlichkeit, muß insoweit - wenn schon keine Besserstellung - so doch zumindest vom Ergebnis her eine Gleichstellung des bürgenden Ehegatten erfolgen. Die Interessenlage ist in den genannten Fällen identisch; darüber hinaus werden die Parteien in der Regel von der Vorstellung geleitet, die Bürgschaft sei weniger gefährlich als ein Schuldbeitritt bzw. die alleinige Übernahme einer Verpflichtung.

6.2.4 Anwendung von Schenkungsrecht (§§ 516 ff. BGB)

Anders stellt sich die Rechtslage dar, wenn Rechtsgrundlage für die Eingehung der Bürgschaft zwischen Bürge und Hauptschuldner ein Schenkungsvertrag ist. Daß dies im Einzelfall möglich ist, wird überwiegend vertreten[851],

Voraussetzung für eine in einer Bürgschaftsübernahme liegende Vermögenszuwendung im Sinne der §§ 516 ff. BGB sei allerdings eine Einigung der Parteien, nach der ein Rückgriff des Bürgen gegen den Hauptschuldner ausgeschlossen werden solle[852]. Da die den Rückgriff des Bürgen betreffenden Vorschriften dispositiver Natur seien, wäre eine solche Vereinbarung auch zulässig[853], dürfte aber nur selten festzustellen sein.

Folgt man dieser Ansicht, gibt § 530 BGB dem bürgenden Ehegatten im Innenverhältnis zum Hauptschuldner die Möglichkeit des Schenkungswiderrufes, sofern sich der Hauptschuldner ihm gegenüber einer schweren Verfehlung schuldig gemacht hat. Als Rechtsfolge eines wirksamen Widerrufes ergeben sich aus §§ 812 ff. BGB eventuell Bereicherugsansprüche[854]. Dabei ist jedoch zu berücksichtigen, daß insoweit bezüglich ehewidrigen Verhaltens stets eine

[848] BGH NJW 1992, 896 ff., 899

[849] vgl. insb. 3.1.5.2. i.V.m. 3.1.1.

[850] vgl. 3.3.3.2.

[851] BGH MDR 1955, 283 ff., 284; Staudinger/Horn § 765, Rz. 142 ff.; Palandt/Sprau, Einf. v. § 765, Rz. 8; § 774, Rz. 2

[852] vgl. dazu BGH, a.a.O., 284

[853] BGH, a.a.O., 284; für den sich aus § 774 BGB ergebenden Anspruch: Palandt/Sprau, § 774, Rz. 5

Betrachtung des Gesamtverhaltens von Schenker und Beschenktem erforderlich ist[855]. Aus diesem Grund kann im Falle der Verletzung der sich aus § 1353 BGB ergebenden ehelichen Treuepflicht - auch Ehebruch - nicht ohne weiteres eine „schwere Verfehlung" im Sinne des § 530 BGB angenommen werden[856].

Zu beachten ist darüber hinaus folgendes: Entgegen der mißverständlichen Formulierung in § 516 I BGB wird die Anwendung von Schenkungsrecht nicht nur durch die Zuwendung an sich, sondern bereits durch den Abschluß des ihr zugrundeliegenden Verpflichtungsgeschäftes - des Schenkungsversprechens (vgl. § 518 I BGB) - eröffnet. Es ist daher nicht erforderlich, daß die Bürgschaftsübernahme an sich bereits eine Zuwendung darstellt[857]. Aus diesem Grund widersprechen die obigen Ausführungen nicht der in der Einleitung vertretenen Meinung, in der oben behandelten Darlehensaufnahme selbst liege keine Zuwendung. Auch in der Bürgschaftsübernahme an sich ist keine Zuwendung zu sehen. Das steht aber einer Anwendung von Schenkungsrecht aus den eben genannten Gründen nicht entgegen. Geben die besonderen Umstände des Falles dazu Anlaß, muß daher stets geprüft werden, ob der oben angesprochene Befreiungsanspruch nicht möglicherweise aufgrund des Abschlusses eines Schenkungsvertrages ausgeschlossen ist.

---

[854] vgl. Palandt/Putzo, § 530, Rz. 3

[855] vgl. Palandt/Putzo, § 530, Rz. 7; BGHZ 87, 145 ff., 149

[856] vgl. Palandt/Putzo, § 530, Rz. 7

[857] Ausreichend ist vielmehr, daß in Zusammenhang mit dem Verzicht auf sonst gegen den Hauptschuldner bestehende Regreßansprüche das Versprechen einer zukünftigen Zuwendung gegeben wurde. Freilich ist ein solches Versprechen nach § 518 I BGB formbedürftig. Zahlt der Bürge an den Gläubiger, wird der in der Regel vorliegende Formmangel aber geheilt. Daraus ergibt sich gleichzeitig, daß ein Schenkungswiderruf nur in diesem Fall in Betracht kommen kann, nicht dagegen vor Begleichung der Bürgschaftsschuld.

7 Zum Vergleich: Rechtslage im Falle einer durch einen nichtehelichen Lebensgefährten für den Kredit seines Partners übernommenen Bürgschaft

Wie aber ist im Vergleich zu dem oben Gesagten die Rechtslage zu beurteilen, wenn die Bürgschaft durch einen Lebensgefährten in einer nichtehelichen Beziehung für einen durch seinen Partner aufgenommenen Kredit übernommen wurde ?

Selbstverständlich muß auch insoweit zwischen Außen- und Innenverhältnis unterschieden werden:

7.1 Außenverhältnis

In Hinblick auf das Außenverhältnis hat der BGH ausdrücklich entschieden, daß seine - bereits dargelegte[858] - Rechtsprechung zur Bürgschaft finanziell überforderter Ehegatten in der Regel entsprechende Anwendung finde, wenn Hauptschuldner und Bürge durch eine eheähnliche Lebensgemeinschaft verbunden seien[859]. In diesen Fällen nämlich seien die Beweggründe für die Unterstützung des Hauptschuldners sowie die Interessen des Kreditinstituts an der Bürgschaft denjenigen vergleichbar, die für Ehegatten-Bürgschaften typisch seien. Die Gefahr, hauptsächlich aus emotionaler Bindung an den Hauptschuldner eine über die eigene wirtschaftliche Leistungsfähigkeit hinausgehende Verpflichtung zu übernehmen, könne für den nichtehelichen Lebenspartner in gleicher Weise wie für den Ehegatten entstehen. Der Umstand, daß Hauptschuldner und Bürge für ihre persönliche Beziehung auf das rechtliche Band der Ehe verzichtet hätten, erleichtere hier dem Partner eine freie Willensentscheidung nicht. Bei einer eheähnlichen Lebensgemeinschaft zwischen Hauptschuldner und Bürgen sei letzterer dem Gläubiger gegenüber in gleicher Weise schutzbedürftig, soweit diesem die genannte persönliche Bindung bekannt sei[860].

Auf der anderen Seite müsse bei Geschäftskrediten im Rahmen der Beurteilung der Sittenwidrigkeit nach § 138 I BGB der Bank auch ein schutzwürdiges Interesse zuerkannt werden, sich durch ihr Begehren der Einbeziehung des Partners in die Haftung gegen Vermögensverlagerungen vom Hauptschuldner auf seinen Lebensgefährten abzusichern. Denn nicht nur Ehegatten, sondern auch in einer eheähnlichen Lebensgemeinschaft verbundene Personen verlagerten

[858] vgl. 6.1. in Verbindung mit 2.2.1., 2.2.2.

[859] BGH NJW 1997, 1005 ff., 1005 (1. Leitsatz); vgl. auch BGH NJW 1997, 3372 ff., 3373; BGH BGHZ 128, 230 ff. (Leitsatz a); zustimmend Palandt/Heinrichs, § 138, Rz. 38 a

[860] BGH, a.a.O., 1005

häufig Teile ihres Vermögens auf den am Betrieb nicht beteiligten Partner, weil sich dies als steuerlich und haftungsrechtlich günstig erweise. Weiter habe der Darlehensnehmer die Möglichkeit, im Einvernehmen mit dem Partner dafür zu sorgen, daß jeglicher zukünftiger Vermögenserwerb allein in dessen Person entstehe.

Die Ansicht des BGH ist zustimmungswürdig. Das gilt auch hinsichtlich des vom BGH angenommenen berechtigten Interesses des Kreditinstituts, sich vor Vermögensverlagerungen zu schützen.

Zwar dürfte im Rahmen einer nichtehelichen Lebensgemeinschaft - mangels einer zur Ehe gleichwertigen rechtlichen Verknüpfung der „Schicksale" der Parteien - grundsätzlich ein geringeres Risiko von Vermögensverlagerungen bestehen, als dies unter Ehegatten der Fall ist. Andererseits läßt sich der - aufgrund der vom BGH hervorgehobenen haftungsrechtlichen und steuerlichen Vorteile - gegebene Anreiz zu einer Vermögensverschiebung auch unter Lebensgefährten nicht leugnen. Jedenfalls dürfte er aufgrund der engen persönlichen Beziehungen der Parteien größer sein als unter „Fremden". Da somit im wesentlichen in Hinblick auf eine durch einen Lebensgefährten übernommene Bürgschaftsverpflichtung nichts anderes gilt als im Rahmen einer Ehegattenbürgschaft, kann auf die diesbezüglich unter 6.1. zum Außenverhältnis gemachten Ausführungen verwiesen werden.

7.2 Innenverhältnis

Für das Innenverhältnis gilt ebenfalls grundsätzlich das zur „Ehegatten-Bürgschaft" Gesagte entsprechend.

Insbesondere kann wie dort ein Ausgleichsanspruch auch für während des Zusammenlebens geleistete Zahlungen des bürgenden Lebensgefährten in Betracht kommen. Ein „Abrechnungsverbot" besteht insoweit nicht[861]. Ein solches wurde bereits im Rahmen der Verpflichtung aufgrund einer Kreditschuld abgelehnt[862]. In Hinblick auf eine Bürgschaft kann dann aber insoweit nichts anderes gelten. Vielmehr stehen dem Bürgen sowohl für die während des Zusammenlebens als auch danach erbrachten Zahlungen[863] Ausgleichsansprüche nach §§ 670, 774 BGB zu, wenn der gesicherte Kredit ausschließlich im Interesse seines Partners aufgenommen wurde. Auf der anderen Seite kann er keinen Regreßanspruch geltend machen, wenn er für ein allein in seinem Interesse aufgenommenes Darlehen die Bürgschaft

[861] so aber Haussleiter, a.a.O., Rz. 904; vgl. auch OLG Celle NJW 1983, 1063 ff., 1064
[862] vgl. unter 3.2.1.2.

übernommen hat[864]. Lediglich ein teilweiser Ausgleich kommt - ebenfalls unabhängig vom Zahlungszeitpunkt - in Betracht, wenn das Darlehen zum Nutzen beider Partner verwendet wurde[865]. Für während der Partnerschaft geleistete Zahlungen kann ein Ausgleichsanspruch allerdings dadurch eingeschränkt oder ausgeschlossen sein, daß die Parteien die tatsächlichen Lebensverhältnisse so gewählt haben, daß nur der bürgende Lebenspartner allein oder überwiegend Einkommen bezieht, während sich der andere vermehrt um den Haushalt kümmert. Insoweit hilft eine Orientierung an den für die Kreditschulden aufgestellten Grundsätzen, um zu einer interessengerechten Lösung zu gelangen.

Soweit zum Zahlungsanspruch.

Zu untersuchen bleibt, ob der Bürge nach Trennung gegen den Hauptschuldner erfolgreich einen Befreiungsanspruch gelten machen kann.

Auch insoweit steht zunächst in Frage, ob zwischen Bürge und Hauptschuldner eine Einigung hinsichtlich einer Erweiterung des dispositiven[866] § 775 BGB auf den Fall der Beendigung ihres Zusammenlebens angenommen werden kann.

Im Unterschied zu einer von einem Ehegatten übernommenen Bürgschaft - wo eine solche Erweiterung abgelehnt wurde[867] - hat der bürgende nichteheliche Lebensgefährte nach Beendigung der Lebensgemeinschaft durch den gesicherten Kredit keinerlei Besserstellung mehr zu erwarten: weder ein Zugewinnausgleichs- noch ein Unterhaltsanspruch, bei dessen Berechnung sich die profitable Einsetzung der Kreditmittel niederschlagen könnte, kommt zwischen Lebensgefährten in Betracht - es sei denn sie hätten diesbezügliche Vereinbarungen getroffen. Der Grund, aus dem zwischen Ehegatten ein Befreiungsanspruch nach § 775 BGB verneint wurde, greift also zwischen nichtehelichen Lebenspartnern nicht ein.

Fraglich ist aber dennoch, ob ohne weiteres von einer zwischen den Parteien - stillschweigend - geschlossenen Vereinbarung mit dem oben angesprochenen Inhalt ausgegangen werden kann. Dafür müßte der Hauptschuldner bei der Auftragserteilung - für den Bürgen erkennbar - mit dem Willen tätig geworden sein, seinen Lebensgefährten bei Auflösung der Partnerschaft von der Bürgschaft freizustellen. Die Annahme eines solchen konkludenten Vertragsschlusses ist nicht unproblematisch. Dennoch ist sie zu befürworten, wenn man sich die Intentionen der Parteien bei Vertragsschluß überlegt. Dem Hauptschuldner ist daran gelegen, die Kreditmittel zu erhalten. Die Bürgschaftsübernahme durch seinen Lebensgefährten hat regelmäßig allein den Zweck, die Kreditgewährung zu ermöglichen. Liegen dafür keine Anhaltspunkte vor, ist

[863] nach Haussleiter, a.a.O., Rz. 904 gilt dies nur hinsichtlich der nach der Trennung geleisteten Zahlungen
[864] OLG Celle NJW 1983, 1063 ff., 1064
[865] der Hauptschuldner hat insoweit eine Einwendung nach § 774 I S. 3 BGB; OLG Celle, a.a.O., 1064
[866] vgl. Palandt/Sprau, § 775, Rz. 1
[867] vgl. unter 6.2.2.

nicht anzunehmen, daß der Hauptschuldner an der Bürgschaftsübernahme ein darüber hinausgehendes Interesse hat. Nach Erlangung der Darlehensvaluta mit Hilfe der Verbürgung, hat der Hauptschuldner sein Ziel somit erreicht. Nachdem zwischen den Parteien enge persönliche Beziehungen bestehen, ist auch nicht davon auszugehen, daß der Hauptschuldner von Beginn an beabsichtigt, keine Zahlungen auf das Darlehen zu leisten und so eine Inanspruchnahme des Bürgen herbeizuführen. In der Regel wird der Hauptschuldner sich vielmehr bemühen, seinen Partner vor einer Inanspruchnahme durch das Kreditinstitut zu schützen. Die bei einer nichtehelichen Lebensgemeinschaft unsichere Dauer der Partnerschaft wird weiter die Parteien eher veranlassen, im Falle der Begründung einzelner Rechtsverhältnisse Vereinbarungen auch für den Fall der Trennung zu treffen. In Abweichung zu den für die „Ehegatten-Bürgschaft" gemachten Ausführungen wird sich unter Partnern einer nichtehelichen Lebensgemeinschaft der Befreiungsanspruch daher regelmäßig aus einer erweiterten Fassung des § 775 BGB herleiten lassen.

8 Hinsichtlich einer für eine Kreditaufnahme eines Ehegatten durch den anderen eingeräumten dinglichen Sicherheit

Die bisherige Arbeit behandelte die Fälle, in welchen ein Lebenspartner dem anderen zu Geldmitteln durch Übernahme einer persönlichen Haftung verhilft. Denkbar ist aber auch, daß die Kreditaufnahme eines der Partner durch Einräumung dinglicher Sicherheiten auf Gegenständen des anderen ermöglicht wurde. Auch hierzu zunächst wieder zur zwischen Ehegatten bestehenden Rechtslage:

Da Hypothek und Sicherungsgrundschuld die am häufigsten auftretenden dinglichen Sicherungsrechte darstellen, beschränken sich die folgenden Ausführungen auf diese.

Erneut ist zwischen Außenverhältnis - der Rechtsbeziehung zwischen Sicherungsgeber und Sicherungsnehmer - und dem zwischen den Ehegatten bestehenden Innenverhältnis zu unterscheiden:

8.1 Das Außenverhältnis

Auch bei der dinglichen Haftung gilt bezüglich des Außenverhältnisses: Vereinbarungen zwischen den Ehegatten - also zwischen dem persönlichen Schuldner und dem Eigentümer des belasteten Gegenstandes - haben auf die Rechtsbeziehung zwischen Gläubiger und Eigentümer regelmäßig keinerlei Einfluß[868].

Bei wirksamer Bestellung sowie Fälligkeit einer Hypothek oder Grundschuld muß der Eigentümer daher wegen der durch das dingliche Recht gesicherten Forderung gemäß § 1147 BGB[869] die Zwangsvollstreckung in das Grundstück inklusive der mithaftenden Gegenstände (§§ 1120 ff. BGB) unabhängig von den mit seinem Ehegatten getroffenen Abreden dulden.

---

[868] bei der Hypothek besteht Akzessorietät zwischen der Hypothek und dem Bestand der gesicherter Forderung; dementsprechend bestimmt § 1137 I S. 1 BGB, daß der Eigentümer gegen die Hypothek die dem persönlichen Schuldner gegen die Forderung sowie die nach § 770 BGB einem Bürgen zustehenden Einreden geltend machen kann. Das Verhältnis zwischen Eigentümer und Gläubiger wird daher durch die zwischen Gläubiger und persönlichem Schuldner festgelegten Vereinbarungen beeinflußt, nicht dagegen durch die zwischen Eigentümer und persönlichem Schuldner getroffenen Abreden.

[869] Diese Vorschrift ist auf die Grundschuld nach § 1192 I BGB entsprechend anwendbar (vgl. Palandt/Bassenge, § 1147, Rz. 7).

Dem kann er nur dadurch entgehen, daß er den Gläubiger vorher freiwillig[870] nach § 1142 BGB (gegebenenfalls in Verbindung mit § 1192 I BGB) befriedigt:

Handelt es sich bei dem Grundpfandrecht um eine Hypothek, so gilt bei Leistung an den Gläubiger durch den Eigentümer folgendes: Da bei der Zahlung durch den nicht persönlich schuldenden Eigentümer in der Regel der dingliche Anspruch befriedigt werden soll[871] - dadurch nämlich will der Eigentümer verhindern, daß in sein Grundstück vollstreckt wird -, hat die Begleichung durch den Grundstückseigentümer im Außenverhältnis nicht das Erlöschen der Forderung, sondern nur deren Übergang auf den Eigentümer nach § 1143 BGB zur Folge; aufgrund der Akzessorietät (§§ 401, 412, 1153 BGB) erwirbt er mit der Forderung gleichzeitig auch die Hypothek, die gemäß § 1177 II BGB zur Eigentümerhypothek wird[872].

Wurde die dingliche Haftung durch die Einräumung einer Sicherungsgrundschuld begründet, fehlt es im Gegensatz zur Hypothek an der Akzessorietät zwischen gesicherter Forderung und Sicherungsrecht[873]. Es gilt: Aus dem Grund, der auch bei der rechtlichen Beurteilung der Hypothek genannt wurde, ist regelmäßig davon auszugehen, daß der Eigentümer auf die Grundschuld zahlt[874]. Die Grundschuld wird damit kraft Gesetzes (entsprechend §§ 1192 I, 1143 BGB) zur Eigentümergrundschuld[875]. Wie im Falle der Hypothek bleibt die Forderung bei Zahlung auf das Sicherungsrecht bestehen, anders als dort geht sie mangels Akzessorietät jedoch nicht entsprechend § 1143 I BGB auf den Eigentümer über. Der Eigentümer, der zugleich Sicherungsgeber ist, hat aus dem Sicherungsvertrag aber einen Anspruch gegen den Gläubiger auf Abtretung der Forderung, allerdings nur, soweit ihm nach dem Innenverhältnis gegen den Schuldner ein Rückgriffsanspruch zusteht[876]. Insoweit besteht zwischen Innen- und Außenverhältnis daher ein gewisser Zusammenhang.

8.2 Das Innenverhältnis

Wenden wir uns nun dem zwischen den Ehegatten bestehenden Innenverhältnis zu:

---

[870] daß für den Eigentümer eine Zahlungspflicht nicht besteht, geht bereits aus dem Wortlaut des § 1142 I BGB hervor, der von einer „Berechtigung" spricht

[871] vgl. Palandt/Bassenge, § 1113, Rz. 20

[872] vgl. Palandt/Bassenge, § 1113, Rz. 20

[873] vgl. Palandt/Bassenge, Überbl. v. § 1113, Rz. 3

[874] etwas anderes gilt, wenn die Grundschuld revalutiert oder zur Sicherung anderer Forderungen verwendet werden soll

[875] vgl. Palandt/Bassenge, § 1191, Rz. 33, 32, 10

[876] vgl. Palandt/Bassenge, § 1191, Rz. 33

Wie bereits aus den zum Außenverhältnis Gesagten deutlich wird, ist insoweit wiederum danach zu unterscheiden, ob die dingliche Haftung im Zeitpunkt des Scheiterns der Ehe noch besteht und daher Freistellung von dieser Verpflichtung begehrt wird, oder ob der Eigentümer des belasteten Gegenstandes die Haftung durch Befriedigung des Gläubigers zum Erlöschen gebracht hat und für seine diesbezüglichen Ausgaben Ersatz verlangt.

Steht die letztere Konstellation in Frage, kann der zahlende Ehegatte aus der kraft Gesetzes nach § 1143 I BGB auf ihn übergegangenen Forderung gegen seinen Partner vorgehen, soweit zwischen den Ehepartnern getroffene Vereinbarungen einen solchen Anspruch nicht ausschließen. Darüber hinaus können sich aber aus einer besonderen Rechtsbeziehung der Ehegatten für einen derartigen Anspruch möglicherweise weitere Anspruchsgrundlagen herleiten lassen. Es ist daher stets zu prüfen, welches Rechtsverhältnis zwischen den Eheleuten besteht.
Bei Vorliegen einer Sicherungsgrundschuld gilt dies um so mehr, weil dort der Anspruch im Außenverhältnis auf Abtretung der Gläubigerforderung von der Bejahung eines Regreßanspruches im Innenverhältnis abhängig ist.

8.2.1 Schenkungsvertrag

Ein Rückgriffsanspruch würde regelmäßig entfallen, wenn auf die Bestellung des Grundpfandrechtes für die fremde Schuld Schenkungsrecht (§§ 516 f. BGB) angewendet werden müßte.

Dies wird teilweise angenommen, wenn der Grundstückseigentümer unentgeltlich unter Verzicht auf den gesetzlichen Rückgriff die Verpflichtung übernimmt, die persönliche Schuld zu erfüllen[877]:

Voraussetzung für die Annahme einer Schenkung im Sinne der §§ 516 ff. BGB sei zunächst eine Zuwendung, durch die jemand aus seinem Vermögen einen anderen bereichere[878]. Stelle ein Grundstückseigentümer seine Immobilie zur Absicherung eines Darlehens als Haftungsgrundlage zur Verfügung, könne die Erlangung eines wirtschaftlichen Vorteils auf seiten des Schuldners regelmäßig bejaht werden. Denn in der Regel sei dem Darlehensnehmer der Kredit ohne dingliche Sicherheit nicht gewährt worden[879]. Diese unentgeltliche Zuwendung eines Vorteils stelle jedoch nur dann eine Schenkung dar, wenn darin auch eine Vermögensver-

---

877 vgl. BGH MDR 1955, 283 ff., Leitsatz
878 BGH, a.a.O., 283
879 BGH, a.a.O., 283

schiebung vom Vermögen des Schenkers in das des Beschenkten zu sehen sei[880]. Zwar sei nicht erforderlich, daß der Gegenstand der Schenkung unmittelbar dem Vermögen der schenkenden Person entstamme[881]. Aus diesem Grund könne eine Vermögenszuwendung auch in dem Fall angenommen werden, in welchem der Grundstückseigentümer gegenüber dem Kreditgeber als persönlicher Darlehensschuldner mit der Bestimmung auftrete, die Darlehenssumme an seinen Ehepartner auszuzahlen, ohne daß diesen eine Rückzahlungsverpflichtung träfe, und wenn diese eigene Darlehensschuld durch ein Grundpfandrecht am Grundstück gesichert werde.

Selbst jedoch, wenn persönlicher Schuldner der Ehegatte des Grundstückseigentümers sein solle, und der Eigentümer für die fremde Schuld lediglich mit seiner Immobilie die dingliche Haftung übernommen habe, könne in der Bestellung des Grundpfandrechts im Verhältnis zum persönlichen Schuldner seitens des Sicherungsgebers eine Schenkung liegen[882]. Dies setze jedoch eine ausdrückliche oder stillschweigende Vereinbarung der Parteien hinsichtlich eines Verzichts auf den Rückgriff gegen den persönlichen Schuldner voraus[883]. Derartige Abreden seien zulässig, weil § 1143 BGB zwar nicht dinglich, wohl aber schuldrechtlich abbedingbar sei[884].

Allerdings müsse, um in der Bestellung des Grundpfandrechtes an sich bereits eine Vermögensverschiebung sehen zu können, die Abrede der Ehegatten ergänzt werden durch eine Erfüllungsübernahme des Sicherungsgebers, für den Fall, daß der Gläubiger nicht aufgrund der bestellten Sicherheit aus dem Grundstück Befriedigung suche, sondern den persönlichen Schuldner selbst mit Erfolg in Anspruch nehme[885]. Eine solche Erfüllungsübernahme würde dann nach dem Innenverhältnis einen Anspruch des persönlichen Schuldners auf Befreiung von seiner Verbindlichkeit begründen[886]. Hinsichtlich der Erfüllungsübernahme sei die Formvorschrift des § 518 I S. 2 BGB zu beachten[887].

Auch wenn man sich dieser Ansicht anschließt, dürfte das Vorliegen der oben angesprochenen Erfüllungsübernahme den Ausnahmefall bilden, so daß die Frage, ob bereits in der Einräumung der dinglichen Sicherheit an sich - was mit guten Gründen in der Einleitung abgelehnt wurde - oder aber erst in der zwangsweisen oder freiwilligen Begleichung der Gläubigerforde-

[880] BGH, a.a.O., 283
[881] BGH, a.a.O., 284
[882] BGH, a.a.O., 284
[883] BGH, a.a.O., 284
[884] vgl. Palandt/Bassenge, § 1143, Rz. 1
[885] BGH, a.a.O., 285
[886] BGH, a.a.O., 285
[887] BGH, a.a.O., 285

rung eine Zuwendung gesehen werden kann, keine erhebliche Bedeutung zukommt. Danach hat das Schenkungsrecht hier allenfalls einen zu vernachlässigenden Stellenwert.

8.2.2 Ehegatteninnengesellschaft

Interessanter ist dagegen die Anwendung gesellschaftsrechtlicher Grundsätze:

Haben die Ehegatten mit dem durch das Grundpfandrecht abgesicherten Kredit ein gemeinsames Ziel verfolgt, kommt eine Anwendung gesellschaftsrechtlicher Gesichtspunkte in Betracht. Erforderlich ist insoweit das Vorliegen eines ausdrücklich oder konkludent zustande gekommenen Gesellschaftsvertrages.

Problematisch ist diesbezüglich insbesondere der stillschweigende Abschluß einer Ehegatteninnengesellschaft. Insoweit kann im wesentlichen auf die im Rahmen der gesamtschuldnerischen Kreditaufnahme unter 3.3.1.1.1. und 3.3.1.1.2. gemachten Ausführungen verwiesen werden. Danach kommt bei der konkludent entstandenen Ehegatteninnengesellschaft im Gegensatz zu einem ausdrücklich geschlossenen Gesellschaftsverhältnis nicht jeglicher erlaubter wirtschaftlicher oder ideeller Zweck als Gesellschaftszweck in Betracht[888]. Die Anforderungen an einen auf schlüssigem Verhalten basierenden Gesellschaftsvertrag sind erheblich höher.

So sieht der BGH als wesentliches Indiz eines derart begründeten Gesellschaftsverhältnisses in ständiger Rechtsprechung das abredegemäße Streben der beiderseitigen Leistungen der Eheleute nach einem über den typischen Rahmen der ehelichen Lebensgemeinschaft hinausgehenden Vorhaben[889]. Grundsätzlich nicht als ausreichend dafür angesehen hat er das Abzielen auf die Verwirklichung der ehelichen Lebensgemeinschaft an sich, inklusive Schaffung der diesbezüglichen Voraussetzungen[890].

Dem ist mit der Modifikation zuzustimmen, daß nicht auf den Rahmen einer „typischen", sondern auf den der konkret zu beurteilenden Lebensgemeinschaft abzustellen ist (vgl. 3.3.1.1.2.).

---

[888] vgl. Palandt/Thomas, § 705, Rz.14
[889] so etwa BGH FamRZ 1989, 147 ff., 148; BGH JZ 1983, 852 ff., 853
[890] so z.B. in BGH, a.a.O., 148

Aber auch der BGH verfolgt den von ihm aufgestellten Grundsatz nicht ganz ohne Einschränkungen. In einem Urteil aus dem Jahre 1967[891] etwa kam der IV. Zivilsenat des BGH in Abweichung davon zu einer Anwendung gesellschaftsrechtlicher Gesichtspunkte. Dabei ging es zusammengefaßt um folgenden Sachverhalt:

Zur Absicherung eines von dem im gesetzlichen Güterstand verheirateten Ehepaar aufgenommenen gesamtschuldnerischen Kredits hatte die Ehefrau eine Grundschuld auf einem ihr allein gehörenden Grundstück bestellt. Die erlangten Darlehensmittel dienten der Investition in eine von den Ehepartnern zwar gemeinsam gepachtete, aber vom Ehemann betriebene Gaststätte. Nach dem Scheitern der Ehe verlangt die Frau von ihrem Mann unter anderem, sie von der dinglichen Belastung ihres Grundstückes freizustellen.

Das OLG Hamm als Berufungsgericht hatte die Annahme einer Ehegatteninnengesellschaft verneint, weil die Ehefrau nicht über den Rahmen des § 1356 II BGB hinaus in dem Gaststättenbetrieb mitgearbeitet habe[892].

Der BGH kommt aufgrund anderer rechtlicher Erwägungen dennoch zu einer Betrachtung der beiderseitigen Ansprüche unter gesellschaftsrechtlichen Gesichtspunkten[893]:

Zwar könne nicht davon gesprochen werden, daß sich sie Parteien in den Dienst einer gemeinsamen, über die Verwirklichung der eigentlichen Lebensgemeinschaft hinausgehenden Aufgabe gestellt hätten. Jedoch diene die Errichtung und Führung des Gaststättenbetriebes der Bestreitung des Familienunterhaltes. Nach § 1360 BGB seien die Ehegatten einander verpflichtet, durch ihre Arbeit und mit ihrem Vermögen die Familie angemessen zu unterhalten. Die Ehefrau habe ihr Vermögen, nämlich ihr Grundstück, als Haftungssubstrat zur Verfügung gestellt. Diese Leistung bilde die alleinige Grundlage dafür, daß der Ehemann die Gastwirtschaft habe errichten können, die der Familie als Existenzgrundlage dienen sollte und mehrere Jahre auch gedient habe. Das gemeinsame Ziel der Parteien sei somit durch die Inanspruchnahme des Vermögens der Frau einerseits, der Arbeit des Mannes wie auch der Frau andererseits verwirklicht worden.

Stelle aber eine Ehefrau gemäß § 1360 S. 1 BGB ihr Vermögen zur Verfügung, um damit dem Mann die Gründung eines Erwerbsgeschäftes zu ermöglichen, dessen Erträgnisse den Lebensunterhalt der Familie sichern sollten, so könne, wenn beide Parteien zur Erreichung dieses Zwecks in maßgebender Weise beigetragen hätten, die Beurteilung der beiderseitigen Ansprüche nach gesellschaftsrechtlichen Grundsätzen nicht davon abhängen, ob der mit der Geschäftsgründung erstrebte Zweck über das Ziel der Sicherung des Familienunterhaltes hinausgehe. Vielmehr könne einer Frau, die in Erfüllung der ihr gemäß § 1360 BGB obliegenden Verpflichtung ihr Vermögen zur Verfügung gestellt und dadurch die Gründung des Unter-

---

[891] BGH NJW 1967, 1275 ff.

[892] BGH, a.a.O., 1276

[893] BGH, a.a.O., 1277 f.

nehmens ermöglicht habe, eine Beteiligung an diesem Unternehmen nicht abgesprochen werden.

Unter Anwendung der §§ 738 I, 739 BGB kommt der Senat daher zu einem Anspruch der Ehefrau jedenfalls in Höhe des Wertes des Gaststättenbetriebes. Die Einschränkung des Anspruchsinhalts wird damit begründet, daß dem Ehemann, der mit Mitteln seiner Frau das Erwerbsgeschäft zum Zwecke der Bestreitung des Familienunterhaltes gegründet habe, andererseits nicht dadurch das volle Risiko des Unternehmens in der Weise auferlegt werden dürfe, daß ihm im Verhältnis der Parteien zueinander allein die zur Gründung und zum Betrieb des Unternehmens gemeinsam eingegangenen Verbindlichkeiten zur Last gelegt würden. Dies wäre aber der Fall, wenn er die Ehefrau in vollem Umfang von diesen Verbindlichkeiten, die letztlich zum Zwecke der Sicherung des ehelichen Aufwands und des Familienunterhalts gemeinsam übernommen worden seien, freizustellen habe. Damit nämlich würde ihm nachträglich die Last des ehelichen Aufwands in vollem Umfang auferlegt, während die Ehefrau nachträglich den von ihr während der Ehe gemäß § 1360 S. 1 BGB geleisteten Beitrag in vollem Umfang zurückfordern könnte.

In einer Entscheidung aus dem Jahre 1972[894] dagegen wurde vom BGH[895] die Begründung einer Ehegatteninnengesellschaft aufgrund der Bereitstellung einer dinglichen Sicherheit durch die Ehefrau für das allein von ihrem Mann aufgebaute und betriebene Unternehmen ohne sonstige Beteiligung ihrerseits abgelehnt:

Im Vergleich zu dem gerade behandelten Fall - wo die Eheleute gemeinschaftlich (durch Übernahme einer Gastwirtschaft) eine neue Existenzgrundlage geschaffen, beide Teile dazu ihre Arbeitskraft eingesetzt, und die Ehefrau außerdem ihr Grundstück zur Absicherung eines für die Geschäftsgründung erforderlichen Kredits zur Verfügung gestellt habe - lägen hier die Dinge wesentlich anders. Denn die Ehefrau habe lediglich eine ihrer Bestimmung nach vorübergehende Kredithilfe durch Bereitstellung einer dinglichen Sicherheit für das allein von ihrem Ehemann aufgebaute und betriebene Unternehmen geleistet, ohne daran sonst in irgendeiner Weise beteiligt worden zu sein. Das reiche nicht aus, um annehmen zu können, hierdurch sei das Unternehmen des Ehemannes zu einem gemeinschaftlichen im Sinne des § 705 BGB geworden.

Die Ansicht des BGH läßt sich somit folgendermaßen zusammenfassen: Grundsätzlich muß die einvernehmliche Tätigkeit der Eheleute auf einen Zweck gerichtet sein, der über die bloße Verwirklichung der ehelichen Lebensgemeinschaft hinausgeht[896]. Entscheidende Kriterien

[894] BGH FamRZ 1972, 362 f.
[895] diesmal entschieden durch den II. Zivilsenat
[896] Hausmann, a.a.O., S. 223

dafür sind nach Ansicht des BGH einerseits Art und Umfang der geleisteten Mitarbeit, andererseits die zusätzliche Bereitstellung von Geld- und Sachmitteln[897]. In der Regel sieht es der BGH dabei als erforderlich an, daß die geleistete Mitarbeit den durch die §§ 1353, 1356, 1360 BGB gezogenen Pflichtrahmen übersteigt[898]. Geht die Mitarbeit darüber nicht hinaus, kann dennoch das Vorliegen einer Gesellschaft angenommen werden, soweit der lediglich mitarbeitende Ehegatte sein Vermögen gem. § 1360 S. 1 BGB als Haftungssubstrat zur Verfügung gestellt hat und dadurch allein die Errichtung des Betriebes ermöglicht wurde[899]. Die bloße Bereitstellung einer dinglichen Sicherheit ohne jeglichen Einsatz der Arbeitskraft ist zur Annahme eines Gesellschaftsverhältnisses allerdings nicht ausreichend[900].

Fraglich bleiben die sich aus dem Vorliegen einer Ehegatteninnengesellschaft ergebenden Rechtsfolgen. Auch diesbezüglich kann im wesentlichen entsprechend auf die unter 3.3.1.2. gemachten Ausführungen verwiesen werden. Daraus ergibt sich folgendes:

Ist im Zeitpunkt des endgültigen Scheiterns der Ehe das Eigentum eines der Ehegatten noch zugunsten des Gläubigers mit dem Grundpfandrecht belastet, kann der Eigentümer von seinem Partner in entsprechender Anwendung des § 738 I S. 2 BGB Befreiung von der dinglichen Haftung verlangen.

Kann der Gläubiger dagegen gegen den Eigentümer nicht mehr vorgehen, weil letzterer freiwillig die Schuld seines Partners beglichen hat, kann der Eigentümers seinen Ehegatten mangels passender gesellschaftsrechtlicher Vorschrift allein aus der auf ihn nach § 1143 I BGB kraft Gesetzes übergegangenen Forderung in Anspruch nehmen.

Dabei sind jedoch - insbesondere sofern die Zahlung an den Gläubiger noch während des Zeitraums einer funktionierenden Partnerschaft geleistet wurde - wiederum eventuell zwischen den Ehepartnern - möglicherweise stillschweigend - getroffene Vereinbarungen zu berücksichtigen; Indiz dafür sind die jeweils gewählten tatsächlichen Lebensverhältnisse. Kann der Eigentümer danach gegen seinen Ehepartner keinen Anspruch geltend machen, geht zwar nach § 1143 I BGB die Forderung auf ihn über - da § 1143 BGB nicht mit dinglicher Wirkung abbedingbar ist[901] -, der Eigentümer ist jedoch in diesem Fall gehindert, daraus gegen seinen Partner vorzugehen.

[897] so Hausmann, a.a.O., S. 204 f.
[898] Hausmann, a.a.O., S. 204 m.w.N.
[899] so entschieden von BGH NJW 1967, 1275 ff., 1267 f.
[900] vgl. dazu BGH FamRZ 1972, 362 f.
[901] vgl. Palandt/Bassenge, § 1143, Rz. 1, 4

Wenn die Zahlung durch den Eigentümer zur Ablösung eine Sicherungsgrundschuld erfolgte, geht die Gläubigerforderung nach dem oben Gesagten mangels Akzessorietät zwar nicht automatisch auf den Eigentümer über, stehen Vereinbarungen zwischen den Ehegatten nicht entgegen, hat der Sicherungsgeber aus dem Sicherungsvertrag aber gegenüber dem Gläubiger einen Anspruch auf Abtretung der Forderung. In diesem Fall nämlich hat der Sicherungsgeber nach dem Innenverhältnis gegen seinen Ehepartner einen Rückgriffsanspruch. Dabei ist unerheblich, daß sich diesbezüglich in den §§ 705 ff. BGB keine passende Vorschrift findet. Hätte der „ausscheidende" Ehegatte bei Nichtablösung der Grundschuld im Falle der Trennung der Ehepartner analog § 738 BGB ein Befreiungsanspruch, wäre es ungerechtfertigt, ihm im Falle seiner Zahlung an den Gläubiger einen Ausgleichsanspruch zu versagen.

8.2.3 Auftragsverhältnis

Liegen keine ausreichenden Anhaltspunkte für die Begründung einer Gesellschaft zwischen den Parteien vor, verbleibt die Prüfung eines zwischen den Ehegatten abgeschlossenen Auftragsverhältnisses.

Bezüglich der Tatbestandsvoraussetzungen des § 662 BGB kann ebenso wie in Hinblick auf die Rechtsfolgen wiederum auf 3.3.3.1. bzw. 3.3.3.2. verwiesen werden. Sind sie hinsichtlich der Bestellung des Grundpfandrechtes gegeben, kann in dem Begehren des Grundstückseigentümers, der persönliche Schuldner solle ihn von der dinglichen Haftung befreien, die Kündigung des Auftragsverhältnisses gesehen werden. Ein auf der Grundlage der ehelichen Lebensgemeinschaft vereinbarter Kündigungsverzicht entfaltet Wirkung nur bis zum endgültigen Scheitern der Beziehung. Denn in der Scheidung der Parteien liegt ein wichtiger Grund, der nach § § 671 III BGB trotz des Verzichts auf das Kündigungsrecht zur Kündigung berechtigt. Allerdings darf der Sicherungsgeber nach § 671 II S. 1 BGB das Rechtsverhältnis nur so kündigen, daß der persönliche Schuldner angemessen Zeit hat, den ihm gewährten Kredit abzulösen oder anderweitig zu sichern[902].

Als Rechtsfolgen der Kündigung kann der Beauftragte nach § 670 BGB Ersatz seiner Aufwendungen verlangen; hat er zu diesem Zweck Verbindlichkeiten übernommen, steht ihm gemäß § 257 BGB Anspruch auf Befreiung von diesen zu. Insoweit findet sich unter 3.3.3.2. eine ausführliche Zusammenstellung. Daraus ergibt sich:

---

[902] vgl. zum Ganzen BGH NJW 1989, 1920 ff., 1922; BGH FamRZ 1972, 362 f., 363

Ebenso wie das Kündigungsrecht unterliegt bei Ansprüchen zwischen Ehegatten auch der Anspruchsinhalt gewissen Einschränkungen. Solche ergeben sich insbesondere aus den Nachwirkungen der ehelichen Lebensgemeinschaft über das Bestehen der intakten Beziehung hinaus, außerdem auch aus dem im Rahmen eines jeden Schuldverhältnisses zu berücksichtigenden Grundsatz von Treu und Glauben (§ 242 BGB). Die angesprochenen Grundsätze können Einschränkungen in der Geltendmachung des Befreiungsanspruches vor allem dann begründen, wenn das besondere Rechtsverhältnis zwischen den Ehegatten zu dem Zweck begründet wurde, dem wirtschaftenden Ehegatten bessere Erwerbschancen zur Bestreitung des Familienunterhaltes zu verschaffen. Eine Möglichkeit zur Berücksichtigung dieses Umstands besteht zum Beispiel darin, dem Auftraggeber die Rückführung der Verbindlichkeit im Rahmen eines seine finanzielle Lage berücksichtigenden Tilgungsplanes zu ermöglichen.[903]

Die oben angestellten Überlegungen beziehen sich auf Fälle, in denen mit dem Grundpfandrecht das Alleineigentum eines der Ehegatten belastet wurde. Bezüglich eines Ausgleichsanspruches kann aber aufgrund der Identität der Interessenlage nichts anderes gelten, wenn das mit dem Grundpfandrecht belastete Grundstück zwar im Miteigentum beider Ehegatten stand, die dadurch abgesicherte Darlehenssumme im Innenverhältnis aber nur einem der Miteigentümer allein zugeflossen ist und der Geltendmachung eines Befreiungsanspruchs des anderen Ehegatten nicht Treu und Glauben entgegenstehen.[904]

Betrachten wir nun erneut im Vergleich die zwischen den Partnern einer nichtehelichen Lebensgemeinschaft bestehende Rechtslage.

[903] vgl. zum Ganzen BGH, a.a.O., 1922
[904] vgl. dazu OLG Hamm FamRZ 1992, 437 f., 438

9 Zum Vergleich: Rechtslage bezüglich einer in Hinblick auf eine Kreditaufnahme eingeräumten dinglichen Sicherheit im Rahmen einer nichtehelichen Lebensgemeinschaft

Natürlich kann es auch im Rahmen einer nichtehelichen Lebensgemeinschaft vorkommen, daß ein Lebensgefährte dem anderen die Aufnahme eines Kredits dadurch ermöglicht, daß er dem Kreditinstitut eine dingliche Sicherheit an seinem Grundstück einräumt.

Hinsichtlich des Außenverhältnisses kann vollständig auf die oben im Rahmen einer Ehe gemachten Ausführungen verwiesen werden[905]. Da der Sicherungsgeber zwar zu seinem Partner, nicht aber zur Bank enge persönliche Beziehungen unterhält, ergeben sich im Verhältnis zur letzteren weder für einen Ehegatten noch für den Partner einer nichtehelichen Lebensgemeinschaft im Vergleich zu beliebigen anderen Personen irgendwelche Besonderheiten.

Etwas anderes gilt freilich in dem zwischen den Ehegatten bzw. Lebensgefährten bestehenden Innenverhältnis. Daß sich insoweit aufgrund der engen persönlichen Beziehungen Besonderheiten ergeben können, wurde hinreichend geklärt. Fraglich bleibt aber, inwieweit auf das zwischen den Lebensgefährten bestehende Verhältnis die hinsichtlich der Ehegatten entwikkelten Beurteilungskriterien anwendbar sind. Dazu ist folgendes zu sagen: Auch zwischen Partnern einer nichtehlichen Lebensgemeinschaft gilt: Ein Schenkungsvertrag kommt aus den oben genannten Gründen regelmäßig nicht in Betracht. Zu prüfen bleibt daher als Sonderbeziehung der Abschluß eines Gesellschaftsvertrages oder eines Auftragsverhältnisses - je nachdem, in wessen Interesse die Kreditaufnahme erfolgte. Dabei ist - wie im Falle der gesamtschuldnerischen Kreditaufnahme - eine im Vergleich zur zwischen Ehegatten vertretenen Rechtslage erweiterte Anwendung des Gesellschaftsrechts entgegen der Ansicht des BGH aus den unter 3.3.2.3. genannten Gründen abzulehnen. Aufgrund der vergleichbar engen persönlichen Beziehungen der Lebensgefährten müssen insoweit die gleichen Beurteilungskriterien gelten wie zwischen Ehegatten. Auch hinsichtlich des Auftragsverhältnisses gelten die bezüglich Ehegatten gemachten Ausführungen entsprechend. Zwar können sich zwischen Lebensgefährten diesbezügliche Einschränkungen nicht aufgrund der Nachwirkungen der Ehe ergeben, aber die engen persönlichen Bindungen der Lebensgefährten, die häufig auf einem langjährigen Zusammenleben beruhen, werden gleichfalls selten abrupt mit der Trennung ihr vollständiges Ende finden, sondern auch darüber hinaus noch gewisse Nachwirkungen entfalten. Außerdem wirken die nicht ehespezifischen Vorschriften der §§ 242, 671 II BGB selbstverständlich auch im Rahmen der zwischen Lebensgefährten bestehenden Rechtsbeziehung.

---

[905] vgl. 8.1.

10 Abweichungen von den oben aufgestellten Grundsätzen

Die bisherigen Ausführungen der Arbeit bzgl. der zwischen Ehegatten bestehenden Rechtslage stützen sich ausnahmslos auf dem Güterstand der Zugewinngemeinschaft. Dieser Güterstand gilt für die Ehegatten nach § 1363 I BGB, wenn sie nicht durch notariellen Ehevertrag (§§ 1408 ff. BGB) etwas anderes vereinbaren. Die Zugewinngemeinschaft ist aus diesem Grund der am häufigsten anzutreffende Güterstand.

Eine im Güterstand der Zugewinngemeinschaft geschlossene Partnerschaft basiert auf dem Konzept, daß zwar die Vermögen der Eheleute getrennt bleiben (§ 1363 II S. 1 BGB), und jeder Partner sein eigenes Vermögen - mit gewissen Einschränkungen (§§ 1365 ff. BGB) - weiterhin selbständig verwaltet (§ 1364 BGB), daß aber für den während der Ehe erwirtschafteten Zugewinn bei Beendigung des Güterstandes ein gewisser Ausgleich stattfinden soll (§§ 1363 II S. 2 i.V.m. 1371 ff. BGB).

Jedoch steht es den Ehegatten frei, für ihre Partnerschaft durch Ehevertrag (§§ 1408 ff. BGB) einen abweichenden Güterstand zu wählen:

So besteht die Möglichkeit, in einem notariellen Ehevertrag (§§ 1408, 1410 BGB) den gesetzlichen Güterstand auszuschließen oder aufzuheben und dadurch mangels anderweitiger Anhaltspunkte im Ehevertrag den Güterstand der Gütertrennung zu begründen (§ 1414 S. 1 BGB). Auf der anderen Seite kann durch ausdrückliche Vereinbarung im Ehevertrag auch Gütergemeinschaft (§§ 1415-1518 BGB) herbeigeführt werden.

Da zumindest der Güterstand der Gütergemeinschaft im Vergleich zu den übrigen auf einer grundlegend anderen Konzeption beruht, weiterhin die einzelnen Güterstände teilweise unterschiedlichen Vorschriften unterliegen, können Abweichungen im Rahmen der oben angesprochenen Ansprüche zumindest nicht von vornherein ausgeschlossen werden.

10.1 Bei Gütertrennung

Betrachten wir dazu zunächst den Güterstand der Gütertrennung:

Hier bleibt das Vermögen von Mann und Frau wie im Fall des Güterstandes der Zugewinngemeinschaft getrennt. Anders als dort bestehen jedoch keinerlei Verfügungsbeschränkungen, und bei Beendigung des Güterstandes - etwa bei Scheidung - erfolgt kein güterrechtlicher

Ausgleich. Anders herum betrachtet, ist die Zugewinngemeinschaft ihrer Natur nach somit nichts anderes als eine Gütertrennung mit schuldrechtlichem Zugewinnausgleich[906].

Für die Frage, ob es hinsichtlich der im Rahmen des gesetzlichen Güterstands diskutierten Anspruchsgrundlagen allein aufgrund der Wahl des Güterstandes der Gütertrennung zu Abweichungen kommen kann, ist daher entscheidend, inwieweit demgegenüber beim Güterstand der Zugewinngemeinschaft aufgrund des zu erfolgenden Zugewinnausgleichs Besonderheiten zu beachten sind. Abweichungen ergäben sich etwa dann, wenn die Zugewinnausgleichsvorschriften (§§ 1372 ff. BGB) zu einer Verdrängung von zwischen den Ehegatten möglichen Sonderbeziehungen oder der Anspruchsgrundlage des § 426 BGB führen würden. Das ist jedoch grundsätzlich zu verneinen. Vielmehr hat das Bestehen eines Anspruchs aus einer zwischen den Partnern bestehenden Sonderbeziehung im gesetzlichen Güterstand regelmäßig nur die Folge, daß er als Aktivposten auf der einen und als Passivposten auf der anderen Seite bei der Ermittlung der Endvermögen in der Höhe zu berücksichtigen ist, die er am Stichtag hatte[907]. Einzig im Bereich eventueller bereicherungsrechtlicher Ansprüche wurde dem gesetzlichen Zugewinnausgleich nach der Rechtsprechung des BGH eine gewisse Verdrängungswirkung zugeschrieben[908]. Für die Beurteilung von Ansprüchen, die bei Scheitern der Ehe aus während intakter Ehe zwischen den Partnern eingegangenen Sonderbeziehungen erwachsen, ist daher regelmäßig nicht ausschlaggebend, ob die Parteien im gesetzlichen Güterstand gelebt haben oder ob Gütertrennung bestand[909]. So gelten nicht nur hinsichtlich der Ausgleichsansprüche nach § 426 BGB für die Güterstände der Gütertrennung und der Zugewinngemeinschaft die gleichen Grundsätze[910], sondern auch bezüglich der aus weiteren Sonderbeziehungen erwachsenden Ansprüche, etwa aus einer Bruchteilsgemeinschaft[911], einer Ehegatteninnengesellschaft, oder einem Auftragsverhältnis[912].

---

[906] vgl. BGH, NJW 1989, 1920 ff., 1921

[907] BGH, NJW 1989, 1920 ff., 1921

[908] vgl. dazu Hausmann, a.a.O., S. 281; was in der Rechtsprechung des BGH dem Bereicherungsrecht auch im Rahmen der Gütertrennungsehe aber keinen größeren Anwendungsbereich einräumt, da der Senat insoweit in der Regel auf die Grundsätze vom Wegfall der Geschäftsgrundlage ausweicht (Hausmann, a.a.O., S. 281)

[909] so auch BGH NJW 1989, 1920 ff., 1921

[910] Haussleiter, a.a.O., Rz. 185; Soergel/Wolf, § 426, Rz. 26 m.w.N.

[911] vgl. dazu auch BGH JZ 1983, 852 ff., 854; wie bereits im Text dargelegt wurde, bedeutet Gütertrennung nur, daß grundsätzlich die Vermögen der Ehegatten auch während der Ehe - wie übrigens auch im Fall der Zugewinngemeinschaft - getrennt bleiben. Natürlich sind die Ehepartner dadurch nicht gehindert, einzelne Vermögensgegenstände gemeinsam zu erwerben und sich dadurch eine gewisse gemeinschaftliche Vermögenssubstanz zu schaffen.

[912] vgl. dazu BGH NJW 1989, 1920 ff., 1921 im Zusammenhang mit den daran anschließenden Ausführungen

Insbesondere kann der Umstand allein, daß Eheleute Gütertrennung vereinbart haben, eine Ausgleichspflicht nicht rechtfertigen[913]. Das heißt zwar auf der anderen Seite nicht, daß nicht vereinzelt aus der Vereinbarung von Gütertrennung ein Schluß auf die hinsichtlich der Ausgleichspflicht stillschweigend getroffenen Vereinbarungen der Ehegatten entnommen werden könnte[914]. Dabei darf aber nicht vergessen werden, daß sich die Modifikationen der im Rahmen der jeweiligen Sonderbeziehung geltenden Normen vor allem aufgrund der von den Ehegatten gewählten ehelichen Lebensverhältnisse ergibt; die diese Materie betreffenden Normen sind in den §§ 1353-1362 BGB enthalten, welche als „Wirkungen der Ehe im allgemeinen" unabhängig vom Güterstand zur Anwendung kommen.

10.2 Bei Gütergemeinschaft

Ähneln sich die Konzeptionen von Zugewinngemeinschaft und Gütertrennung noch in erheblichem Maße, so unterscheidet sich die der Gütergemeinschaft davon grundlegend.

Bei diesem nur durch ausdrückliche Vereinbarung im Ehevertrag begründbaren Güterstand (§ 1415 BGB) wird das Vermögen des Mannes und das der Frau in Gesamtgut (§ 1416 BGB), Sondergut (§ 1417 BGB) und Vorbehaltsgut (§ 1418 BGB) aufgespalten. Die einzelnen Vermögensmassen können unterschiedlichen Rechtsschicksalen unterliegen.

Die tragende Rolle wird jedoch in aller Regel das Gesamtgut spielen. Grundsätzlich nämlich wird das gesamte beiderseitige Vermögen der Ehepartner - eingebrachtes ebenso wie hinzuerworbenes - gemeinschaftliches Vermögen zur gesamten Hand (§§ 1416, 1419 BGB). Ist im Ehevertrag nichts anderes bestimmt, so wird es auch gemeinschaftlich verwaltet (§§ 1421 S. 2 i.V.m. 1450 ff. BGB).

Aufgrund der umfassenden Verknüpfung der Vermögensmassen der Ehegatten ist bei Beendigung des Güterstandes der Gütergemeinschaft eine Auseinandersetzung erforderlich. Diese richtet sich, soweit die Eheleute nichts anderes vereinbaren, nach §§ 1475 bis 1481 BGB (§ 1474 BGB). Der Rechtszustand von der Beendigung der Gütergemeinschaft bis zur Auseinandersetzung wird in §§ 1471 bis 1473 BGB geregelt, während des Bestehens des Güterstandes greifen die §§ 1416 bis 1470 BGB ein.

Die Einschlägigkeit unterschiedlicher Normen macht deutlich, daß wiederum nicht nur zwischen Innen- und Außenverhältnis zu differenzieren ist, sondern hinsichtlich des Innenver-

913 so BGH FamRZ 1983, 797 ff., 799

914 so für § 426 BGB Erman /Westermann, § 426, Rz. 17

hältnisses auch zwischen der Zeit des Bestehens des Güterstandes und dem daran anknüpfenden Zeitraum unterschieden werden muß.

Zuvor noch folgende Anmerkung:

Dem Güterstand der Gütergemeinschaft liegt der Gedanke zugrunde, daß die Eheleute auch vermögensrechtlich „auf Gedeih und Verderb" miteinander verbunden sind[915]. Das zeigt sich vor allem daran, daß nach § 1416 BGB sowohl das in die Ehe eingebrachte als auch das während der Gütergemeinschaft der Ehegatten erworbene Vermögen gemeinschaftlich wird - es sei denn, es handelt sich um Sonder- (§ 1417 BGB) bzw. Vorbehaltsgut (§ 1418).

Wenn also während des Bestehens der Gütergemeinschaft einer der Ehegatten allein oder beide Ehegatten gemeinschaftlich Verbindlichkeiten eingehen und die dadurch erlangten Mittel in das Gesamtgut investieren, profitieren von der Mittelbeschaffung im Falle der Werterhöhung des Gesamtgutes beide Partner - und zwar wegen des in § 1476 I BGB geregelten Grundsatzes der Halbteilung in der Regel in gleichem Maße.

10.2.1 Außenverhältnis

Wegen der Komplexität der im Rahmen einer Gütergemeinschaft geltenden Vorschriften ist vor der Betrachtung des zwischen den Ehegatten bestehenden Innenverhältnisses eine kurze Klärung auch der das Außenverhältnis betreffenden Regelungen unentbehrlich. Danach gilt:

Nehmen die Ehegatten gemeinsam Verbindlichkeiten auf, so wird ihre gesamtschuldnerische Haftung (§ 421 BGB) nach allgemeinen Vorschriften - insbesondere also § 427 BGB - begründet[916].

Bei der Gütergemeinschaft sind aber bezüglich des Außenverhältnisses darüber hinaus bei Verwaltung des Gesamtgutes durch nur einen der Ehepartner die §§ 1437-1440 BGB und bei gemeinschaftlicher Verwaltung die §§ 1459-1462 BGB zu beachten. Denn aufgrund der Aufspaltung der Vermögen der Ehegatten entweder in Gesamtgut (§ 1416 BGB) oder in Sondervermögen (§§ 1417, 1418 BGB) stellt sich weiter die Frage nach dem Haftungsobjekt.

---

[915] Palandt/Diederichsen, § 1441, Rz. 1

[916] Palandt/Diederichsen, § 1437, Rz. 1

Diejenigen persönlichen Verpflichtungen der Ehegatten, wegen derer ihre Gläubiger Befriedigung aus dem Gesamtgut erlangen können, werden Gesamtgutsverbindlichkeiten genannt (vgl. §§ 1437 I, 1459 I BGB)[917].

Darunter fallen in jedem Fall die durch die Ehegatten gemeinschaftlich eingegangenen Verpflichtungen: bei der Einzelverwaltung ergibt sich dies bereits aus § 1437 I BGB; denn im Falle der gesamtschuldnerischen Kreditaufnahme wirkt stets der Verwalter des Gesamtgutes an der Eingehung der Verbindlichkeit mit. Liegt gemeinschaftliche Verwaltung vor, folgt das Vorliegen einer Gesamtgutsverbindlichkeit ohne weiteres aus § 1459 I BGB.

Darüber hinaus haften die Ehegatten - wenn sie sich gesamtschuldnerisch verpflichten - dem Gläubiger gegenüber auch persönlich mit ihrem jeweiligen Vorbehalts- und Sondergut. Wurden somit beide Ehegatten zur Begründung ihrer gesamtschuldnerischen Verpflichtung aktiv tätig, stehen dem Gläubiger als Haftungsmasse im gleichen Umfang wie auch sonst die gesamten Vermögen seiner Schuldner zur Verfügung. Durch die allein zwischen den Ehegatten getroffene Güterstandsvereinbarung nämlich kann die Haftung Dritten gegenüber nicht beschränkt werden.

Eine Besonderheit besteht im Güterstand der Gütergemeinschaft aber im Außenverhältnis im Falle der Aufnahme der Verbindlichkeiten durch nur einen der Ehegatten. Insoweit ist zwischen Einzel- und gemeinschaftlicher Verwaltung zu unterscheiden:

Verwaltet nur einer der Ehegatten das Gesamtgut (§§ 1422 ff. BGB), sind gemäß § 1437 I BGB folgende Verpflichtungen Gesamtgutsverbindlichkeiten:

Stets diejenigen, die auf das Tätigwerden des „Verwalters“ zurückzuführen sind; darüber hinaus unter bestimmten Voraussetzungen - nämlich soweit nicht die in den §§ 1438 bis 1440 BGB enthaltenen Regelungen entgegenstehen - auch die durch den „Nichtverwalter“ begründeten. Letzteres ist nach § 1438 I 2. Alt. BGB insbesondere dann gegeben, wenn ein während der Gütergemeinschaft durch den „anderen“ Ehegatten vorgenommenes Rechtsgeschäft mit Zustimmung des „Verwalters“ erfolgte. Ist das nicht der Fall, kann der das Gesamtgut nicht verwaltende Ehegatte nur im Rahmen der Notverwaltungsrechte nach § 1429 BGB oder soweit er mit Zustimmung des „Verwalters“ gemäß § 1431 BGB selbständig ein Erwerbsgeschäft betreibt, eine Gesamtgutsverbindlichkeit begründen[918].

Gleiches gilt nach § 1459 I BGB für die gemeinschaftliche Verwaltung, ohne Rücksicht darauf, welcher der Ehegatten das Rechtsgeschäft abgeschlossen hat - es sei denn, aus den §§ 1460 bis 1462 BGB ergäbe sich etwas anderes. So entsteht auch hier durch ein nur von einem der Ehegatten vorgenommenes Rechtsgeschäft eine Gesamtgutsverbindlichkeit etwa dann, wenn der andere Ehegatte diesem Rechtsgeschäft zugestimmt hat (§ 1460 I 1. Alt.). An-

[917] BGH FamRZ 1986, 40 ff., 41

dernfalls kann der einseitig Handelnde in der Regel nur sich selbst, nicht dagegen seinen Ehepartner oder auch nur das Gesamtgut verpflichten. Die Haftung beschränkt sich dann auf sein Vorbehalts- und Sondergut. Ebenso wie bei der Einzelverwaltung gilt jedoch etwas anderes, wenn der Handelnde nach §§ 1454 bis 1456 BGB im Einzelfall zur Alleinverwaltung berechtigt war. Betreibt zum Beispiel ein Ehegatte mit Einwilligung des anderen selbständig ein Erwerbsgeschäft und nimmt er zu diesem Zweck ohne Mitwirkung des anderen einen Kredit auf, entsteht nach § 1456 BGB eine Gesamtgutsverbindlichkeit. Dagegen liegt mangels Zusammenhanges mit dem „Geschäftsbetrieb" eine solche nicht vor, wenn die Kreditmittel nach der Trennung der Eheleute für die Lebensführung benötigt werden[919].

Gleichzeitig haftet jeder Ehegatte für die selbst eingegangenen Verpflichtungen persönlich mit seinem jeweiligen Vorbehalts- und Sondergut.

Zusätzlich jedoch - und das ist eine Eigenheit der Gütergemeinschaft - kann es unter bestimmten Voraussetzungen auch zu einer persönlichen Haftung des am Rechtsgeschäft unbeteiligten Ehepartners kommen. Über die Haftung des Gesamtgutes hinaus haftet dieser dann als Gesamtschuldner mit dem den Vertrag schließenden Ehegatten.

Bei der Einzelverwaltung trifft diese Haftung stets nur den verwaltenden Ehegatten, und auch nur dann, wenn die Verbindlichkeiten des anderen Ehepartners nach der Vorschrift des § 1437 I BGB Gesamtgutsverbindlichkeiten darstellen (§ 1437 II S. 1 BGB). Bei der gemeinschaftlichen Verwaltung haften dagegen nach § 1459 II S. 1 BGB die Ehegatten für die Gesamtgutsverbindlichkeiten - unabhängig davon, welcher der Eheleute diese begründet hat - stets auch persönlich als Gesamtschuldner.

Hintergrund dieser Regelungen dürfte vor allem sein, daß im Falle der Einzelverwaltung zur Zwangsvollstreckung in das Gesamtgut nach § 740 I ZPO ein Urteil gegen den „verwaltenden" Ehegatten erforderlich und genügend ist, während bei gemeinschaftlicher Verwaltung gemäß § 740 II ZPO die Zwangsvollstreckung in das Gesamtgut voraussetzt, daß beide Ehegatten zur Leistung verurteilt sind. Im Zusammenhang damit ist § 1422 I S. 1 2. HS BGB bzw. § 1450 I S. 1 2. HS BGB zu sehen.

Vor diesem Hintergrund läßt sich auch erklären, warum die angesprochene persönliche Haftung im Außenverhältnis nach § 1437 II S. 2 BGB bzw. § 1459 II S. 2 BGB mit Beendigung der Gütergemeinschaft erlischt, wenn die Verbindlichkeit nach dem Innenverhältnis dem anderen Ehegatten zur Last fällt.

---

[918] vgl. dazu Haussleiter, a.a.O., Rz. 703

[919] BGH FamRZ 1982, 468 ff., 468 f. ; vgl. zum Ganzen Haussleiter, a.a.O., Rz. 700

Wann letzteres der Fall ist, soll im folgenden behandelt werden:

10.2.2 Innenverhältnis

10.2.2.1 Während des Bestehens des Güterstandes

Bezüglich des Innenverhältnisses finden sich bei der Einzelverwaltung Regelungen in den §§ 1441 bis 1446 BGB, bei der gemeinschaftlichen Verwaltung in §§ 1463 bis 1468 BGB.

Wie bereits oben erwähnt wurde, basiert der Güterstand der Gütergemeinschaft auf dem Gedanken, daß die Ehegatten auch vermögensrechtlich auf „Gedeih und Verderb" verbunden sind[920]. Daher fallen grundsätzlich alle Gesamtgutsverbindlichkeiten dem Gesamtgut zur Last[921], so daß ein Ausgleichsanspruch im Innenverhältnis insoweit ausscheidet. Ausnahmen von diesem Grundsatz sind in §§ 1441 bis 1444 BGB bzw. §§ 1463 bis 1466 enthalten. Im Rahmen dieser Arbeit interessant sind vor allem die unter § 1441 Nr. 2 BGB bzw. 1463 Nr. 2 BGB fallenden Verbindlichkeiten. Danach hat die sich auf das Vorbehaltsgut oder Sondergut eines Ehegatten beziehenden Verpflichtungen im Innenverhältnis derjenige zu tragen, in dessen Person sie entstanden sind. Das gilt auch, wenn sie vor Eintritt der Gütergemeinschaft oder vor der Zeit eingegangen wurden, zu der das Gut Vorbehalts- oder Sondergut geworden ist. Zu beachten ist dabei, daß es sich bei den fraglichen Verbindlichkeiten um Gesamtgutsverbindlichkeiten im Sinne von § 1437 I BGB bzw. § 1459 I BGB handeln muß. Diesbezüglich wird auf die zum Außenverhältnis gemachten Ausführungen verwiesen.

Werden die eben angesprochenen Verbindlichkeiten aus dem Gesamtgut getilgt, muß der betreffende Ehegatte zu diesem Ersatz leisten[922].

Dies ergibt sich bei der Einzelverwaltung aus § 1445 I BGB; allerdings nur, soweit der „Verwalter" Gesamtgut in sein Vorbehaltsgut oder sein Sondergut verwendet. Für den nicht verwaltungsberechtigten Ehegatten kann sich die Ersatzverpflichtung allein aus allgemeinen Vorschriften, insbesondere infolge ungerechtfertigter Bereicherung, ergeben[923].

---

[920] Palandt/Diederichsen, § 1441, Rz. 1

[921] Palandt/Diederichsen, § 1441, Rz. 1

[922] vgl. Palandt/Diederichsen, § 1441, Rz. 1; vgl. dazu auch Haussleiter, a.a.O., Rz. 718

[923] vgl. Palandt/Diederichsen, § 1445, Rz. 1

Bei der gemeinschaftlichen Verwaltung folgt die entsprechende Verpflichtung für beide Ehepartner aus § 1467 I BGB.

Natürlich ist ebenso denkbar, daß Verbindlichkeiten, die das Gesamtgut betreffen und nicht zu den eben angesprochenen Verbindlichkeiten gehören, von einem der Ehegatten mit Mitteln seines Vorbehalts- oder Sondergutes getilgt werden. In diesem Fall kann der Ehepartner aus dem Gesamtgut Ersatz verlangen. Im Rahmen gemeinschaftlicher Verwaltung hat dieser Anspruch seine Grundlage in § 1467 II BGB, bei Einzelverwaltung für den verwaltenden Ehegatten in § 1445 II BGB, für den „Nichtverwalter" ergibt er sich aus den allgemeinen Vorschriften, zum Beispiel aus Auftragsrecht.

Hinsichtlich der Fälligkeit derartiger Ausgleichsansprüche sind jedoch § 1446 BGB bzw. § 1468 BGB zu beachten:

Für die zum Gesamtgut bestehende Ersatzverpflichtung wird die Fälligkeit hinausgeschoben; für den „nichtverwaltenden" Ehegatten bei der Einzelverwaltung (§ 1446 II 2. HS BGB)[924] sowie beide Partner bei gemeinschaftlicher Verwaltung (§ 1468 2. HS) allerdings nur, soweit nicht Vorbehalts- und Sondergut des Schuldners zur Berichtigung der Schuld ausreichen[925]. Ist letzteres zu verneinen, kann sich der Ersatzanspruch somit erst nach Beendigung der Gütergemeinschaft auswirken. Eine Verjährung etwaiger Ansprüche wird nach § 204 S. 1 BGB dadurch verhindert, daß diese gehemmt ist, solange die Ehe besteht.

Bei der Einzelverwaltung werden nach §§ 1446 I 2. HS BGB auch die Forderungen an das Gesamtgut erst bei Beendigung der Gütergemeinschaft fällig, falls es sich um Ansprüche des „verwaltenden" Ehegatten handelt. Hinsichtlich der Forderungen des anderen Ehegatten dagegen - sowie im Falle der gemeinschaftlichen Verwaltung bezüglich der beider Ehepartner - richtet sich die Fälligkeit nach allgemeinen Vorschriften[926].

---

[924] im Gegensatz zum „verwaltenden Ehegatten", vgl. § 1446 I 1. HS BGB

[925] letzteres hat Haussleiter, a.a.O., Rz. 718 übersehen. Daß dieser Grundsatz bei der Einzelverwaltung nicht für den verwaltenden Ehegatten gilt (vgl. § 1446 I BGB) beruht vermutlich darauf, daß dieser nach § 1422 I S. 1 2. HS BGB allein berechtigt ist, Rechtsstreitigkeiten zu führen, sie sich auf das Gesamtgut beziehen. Somit müßte bei Übertragung des Grundsatzes auch auf den verwaltenden Ehegatten dieser gegen sich selber einen Prozeß anstrengen und darin Beweis führen, was widersinnig wäre.

[926] Palandt/Diederichsen, § 1446, Rz. 2

10.2.2.2 Nach Beendigung des Güterstandes

Durch Auflösung der Ehe - etwa durch Scheidung - endet der Güterstand der Gütergemeinschaft[927] mit dem Wegfall des die güterrechtlichen Verhältnisse regelnden Ehevertrags[928].

Nach der Beendigung des Güterstandes setzen sich die Ehegatten nach § 1471 I BGB über das Gesamtgut auseinander; insoweit gelten gemäß § 1474 BGB mangels anderweitiger Vereinbarung der Ehegatten die §§ 1475 bis 1481 BGB. Dabei sind nach § 1475 I S. 1 BGB zunächst die Gesamtgutsverbindlichkeiten zu berichtigen. Besteht einem Ehegatten gegenüber eine Verbindlichkeit, so ist dieser interne Ausgleichsanspruch ebenfalls zu den Gesamtgutsverbindlichkeiten zu rechnen, die befriedigt werden müssen[929]. Befindet sich daher eine Gütergemeinschaft nach ihrer Beendigung im Abwicklungsstadium, sind Ausgleichsansprüche der Ehegatten grundsätzlich nur noch als unselbständige Rechnungsposten zu berücksichtigen[930].

Ist im Zeitpunkt der Auseinandersetzung eine Gesamtgutsverbindlichkeit noch nicht getilgt, die nach dem Innenverhältnis einem der Ehegatten allein zur Last fällt (§§ 1441-1444 BGB, §§ 1463-1466 BGB), so kann dieser nicht verlangen, daß die Verbindlichkeit aus dem Gesamtgut berichtigt wird (§ 1475 II BGB). Wenn in diesem Fall das Gesamtgut ohne vorherige Berichtigung der Gesamtgutsverbindlichkeit geteilt wird, hat der nach dem Innenverhältnis belastete Ehegatte seinem Partner nach § 1481 III BGB dafür einzustehen, daß dieser trotz der nach § 1480 BGB im Außenverhältnis bestehenden Haftung[931] nicht vom Gläubiger in Anspruch genommen wird.

Allerdings bietet der intern bestehende Freistellungsanspruch dem nach dem Innenverhältnis befreiten Ehegatten vor einer Inanspruchnahme im Außenverhältnis nur unzureichenden Schutz. Diesem Ehegatten ist daher zu empfehlen[932], sein insoweit bestehendes Wahlrecht

---

[927] MüKo/Kanzleiter, § 1471, Rz. 2

[928] OLG Zweibrücken FamRZ 1992, 821 f., 822

[929] vgl. Palandt/Diederichsen, § 1475, Rz. 1; Hausmann, a.a.O., Rz. 740

[930] OLG Zweibrücken, a.a.O., 822

[931] allerdings gegenständlich beschränkt auf das, was der Ehegatte aus dem Gesamtgut erhalten hat (§ 1480 S. 2 1. HS BGB). Die §§ 1990, 1991 BGB sind entsprechend anwendbar (§ 1480 S. 1 2. HS BGB); das bedeutet, daß der Ehegatte die Befriedigung des Gläubigers insoweit verweigern kann, als das aus dem Gesamtgut Erlangte hierzu nicht ausreicht; er muß dann das Erlangte herausgeben. Der Ehegatte muß sich die Beschränkung seiner Haftung im Urteil vorbehalten lassen, um sie in der Zwangsvollstreckung geltend machen zu können (vgl. §§ 786, 780 I ZPO) (so MüKo/Kanzleiter, § 1481, Rz. 8, 9).

[932] Etwas anderes gilt freilich, wenn der im Innenverhältnis freigestellte Ehegatte sich die Geltendmachung der Rechte aus § 1476 II BGB ersparen oder die Versilberung des Gesamtgutes verhindern will (vgl. MüKo/Kanzleiter, § 1475, Rz. 6).

dahingehend auszuüben, daß die bei Beendigung des Güterstandes noch offene Verbindlichkeit aus dem Gesamtgut beglichen wird. In diesem Fall nämlich steht ihm nach § 1476 II BGB ein Verrechnungsanspruch zu; gleichzeitig wird eine persönliche Weiterhaftung im Sinne des § 1480 BGB vermieden[933].

Denn wird die einem der Ehegatten im Innenverhältnis allein zur Last fallende Gesamtgutsverbindlichkeit aus dem Gesamtgut bezahlt, gilt nach § 1476 II BGB folgendes: was der betreffende Ehepartner zum Gesamtgut zu ersetzen hat, muß er sich auf seinen Anteil am Überschuß (§ 1476 I BGB) anrechnen lassen. Übersteigt die Schuld das Teilungsguthaben und kann somit voller Ersatz über eine Verrechnung nicht geleistet werden, bleibt er dem anderen Ehegatten verpflichtet (§ 1476 II S. 2 BGB). Das bedeutet, daß er diesem persönlich - also auch mit dem Vorbehaltsgut - haftet[934].

Ist die Gesamtgutsverbindlichkeit dagegen auch Gesamtgutslast, haben sie beide Ehepartner grundsätzlich letztlich je zur Hälfte zu begleichen (§ 1481 I, II BGB). Allerdings gilt insoweit bei der bisherigen Einzelverwaltung des Gesamtgutes eine Einschränkung: Der bisherige Gesamtgutsverwalter ist für die Verwaltung und damit auch für den Bestand des Gesamtgutes verantwortlich. Er hat daher dem andern Ehegatten zusätzlich dafür einzustehen, daß dieser nicht über das aus dem Gesamtgut Erlangte hinaus in Anspruch genommen wird.[935]

Fraglich bleibt das Verhältnis vor allem des § 1481 BGB zu den bei der Zugewinngemeinschaft untersuchten Anspruchsgrundlagen - bei der Gesamtschuld insbesondere § 426 I BGB:

Insoweit ist folgendes zu beachten: nach seinem Inhalt weicht § 1481 BGB teilweise von der Regelung des § 426 BGB ab[936]. Daraus wird deutlich, daß bezüglich der Folgen einer Inanspruchnahme nach § 1480 BGB im Innenverhältnis nicht § 426 BGB neben § 1481 BGB eingreifen kann, sondern ausschließlich letztere Vorschrift einschlägig sein muß[937].

Nach seinem Wortlaut und seiner Stellung im Gesetz regelt § 1481 BGB direkt nur den Ausgleich im Innenverhältnis bei Inanspruchnahme eines einer Gütergemeinschaft angehörenden Ehegattens *nach Teilung* des Gesamtgutes ohne vorherige Berichtigung von Gesamtgutsverbindlichkeiten[938]. Allerdings ist die Interessenlage in für die rechtliche Bewertung maßgeblicher Hinsicht vergleichbar und daher eine entsprechende Anwendung geboten, wenn bei noch nicht geteiltem Gesamtgut ein Ehegatte aufgrund seiner persönlichen Haftung in Anspruch

933 vgl. zum Ganzen auch Haussleiter, a.a.O., Rz. 719

934 vgl. dazu auch Palandt/Diederichsen, § 1476, Rz. 2

935 MüKo/Kanzleiter, § 1481, Rz. 1

936 MüKo/Kanzleiter, § 1481, Rz. 1

937 in diese Richtung auch Palandt/Diederichsen, § 1481, Rz. 1 („statt § 426“)

938 MüKo/Kanzleiter, § 1481, Rz. 3

genommen und sein Ersatzanspruch gegen das Gesamtgut wegen dessen Unzulänglichkeit nicht erfüllt wird. Gleiches gilt, wenn die Teilung des Gesamtguts wegen dessen Erschöpfung ganz unterbleibt, und die Ehegatten von den Gläubigern aufgrund ihrer persönlichen Haftung in Anspruch genommen werden.[939]

10.2.3 Zusammenfassung

Fassen wir also nochmals zusammen:

Dem Güterstand der Gütergemeinschaft liegt - anders als im Falle der Gütertrennung und auch der Zugewinngemeinschaft - die Intention einer „Schicksalsgemeinschaft" der Ehepartner auch auf vermögensrechtlichem Gebiet zugrunde.

In bezug auf Gesamtgutsverbindlichkeiten (§ 1437 I BGB, § 1459 I BGB), scheidet ein Ausgleichsanspruch daher in der Regel aus - und zwar unabhängig davon, ob sie auf dem Tätigwerden nur eines der Ehegatten beruhen, oder ob ihnen eine gesamtschuldnerische Kreditaufnahme durch beide Partner zugrunde liegt. Etwas anderes gilt jedoch, wenn es sich um Verbindlichkeiten im Sinne der §§ 1441 bis 1444 BGB bzw. §§ 1463 bis 1466 BGB handelt.

Nehmen wir zum Beispiel an, einer der Ehegatten betreibt mit Einwilligung seines Partners selbständig ein Erwerbsgeschäft. Dann stellen solche Verbindlichkeiten, die der Geschäftsbetrieb mit sich bringt, nach §§ 1437 I, 1438 I, 1431 BGB bzw. §§ 1459 I, 1460 I, 1456 BGB Gesamtgutsverbindlichkeiten dar. Für die Beurteilung eines Ausgleichsanspruches ist nunmehr entscheidend, ob es sich bei dem betreffenden Unternehmen um Gesamtgut (§ 1416 BGB) handelt, oder ob der Betrieb in das Vorbehaltsgut des Betreibers fällt - zum Beispiel, weil er durch Ehevertrag dazu erklärt wurde (§ 1418 I, II Nr. 1 BGB).

Gehört er zum Gesamtgut, scheidet ein Ausgleichsanspruch aus. Das erklärt sich auch daraus, daß von Investitionen, die sich auf das Gesamtgut werterhöhend auswirken, über die Teilung des Überschusses im Rahmen der Auseinandersetzung beide Ehegatten in der Regel gleichermaßen profitieren (§ 1476 I BGB). Auf der anderen Seite ist es dann aber auch recht und billig, mit eventuell eingetretenen Verlusten beide Ehegatten zu gleichen Teilen zu belasten.

---

[939] MüKo/Kanzleiter, § 1481, Rz. 3; daß insoweit auf die persönliche Haftung abgestellt werden muß, ergibt sich daraus, daß sich § 1481 BGB auf die Vorschrift des § 1480 BGB bezieht, nach der stets die persönlich Haftung begründet wird. Für eine analoge Anwendung muß aber eine in den für die rechtliche Bewertung maßgebenden Punkten vergleichbare Sachlage bestehen. Gesamtgutsverbindlichkeiten begründen zwar häufig (vgl. §1437 II BGB, § 1459 II BGB), aber nicht gezwungenermaßen eine persönliche Haftung (insoweit zu beanstanden daher OLG Zweibrücken FamRZ 1992, 821 f., 822).

Zählt das Unternehmen dagegen zum Vorbehaltsgut des Betreibers, fallen die damit verbundenen Verbindlichkeiten im Innenverhältnis ihm allein zur Last (§§ 1441 Nr. 2 bzw. 1463 Nr. 2 BGB). In diesem Fall gilt:

Ist bei Beendigung des Güterstandes - zum Beispiel durch Auflösung der Ehe[940]- die Verbindlichkeit noch offen, so kann nach § 1475 II BGB der Geschäftsinhaber im Rahmen der Auseinandersetzung nicht verlangen, daß sie aus dem Gesamtgut berichtigt wird. Erfolgt aber nach Wahl des anderen Ehegatten - was ihm wegen der sonst eingreifenden persönlichen Haftung auch seinerseits gegenüber dem Gläubiger des „Unternehmers" (vgl. § 1480 BGB) zu empfehlen ist - bei der Auseinandersetzung trotzdem eine Tilgung der Verbindlichkeit aus dem Gesamtgut, greift § 1476 II BGB ein. Danach entsteht auf seiten des anderen Ehegatten ein Verrechnungsanspruch (S. 1), beziehungsweise, wenn die Verbindlichkeit höher ist als der Anteil des Unternehmers am Überschuß, ein Ersatzanspruch (S. 2).

Gleiches gilt bei Zahlung aus dem Gesamtgut schon vor Auseinandersetzung. Hier entsteht der - sich aus § 1467 I BGB bei der gemeinschaftlichen Verwaltung, bei der Einzelverwaltung für den „Verwalter" aus § 1445 I BGB, für den nicht verwaltenden Ehegatten aus allgemeinen Vorschriften (etwa ungerechtfertigte Bereicherung) folgende - Anspruch sofort mit Zahlung. Seine Fälligkeit wird aber unter Umständen nach §§ 1446 bzw. 1468 BGB bis zur Beendigung des Güterstandes hinausgeschoben, so daß er sich vorher nicht auswirken kann.

Auf der anderen Seite besteht für denjenigen Ehegatten ein Ersatzanspruch aus dem Gesamtgut, der Gesamtgutsverbindlichkeiten, welche mit dem Gesamtgut zusammenhängen, während Bestehens der Gütergemeinschaft mit Mitteln aus seinem Vorbehalts- oder Sondergut getilgt hat. Dies folgt bei gemeinschaftlicher Verwaltung aus § 1467 II BGB, bei Einzelverwaltung aus § 1445 II BGB für den „verwaltenden" Ehegatten, für den „Nichtverwalter" aus allgemeinen Vorschriften, zum Beispiel Auftrag oder Geschäftsführung ohne Auftrag. Im Rahmen der Einzelverwaltung wird hinsichtlich des Anspruches des verwaltenden Ehegatten jedoch wiederum die Fälligkeit hinausgeschoben (§ 1446 I 2. HS BGB).

Ein Ersatzanspruch nach allgemeinen Vorschriften muß aber auch bejaht werden, wenn einer der Ehegatten aus seinem Vorbehalts- oder Sondergut Aufwendungen in das Vorbehalts- bzw. Sondergut seines Partners macht.

Verbindlichkeiten, die sich auf das Vorbehalts- oder Sondergut beziehen und nach den Vorschriften der Gütergemeinschaft keine Gesamtgutsverbindlichkeiten darstellen, fallen schon nach allgemeinen Billigkeitserwägungen dem Vermögensinhaber zur Last.

---

[940] vgl. Palandt/Diederichsen, § 1447, Rz. 1

Auch insoweit ist während des Bestands der Gütergemeinschaft jedoch im Rahmen der gemeinschaftlichen Verwaltung und hinsichtlich des Anspruches gegen den „nichtverwaltenden“ Ehegatten bei der Einzelverwaltung ein eventueller Aufschub der Fälligkeit (§ 1468 1. HS, 2. Alt. i.V.m. 2. HS BGB bzw. § 1446 II S. 1, 1. HS, 2. Alt. i.V.m. 2. HS BGB) zu beachten.

Aus dem Gesagten ergibt sich, daß - in Abweichung zum Güterstand der Zugewinngemeinschaft - bei Vorliegen einer Gütergemeinschaft der sich aus § 426 BGB ergebende Anspruch durch die güterrechtlichen Vorschriften sehr wohl berührt wird[941].

Soweit also zur Behandlung der durch einen oder beide Ehegatten bzw. Lebensgefährten während der Partnerschaft eingegangenen Verpflichtungen.

Eher am Rande dazu gehört das Problem der Rückabwicklung eines von den Partnern bei einer Bank errichteten Gemeinschaftskontos sowie die Problematik einer - für ein nur im Namen eines der Ehegatten bzw. Lebensgefährten bestehendes Konto - dem anderen erteilten Bankvollmacht. Zur Vollständigkeit der Arbeit ist eine zumindest kurze Behandlung auch dieser Themen dennoch geboten.

Das wird deutlich, wenn man sich vor Augen führt, daß häufig die durch die oben angesprochenen Verpflichtungen erlangten Mittel nicht umgehend in Anschaffungen investiert, sondern zunächst auf Konten „zwischengeparkt“ werden. Umgekehrt wird in der Regel ein Teil des Kontoguthabens zu dem Zweck verwendet, Verbindlichkeiten beider oder eines der Ehegatten zu tilgen. Dann muß aber auch von Interesse sein, welche Ausgleichspflichten sich hinsichtlich der zwischen den Ehegatten bestehenden Konten ergeben können. Das gilt um so mehr, weil sich aus der gemeinschaftlichen Errichtung eines Kontos nicht nur hinsichtlich des Kontoguthabens der Bank gegenüber Ansprüche, sondern etwa bei Überziehungskrediten ihr gegenüber auch Verbindlichkeiten ergeben können. Die gleiche Gefahr besteht im Rahmen einer dem anderen Ehegatten für ein in eigenem Namen eingerichtetes Konto erteilten Bankvollmacht.

Auch insoweit soll wiederum zunächst die zwischen Ehegatten bestehende Rechtslage angesprochen werden, bevor im Vergleich auf die zwischen Partnern einer nichtehelichen Lebensgemeinschaft gegebenen Ansprüche eingegangen wird.

---

[941] vgl. dazu auch die Ausführungen bei OLG Zweibrücken FamRZ 1992, 821 f., 822

11 Rückabwicklung eines sog. Oder-Kontos nach Trennung bzw. Scheidung

Von Ehepaaren werden nicht selten Gemeinschaftskonten eingerichtet. In Betracht kommt dafür neben der Form des „Und-Kontos“ auch die eines „Oder-Kontos“. Während die Kontoinhaber bei ersterem nur gemeinsam verfügen können, steht bei letzterem diese Befugnis den Ehegatten jeweils alleine zu. Im Rahmen einer Ehe, die vielfältige kleinere und größere Ausgaben mit sich bringt, ist die Form des „Und-Kontos“ aufgrund der damit verbundenen „Schwerfälligkeit“ weitgehend unbrauchbar. Auch sind damit weit weniger rechtliche Schwierigkeiten verbunden, weil das „Und-Konto“ bezüglich seiner Sicherheit einem Einzelkonto ohne Vollmachtserteilung gleichgestellt werden kann[942].

Die folgenden Ausführungen beschränken sich daher auf die Form des „Oder-Kontos“. Diese Kontoform kommt nicht nur weit häufiger vor - wegen der Erforderlichkeit eines besonders engen Vertrauensverhältnisses (das gerade zwischen Ehegatten meist besteht)[943] -, sondern ist auch ungleich problematischer. Hier nämlich ist jeder Partner der Bank gegenüber berechtigt, ohne Mitwirkung des anderen über das Guthaben zu verfügen, insbesondere Abhebungen vorzunehmen. Diese Verfügungsbefugnis kann durch die einseitige Sperre des anderen Kontoinhabers in der Regel nicht eingeschränkt werden[944]. Einen wirksamen Schutz gegen unberechtigte Zugriffe auf den eigenen Anteil am Kontoguthaben könnte jeder Ehegatte daher nur durch sofortiges Abheben erreichen[945]. In der Praxis wird das natürlich kaum ein Ehegatte tun. Daraus ergibt sich zwingend die Frage nach den Rechtsfolgen, die sich aufgrund ungerechtfertigter Abhebungen ergebenden.

11.1 Außenverhältnis

Betrachten wir zunächst kurz das in Beziehung zur Bank bestehende Außenverhältnis:

---

942 So auch Haussleiter, a.a.O., Rz. 263

943 BGH NJW 1990, 705 f., 705

944 BGH NJW 1991, 420 f., 420 (Leitsatz)

945 vgl. zum Ganzen Haussleiter, a.a.O., Rz. 263 und Rz. 270; auch Hausmann, a.a.O., S. 266

Die Inhaber eines „Oder-Kontos" sind Gesamtgläubiger im Sinne des § 428 BGB[946]. Allerdings ergibt sich hier für die Gesamtgläubigerschaft die Besonderheit, daß der Schuldner an den Fordernden leisten *muß*.[947] Dies hat im Bezug auf das Außenverhältnis zur Folge, daß nicht nur jeder Mitberechtigte über das Kontoguthaben verfügen kann, sondern auch ein echtes Forderungsrecht gegenüber der Bank als Schuldnerin erwirbt[948].

Spiegelbildlich dazu haftet bei dem Gemeinschaftskonto mit Einzelzeichnungsberechtigung jeder Mitinhaber in der Grenze des vereinbarten Überziehungskredits dem Kreditinstitut gegenüber als Gesamtschuldner (§ 421 BGB)[949]. Denn in diesem Rahmen muß jeder Kontoinhaber den Umständen nach mit belastenden Verfügungen seines Partners rechnen. Geht der durch einen der Ehegatten in Anspruch genommene Überziehungskredit dagegen über den gemeinschaftlich beantragten Kreditrahmen hinaus, so kann die Bank in Höhe des Differenzbetrages in der Regel[950] nur gegen den Handelnden als Alleinschuldner vorgehen.

11.2 Innenverhältnis

Welchen Anteil des Kontoguthabens der jeweilige Ehegatte nach den zwischen ihnen getroffenen Abreden beanspruchen kann, beziehungsweise welcher der Kontoinhaber danach für die eingegangene Verbindlichkeit einzustehen und aufzukommen hat, ist bei einem Gemeinschaftskonto für die Bank ohne Interesse. Diese Fragen sind vielmehr Gegenstand des vom Außenverhältnis streng zu trennenden Innenverhältnisses:

Beschäftigen wir uns zunächst mit dem Innenverhältnis der Kontoinhaber hinsichtlich des Guthabens aus einem auf ihrer beider Namen lautenden Spar- oder Girokonto.

---

[946] BGH NJW 1990, 705 f., 705; Haussleiter, a.a.O., Rz. 264; auch Hausmann, a.a.O., S. 266; Wever, FamRZ 1996, 905 ff., 913; Seidl, Familienrecht, S. 26; Palandt/Heinrichs, § 428, Rz. 3

[947] Staudinger/Kaduk, § 428, Rz. 14; hier wird die dem Schuldner sonst nach § 428 BGB zustehende Wahl, an wen er die Leistung erbringen will, vertraglich als abbedungen anzusehen sein (Staudinger/Kaduk, Einl zu §§ 420 ff., Rz. 17).

[948] so Hausmann, a.a.O., S. 266 f.

[949] vgl. dazu Knütel, ZIP 1991, 493 ff., 498 f.; streitig ist insoweit nur, ob sich die konstruktive Begründung der Gesamtschuld beim „Oder-Konto" aus einer gegenseitigen Vollmachtserteilung, der vertraglichen Vereinbarung einer Gesamtschuld oder einem Schuldbeitritt für alle künftig entstehenden Verbindlichkeiten des Mitkontoinhabers ergibt (vgl. dazu Knütel, a.a.O., m.w.N. in den Fn. 38 bis 42).

[950] In gewissen Grenzen gilt die Gesamtschuldnerschaft auch für über die eingeräumte Kreditsumme hinausgehende Überziehungen (Erman/Westermann, § 427, Rz. 3)

Da die Ehepartner diesbezüglich nicht nur Gesamtgläubiger (§ 428 BGB) sind, sondern insoweit zwischen ihnen auch eine Bruchteilsgemeinschaft (§ 741 BGB) besteht, kann sich ein eventueller Ausgleichsanspruch sowohl aus § 430 BGB als auch aus § 742 BGB ergeben[951]. Danach sind die Kontoinhaber am Guthaben im Zweifel zu gleichen Anteilen berechtigt[952]. Soweit einer der Ehegatten daher mehr als die Hälfte des Guthabens für sich verwendet, kommt grundsätzlich eine Ausgleichspflicht in Betracht[953]. Dabei muß der Anspruchsteller im Prozeß lediglich dartun, daß dem von ihm in Anspruch genommenen Gesamtgläubiger über das Gemeinschaftskonto mehr als sein hälftiger Anteil zugeflossen ist[954].

Allerdings gilt die hälftige Beteiligung an der Leistung des Schuldners nur „im Zweifel" (§ 742 BGB), beziehungsweise „soweit nicht ein anderes bestimmt ist" (§ 430 BGB). Eine solche anderweitige Bestimmung kann sich - wie bei der Gesamtschuld - auch hier aus dem Gesetz, einer ausdrücklichen Vereinbarung der Gesamtgläubiger oder aus einer stillschweigenden Absprache in Verbindung mit Inhalt und Zweck des zugrundeliegenden Rechtsverhältnisses ergeben[955].

Eine Gestaltung des Innenverhältnisses, die eine andere als die vom Gesetz vermutete hälftige Beteiligung - bis hin zum vollständigen Ausschluß der Ausgleichspflicht - ergibt, muß der in Anspruch genommene Ehegatte darlegen und notfalls beweisen[956].

---

[951] Hausmann, a.a.O., S. 267; Haussleiter, a.a.O., Rz. 264; OLG Karlsruhe FamRZ 1990, 629 f., 629 (das allerdings fälschlicherweise § 741 BGB als Anspruchsgrundlage nennt); nur auf § 430 BGB - allerdings mit gleichem Ergebnis - stellen ab: Seidl, a.a.O., S. 26; Schwab, a.a.O., Rz. 102; BGH NJW 1990, 705 f., 705; BGH FamRZ 1993, 413 f., 413; OLG Zweibrücken NJW 1991, 1835 f., 1835

[952] Beide Vorschriften befassen sich ihrem Wortlaut nach zwar lediglich mit dem Maßstab für die Teilung der Leistung zwischen mehreren Gesamtgläubigern bzw. Teilhabern. Für den Fall, daß einer der Partner mehr als den ihm danach zustehenden Teil erhalten hat, müssen die Normen richtigerweise jedoch auch im Sinne der Begründung einer Ausgleichspflicht verstanden werden (so Hausmann, a.a.O., S. 267 m.w.N. in Fn. 71); auch BGH NJW 1990, 705 f., 705; OLG Zweibrücken NJW 1991, 1835 f., 1835; Wever, FamRZ 1996, 905 ff., 913; Canaris, Bankvertragsrecht, Rz. 225 sehen in § 430 BGB eine eigenständige Anspruchsgrundlage für den Gesamtgläubiger, der aus einer Leistung des Gläubigers weniger als die Hälfte erhalten hat.

[953] BGH NJW 1990, 705 f., 705

[954] BGH FamRZ 1993, 413 f., 413; BGH, a.a.O., 705; OLG Zweibrücken NJW 1991, 1835 f., 1835; Seidl, a.a.O.; S. 27

[955] so auch Hausmann, S. 267

[956] BGH FamRZ 1993, 413 f., 413; BGH NJW 1990, 705 f., 705; OLG Zweibrücken NJW 1991, 1835 f., 1835; Seidl, a.a.O., S. 27; Schwab, a.a.O., Rz. 102 ; Wever, FamRZ 1996, 905 ff., 913

11.2.1 Während intakter Ehe vorgenommene Verfügungen

Das gilt auch für die während intakter Partnerschaft vorgenommenen Verfügungen[957]. Diesbezüglich wird der Nachweis dem Anspruchsgegner allerdings dadurch erleichtert, daß für diesen Zeitraum regelmäßig ein Verzicht der Ehegatten auf einen Ausgleich angenommen werden kann[958].

In diesem Fall nämlich ergibt sich regelmäßig entweder aus einer ausdrücklichen oder aber aus einer stillschweigenden Vereinbarung der Ehegatten verbunden mit Zweck und Handhabung des Kontos sowie den Vorschriften über die eheliche Lebensgemeinschaft eine „anderweitige Bestimmung“[959].

Entscheidend ist insoweit insbesondere der Zweck eines von Ehegatten in Form eines „Oder-Kontos“ eingerichteten Gemeinschaftskontos[960]: Dieser besteht regelmäßig gerade darin, daß beide Partner jederzeit zu Abhebungen in beliebiger Höhe berechtigt sein sollen, ohne hierdurch eine Ausgleichspflicht auszulösen[961]. Bei einer anderen Beurteilung käme es, wenn aus dem „Oder-Konto“ längere Zeit gemeinsam gewirtschaftet wurde, nicht nur zu unlösbaren Beweisschwierigkeiten. Die Annahme eines Ausgleichsanspruches widerspräche auch dem Willen der Partner, welche durch Errichtung eines solchen Kontos in einer „durch persönliche Bindungen geprägten Gemeinschaft“ gerade ihren Verzicht auf „kleinliche“ Abrechnungen der beiderseitigen Einzahlungen und Abhebungen zu erkennen gegeben haben[962].

Dabei kommt es entscheidend weder auf die Gründe für die Errichtung des Gemeinschaftskontos überhaupt noch auf die Herkunft der dem Konto gutgeschriebenen Mittel an[963]. So ist zum Beispiel auch unerheblich, ob die Einzahlungen ganz oder teilweise aus dem Arbeitseinkommen nur eines der Ehegatten stammen[964]. In § 1360 S. 2 BGB kommt deutlich zum Ausdruck, daß Bar- und Naturalunterhalt als gleichwertig anzusehen sind[965].

Für während intakter Ehe getätigte Kontoverfügungen kann somit eine Ausgleichsverpflichtung in der Regel verneint werden. Etwas anderes gilt jedoch hinsichtlich mißbräuchlicher

[957] BGH FamRZ 1993, 413 f., 413

[958] BGH NJW 1990, 705 f., 705; OLG Zweibrücken NJW 1991, 1835 f., 1835; in diese Richtung auch BGH NJW 1990, 705 f., 705; Haussleiter, a.a.O., Rz. 264; Wever, FamRZ 1996, 905 ff., 913

[959] BGH NJW 1990, 705 f., 705; Haussleiter, a.a.O., Rz. 264

[960] vgl. dazu Hausmann, a.a.O., S. 268

[961] OLG Karlsruhe FamRZ 1990, 629 f., 629

[962] so Hausmann, a.a.O., S. 268; ähnlich auch Canaris, a.a.O., Rz. 225

[963] BGH NJW 1990, 705 f., 705; Wever, FamRZ 1996, 905 ff., 913; Canaris, a.a.O., Rz. 225

[964] vgl. Haussleiter, a.a.O., Rz. 264 m.w.N.; Wever, FamRZ 1996, 905 ff., 913

Verfügungen[966]. Insoweit kann selbst während des Bestehens der ehelichen Lebensgemeinschaft ein Ausgleichsanspruch nicht ausgeschlossen werden[967].

So hat zum Beispiel das OLG Zweibrücken[968] einen solchen Anspruch bejaht bei heimlicher Auflösung eines Gemeinschaftskontos, dessen Guthaben sich auf 176 000 DM belief, mit anschließender Überweisung des Geldes auf ein eigenes Konto des Verfügenden: Bei einer derart hohen Geldsumme könne nicht mehr davon ausgegangen werden, daß der andere Ehegatte auf einen Ausgleich verzichte. Ein solcher Wille komme hier nur in Betracht, wenn das abgehobene Geld für „familiäre Zwecke" verwendet worden sei. Auch insoweit treffe die Darlegungs- und Beweislast aber den in Anspruch genommenen Ehegatten.

11.2.2 Nach Scheitern der Ehe vorgenommene Verfügungen

Scheitert die Ehe, so kommt eine Ausgleichsverpflichtung nicht mehr nur in bezug auf mißbräuchliche Verfügungen, sondern allgemein in Betracht.

Zu diesem Zeitpunkt nämlich endet das auf der ehelichen Lebensgemeinschaft basierende Vertrauensverhältnis, welches Grundlage für die Errichtung des Gemeinschaftskontos war[969]. Damit entfällt auch die Geschäftsgrundlage des für die Dauer des ungestörten Zusammenlebens ausdrücklich oder stillschweigend vereinbarten Haftungsverzichts[970]. Dieser war gerade im Hinblick auf die Verwirklichung der ehelichen Lebensgemeinschaft getroffen worden[971].

Der Wegfall der Geschäftsgrundlage hat jedoch nicht in jedem Fall das vollständige Erlöschen der zwischen den Ehegatten ausdrücklich oder stillschweigend getroffenen Vereinbarung zur Folge. Vielmehr kann in der Regel mit der Trennung lediglich eine Begrenzung der Verfügungsbefugnis dahingehend angenommen werden, daß jeder Ehegatte nur noch zu solchen Verfügungen berechtigt sein soll, die dem tatsächlichen oder mutmaßlichen Willen des anderen Ehegatten entsprechen[972]. Auch nach Scheitern der Beziehung ist eine Ausgleichspflicht daher zu verneinen, wenn der ehemalige Partner mit der nach der Trennung erfolgten Abhe-

---

[965] Seidl, a.a.O., S. 27

[966] wie die Geldentnahme zur Finanzierung eigennütziger, von der einverständlichen ehelichen Lebensgestaltung nicht gedeckter Vorhaben (Wever, a.a.O., Rz. 536)

[967] vgl. dazu Haussleiter, a.a.O., Rz. 265 m.w.N.; Canaris, a.a.O., Rz. 225

[968] OLG Zweibrücken NJW 1991, 1835 f.

[969] BGH NJW 1990, 705 f.

[970] vgl. dazu BGH, a.a.O., 706; Haussleiter, a.a.O., Rz. 266 ff.

[971] in diese Richtung auch BGH, a.a.O., 706; OLG Karlsruhe FamRZ 1990, 629 f., 629

bung einverstanden war[973]. Ein solcher Fall wird aufgrund der Aufhebung der gemeinsamen Lebensführung aber eher selten vorliegen. Beruft sich der in Anspruch genommene Ehegatte auf das Einverständnis seines früheren Lebensgefährten, muß er dieses notfalls beweisen.

Mangels abweichender Absprachen unterliegt daher der im Zeitpunkt der Beendigung der Lebensgemeinschaft auf dem Konto ausgewiesene Schlußsaldo der hälftigen Teilung[974] im Sinne des § 430 BGB bzw. § 742 BGB.

Das gilt selbst beim Güterstand der Gütertrennung[975]. Hier kann nach Meinung des BGH die Eröffnung eines Gemeinschaftskonto als gewisse, bewußt gewollte Korrektur des gewählten Güterstandes angesehen werden[976]. Die Einrichtung eines „Oder-Kontos“ solle nämlich nach dem Willen der Parteien zu einer angemessenen Beteiligung an dem „gemeinsam Erarbeiteten“ führen, wie es dem Charakter der ehelichen Lebensgemeinschaft als einer Schicksals- und Risikogemeinschaft entspreche[977].

Unerheblich ist dabei stets, wer in welcher Höhe Einzahlungen auf das Konto geleistet hat[978]. Uninteressant ist auch, ob es sich um ein Konto handelt, mit dem Ausgaben für die private Lebensführung bestritten wurden, oder aber um ein reines Geschäftskonto[979].

Beruft sich einer der Ehegatten auf eine vom hälftigen Verteilungsmaßstab abweichende Bestimmung, hat er diese zu beweisen[980]. Eine „anderweitige Bestimmung“ in diesem Sinne liegt zum Beispiel nahe, wenn gemeinsame Kinder von einem der Ehegatten betreut werden, und dieser nach der Trennung weiterhin Abhebungen tätigt[981].

Gelingt der entsprechende Nachweis nicht, so kommt hinsichtlich der über den hälftigen Anteil hinausgehenden Abhebungen nicht nur ein Ausgleichsanspruch des anderen Ehegatten, sondern auch ein Schadensersatzanspruch aus pVV, daneben aus § 823 II BGB i.V.m. 266 StGB und § 826 BGB in Betracht[982].

---

[972] BGH FamRZ 1989, 834 f., 835

[973] BGH NJW 1990, 705 f., 705

[974] so auch Hausmann, a.a.O., S. 268; Haussleiter, a.a.O., Rz. 268; Wever, FamRZ 1996, 905 ff., 913

[975] bei der Gütergemeinschaft sind dagegen auch beim Oder-Konto die oben diesbezüglich angeführten Grundsätze maßgeblich

[976] Haussleiter, a.a.O., Rz. 267

[977] BGH NJW 1990, 705 f., 705

[978] OLG Karlsruhe FamRZ 1990, 629 f., 630; Haussleiter, a.a.O., Rz. 268

[979] BGH NJW 1990, 705 f., 706; Haussleiter, a.a.O., Rz. 267; 268

[980] Haussleiter, a.a.O., Rz. 268

[981] Canaris, a.a.O., Rz. 225

[982] Ob die entsprechenden Voraussetzungen gegeben sind, ist eine Frage des jeweiligen Einzelfalles (vgl. dazu zum Beispiel BGH FamRZ 1993, 413 f. 414). Erwähnt werden soll diesbezüglich noch, daß bei Bejahung einer

Die bisherigen Ausführungen beziehen sich auf das im Zeitpunkt des endgültigen Scheiterns der Ehe auf dem Konto befindliche Guthaben. Natürlich ist nicht ausgeschlossen, daß auch nach diesem Zeitpunkt Geld auf dem Konto eingeht. Diesbezüglich kann im Wege ergänzender Vertragsauslegung (§ 157 BGB) angenommen werden, daß die entsprechende Summe dem Ehegatten zustehen solle, von dessen Schuldner die Einzahlung stammt[983]. Gegebenenfalls besteht also wiederum ein anteiliger Anspruch beider Ehepartner.

Soweit zur Rechtslage hinsichtlich der auf dem Gemeinschaftskonto der Ehegatten eingehenden Gelder. Wie aber ist das Verhältnis der Ehegatten in bezug auf eine Belastung des Kontos durch einen Überziehungskredit zu beurteilen?

Dabei hilft es, sich folgendes klarzumachen: In einer Partnerschaft ist eine zeitweise geringfügige Überziehung des gemeinschaftlichen Kontos nichts Ungewöhnliches. Im Zusammenhang mit der gemeinschaftlichen Lebensführung kommt es zu vielfältigen Ausgaben, die oftmals unvorhergesehen nötig werden und daher nicht immer mit laufenden oder unregelmäßigen Eingängen abgestimmt werden können. Der Kontostand wird in der Regel ausgeglichen, sobald erneut Einzahlungen auf dem Konto eingehen.

Daß einer der Ehegatten das Konto überzieht, rechtfertigt somit allein noch keine Abweichung von den obigen Ausführungen: bei endgültiger Trennung unterliegt das infolge der Kreditaufnahme verminderte Guthaben der hälftigen Teilung gemäß § 430 BGB bzw. § 742 BGB, ein darüber hinausgehender Ausgleichsanspruch scheidet regelmäßig aus.

Anders liegen die Dinge auch hier bei mißbräuchlichen oder nach Scheitern der Ehe erfolgten Kreditaufnahmen. Insoweit ist ein Ausgleichsanspruch in der Regel zu bejahen.

Natürlich gelten die obigen Erläuterungen nur für solche Kredite, die sich in dem mit dem Kreditinstitut durch beide Ehegatten abgesprochenen Rahmen halten. Allein insoweit nämlich muß jeder Kontoinhaber den Umständen nach mit belastenden Verfügungen seines Partners rechnen. Geht der durch einen der Ehegatten in Anspruch genommene Überziehungskredit dagegen über den gemeinschaftlich beantragten Kreditrahmen hinaus, so kann ein Ausgleichsanspruch auch für einen während des Bestehens der Partnerschaft aufgenommenen

Schadensersatzpflicht in Hinblick auf den Zugewinnausgleich § 1381 BGB zu prüfen ist. Liegen dessen Voraussetzungen vor, so hat dies unter anderem nach § 390 BGB die Wirkung, daß der schadensersatzpflichtige Ehegatte nicht mit seinem Anspruch auf Zugewinnausgleich aufrechnen kann. Gleiches folgt dann regelmäßig auch aus § 393 BGB (vgl. dazu näher OLG Zweibrücken NJW 1991, 1835 f., 1836).

[983] Haussleiter, a.a.O., Rz. 268

Überziehungskredit nicht ausgeschlossen werden. Regelmäßig wird in diesem Fall ohnehin von einer mißbräuchlichen Verfügung gesprochen werden können.

Die eben gemachten Ausführungen beziehen sich vor allem auf den Güterstand der Zugewinngemeinschaft sowie den der Gütertrennung.

Im Rahmen einer Gütergemeinschaft ist dagegen zu beachten, daß zwar die Begründung des Gesamtgläubigerverhältnisses genauso wie die der Gesamtschuld nach allgemeinen Vorschriften, das heißt nach § 428 BGB bzw. § 421 BGB, zu beurteilen ist. Die weitere Abwicklung des zwischen den Ehegatten bestehenden Rechtsverhältnisses richtet sich jedoch nach den für die Gütergemeinschaft geltenden - oben unter 3.2. angesprochenen - Sondervorschriften. Da dort für die in einer Gütergemeinschaft verheirateten Ehegatten auch bezüglich der Ausgleichsregelungen spezielle Vorschriften zu finden sind, entfällt insoweit eine Anwendung sowohl des § 426 BGB[984] als auch des § 430 BGB. Zu Einzelheiten wird auf die obigen Ausführungen verwiesen.

Über § 1477 I BGB finden allerdings die Vorschriften über die Gemeinschaft für die Durchführung der Teilung im Rahmen der Gütergemeinschaft Anwendung. Die Verweisung bezieht sich aber nur auf gewisse Vorschriften[985] - so wird etwa § 742 BGB durch den speziellen § 1476 I BGB ersetzt.

[984] vgl. dazu auch OLG Zweibrücken, a.a.O., 822

[985] vgl. dazu Palandt/Diederichsen, § 1477, Rz. 1

12 Zum Vergleich: Behandlung eines durch Lebensgefährten einer nichtehelichen Lebensgemeinschaft eingerichteten Oder-Kontos nach der Trennung

Betrachten wir im folgenden die zwischen den Partnern einer nichtehelichen Lebensgemeinschaft bezüglich eines Gemeinschaftskontos bestehende Rechtslage:

Da auch in einer nichtehelichen Lebensgemeinschaft aufgrund des Zusammenlebens zahlreiche beide Partner betreffende Ausgaben anfallen, wird in einer derartigen Beziehung von den Parteien ebenfalls nicht selten ein Gemeinschaftskonto in Form eines „Oder-Kontos" errichtet. Wie stets bei einem „Oder-Konto" sind beide Partner der Bank gegenüber zu alleinigen Verfügungen über das Kontoguthaben berechtigt[986]. Sie werden als Gesamtgläubiger angesehen (§§ 428 ff. BGB)[987]. Weitere Ausführungen zum Außenverhältnis können dem oben zu einem unter Eheleuten errichteten „Oder-Konto" Gesagten[988] entnommen werden, insoweit gilt nichts anderes, nur weil die Kontoinhaber Partner einer nichtehelichen Lebensgemeinschaft sind bzw. waren.

Auch hinsichtlich des Innenverhältnisses ergeben sich zumindest bezüglich der Frage, nach welchen Vorschriften das Verhältnis beurteilt werden muß, keine Abweichungen. Gesellschaftsrechtliche Grundsätze kommen insoweit zwischen Lebensgefährten ebensowenig zur Anwendung wie unter Ehegatten; das gemeinsame Wirtschaften der Partner stellt keine hinreichende Grundlage für eine gesellschaftsrechtliche Bindung dar[989]. Dagegen kann sich - wie unter Ehegatten - ein eventueller Ausgleichsanspruch sowohl aus § 430 BGB als auch aus § 742 BGB ergeben[990]. Danach sind die Kontoinhaber am Guthaben im Zweifel zu gleichen Anteilen berechtigt[991]. Grundsätzlich kommt daher eine Ausgleichspflicht in Betracht, soweit einer der Partner mehr als die Hälfte des Guthabens für eigene Zwecke verwendet[992].

---

[986] vgl. Hausmann, a.a.O., S. 266

[987] vgl. Hausmann, a.a.O., S. 266

[988] vgl. unter 11.1.

[989] vgl. dazu die Ausführungen unter 3.3.2.1.

[990] Hausmann, a.a.O., S. 267; Haussleiter, a.a.O., Rz. 264; OLG Karlsruhe FamRZ 1990, 629 f., 629 (das allerdings fälschlicherweise § 741 BGB als Anspruchsgrundlage nennt); nur auf § 430 BGB - allerdings mit gleichem Ergebnis stellen ab: Seidl, a.a.O., S. 26; Schwab, a.a.O., Rz. 102; BGH NJW 1990, 705 f., 705; BGH FamRZ 1993, 413 f., 413; OLG Zweibrücken NJW 1991, 1835 f., 1835

[991] Beide Vorschriften befassen sich ihrem Wortlaut nach zwar lediglich mit dem Maßstab für die Teilung der Leistung zwischen mehreren Gesamtgläubigern bzw. Teilhabern. Für den Fall, daß einer der Partner mehr als den ihm danach zustehenden Teil erhalten hat, müssen die Normen richtigerweise jedoch auch im Sinne der Begrün-

Allerdings gilt die hälftige Beteiligung an der Leistung des Schuldners nur „im Zweifel" (§ 742 BGB), beziehungsweise „soweit nicht ein anderes bestimmt ist" (§ 430 BGB). Eine solche anderweitige Bestimmung kann sich - wie bei der Gesamtschuld - auch hier aus dem Gesetz, einer ausdrücklichen Vereinbarung der Gesamtgläubiger oder aus einer stillschweigenden Absprache in Verbindung mit Inhalt und Zweck des zugrundeliegenden Rechtsverhältnisses ergeben[993].

Für die während des Zusammenlebens vorgenommenen Verfügungen ist - ebenso wie unter Ehegatten[994] - regelmäßig eine „anderweitige Bestimmung" in Form eines Verzichts auf einen eventuellen Ausgleichsanspruch anzunehmen. Denn genauso wie bei Ehegatten besteht auch bei Lebensgefährten der Zweck des Gemeinschaftskontos regelmäßig in der Ermöglichung jederzeitiger beliebiger Abhebungen durch den einen oder anderen Partner, ohne eine Ausgleichspflicht befürchten zu müssen. Im Rahmen einer nichtehelichen Partnerschaft ist die Gemeinschaft durch persönliche Beziehungen in gleichem Maße geprägt wie im Rahmen einer Ehe. Wie dort geben die Parteien durch Errichtung eines „Oder-Kontos" somit zu erkennen, daß sie kleinliche Abrechnungen der beiderseitigen Einzahlungen und Abhebungen nicht beabsichtigen. Eine andere Beurteilung würde bei langjähriger gemeinschaftlicher Kontoführung auch unlösbare Beweisschwierigkeiten heraufbeschwören. Wenn die Partner daher keine abweichenden Absprachen getroffen haben, unterliegt der oben angesprochenen hälftigen Teilung (§ 430 BGB bzw. § 742 BGB) nur der im Zeitpunkt der Beendigung der Lebensgemeinschaft auf dem Konto ausgewiesene Schlußsaldo[995]. Im Rahmen einer nichtehelichen Partnerschaft markiert in der Regel der Auszug eines der Lebensgefährten den Termin der Trennung. Im Einzelfall kann auch schon ein früherer Zeitpunkt maßgeblich sein, etwa eine verbale Auseinandersetzung mit entsprechenden Äußerungen.[996] Wie auch unter Ehegatten erstreckt sich der Verzicht auf den Ausgleichsanspruch allerdings nicht auf mißbräuchliche Verfügungen.

Für während der intakten Partnerschaft vorgenommene Verfügungen gilt also das zu einem Ehegatten-Konto Gesagte entsprechend. Ebenso verhält es sich in bezug auf nach der Trennung getätigte Abhebungen und Einzahlungen. Auch hinsichtlich eines Überziehungskredits

dung einer Ausgleichspflicht verstanden werden (so Hausmann, a.a.O., S. 267 m.w.N. in Fn. 71); auch BGH NJW 1990, 705 f., 705; OLG Zweibrücken NJW 1991, 1835 f., 1835 sehen in § 430 BGB eine eigenständige Anspruchsgrundlage für den Gesamtgläubiger, der aus einer Leistung des Gläubigers weniger als die Hälfte erhalten hat.

[992] BGH NJW 1990, 705 f., 705

[993] so auch Hausmann, S. 267

[994] so auch Canaris, a.a.O., Rz. 225

[995] vgl. zum Ganzen Hausmann, a.a.O., S. 268; auch Haussleiter (a.a.O., Rz. 892) verneint eine Ausgleichspflicht für alle während des Bestehens der Gemeinschaft erfolgten Kontobewegungen. Allerdings begründet er seine Ansicht mit dem abzulehnenden „Grundsatz der Nichtausgleichung".

[996] vgl. Haussleiter, a.a.O., Rz. 892

kann auf das im Rahmen der Ehe Gesagte verwiesen werden. Von weiteren Ausführungen wird daher hier abgesehen.

13 Behandlung einer dem einen von dem anderen Ehegatten erteilten Bankvollmacht nach Trennung bzw. Scheidung

Probleme können aber nicht nur hinsichtlich durch beide Ehegatten bzw. Lebensgefährten errichtete Gemeinschaftskonten, sondern unter Umständen auch im Rahmen eines nur unter dem Namen eines der Partner laufenden Einzelkontos auftreten. Auf ein solches hat zwar an sich der Ehegatte des Kontoinhabers keine Zugriffsmöglichkeit. Etwas anderes gilt jedoch, wenn ihm eine Kontovollmacht erteilt wird. Dies ist selbst bei Doppelverdienerehen häufig der Fall[997], bei Alleinverdienerehen trifft man auf diese Konstellation nahezu ebenso häufig wie auf die Einrichtung eines Gemeinschaftskontos[998].

Auch im Rahmen einer nichtehelichen Lebensgemeinschaft ist eine derartige Konstellation nicht ungewöhnlich. Betrachten wir jedoch im folgenden zunächst wieder die unter Ehegatten bestehende Rechtslage:

13.1 Außenverhältnis

Bevollmächtigt ein Ehegatte seinen Partner zu Verfügungen über sein Bankkonto, so geschieht dies in aller Regel durch eine der Bank gegenüber erklärte Außenvollmacht (§ 167 I 2. Alt. BGB). Im Verhältnis zum Kreditinstitut entfaltet die Vollmacht gemäß § 170 BGB daher Wirkung, bis ihr Erlöschen vom Kontoinhaber angezeigt wird[999]. Das Scheitern der Ehe allein kann eine wirksame Verpflichtung (§ 164 I BGB) des Kontoinhabers durch seinen Ehegatten im Außenverhältnis aus diesem Grund nicht verhindern.

Es ist also durchaus möglich, daß der ehemals bevollmächtigte Ehegatte nach Trennung der Parteien noch für den Kontoinhaber wirksame Verfügungen vornimmt, obwohl er im Innenverhältnis dazu schon nicht mehr berechtigt ist. Eng damit im Zusammenhang steht die Frage, auf welche Willenserklärungen sich die Vollmacht überhaupt erstreckt. Untersucht werden muß mithin im folgenden, inwieweit und bis zu welchem Zeitpunkt der Ehegatte des Kontoinhabers im Innenverhältnis berechtigt war, über das Konto zu verfügen.

---

[997] Vgl. zum Ganzen Haussleiter, a.a.O., Rz. 258

[998] vgl. dazu auch Wever, FamRZ 1996, 905 ff., 912

[999] so auch Wever, FamRZ 1996, 905 ff., 912; ders., a.a.O., Rz. 516

13.2 Innenverhältnis

13.2.1 Während des Bestehens einer intakten Partnerschaft erfolgte Abhebungen

Schon während des Funktionierens der Partnerschaft kann davon ausgegangen werden, daß die Vollmacht im Innenverhältnis nur soweit reicht, als eine gemeinschaftliche Lebensplanung besteht und daraus resultierende Bedürfnisse und Verbindlichkeiten abzudecken sind[1000]. Das ergibt sich aus folgenden Überlegungen:

Räumt ein Ehegatte seinem Partner während intakter Ehe die Verfügungsbefugnis über sein Bankkonto ein, so liegt der Zweck der Bevollmächtigung auch ohne besondere Absprache regelmäßig darin, dem anderen die Befriedigung der familiären Bedürfnisse mit einer gewissen Selbständigkeit zu ermöglichen[1001]. Die Vollmachtserteilung basiert auf dem Vertrauen, der Bevollmächtigte werde das Geld auf der Grundlage der gemeinsamen Lebensplanung im Interesse beider Ehepartner verwenden[1002].

Auch vor Trennung beschränkt sich die Vollmacht daher bereits auf Zwecke der ehelichen Lebensgemeinschaft[1003]. Jedenfalls nicht von der ihr ausdrücklich oder stillschweigend zugrundeliegenden Vereinbarung gedeckt sind somit Verfügungen des bevollmächtigten Ehegatten, die dieser vornimmt, um eigene Bedürfnisse im Zusammenhang mit einer von ihm angestrebten Trennung vom Kontoinhaber zu finanzieren[1004]. Eine eventuelle Unterhaltsberechtigung des Abhebenden rechtfertigt keine andere Beurteilung; die „Selbstbedienung“ bleibt auch in diesem Fall rechtswidrig[1005].

13.2.2 Nach Trennung getätigte Abhebungen

[1000] OLG Bamberg FamRZ 1991, 1058 f., 1058; Seidl, a.a.O., S. 27; Wever, FamRZ 1996, 905 ff., 913.
[1001] OLG Bamberg, a.a.O., 1058; vgl. auch Wever, FamRZ 1996, 905 ff., 912
[1002] OLG Bamberg, a.a.O., 1058
[1003] OLG Düsseldorf FamRZ 1992, 439 f., 439
[1004] OLG Bamberg, a.a.O., 1058; vgl. auch Wever, FamRZ 1996, 905 ff., 913
[1005] so Wever, FamRZ 1996, 905 ff., 913

Mit endgültiger Trennung der Ehepartner entfällt auch deren gemeinsame Lebensplanung. Zu diesem Zeitpunkt verlieren die hinsichtlich der Verfügungsbefugnis über das Konto zwischen den Partnern getroffenen Vereinbarungen daher in der Regel ihre Wirkung[1006].

Dieses Ergebnis läßt sich aus mehreren Gesichtspunkten herleiten[1007]:

Zunächst spricht dafür bereits ein Vergleich mit den Regelungen der Schlüsselgewalt (§ 1357 III BGB). Viel wichtiger ist aber folgendes: Wie bereits angesprochen wurde, hat die Vollmachtserteilung ihre Grundlage im Vertrauen darauf, daß der Bevollmächtigte die von ihm getätigten Abhebungen im Sinne der gemeinsamen Lebensplanung und damit im Interesse beider Ehepartner verwenden werde[1008]. Die eheliche Lebensgemeinschaft bildet also die Geschäftsgrundlage für die der Bevollmächtigung zugrundeliegende Vereinbarung, welche die Ehepartner - in der Regel stillschweigend - über den Zweck der Vollmachtserteilung treffen[1009]. Da die weitere Verwirklichung der ehemals gemeinsamen Lebensplanung nach dem Scheitern der Beziehung nur in seltenen Fällen noch in Frage kommen dürfte, hat die endgültige Trennung der Parteien den Wegfall der Geschäftsgrundlage zur Folge.

Wie stets führen die Grundsätze des Wegfalls der Geschäftsgrundlage jedoch in der Regel nur zur Anpassung des Inhalts der der Vollmachtserteilung zugrundeliegenden Abrede an die veränderten Verhältnisse[1010]. Zu einer Auflösung des Rechtsverhältnisses - mithin also zum vollständigen Wegfall der Verfügungsberechtigung im Innenverhältnis - kann es erst kommen, wenn eine Fortführung unzumutbar ist[1011]. Zunächst muß daher aufgrund einer umfassenden Interessenabwägung entschieden werden, ob die Vertragsanpassung - etwa im Sinne des Fortbestehens der Verfügungsbefugnis in eingeschränktem Umfang - zumutbar ist[1012].

Auf der einen Seite stehen dabei die Interessen des Ehegatten, der dem anderen während des Zusammenlebens aus besonderem Vertrauen die Verfügungsbefugnis über sein Konto eingeräumt hat. Dieser muß davor geschützt werden, daß der andere die Befugnis nach der Trennung in eigensüchtiger oder sonst mißbräuchlicher Weise ausnutzt[1013].

Auf der anderen Seite kann der andere Ehegatte ein berechtigtes Interesse daran haben, die Verfügungsbefugnis nicht unvermittelt zu verlieren. Denn möglicherweise hat er sich im Einvernehmen mit seinem Ehepartner auf das Bestehen der Befugnis eingerichtet und im gerecht-

1006 BGH FamRZ 1989, 834 ff., 835; BGH FamRZ 1988, 476 ff., 478; im Ergebnis auch MüKo/Wacke, § 1353, Rz. 28 a.E.

1007 vgl. zum Ganzen BGH FamRZ 1989, 834 ff., 835

1008 OLG Bamberg FamRZ 1991, 1058 f., 1058

1009 vgl. auch Wever, a.a.O., Rz. 517

1010 vgl. Palandt/Heinrichs, § 242, Rz. 130 m.w.N.

1011 Palandt/Heinrichs, § 242, Rz. 132

1012 Palandt/Heinrichs, § 242, Rz. 131

1013 BGH FamRZ 1989, 834 ff., 835

fertigten Vertrauen auf ihren Fortbestand Dispositionen getroffen, die er nicht ohne weiteres wieder rückgängig machen oder ändern kann[1014].

Mit der Trennung wird sich die Befugnis daher im allgemeinen dahin einschränken, daß der bevollmächtigte Ehegatte nur noch solche Verfügungen über das Konto treffen darf, die nicht nur mit den früheren gemeinsamen Vorstellungen in Einklang stehen, sondern auch nach der Trennung weiterhin dem mutmaßlichen Willen des Ehepartners entsprechen[1015]. Das ist zum Beispiel der Fall, wenn mit Hilfe der Abhebungen noch aus der gemeinschaftlichen Lebensführung resultierende Verbindlichkeiten oder Bedürfnisse abgedeckt werden[1016]. So etwa, wenn das Gehaltskonto eines Alleinverdieners betroffen ist, und der während intakter Ehe diesbezüglich bevollmächtigte Ehegatte auch nach der Trennung noch die für den Unterhalt der Restfamilie benötigten Beträge abhebt[1017]. Ein weiteres Beispiel bilden Abhebungen von Geschäftskonten, die für die laufenden Geschäfte bestimmt sind[1018].

Grundsätzlich muß der einen Anspruch geltend machende Kontoinhaber beweisen, daß das Handeln des Vollmachtsinhabers dessen Befugnis aus dem Innenverhältnis überschritten hat. Auf Grundlage des oben Gesagten kommen dem Anspruchsteller dabei aber Beweiserleichterungen zugute, wenn das Konto nach der Trennung vom anderen noch belastet wurde, da hier im Zweifel die Abhebung von der im Innenverhältnis erteilten Befugnis nicht mehr gedeckt ist. Gleiches gilt bei außergewöhnlich hohen Abhebungen in zeitlichem Zusammenhang mit der Trennung[1019].

13.2.3 Rechtsfolge unrechtmäßiger Abhebungen

Hebt ein Ehegatte während des Bestehens der Partnerschaft zu eigenen Zwecken oder nach der Trennung gegen den Willen des anderen von dessen Konto unter Ausnutzung der noch nicht widerrufenen Vollmacht Geld ab, um es seinem eigenen Vermögen zuzuführen, trifft ihn nach §§ 687 II S. 1 i.V.m. 681 S. 2, 667 BGB aufgrund „angemaßter Eigengeschäftsführung" eine Herausgabepflicht[1020].

[1014] BGH, a.a.O., 835
[1015] BGH, a.a.O., 835
[1016] vgl. dazu auch OLG Bamberg FamRZ 1991, 1058 f., 1058
[1017] so Haussleiter, a.a.O., Rz. 261; Wever, a.a.O., Rz. 519
[1018] Wever, FamRZ 1996, 905 ff., 913
[1019] genauer dazu vgl. Wever, a.a.O., Rz. 523
[1020] BGH FamRZ 1988, 476 ff., 478; entscheidend ist dabei nach BGH FamRZ 1989, 834 ff., 835 allein die formale Inhaberschaft an dem Konto, so daß für die Bejahung einer Rückgabepflicht unerheblich ist, ob der bevoll-

Daneben kommt - ebenso wie im Fall mißbräuchlicher Verfügungen über ein gemeinschaftliches Konto - eine Schadensersatzverpflichtung aus pVV (wegen Verstosses gegen die der Vollmachtserteilung zugrundeliegende Vereinbarung[1021]), in extremen Fällen auch § 823 II BGB i.V.m. 266 StGB sowie § 826 BGB in Betracht[1022].

Probleme ergeben sich jedoch, wenn das Kontoguthaben neben Einzahlungen des Kontoinhabers auch auf solche des Bevollmächtigten zurückzuführen ist. Insoweit besteht möglicherweise ein aufrechenbarer[1023] Gegenanspruch des Bevollmächtigten. Ob und in welcher Höhe ein solcher Anspruch zu bejahen ist, gehört in den Bereich der Behandlung „unbenannter Zuwendungen"[1024] und muß daher hier dahingestellt bleiben.

Soweit die unter Ehegatten gegebene Rechtslage.

---

mächtigte Ehegatte zuvor einen entsprechenden oder gar höheren Betrag auf das Konto eingezahlt hat. Denn selbst wenn hinsichtlich des einbezahlten Betrages ein Rückzahlungsanspruch bestehe, könne die Abhebung unter Ausnutzung der nur im Außenverhältnis noch nicht widerrufenen Vollmacht als „angemaßte Geschäftsführung" angesehen werden.

[1021] Wever, a.a.O., Rz. 521

[1022] bzgl. einer Schadensersatzpflicht aus unerlaubter Handlung: BGH FamRZ 1988, 476 ff., 478; bzgl. einer solchen aus pVV: OLG Bamberg FamRZ 1991, 1058 f., 1058; insgesamt vgl. Wever, a.a.O., Rz. 521; vgl. in diesem Zusammenhang auch Fn. 983

[1023] Dabei ist § 393 BGB zu beachten; interessant zu einem diesbezüglichen Anspruch zwischen Partnern einer nichtehelichen Lebensgemeinschaft: Derleder, NJW 1980, 545 ff., 550 f.

[1024] so auch Wever, a.a.O., Rz. 515

14 Zum Vergleich: Rechtslage in Hinblick auf eine durch einen Lebensgefährten dem anderen erteilte Bankvollmacht nach Trennung

Betrachten wir nun im Vergleich die zwischen den Partnern einer nichtehelichen Lebensgemeinschaft bestehenden Ansprüche.

Auch bezüglich einer dem einen durch den anderen Partner erteilten Bankvollmacht kann im wesentlichen auf die oben zu einer unter Ehegatten eingeräumtem Vollmacht gemachten Ausführungen verwiesen werden.

Das gilt zunächst einmal für das Außenverhältnis: Die dem Kreditinstitut gegenüber erklärte Außenvollmacht (§ 167 I 2. Alt. BGB) entfaltet Wirkung (§ 170 BGB), bis ihr Erlöschen vom Kontoinhaber angezeigt wird.

Im Innenverhältnis beruht die Vollmachtserteilung regelmäßig auf dem Vertrauen, der Bevollmächtigte werde die Vollmacht nur bezüglich solcher Verfügungen nützen, welche mit dem gemeinschaftlichen Zusammenleben in Zusammenhang stehen. Abhebungen zu einem anderen Zweck sind daher auch während des Bestehens der Partnerschaft von der Vollmachtserteilung nicht gedeckt. Nach endgültiger Trennung der Parteien entfällt in der Regel die gemeinsame Lebensgrundlage. Ebenso wie unter Ehegatten verlieren damit die hinsichtlich der Verfügungsbefugnis über das Konto zwischen den Partnern getroffenen Vereinbarungen gewöhnlich ihre Wirkung. Zwar greift hier - mangels Anwendbarkeit des § 1357 BGB auf die nichteheliche Partnerschaft - das Argument des Vergleichs mit der Schlüsselgewalt nicht, wie im Rahmen einer Ehe entfällt aber mit der Trennung die Geschäftsgrundlage für die Vollmachtserteilung. Denn hier wie dort basiert die Vollmachtserteilung auf dem oben geschilderten Vertrauensverhältnis. Die zwischen den Parteien bestehende Rechtsbeziehung muß daher den geänderten Umständen nach den für die Vollmachtserteilung unter Ehegatten geschilderten Maximen angepaßt werden. Mit Auflösung der Partnerschaft wird sich die Befugnis des Bevollmächtigten daher im allgemeinen dahin einschränken, daß er nur noch solche Verfügungen über das Konto treffen darf, die dem mutmaßlichen Willen des Kontoinhabers entsprechen. Im Vergleich zur Ehe werden davon bei einer nichtehelichen Lebensgemeinschaft, die als solche anders als die Ehe nach Trennung keine rechtlichen Bindungen - etwa über eine Unterhaltspflicht - begründen kann, aber nur höchst vereinzelte Verfügungen gedeckt sein. Auf der anderen Seite läßt sich nicht leugnen, daß die während der Partnerschaft geknüpften engen persönlichen Beziehungen sowie die gemeinsame Gestaltung des alltäglichen Lebensraumes möglicherweise nach Auflösung der Partnerschaft noch Nachwirkungen entfalten. Es kann also nicht ausgeschlossen werden, daß im Einzelfall auch nach der Trennung getroffene Verfügungen noch dem mutmaßlichen Willen des Kontoinhabers entsprechen.

Werden Abhebungen getätigt, die nach dem eben Gesagten unrechtmäßig sind, kommt neben einer Herausgabepflicht auch eine Schadensersatzpflicht in Betracht. Auch insoweit kann auf die entsprechenden Ausführungen zur „Ehegatten-Vollmacht“ verwiesen werden (vgl. 13.2.3.).

15 Aufteilung von Steuerschulden

Beschäftigung wir uns zum Schluß der Arbeit noch mit der Aufteilung von Steuerschulden.

Bei Ehegatten besteht in bezug auf die Einkommensteuer die Möglichkeit der Zusammenveranlagung nach § 26 b EStG. Machen die Partner von dieser Möglichkeit Gebrauch, haften sie nach § 44 I S. 1 AO für die Steuerschulden kraft Gesetzes als Gesamtschuldner. Während sich daraus während des Funktionierens der Partnerschaft in der Regel keine Probleme ergeben, wird die Frage nach der internen Haftung für noch ausstehende Steuerschulden meist mit der Trennung relevant. Dies insbesondere dann, wenn im Zeitpunkt des Scheiterns der Beziehung die steuerliche Veranlagung aus dem Vorjahr noch nicht zu einem Abschluß gelangt ist[1025].

Der Ausgleich im Innenverhältnis auch bei Steuerschulden vollzieht sich nach der bürgerlichrechtlichen Ausgleichsregelung des § 426 BGB[1026]. Entscheidend ist daher in erster Linie eine von den Gesamtschuldnern getroffene (anderweitige) „Bestimmung“; nur wenn eine solche fehlt, greift der Halbteilungsgrundsatz (§ 426 I S. 1 BGB) ein[1027]. Die Möglichkeit der Aufteilung nach §§ 268 ff. AO ist aber keine „anderweitige Bestimmung“ im oben genannten Sinne. Die §§ 268 ff. AO behandeln einzig die Vollstreckungsmöglichkeit im zum Finanzamt bestehenden Außenverhältnis und lassen den zivilrechtlichen Gesamtschuldnerausgleich unberührt[1028].

Im Innenverhältnis kann regelmäßig eine stillschweigende Vereinbarung der Ehegatten dergestalt angenommen werden, daß jeder der Partner für die Steuer, die auf seine Einkünfte entfällt, selbst aufzukommen hat. Dafür spricht schon die Trennung der Vermögensmassen und der Schulden im gesetzlichen Güterstand und bei Gütertrennung[1029]. Im allgemeinen wird also auch für den Ausgleichsmaßstab im Innenverhältnis das Ausmaß der Verursachung der Steuerschuld entscheidend sein. Danach ist derjenige, der kein steuerpflichtiges Einkommen erzielt hat, gänzlich freizustellen.

Schwieriger gestaltet sich die Ermittlung des Ausgleichsmaßstabs in den restlichen Fällen. Hier bieten sich zur Aufteilung der Steuerschuld zwei Alternativen an[1030]: Zum einen nach dem Verhältnis der (steuerpflichtigen) Einkünfte, zum anderen nach dem Verhältnis der Steuerbeträge, die bei getrennter Veranlagung festgesetzt worden wären. Die erste - wesentlich einfachere - Alternative muß jedoch abgelehnt werden, weil sie zu Ergebnissen führt, die den

[1025] so auch Wever, a.a.O., Rz. 564

[1026] Wever, a.a.O., Rz. 566; Nickl, NJW 1991, 3124 ff., 3126

[1027] BGH FamRZ 1990, 374 ff., 376; Wever, a.a.O., Rz. 566 f.

[1028] vgl. Nickl, NJW 1991, 3124 ff., 3126 f.

[1029] vgl. dazu Wever, a.a.O., Rz. 566, 570; auch Gernhuber, JZ 1996, 765 ff., 765 f.

[1030] Gernhuber, JZ 1996, 765 ff., 765; Wever, a.a.O., Rz. 568

Wertungen des Einkommensteuerrechts widersprechen[1031]: So kommt in ihr - zuungunsten des Partners mit geringerem Einkommen - nicht nur die Progressionswirkung des Einkommensteuertarifs nicht zur Geltung. Darüber hinaus finden bei diesem Weg die individuellen Besteuerungsmerkmale - Sonderausgaben, außergewöhnliche Belastungen und Freibeträge - auch auf seiten desjenigen Ehegatten Berücksichtigung, bei welchem sie gar nicht vorliegen[1032]. Vorzugswürdig ist daher nach herrschender Meinung die steuerrechtskonforme zweite Möglichkeit[1033]. Bei dieser wird eine getrennte Veranlagung fingiert - wie auch im Rahmen der §§ 268 ff. AO - und die Steuerschuld im Innenverhältnis entsprechend aufgeteilt[1034].

1031 so Wever, a.a.O., Rz. 569

1032 so Wever, a.a.O., Rz. 569

1033 so auch Wever, a.a.O., Rz. 570

1034 vgl. insbesonder § 270 S. 1 AO; Gernhuber/Coester-Waltjen, a.a.O., S. 213; Gernhuber, JZ 1996, 765 ff., 766; Wever, a.a.O., Rz. 569 mit Berechnungsbeispiel und zu möglichen Problemen im Rahmen dieser Alternative (Rz. 577 ff.)

16 Zusammenfassung der wichtigsten Ergebnisse und Schlußwort

Nach den obigen Ausführungen wird deutlich, daß man nicht umhin kommt, jeweils auf die konkreten Umstände eines jeden Einzelfalles abzustellen, um zu interessengerechten Ergebnissen zu gelangen. Für die Praxis wären freilich ein auf jeden Fall anwendbarer „schablonenartiger" Lösungsansatz vorzugswürdig. Ein solcher läßt sich aber für ein derart von engen persönlichen Bindungen geprägtes Gebiet nicht aufstellen. Sowohl Ehegatten als auch Partner einer nichtehelichen Lebensgemeinschaft stehen sich in ihrer emotionalen Verbundenheit derart nahe, daß sie vielfach darauf verzichten, ausdrückliche Regelungen zu treffen. Auf diesem Umstand beruht auch die besondere Problematik der Beurteilung der Rechtslage. Mag auch das Rechtsinstitut der „Auslegung" zahlreiche Probleme beinhalten, wird man hier nicht umhin kommen, sich seines zu bedienen. Das hat nichts mit „Phantasie" oder „Wunschdenken" zu tun. Mit Hilfe der erläuternden Auslegung wird vielmehr aufgrund der äußeren Umstände eines jeden Einzelfalles auf den mutmaßlichen Willen der beteiligten Parteien geschlossen. Natürlich kann es passieren, daß das Ergebnis im Einzelfall dem wirklichen, aber nicht mehr ermittel- oder beweisbaren tatsächlichen Willen der Partner nicht gerecht wird. Gerade um solche Fälle möglichst gering zu halten, ist eine genaue Orientierung an den jeweiligen Umständen des konkreten Einzelfalles geboten. Auch Billigkeitserwägungen spielen eine wichtige Rolle, da das tatsächliche Verhalten sowohl in einer Ehe als auch in einer nichtehelichen Lebensgemeinschaft in entscheidendem Maße durch die enge persönliche Verbundenheit geprägt wird.

Es lassen sich aber insoweit allgemeingültige Maximen aufstellen, als folgende Punkte für die Beurteilung der Rechtslage stets von ausschlaggebendem Interesse sein werden:

Die persönlichen Beziehungen sind während einer intakten Partnerschaft erheblich intensiver, bedürfen auch erheblich größeren Schutzes, in der Ehe sind außerdem vor der Trennung bzw. Scheidung andere Vorschriften einschlägig als danach. Daher ist entscheidend, zu welchem Zeitpunkt Zahlungen auf Verbindlichkeiten geleistet wurden.

Da aus den tatsächlichen Verhältnissen auf das Vorliegen stillschweigender Willenserklärungen geschlossen wird, ist jeweils auf die konkrete Ausgestaltung der jeweiligen Lebensverhältnisse abzustellen. Dies gilt vor allem für die Beurteilung der während der intakten Partnerschaft geleisteten Zahlungen; eine gemeinsame Gestaltung der Lebensverhältnisse wird in der Regel nämlich nur während des Zusammenlebens stattfinden.

Und schließlich führt das Bestreben, zu interessengerechten Ergebnissen zu gelangen, zu der Frage, zu welchen Zwecken und zu wessen Nutzen die Eingehung der Verbindlichkeit erfolgte.

Diese Maximen müssen gleichermaßen im Rahmen der Ehe wie in bezug auf die nichteheliche Lebensgemeinschaft Anwendung finden. Denn sie ergeben sich sämtlich aus den engen persönlichen Bindungen sowie der - zumindest zeitweisen - gemeinschaftlichen alltäglichen Lebensführung. Diesbezüglich ist der Unterschied zwischen Ehe und nichtehelicher Lebensgemeinschaft nicht mehr sehr groß, seit fast jede dritte Ehe geschieden wird[1035] und sich immer mehr Partner für eine auf Dauer angelegte eheähnliche Beziehung entscheiden - mit steigender Tendenz.

Dabei muß betont werden: Es geht hier nicht um eine rechtliche Gleichstellung der nichtehelichen Lebensgemeinschaft mit der Ehe; eine solche widerspräche schon der Institutionsgarantie des Art. 6 I GG, der allein Ehe und Familie unter den Schutz der staatlichen Ordnung stellt[1036]. Auch eine globale Analogie zu den ehelichen Vorschriften wird nicht vertreten. Eine solche würde bereits an dem entgegenstehenden Willen der Lebensgefährten scheitern, die ja gerade keine Ehe wollen.

Vorliegend werden lediglich im Rahmen allgemeiner - d.h. nicht nur auf Ehegatten anwendbarer - Vorschriften in gleichem Maße wie unter Ehegatten dort, wo Billigkeitserwägungen und Wertungsfragen eine Rolle spielen, die engen persönlichen Beziehungen unter Lebensgefährten in die Beurteilung der Rechtslage miteinbezogen. Das führt im Rahmen dieser Vorschriften für beide Beziehungsformen regelmäßig zu sich weitgehend entsprechenden Ergebnissen.

Der in Literatur und Rechtsprechung für die nichteheliche Lebensgemeinschaft zahlreich vertretene „Grundsatz der Nichtausgleichung" steht dazu im Gegensatz. Danach findet für die während der Partnerschaft erbrachten Leistungen ein Ausgleich nicht statt, soweit die Parteien dahingehend keine Vereinbarungen getroffen haben. Teilweise[1037] wird dieser Grundsatz auf Leistungen beschränkt, die im Interesse und zur Verwirklichung des Zusammenlebens erbracht wurden. An anderer Stelle[1038] wird er auf alle während der Lebensgemeinschaft erbrachte Leistungen ausgeweitet, ohne Rücksicht auf den Zweck der erbrachten Aufwendungen. Begründet wird letztere Ansicht unter anderem damit, daß derjenige, der langlebige Güter anschaffe, nicht besser gestellt werden dürfe als einer, der für den täglichen Bedarf aufkomme[1039]. Dem kann aber zweierlei entgegengehalten werden: Erstens dürfte die Vorstellung lebensfremd sein, daß die Partner die zu erbringenden Leistungen während ihres Zusammen-

[1035] Genauere Daten dazu z.B. bei Reifner, ZIP 7/90, 427 ff., 427; auch Hausmann, a.a.O. S. 335

[1036] vgl. auch Coester-Waltjen, NJW 1988, 2085 ff., 2086

[1037] so z. B. BGH NJW 1983, 1055; BGH NJW 1981, 1502 f., 1503

[1038] so z.B. OLG Oldenburg NJW 1986, 1817 f., 1817; Haussleiter, a.a.O., Rz. 900; nicht ganz eindeutig, aber wohl auch: Diederichsen, NJW 1983, 1017 ff., 1021; OLG Karlsruhe FamRZ 1994, 377 ff., 378; vgl. auch Schlüter, FamRZ 1986, 405 ff., 405 m.w.N.

[1039] so z.B. OLG Oldenburg NJW 1986, 1817 f., 1817; ähnlich Diederichsen, NJW 1983, 1017 ff., 1023 lebens derart aufteilen, daß der eine von ihnen einzig Aufwendungen für hochwertige Güter trägt, während der andere für den täglichen Unterhaltsbedarf aufkommt. Gerade in einer nichtehelichen Partnerschaft werden beide Partner - soweit sie Einkommen beziehen - sowohl Ausgaben der einen als auch der anderen Art tätigen, so daß es zu dem Ergebnis, daß einer für alle seine Leistungen Ausgleich verlangen kann, während der andere leer ausgeht, nur in den allerseltensten Fällen kommen wird. Ferner ist zu bedenken, daß Ausgaben für den täglichen Lebensbedarf regelmäßig ohne Rückforderungswille erbracht werden. Wer auf diesem Gebiet etwas beisteuert, ist sich in aller Regel des Umstandes bewußt, daß ein späterer Ersatz schon aus praktischen Gründen entfällt. Anders ist es dagegen, wenn größere Anschaffung getätigt werden, die zumindest im Interesse beider Lebensgefährten liegen; hier kann nicht von vornherein angenommen werden, daß der Leistende einen Ausgleich nicht ins Auge gefaßt hätte.

Zu ähnlichen Ergebnissen wie die Vertreter der weiten Auslegung des „Grundsatzes der Nichtausgleichung" gelangt man, wenn man diesen Grundsatz zwar im oben genannten Sinne begrenzt, aber stets vom Vorliegen einer Schenkung zwischen den Partnern ausgeht, soweit diese Rückzahlungsvereinbarungen nicht getroffen haben[1040]. Abreden dieser Art nämlich werden wegen der engen persönlichen Verbundenheit der Parteien in der Regel fehlen. Ein Widerruf der Schenkung scheitert meist daran, daß grober Undank i.S.v. § 530 BGB nicht schon dann zu bejahen ist, wenn ein Partner die nichteheliche Lebensgemeinschaft - gleich aus welchen Grund - verläßt. Dies ist bereits deshalb so zu sehen, weil mit der Auflösung der Partnerschaft nach dem Charakter der nichtehelichen Lebensgemeinschaft jederzeit gerechnet werden muß[1041].

Auch diese Ansicht jedoch ist abzulehnen: Das Eingehen einer nichtehelichen Partnerschaft an sich bietet keinerlei Anhaltspunkte dafür, daß die Parteien nunmehr nur noch aus altruistischen Motiven handeln und für die erbrachten Leistungen - gleich welchen Zwecks - bei fehlenden Ausgleichsvereinbarungen daher keinerlei Ansprüche geltend machen wollen. Das gilt um so mehr, als die gewählte Beziehungsform mit dem Risiko jederzeitiger Auflösung belastet ist. Zwar ist diese Gefahr auch bei Eingehung einer Ehe nicht ausgeschlossen - wie die steigende Scheidungsrate zeigt -, dort wird aufgrund der gesetzlichen Bestimmungen den Parteien die endgültige Lösung vom Partner aber erheblich erschwert. Trotzdem wird ohne entsprechende Anhaltspunkte unter Ehegatten eine Schenkung nicht angenommen, obwohl deren Beziehung nach dem Gesetz - und wohl bei der Eheschließung auch nach dem Willen der Eheleute - auf Lebenszeit geschlossen wird (§ 1353 I S.1 BGB). Warum aber grundsätzlich davon ausgegangen werden soll, daß eine Beziehung zwischen Gefährten, welche eine Legitimierung ihrer Partnerschaft scheuen, von tieferer Zuneigung und Liebe, und damit al-

---

[1040] vgl. OLG Karlsruhe FamRZ 1986, 1095 f. 1096

[1041] so OLG Karlsruhe, a.a.O., 1096; Diederichsen, NJW 1983, 1017 ff., 1022 truistischem Handeln in größerem Ausmaß geprägt sein soll, als dies unter Ehegatten der Fall ist, ist vollkommen unverständlich[1042]. Wie unter Ehegatten bedarf es auch für die Annahme einer Schenkung unter Lebensgefährten eindeutiger Indizien. Allein, daß über eine Rückzahlung nicht gesprochen wurde, reicht dafür nicht aus[1043].

Auch das Grundsatzurteil[1044] des BGH darf nicht in die Richtung mißverstanden werden, daß danach jeglicher Ausgleich für während der Partnerschaft geleistete Zahlungen entfallen sollte. Zwar führt der Senat dort[1045] aus, daß bei einer nichtehelichen Lebensgemeinschaft die persönlichen Beziehungen derart im Vordergrund stünden, daß sie auch das die Gemeinschaft betreffende vermögensmäßige Handeln der Partner bestimmten und daher nicht nur in persönlicher, sondern auch in wirtschaftlicher Hinsicht grundsätzlich keine Rechtsgemeinschaft bestünde. Dementsprechend würden persönliche und wirtschaftliche Leistungen nicht gegeneinander aufgerechnet, wenn die Partner nicht etwas besonderes unter sich geregelt hätten. Diese Aussage beschränkt er jedoch unmittelbar im Anschluß daran[1046] auf „im gemeinsamen Interesse“ erbrachte Leistungen sowie „gemeinschaftliche Schulden ..., die im Interesse des Zusammenlebens eingegangen und von dem einen oder anderen Teile abbezahlt werden.“

Sogar der richtig verstandenen Ansicht des BGH ist aber lediglich im Ansatz zuzustimmen. Zunächst einmal überzeugt die Überlegung nicht, daß enge persönliche Beziehungen das Bestehen rechtlicher Beziehungen ausschließen. Auch zwischen Ehegatten sind derartig enge Bindungen zu finden. Gleichwohl erfüllen diese Rechtspflichten, wenn sie den sich aus der ehelichen Lebensgemeinschaft ergebenden Verpflichtungen nachkommen oder ihre Unterhaltspflicht erfüllen (vgl. §§ 1353, 1356, 1360 BGB)[1047]. Zudem werden zwischen Ehegatten trotz deren tiefer persönlicher Verbundenheit Ausgleichsansprüche auch nicht mit dem Hinweis auf das Persönliche ihrer Beziehung abgelehnt. Das Besondere der zwischen den Parteien bestehenden Beziehung kann lediglich zu Modifikationen bei Anwendung der allgemeinen Vorschriften führen.

Darüber hinaus ergeben sich Probleme bei der Frage, in welchen Fällen ein dem Ausgleichsanspruch entgegenstehendes gemeinschaftliches Interesse anzunehmen ist[1048]. Der BGH jedenfalls will seine Formel nicht nur auf „Unterhaltsleistungen“ zur Deckung des täglichen Lebensbedarfes anwenden. Vielmehr sieht er etwa auch Aufwendungen, die für die Ein-

[1042] in diese Richtung auch Koch, FamRZ 1987, 240 f., 241
[1043] so auch Hausmann, a.a.O., S. 543 f.
[1044] BGH BGHZ 77, 55 ff.
[1045] BGH, a.a.O., 58
[1046] BGH, a.a.O., 59
[1047] so auch Diederichsen, NJW 1983, 1017 ff., 1023

richtung des gewerblichen Betriebes eines der Partner bestimmt sind, als im gemeinsamen Interesse erbracht an - selbst wenn es sich dabei um eine Summe von 74 000 DM handelt. Denn insoweit gehe es um die Begründung oder Erweiterung der Lebensgrundlage der Partnerschaft. [1049]

Eine Investition in den Gewerbebetrieb des Partners als stets im gemeinsamen Interesse stehend zu bezeichnen, geht jedoch zu weit. Das gilt vor allem schon deshalb, weil aufgrund der jederzeit möglichen Trennung der Parteien nicht von vornherein mit hinreichender Wahrscheinlichkeit vorhergesagt werden kann, in welchem Maße der Leistende von seiner Leistung selbst profitieren wird. Freilich ist bei den fraglichen Investitionen ein gemeinschaftliches Interesse nicht ausgeschlossen. Ob es vorliegt, können jedoch nur die jeweiligen Umstände eines jeden Einzelfalles zeigen.

Und schließlich bleibt der BGH eine einleuchtende Begründung dafür schuldig, warum er im Rahmen eines Ausgleichsanspruches unter Lebensgefährten eine andere Beweislastverteilung befürwortet als unter Ehegatten. Dort nämlich kann es - je nachdem, auf welche Anspruchsgrundlage sich der geltend gemachte Anspruch stützt - durchaus dazu kommen, daß der in Anspruch genommene Ehegatte die Tatsachen darlegen und beweisen muß, die dem Anspruch entgegenstehen. So ist etwa im Rahmen des § 426 I BGB stets der Gesamtschuldner, der sich auf eine vom Halbteilungsgrundsatz abweichende Vereinbarung beruft, für die Tatsachen beweispflichtig, die die Abweichung rechtfertigen sollen[1050]. Im Einzelfall muß also nicht die den Anspruch geltend machende Partei, sondern der Inanspruchgenommene beweisen, daß ein Anspruch entfällt - nämlich dann, wenn der geltend gemachte Ausgleichsanspruch nicht über den hälftigen Anteil an der Gesamtschuld hinausgeht. Das gilt allgemein, und ist auch zwischen Ehegatten nicht anders. Dagegen soll nach Ansicht des BGH ohne Rücksicht auf die Anspruchsgrundlage der den Anspruch anmeldende Lebensgefährte den Nachweis einer „besonderen Ausgleichsvereinbarung" führen, um mit seinem Begehren erfolgreich zu sein. Warum die nichtehelichen Lebenspartner aber anders behandelt werden sollen als Ehegatten - ja als jede andere beliebige Partei - bleibt dabei im Dunkeln.

Nach alledem liefert die vom BGH aufgestellte Formel keine Abgrenzungskriterien, die zu stets interessengerechten Lösungen führen könnten[1051]. Um zu derartigen Ergebnissen zu gelangen, muß auf die für die Ehe entwickelten Grundsätze zurückgegriffen werden. Diese führen im Rahmen einer nichtehelichen Lebensgemeinschaft weitgehend zu entsprechenden Ergebnissen. Einem nichtehelichen Lebensgefährten wird daher im wesentlichen ein Aus-

---

[1048] vgl. dazu auch die Ausführungen von Schlüter, FamRZ 1986, 405 ff., 406
[1049] vgl. BGH FamRZ 1983, 1213 f., 1213
[1050] Palandt/Heinrichs, § 426, Rz. 7
[1051] so auch Schlüter, FamRZ 1986, 405 ff., 406

gleichsanspruch dann zugesprochen, wenn ein solcher in einem vergleichbaren Fall auch einem Ehegatten zugestanden werden müßte.

Wie bereits oben betont wurde, hat dies nichts mit einer allgemeinen Gleichstellung von Ehe und nichtehelicher Lebensgemeinschaft zu tun. Die hier befürwortete Gleichstellung ist vielmehr auf einen eng begrenzten Problemkreis beschränkt. Diejenigen, die eine diesbezügliche Gleichbehandlung verneinen, müssen eine Antwort darauf finden, warum gerade Personen, die beabsichtigen, die rechtlichen Folgen ihrer Partnerschaft möglichst gering zu halten, keinerlei Ausgleichsansprüche haben und folglich im Endeffekt durch die Partnerschaft erheblich größere finanzielle Einbußen davontragen sollen, als dies bei Ehegatten der Fall ist. Ein solches Ergebnis wird schwerlich zu rechtfertigen sein. Dafür nämlich müßte man annehmen, daß Lebensgefährten bei Eingehung ihrer Partnerschaft ihr „wirtschaftliches Denken" über Bord werfen und zugleich eine nichteheliche Partnerschaft in größerem Maße von - die Vernunft bisweilen ausschaltender - Liebe und Zuneigung geprägt ist als die Ehe[1052]. Das aber wird wohl kaum jemand behaupten wollen.

Läßt sich der „Grundsatz der Nichtausgleichung" - insbesondere in seiner extremsten Ausprägung - jedoch nicht sinnvoll begründen, liegt die Annahme nahe, daß das Motiv zur Vertretung einer derartigen Ansicht in der Sanktionierung der Beziehungsform „nichteheliche Partnerschaft" zu finden ist. Liest man doch immer wieder, daß die Parteien, wollten sie einen Ausgleichsanspruch, eben heiraten oder zumindest Partnerschaftsverträge abschließen müßten[1053]. Schon die in Art. 6 GG gewährte negative „Eheschließungsfreiheit" sowie die allgemeine Handlungsfreiheit aus Art. 2 GG verbieten es aber, eine Rechtslage zu schaffen, die die Partner einer nichtehelichen Lebensgemeinschaft in eine „Zwangsehe" treibt. Eine Regelung darf daher die nichtehelichen Lebensgefährten nicht dadurch, daß sie nichteheliche Partner im Vergleich zu Ehegatten und gleichzeitig auch im Vergleich zu nicht zusammenlebenden Einzelpersonen benachteiligt, dazu zwingen, ihre Partnerschaft durch eine Eheschließung zu „legalisieren"[1054]. Darüber hinaus ist eine Sanktionierung der „nichtehelichen Lebensgemeinschaft" mit den heutigen Moralvorstellungen nicht mehr zu vereinbaren. Inzwischen ist diese Beziehungsform mit der moralischen Grundanschauung durchaus in Einklang zu bringen und wird - zumindest solange keine Kinder geboren werden - allgemein akzeptiert.

Fassen wir also nochmals zusammen: Besteht nach den allgemeinen Vorschriften ein Ausgleichsanspruch, kann dem allein das Bestehen einer nichtehelichen Lebensgemeinschaft als solche nicht entgegenstehen[1055]. Allerdings kann die konkrete Ausgestaltung der tatsächlichen

[1052] ähnlich auch Koch, FamRZ 1987, 240 f., 241

[1053] vgl. etwa OLG Oldenburg NJW 1986, 1817 f., 1817

[1054] Gernhuber/Coester-Waltjen, a.a.O., S. 649 (m.w.N.); vgl. auch BVerfGE 82, 6 ff., 15; BVerfG FamRZ, 164 ff., 168

[1055] ähnlich auch Hausmann, a.a.O., S. 522

Lebensverhältnisse der nichtehelich Zusammenlebenden - wie bei der Ehe - einen Hinweis auf eine - den Ausgleichsanspruch ausschließende oder modifizierende - rechtsgeschäftliche Vereinbarung der Parteien bieten.

Allgemein kann aber gesagt werden: Aufwendungen zum Zwecke der Deckung des täglichen Lebensbedarfes sind auch nach Auseinanderbrechen der Partnerschaft nicht auszugleichen. Solche Leistungen werden eindeutig im gemeinschaftlichen Interesse erbracht, sie erfolgen zudem ohne Rückforderungswillen und können praktisch auch gar nicht miteinander verrechnet werden. Zudem sind insoweit regelmäßig die Tatbestandsvoraussetzungen der einen Ausgleichsanspruch möglicherweise begründenden Normen nicht erfüllt: Aufgrund des gleichwertigen Interesses beider Lebensgefährten scheidet ein Auftragsverhältnis aus, für die Annahme einer Innengesellschaft fehlt es an der über die Lebensgemeinschaft hinausgehenden Zweckverfolgung und ein Ausgleichsanspruch nach gemeinschaftsrechtlichen Vorschriften scheitert regelmäßig an dem fehlenden Miteigentum oder - sollte ein solches gegeben sein - an einer den Anspruch ausschließenden stillschweigend getroffenen Absprache.

Soweit jedoch die Leistungen während des Zusammenlebens über bloße „Unterhaltsleistungen" hinausgehen - in der Regel ist das bei Aufnahme einer Darlehensverbindlichkeit der Fall, die den Kreditnehmer merklich belastet und im Hinblick auf sein Einkommen wirtschaftlich erheblich ist - wäre es realitätsfremd, dem Verpflichteten ein Handeln ohne wirtschaftliche Überlegung und rechtlichen Bindungswillen zu unterstellen[1056]. Gleiches gilt für nach der Trennung geleistete Zahlungen. Hier muß vielmehr unter Heranziehung der jeweiligen Umstände des Einzelfalles nach den allgemeinen Vorschriften das Eingreifen eines Ausgleichsanspruches geprüft werden. Auch unter Partnern einer nichtehelichen Lebensgemeinschaft ist insoweit ein Ausgleichsanspruch nicht von vornherein ausgeschlossen. Wie unter Ehegatten sind bei der Prüfung die oben angeführten Maximen zugrunde zu legen.

[1056] so auch Koch, FamRZ 1987, 240 f., 241

Literaturverzeichnis

Battes, Robert, Nichteheliches Zusammenleben im Zivilrecht, Verlag Kommunikationsforum Recht, Wirtschaft, Steuern, Köln 1983

Brühl, Günter/ Göppinger, Horst, Unterhaltsrecht, 6. Auflage, Verlag Ernst und Werner Gieseking, Bielefeld 1994 (zit.: Brühl/Göppinger/Bearbeiter)

Burghardt, Wolfgang G., Aufklärungspflichten des Bürgschaftsgläubigers, Verlag Peter Lang GmbH, Frankfurt am Main 1985

Canaris, Claus-Wilhelm, Bankvertragsrecht, 1. Teil, 3. Auflage, Walter de Gruyter, Berlin/New York 1988

Coester-Waltjen, Dagmar, Die Lebensgemeinschaft - Strapazierung des Parteiwillens oder staatliche Bevormundung ?, NJW 1988, 2085 ff.

Conradt, Oliver, „Unbenannte" Zuwendungen unter Ehegatten und Partnern einer nichtehelichen Lebensgemeinschaft, Peter Lang, Frankfurt am Main 1998

Crezelius, Georg, Unverzinsliches Darlehen und Schenkungsteuerrecht, BB 1978, 621 ff.

Derleder, Peter, Vermögenskonflikte zwischen Lebensgefährten bei Auflösung ihrer Gemeinschaft, NJW 1980, 545 ff.

Diederichsen, Uwe, Die nichteheliche Lebensgemeinschaft im Zivilrecht, NJW 1983, 1017 ff.

Eckert, Jörn, Übermäßige Verschuldung bei Bürgschafts- und Kreditaufnahme, WM 1990, 85 ff.

Erman, Walter (Herausg.), Handkommentar zum Bürgerlichen Gesetzbuch,
Band 1, 9. Auflage, Aschendorffsche Verlagsbuchhandlung, Münster 1993;
Band 2, 9. Auflage, Aschendorffsche Verlagsbuchhandlung, Münster 1993 (zit.: Erman/Bearbeiter)

Fehmel, Hans-Werner, Hausratsverordnung, Kommentar zur Verordnung über die Behandlung der Ehewohnung und des Hausrats, Walter de Gruyter, Berlin/New York 1986

Flume, Werner, Allgemeiner Teil des Bürgerlichen Gesetzbuches, Zweiter Band, 2. Auflage, Springer-Verlag, Berlin/Heidelberg/New York 1975

Frank, Rainer, Anmerkung zur BGH-Entscheidung vom 17.5.83, JZ 1983, 855 ff.

Gernhuber, Joachim/ **Coester-Waltjen**, Dagmar, Lehrbuch des Familienrechts, 4. Auflage, C. H. Beck'sche Verlagsbuchhandlung, München 1994

Gernhuber, Joachim, Der Gesamtschuldnerausgleich unter Ehegatten - Teil 1, JZ 1996, 696 ff.

ders., Der Gesamtschuldnerausgleich unter Ehegatten - Teil 2, JZ 1996, 765 ff.

Göppinger, Horst, Unterhaltsrecht, 5. Auflage, Verlag Ernst und Werner Gieseking, Bielefeld 1987

Graba, Hans-Ulrich, Das Familienheim beim Scheitern der Ehe, NJW 1987, 1721 ff.

Groeschke, Peer, Anmerkung zur BGH-Entscheidung vom 26.4.94, BB 1994, 1312 ff.

ders., Die Haftung einkommensschwacher und vermögensloser Bürgen, BB 1994, 725 ff.

Hampel, Herbert, Aktuelle Fragen zur Bemessung des nachehelichen Unterhalts, FamRZ 1989, 113 ff.

Haussleiter, Otto, Vermögensauseinandersetzung anläßlich Scheidung und Trennung, Jehle-Rehm Verlag, München 1992

Haussmann, Rainer, Nichteheliche Lebensgemeinschaft und Vermögensausgleich, Verlag C.H. Beck, München 1989

Heinrichsmeier, Paul, Die Einbeziehung des Ehegatten in die Haftung für Geldkredite, Verlag Ernst und Werner Gieseking, Bielefeld 1993

ders., Die Einbeziehung einkommens- und vermögensloser Familienangehöriger in die Haftung für Bankkredite: eine unendliche Geschichte?, FamRZ 1994, 129 ff.

Heintschel-Heinegg, Bernd von/ **Gerhardt**, Peter, Assessorklausuren zum Familienrecht, Luchterhand Verlag, Berlin 1994

Henrich, Dieter, Kurzkommentar zum BGH-Urteil vom 5.4.89, EWiR, § 257 BGB, 1/89, 539

Hohloch, Gerhard, Anmerkung zum BGH - Urteil vom 30.9.87, JuS 1988, 740 f.

Johannsen, Kurt H., Vermögensrechtliche Auseinandersetzung unter Ehegatten nach Auflösung der Ehe bei Gütertrennung, WM 1978, 502 ff.

Johannsen, Kurt H./ **Henrich**, Dieter (Hrsg.), Eherecht, 2. Auflage, C. H. Beck'sche Verlagsbuchhandlung, München 1992 (zit.: Johannsen /Henrich/Bearbeiter)

Joost, Detlev, Zuwendungen unter Ehegatten und Bereicherungsausgleich nach der Scheidung, JZ 1985, 10 ff.

Jung, Ingo, Der Gesamtschuldnerausgleich zwischen Ehegatten bei gemeinsamen Darlehensverbindlichkeiten, Peter Lang, Frankfurt am Main 1997

Kleinle, Friedrich, Die Ehegattengesamtschuld bei Trennung und Scheidung, FamRZ 1997, 8 ff.

Knöringer, Dieter, Die Assessorklausur im Zivilprozeß, 5. Auflage, Verlag C.H. Beck, München 1995

Knütel, Rolf, Befreite Ehefrauen ?, Zur Mithaftung für Bankkredite von Angehörigen, ZIP 8/91, 493 ff.

ders., Zur Frage der sog. Diligenzpflichten des Gläubigers gegenüber dem Bürgen, in Festschrift für Werner Flume, Band I, Verlag Dr. Otto Schmidt KG, Köln 1978

Koch, Elisabeth, Schuldentilgung nach Auflösung einer nichtehelichen Lebensgemeinschaft?, FamRZ 1987, 240 f.

Köhler, Wolfgang, Handbuch des Unterhaltsrechts, 7. Auflage, Verlag Franz Vahlen GmbH, München 1987

Köndgen, Johannes, Anmerkung zum Urteil des BGH vom 16.5.91, NJW 1991, 2081 f.

Kotzur, Hubert, Die Rechtsprechung zum Gesamtschuldnerausgleich unter Ehegatten, NJW 1989, 817 ff.

Kreft, Gerhart, Privatautonomie und persönliche Verschuldung, WM 1992, 1425 ff.

Langenfeld, Gerrit, Grundstückszuwendungen im Zivil- und Steuerrecht: Schenkungen, vorweggenommene Erbfolge, ehebedingte Zuwendungen, Vertragsmuster von G. Langenfeld unter Mitarbeit von Karl-Heinz Günther, 3. Auflage, Verlag Dr. Otto Schmidt KG, Köln 1992

Lieb, Manfred, Die Ehegattenmitarbeit im Spannungsfeld zwischen Rechtsgeschäft, Bereicherungsausgleich und gesetzlichem Güterstand, J.C.B. Mohr (Paul Siebeck), Tübingen 1970

Lipp, Martin, Ausgleichsansprüche zwischen den ehemaligen Partnern einer nichtehelichen Lebensgemeinschaft - BGH, NJW 1981, 1502, JuS 1982, 17 ff.

ders., Die nichteheliche Lebensgemeinschaft und das bürgerliche Recht: eine dogmatisch-methodische Studie, AcP 180, 537 ff.

ders., Ehegattenzuwendungen und Zugewinnausgleich, JuS 1993, 89 ff.

Medicus, Dieter, Leistungsfähigkeit und Rechtsgeschäft, ZIP 1989, 817 ff.

ders., Bürgerliches Recht, 16. Auflage, Carl Heymanns Verlag KG, Köln/Berlin/Bonn/München 1993 (zit.: Medicus BR)

Meier-Scherling, Die ehehähnliche Lebensgemeinschaft, DRiZ 1979, 296 ff.

Münchener Kommentar zum Bürgerlichen Gesetzbuch,
Band 2 (§§ 241-432), 3. Auflage, C. H. Beck'sche Verlagsbuchhandlung, München 1994;
Band 5 (§§ 705-853), 3. Auflage, C. H. Beck'sche Verlagsbuchhandlung, München 1997;
Band 6 (§§ 854-1296), 3. Auflage, C. H. Beck'sche Verlagsbuchhandlung, München 1997;
Band 7 (§§ 1297-1588, VAHRG, VAÜG, EheG), 3. Auflage, C. H. Beck'sche Verlagsbuchhandlung, München 1993 (zit.: MüKo/Bearbeiter)

Nickl, Werner, Der familienrechtliche Verteilungsmaßstab beim Gesamtschuldnerausgleich, NJW 1991, 3124 ff.

Palandt, Bürgerliches Gesetzbuch, 57. Auflage, Verlag C.H. Beck, München 1998 (zit.: Palandt/Bearbeiter)

Pape, Gerhard, Die Entwicklung des Bürgschaftsrechts im Jahre 1996, NJW 1997, 980 ff.

Peters, Bernd, Anmerkung zum BGH-Urteil vom 5.4.89, WuB IV A. § 670 BGB 1.89, 1203 ff.

Rauscher, Thomas, Dingliche Mitberechtigung in der Zugewinngemeinschaft, AcP 186, 529 ff.

Reifner, Udo, Die Mithaftung der Ehefrau im Bankkredit - Bürgschaft und Gesamtschuld im Kreditsicherungsrecht, ZIP 1990, 427 ff.

Rogalski, Regina, Rechtsfragen der nichtehelichen Lebensgemeinschaft, AnwBl 1983, 358 ff

Roth-Stielow, Klaus, Rechtsfragen des ehelosen Zusammenlebens von Mann und Frau, JR 1978, 233 ff.

Schlüter, Wilfried, Die nichteheliche Lebensgemeinschaft und ihre vermögensrechtliche Abwicklung, FamRZ 1986, 405 ff.

Schmidt, Karsten, Zur „Außenhaftung der Innengesellschaft", JuS 1988, 444 ff

Schwab, Dieter, Handbuch des Scheidungsrechts, 3. Auflage, Verlag Franz Vahlen, München 1995

Schwintowski, Hans-Peter, Die wirtschaftliche Leistungsfähigkeit des Schuldners als Maßstab der Wirksamkeit von Verbraucherkreditverträgen, ZBB 1989, 91 ff.

Seidl, Helmut, Familienrecht, 4. Aufl., Verlag C.H. Beck, München 1996

Simon, Dietrich V., Forum: Rechtsprobleme der nichtehelichen Lebensgemeinschaft, JuS 1980, 252 ff.

Soergel, Bürgerliches Gesetzbuch,
Band 2 (§§241-432), 12. Aufl., Verlag W. Kohlhammer Stuttgart/Berlin/Köln 1990;
Band 7 (§§ 1297-1588), 12. Aufl., Verlag W. Kohlhammer, Stuttgart/Berlin/Köln/Mainz 1989;
Band 8 (§§ 1589-1921, EheG, HausratsV), 12. Aufl., Verlag W. Kohlhammer, Stuttgart/Berlin/Köln/Mainz 1987; (zit.: Soergel/Bearbeiter)

Staudinger, J. von, Kommentar zum Bürgerlichen Gesetzbuch,
§§ 164-240, 13. Auflage, Sellier - de Gruyter, Berlin 1995;
§§ 398-432, 12. Auflage, Dr. Arthur L. Sellier & Co. - Walter de Gruyter & Co., Berlin 1994;
§§ 765-778, 13. Auflage, Sellier - de Gruyter, Berlin 1997;

§§ 812-822, 13. Auflage, Sellier - de Gruyter, Berlin 1994;
§§ 985-1011, 13. Auflage, Sellier - de Gruyter, Berlin 1993;
§§ 1297- 1302, EHEG, §§ 1353-1362, 12. Auflage, Dr. Arthur L. Sellier & Co. - Walter de Gruyter & Co., Berlin 1993 (zit.: Staudinger/Bearbeiter)

Tiedtke, Klaus, Anmerkung zum Beschluß des OLG Hamm vom 28.7.92, FamRZ 1994, 431 f.

Westermann, Harm Peter, Anmerkung zum Urteil des BGH vom 16.3.89, JZ 1989, 746 f.

Wever, Reinhardt, Vermögensauseinandersetzung der Ehegatten außerhalb des Güterrechts, Verlag Ernst und Werner Gieseking, Bielefeld 1998

ders., Die Vermögensauseinandersetzung der Ehegatten: schuldrechtliche Ausgleichsansprüche, FamRZ 1996, 905 ff.

Wiedemann, Herbert, Anmerkung zum Beschluß des BVerfG vom 19.10.93, JZ 1994, 411ff

Entscheidungssammlung

Behandelte bzw. erwähnte BVerfG-Entscheidungen in zeitlicher Reihenfolge:

BVerfGE 82, 6 ff. (Beschl. v. 3.4.90)

BVerfG FamRZ 1993, 164 ff. (Urt. v. 17.11.92)

BVerfG FamRZ 1994, 151 ff. (=NJW 1994, 36 ff.) (Beschl. v. 19.10.93)

BVerfG NJW 1996, 2021 (Beschl. v. 2.5.96)

Behandelte bzw. erwähnte BGH-Entscheidungen in zeitlicher Reihenfolge:

BGH MDR 5/1955,283 ff. (Urt. v. 17.12.54)

BGH FamRZ 1958, 15 f. (Urt. v. 3.10.57)

BGHZ 31, 197 ff. (Urt. v. 28.10.59)

BGH FamRZ 1958, 15 f. (Urt. v. 1.4.65)

BGHZ 47, 157 ff. (=NJW 1967, 1275 ff.) (Urt. v. 22.2.67)

BGH FamRZ 1972, 362 f. (Urt. v. 28.2.72)

BGHZ 58, 216 ff. (Urt. v. 9.3.72)

BGHZ 59, 97 ff. (Urt. v. 29.6.72)

BGH WM 1973, 1242 f. (Urt. v. 18.6.73)

BGH NJW 1974, 2045 f. (5.7.74)

BGH NJW 1976, 328 f. (Urt. v. 3.12.75)

BGHZ 77, 55 ff. (= FamRZ 1980, 664 f.) (Urt. v. 24.3.80)

BGH NJW 1981, 1502 f. (Urt. v. 23.2.81)

BGH NJW 1981, 1666 ff. (Urt. v. 5.3.81)

BGH NJW 1982, 170 ff. (Beschl. v. 20.5.81)

BGH NJW 1982, 41 ff. (Urt. v. 16.9.81)

BGH NJW 1982, 380 ff. (Urt. v. 7.10.81; ZR 611/80)

BGH NJW 1982, 232 f. (Urt. v. 7.10.81; ZR 598/80)

BGH FamRZ 1982, 355 f. (Urt. v. 4.2.82; ZR 88/80)

BGH FamRZ 1982, 468 ff. (Urt. v. 4.2.82; ZR 96/80)

BGH NJW 1982, 1641 f. (Urt. v. 7.4.82)

BGH FamRZ 1982, 778 f. (Urt. v. 22.4.82)

BGHZ 84, 388 ff. (= FamRZ 1982, 1065 f.) (Urt. v. 12.7.82)

BGH NJW 1983, 1055 (Urt. v. 20.1.83)

BGHZ 87, 145 ff. (Urt. v. 24.3.83)

BGH FamRZ 1983, 797 ff. (Urt. v. 28.4.83)

BGH NJW 1983, 2375 f. (Urt. v. 2.5.83)

BGH JZ 1983, 852 ff.(=NJW 1983 1845 ff.; FamRZ 1983, 795 ff.) (Urt. v. 17.5.83)

BGH FamRZ 1983, 1213 f. (Urt. v. 3.10.83)

BGH FamRZ 1984, 29 ff. (Urt. v. 3.11.83)

BGH FamRZ 1984, 358 ff. (Urt. v. 25.1.84)

BGH FamRZ 1984, 980 ff. (Urt. v. 3.7.84)

BGH FamRZ 1985, 1232 (Urt. v. 24.6.85)

BGH FamRZ 1986, 40 ff. (Urt. v. 10.7.85)

BGH NJW 1986, 978 ff. (Urt. v. 7.11.85)

BGH FamRZ 1986, 254 ff. (Urt. v. 11.12.85; ZR 80/84)

BGH FamRZ 1986, 436 f. (= NJW 1986, 1339 f.) (Urt. v. 11.12.85; ZR 83/84)

BGH FamRZ 1986, 558 ff. (Urt. v. 29.1.86)

BGH NJW-RR 1986, 1325 f. (Urt. v. 23.4.86)

BGH NJW 1986, 3131 ff. (Urt. v. 15.5.86)

BGH FamRZ 1986, 881 ff. (Urt. v. 4.6.86)

BGH NJW 1987, 1629 f. (Urt. v. 26.2.87)

BGH NJW-RR 1988, 260 ff. (=FamRZ 1987, 907 ff.) (Urt. v. 8.4.87)

BGH NJW 1987, 2816 f. (Urt. v. 1.7.87)

BGH NJW 1988, 133 f. (Urt. v. 30.9.87)

BGH FamRZ 1988, 596 f. (Urt. v. 14.10.87)

BGH FamRZ 1988, 264 f. (Urt. v. 25.11.87)

BGH FamRZ 1988, 476 ff. (Urt. v. 13. 1. 88)

BGH FamRZ 1988, 920 f. (Urt. v. 27.4.88)

BGH FamRZ 1989, 147 ff. (=NJW-RR 1989, 66 ff.) (Urt. v. 5.10.88)

BGH ZIP 1989, 427 ff. (Urt. v. 28.2.89)

BGH ZIP 1989, 487 ff. (Urt. v. 16.3.89)

BGH FamRZ 1989, 834 ff. (Versäumnisurt. v. 5.4.89)

BGH NJW 1989, 1920 ff. (= FamRZ 1989, 835 ff.) (Urt. v. 5.4.89; ZR 35/88)

BGH FamRZ 1989, 834 f. (Versäumnisurt. v. 5.4.89; ZR 104/87)

BGH FamRZ 1990, 374 ff. (Urt. v. 15.11.89)

BGH NJW 1990, 1034 f. (Urt. v. 16.11.89)

BGH NJW 1990, 705 f. (Urt. v. 29.11.89)

BGH FamRZ 1990, 600 ff. (Urt. v. 17.1.90)

BGH NJW-RR 1990, 736 f. (Urt. v. 14.3.90)

BGH FamRZ 1990, 855 ff. (Urt. v. 4.4.90)

BGH NJW-RR 1990, 1509 ff. (Urt. v. 10.5.90)

BGH FamRZ 1990, 1090 f. (Urt. v. 20.7.90)

BGH FamRZ 1991, 304 ff. (Urt. v. 26.9.90)

BGH NJW 1991, 420 f. (30.10.90)

BGH ZIP 1991, 224 ff. (Urt. v. 22.1.91)

BGH FamRZ 1991, 1162 f. (Urt. v. 31.1.91)

BGHZ 114, 117 ff. (Urt. v. 21.3.91)

BGH FamRZ 1991, 1414 f. (Urt. v. 7.5.91)

BGH NJW 1991, 2015 ff. (Urt. v. 16.5.91)

BGH FamRZ 1991, 1163 ff. (Urt. v. 10.7.91)

BGH FamRZ 1992, 160 ff. (Urt. v. 2.10.91)

BGH FamRZ 1992, 43 ff. (Urt. v. 9.10.91)

BGH FamRZ 1992, 408 f.(Urt. v. 4.11.91)

BGH NJW 1992, 896 ff. (=BGH WM 1992, 391 ff.) (Versäumnisurt. v. 16.1.92)

BGH NJW-RR 1993, 1475 ff.(Urt. v. 25.2.92)

BGH FamRZ 1993, 413 f. (Urt. v. 23.9.92)

BGH FamRZ 1993, 407 ff. (=BGHZ 120, 272 ff.) (Urt. v. 24.11.92)

BGH FamRZ 1993, 676 ff. (Urt. v. 13.1.93)

BGH NJW 1995, 652 ff. (Urt. v. 30.11.94)

BGHZ 128, 230 ff. (=FamRZ 1995, 469 ff.) (Urt. v. 5.1.95)

BGH NJW 1995, 3383 ff. (=WM 1995, 1365 ff.) (Urt. v. 26.4.95)

BGH NJW 1995, 2635 ff. (Urt. v. 23.6.95)

BGH NJW 1996, 513 ff. (Urt. v. 2.11.95)

BGH NJW 1996, 1274 ff. (Urt. v. 18.1.96)

BGH NJW 1996, 2088 ff. (Urt. v. 25.4.96)

BGH NJW 1997, 257 ff. (Urt. v. 5.11.96)

BGH NJW 1997, 1003 ff. (=FamRZ 1997, 478 ff.) (Urt. v. 23.1.97) (IX ZR 69/96)

BGH NJW 1997, 1005 ff. (=FamRZ 1997, 481 f.) (Urt. v. 23.1.97) (IX ZR 55/96)

BGH NJW 1997, 3372 ff. (=FamRZ 1998, 85 ff.) (Urt. v. 18.9.97)

Behandelte bzw. erwähnte BFH-Entscheidungen in zeitlicher Reihenfolge:

BFH BB 1979, 1593 ff. (Urt. v. 12.7.79)

Behandelte bzw. erwähnte OLG-Entscheidungen in zeitlicher Reihenfolge:

OLG Hamburg MDR 1952, 548 f. (Urt. v. 12.10.51)

OLG Hamm FamRZ 1967, 175 ff. (Urt. v. 25.3.66)

OLG Hamm NJW 1978, 224 f.(Urt. v. 30.9.77)

OLG Hamm NJW 1980, 1530 f. (Urt. v. 31.10.79)

OLG Düsseldorf NJW 1979, 1509 (Urt. v. 10.4.79)

OLG Saarbrücken NJW 1979, 2050 f. (Beschl. v. 15.8.79)

OLG München FamRZ 1980, 239 f. (Beschl. v. 15.11.79)

OLG Frankfurt am Main FamRZ 1981, 955 f. (Beschl. v. 27.7.81)

OLG Frankfurt NJW 1982, 1885 f. (Beschl. v. 23.10.81)

OLG Hamm MDR 1982, 578 (Urt. v. 16.3.82)

OLG Saarbrücken FamRZ 1982, 919 f. (Urt. v. 16.6.82)

OLG Hamm FamRZ 1983, 494 ff. (Urt. v. 28.1.83)

OLG Celle NJW 1983, 1063 ff. (Urt. v. 10.2.83)

OLG Frankfurt NJW 1985, 810 f. (Urt. v. 9.5.84)

OLG Frankfurt am Main FamRZ 1985, 482 ff. (Beschl. v. 26.11.84)

OLG Bamberg FamRZ 1985, 1141 f. (Beschl. v. 3.1.85)

OLG Celle FamRZ 1985, 710 f. (Beschl. v. 5.3.85)

OLG Karlsruhe FamRZ 1986, 1095 f. (Urt. v. 3.10.85)

OLG Oldenburg NJW-RR 1986, 752 f. (=FamRZ 1986, 468 f.) (Urt. v. 12.2.86)

OLG Oldenburg NJW 1986, 1817 f. (Urt. v. 26.2.86)

OLG Düsseldorf FamRZ 1987, 705 f., 706 (Beschl. v. 7.1.87)

OLG Düsseldorf FamRZ 1987, 833 ff. (Urt. v. 27.1.87)

OLG Köln FamRZ 1988, 287 ff. (Urt. v. 27.5.87)

OLG Hamm FamRZ 1988, 620 f. (Urt. v. 13.7.87)

OLG München FamRZ 1988, 58 f. (Urt. v. 28.7.87)

OLG Hamburg FamRZ 1988, 299 f. (Beschl. v. 19.11.87)

OLG Frankfurt am Main NJW-RR 1988, 522 f. (Urt. v. 30.12.87)

OLG Stuttgart NJW 1988, 833 ff. (Urt. v. 12.1.88)

OLG Hamm FamRZ 1989, 511 (nur Leitsatz) (Urt. v. 9.3.88)

OLG Hamm NJW 1989, 909 f. (Urt. v. 28.9.88)

OLG Hamm FamRZ 1989, 619 ff. (Urt. v. 30.10.88)

OLG Hamm FamRZ 1989, 742 ff. (Urt. v. 15.2.89)

OLG Saarbrücken FamRZ 1990, 58 f. (Beschl. v. 10.5.89)

OLG Schleswig FamRZ 1990, 165 f. (Beschl. v. 8.6.89)

OLG Celle NJW-RR 1990, 265 f. (Urt. v. 11.8.89)

OLG Karlsruhe FamRZ 1990, 163 ff. (Urt. v. 19.10.89)

OLG Karlsruhe FamRZ 1990, 629 f. (Urt. v. 14.12.89)

OLG Karlsruhe FamRZ 1990, 744 ff. (Urt. v. 20.12.89)

OLG Zweibrücken NJW 1991, 1835 f. (Urt. v. 27.2.90)

OLG Hamm FamRZ 1990, 1359 ff. (Urt. v. 28.5.90)

OLG Köln FamRZ 1991, 1192 ff. (Beschl. v. 10.12.90)

OLG Bamberg FamRZ 1991, 1058 f. (Urt. v. 17.1.91)

OLG Karlsruhe FamRZ 1991, 1195 (Urt. v. 23.4.91)

OLG Zweibrücken FamRZ 1992, 821 f. (Urt. v. 16.9.91)

OLG Düsseldorf FamRZ 1992, 439 f. (Urt. v. 8.11.91)

OLG Köln FamRZ 1992, 318 f. (Urt. v. 11.10.91)

OLG Hamm FamRZ 1992, 437 f. (Urt. v. 27. 11. 91)

OLG Düsseldorf NJW 1992, 1706 ff. (Urt. v. 18.12.91)

OLG Stuttgart NJW-RR 1993, 1475 ff. (Urt. v. 25.2.92)

OLG Hamm FamRZ 1993, 710 f. (Urt. v. 4.3.92)

OLG Karlsruhe FamRZ 1992, 1438 (Urt. v. 2.4.92)

OLG Hamm FamRZ 1993, 431 f. (Beschl. v. 28.7.92)

OLG Karlsruhe FamRZ 1994, 377 ff. (=NJW-RR 1994, 1157 ff.) (Urt. v. 11.2.93)

OLG Hamm FamRZ 1994, 960 f. (Urt. v. 2.6.93)

OLG Köln NJW-RR 1994, 52 (Beschl. v. 9.7.93)

OLG Köln FamRZ 1994, 961 (Beschl. v. 12.7.93)

OLG Köln FamRZ 1994, 961 f. (Beschl. v. 4.11.93)

OLG Köln FamRZ 1995, 1149 ff. (Beschl. v. 24.10.94)

OLG Hamm NJW-RR 1995, 1092 f. (Urt. v. 15.3.95)

OLG München FamRZ 1996, 291 f. (Urt. v. 20.7.95)

OLG Köln FamRZ 1997, 292 (Beschl. v. 15.4.96)

OLG Hamm FamRZ 1997, 363 (Beschl. v. 24.9.96)

OLG Koblenz FamRZ 1998, 238 (Urt. v. 31. 7. 97)

Behandelte bzw. erwähnte BayObLG-Entscheidungen in zeitlicher Reihenfolge:

BayObLG FamRZ 1985, 1057 ff. (=NJW-RR 1986, 6 f.) (Beschl. v. 14.6.85)

Behandelte bzw. erwähnte LG-Entscheidungen in zeitlicher Reihenfolge:

LG Essen NJW 1968, 1527 (Urt. v. 25.4.68)

LG Saarbrücken NJW 1971, 626 f. (Urt. v. 10.12.70)

LG Aachen FamRZ 1983, 61 f. (Urt. v. 8.10.82)

LG Lübeck NJW 1987, 959 ff. (Urt. v. 11.12.86)

LG Essen NJW-RR 1990, 837 (Urt. v. 27.10.89)

LG Gießen FamRZ 1995, 1071 (Urt. v. 14. 12. 94)

Behandelte bzw. erwähnte AG-Entscheidungen in zeitlicher Reihenfolge:

AG Augsburg FamRZ 1987, 827 f. (Urt. v. 8.1.87)

AG Pinneberg FamRZ 1989, 391 ff. (Urt. v. 30.8.88)

Abkürzungsverzeichnis

a.a.O.	am angegebenen Ort
Abs.	Absatz
AcP	Archiv für die civilistische Praxis
AnwBl.	Anwaltsblatt
a.E.	am Ende
AnfG	Gesetz, betreffend die Anfechtung von Rechtshandlungen eines Schuldners außerhalb des Konkursverfahrens
Anm.	Anmerkung
AO	Abgabenordnung
arg. e.	argumentum ex
Aufl.	Auflage
BB	Der Betriebs-Berater
Bearb.	Bearbeiter
Beschl.	Beschluß
BFH	Bundesfinanzhof
BGB	Bürgerliches Gesetzbuch
BGH	Bundesgerichtshof
BGHZ	Entscheidungen des Bundesgerichtshofes in Zivilsachen
BVerfG	Bundesverfassungsgericht
BVerfGE	Entscheidungen des Bundesverfassungsgerichts
bzgl.	bezüglich
bzw.	beziehungsweise
ca.	circa
d.h.	das heißt
EGInsO	Einführungsgesetz zur Insolvenzordnung
Einf. v.	Einführung vor
EStG	Einkommensteuergesetz
etc.	et cetera

EWiR	Entscheidungen zum Wirtschaftsrecht
FamRZ	Zeitschrift für das gesamte Familienrecht
Fn.	Fußnote
gem.	gemäß
GVG	Gerichtsverfassungsgesetz
HausratsV	Hausratsverordnung
hM	herrschende Meinung
Hrsg.	Herausgeber
HS	Halbsatz
i.d.R.	in der Regel
i.S.d.	im Sinne des
i.V.m.	in Verbindung mit
insb.	insbesondere
InsO	Insolvenzordnung
JR	Juristische Rundschau
JuS	Juristische Schulung
JZ	Juristen-Zeitung
LG	Landgericht
MDR	Monatsschrift für Deutsches Recht
m.w.N.	mit weiteren Nachweisen
NJW	Neue Juristische Wochenschrift
NJW-RR	NJW-Rechtsprechungs-Report Zivilrecht
OLG	Oberlandesgericht
pVV	positive Vertragsverletzung
Rspr.	Rechtsprechung
s.o.	siehe oben
StGB	Strafgesetzbuch
str.	streitig
u.a.	unter anderem
Urt.	Urteil
v.	vom; vor
VerbrKrG	Verbraucherkreditgesetz

vgl.	vergleiche
WM	Zeitschrift für Wirtschafts- und Bankrecht
WuB	Entscheidungssammlung zum Wirtschafts- und Bankrecht
z.B.	zum Beispiel
ZBB	Zeitschrift für Bankrecht und Bankwirtschaft
ZIP	Zeitschrift für Wirtschaftsrecht und Insolvenzpraxis
zit.	zitiert
ZPO	Zivilprozeßordnung

FSC
www.fsc.org
MIX
Papier | Fördert gute Waldnutzung
FSC® C083411

Kolibri 360 GmbH
Ferdinand-Jühlke-Straße 7
99095 Erfurt, Deutschland
produktsicherheit@kolibri360.de